国家社会科学基金重大专项（批准号16ZZD044）

"中国特色社会主义法治话语体系创新研究"结项成果

中国特色社会主义法治话语体系创新研究

ZHONGGUO TESE SHEHUIZHUYI
FAZHI HUAYU TIXI CHUANGXIN YANJIU

周叶中　林　骏　张　权　等　著

人民出版社

目　录

前　言

党的十九大报告指出，文化是一个国家、一个民族的灵魂。文化兴国运兴，文化强民族强。没有高度的文化自信，没有文化的繁荣兴盛，就没有中华民族伟大复兴。习近平总书记强调："一个国家的发展水平，既取决于自然科学发展水平，也取决于哲学社会科学发展水平"，"一个没有发达的自然科学的国家不可能走在世界前列，一个没有繁荣的哲学社会科学的国家也不可能走在世界前列。"① 党的十八大以来，党和国家高度重视文化建设与文化自信问题。习近平总书记在哲学社会科学工作座谈会上的讲话、在全国高校思想政治工作会议上的讲话等等，即曾多次强调要加快构建中国特色哲学社会科学体系。法学作为治国理政之学，其学科和理论体系在整个哲学社会科学体系中占据着十分重要的地位。可以说，加快法学学科体系和法治话语体系建设意义重大。

法治话语体系以成熟的法学学科和理论体系为基础和内核。法学学科和理论体系需要以法治话语体系为其基本的表征形式，两者构成内容与形式的关系。早在 2011 年，党中央就明确提出"打造具有中国特色、中国风格、中国气派的哲学社会科学学术话语体系"，但这些年过去了，我们构建中国特色话语体系、占领世界舆论高地、掌握话语主动权的能量仍然不足。正如习近平总书记指出："在解读中国实践、构建中国理论上，我们应该最有发

---

① 习近平：《在哲学社会科学工作座谈会上的讲话》，人民出版社 2016 年版，第 2 页。

言权,但实际上我国哲学社会科学在国际上的声音还比较小,还处于有理说不出、说了传不开的境地。"① 世界舆论领域"西强我弱"的局面没有发生根本改变,西方话语在国际学术话语体系中居于主导地位的形势没有发生根本改变。因此,保持高度理论自觉和理论自信,通过增强学术创新意识,加强中国特色社会主义法治话语体系创新研究,运用中国化的法治话语体系阐释和总结中国法治实践、法治理论和法治经验,无疑是我国法学界义不容辞的责任。

在新中国七十多年法治建设历程中,由法治理论到法治实践再到法治经验,在此基础上形成法治话语,这一过程本身是艰辛和曲折的。党和国家领导人、法律工作者、法学研究者为法治话语的形成做出了不懈努力。我们在中国特色社会主义法律体系已经形成和中国特色社会主义法学理论体系不断成熟的基础上,必须加快中国特色社会主义法治话语体系建设。我们必须认识到,法治不仅要有法律体系作为规范载体,要有法律工作者作为有机组成,还要有言语载体和固定的表达形式。法治话语就是关于法治的言说,中国特色社会主义法治话语体系就是法治中国的系统话语言说。但并非任何关于法治的表达都能构成法治话语。法治话语必须是有效的、有生命力的,而且还必须成体系。也就是说,只有在法治话语之间形成严密的内部结构、层级关系和逻辑联结后,法治话语体系才能说是形成了。而且,法治话语体系并不是孤立封闭的体系,必须随着法治实践的发展而不断创新发展。

在中国特色社会主义法治话语体系形成之际,我们必须明确回答一些根本性问题:中国特色社会主义法治话语体系有何独特性?中国特色社会主义法治话语体系为何具有这样的独特性?如何对外言说中国法治的独特之处,以及如何处理法治的个性与共性?这些根本性问题的剖析和回答构成本书的主要内容。此外,还必须在这些问题的基础上,明确我国法治理论的"元知识"地位,凝聚话语权威,并思考如何进一步增强话语权威。为此必须在研究中坚持问题导向的研究方法,倡导创新型法治观,拓宽国际视野,保持兼

---

① 习近平:《在哲学社会科学工作座谈会上的讲话》,人民出版社 2016 年版,第 24 页。

容性的话语形态。因此，本书以中国特色社会主义法治话语体系创新为研究主题。

本书是国家社会科学基金专项项目"中国特色社会主义法治话语体系创新研究"的最终成果。本书主要以党的十八大以来我国法治话语发展情况为研究对象，通过对中国特色社会主义法治话语创新的研究，以期全面、系统地反映中国特色社会主义法治话语发展和创新的基本情况。这既是对过去我国法治建设经验的梳理和总结，也是为进一步创新中国特色社会主义法治话语提供基础性学术研究资料。

中国特色社会主义法治话语体系是一个兼具开放性和包容性的体系。通过对其进行全面、系统和客观梳理，必将有助于中国特色社会主义法治话语体系的进一步创新和完善。基于法治话语的生成与循环过程，本书的研究必须首先深入中国特色社会主义法治理论和法治实践，从中寻找关键性、标志性的中国特色的法治表达，将其提炼为法治话语，进而依据一定的逻辑结构将其组建成话语体系。同时必须坚持理论与实践相结合，在明确中国特色社会主义法治话语体系的产生及构成后，再探寻法治话语的运用之道，指导中国法治话语对内对外的传播策略。通过法治话语体系创新研究，一方面既能摆脱西方法治话语体系霸权的影响，树立起多元世界中彰显民族特色的评价标准；另一方面也能准确表达中国特色社会主义法治建设的具体状况，使人们对中国法治道路、理论、制度、文化的认可度不断增强，真正树立起中国特色社会主义法治的道路自信、理论自信、制度自信和文化自信。

在具体内容上，本书涵盖了中国特色社会主义法治话语体系的基本理论、创新的必要性、基本经验和启示、基本构成、运用方式等诸多方面的内容，力图多角度、系统性、立体化地反映中国特色社会主义法治话语体系的创新实践。在篇章结构上，本书遵循理论逻辑、历史逻辑和现实逻辑相统一，将中国特色社会主义法治话语体系视为解决中国法治建设问题的重要资源，按照"澄清概念——整理历史——构建体系——实施运用"的逻辑顺序，分为四部分内容。

第一部分第一至四章：中国特色社会主义法治话语体系创新的必要性研

究。本部分主要对中国特色社会主义法治话语体系进行概念界定，以及对与之相关的概念进行梳理和必要的区分，对中国特色社会主义法治话语体系的基本面向、创新的必要性、基本路径、基本原则以及历史使命等问题进行研究。

第二部分第五至七章：中国特色社会主义法治话语体系创新的基本经验研究。本部分主要对中国特色社会主义法治话语体系创新的思想渊源进行探究，运用历史分析法对中国特色社会主义法治话语体系创新的实践进行梳理，归纳出其基本特征和基本经验，以期为新时代中国特色社会主义法治话语体系创新提供基本遵循和重要参考。

第三部分第八至十三章：中国特色社会主义法治话语体系创新的基本构成研究。本部分按照类型化的处理方法，对中国特色社会主义法治话语分门别类，将其分为根本话语、基石话语、基本话语和具体话语四个层次，按照"党的领导——立法——执法——司法——守法"的基本范畴进行梳理，以期能够在整体上对中国特色社会主义法治话语进行体系化描述。

第四部分第十四至十七章：中国特色社会主义法治话语体系创新的运用方式研究。本部分力图考察中国特色社会主义法治话语体系的资源属性及其基本功能，并在此基础上探究中国特色社会主义法治话语体系在传播领域面临的困境和解决之道。面对西方法治话语体系将我国描绘为"非民主政体"的不当言论，通过考察中国式民主的内在合理性和基本特征，回应西方话语对我国民主政体和法治的曲解和误读，捍卫我国民主政体和法治道路的正当性，同时希望总结出中国民主法治建设能够为世界民主政治发展提供中国智慧和中国方案的话语和经验。

第一章　中国特色社会主义法治话语的概念界定与概念辨析

　　话语以表达某种信念和立场的短语及其简要的句子，宣示价值追求，凸显意识形态，实现影响人的思想、行为以至于整个社会的仪式性传播。[①] 就其一般定义而言，法治话语是一种运用法治思维创造的，以彰显法治精神、弘扬法治理想为基本功能的语言符号体系。一般来说，法治话语作为意识形态的表征符号，除具有作为内部符号话语的功能，还具有理念表达和文化教育的功能。法治话语是法治发展到一定阶段的产物。从某种意义上看，法治话语是理性的表达，法治话语的出现是人类文明进步的表现，法治话语的传播有利于法治文明的进步。唯有在实现法治的社会背景下才会有系统完整的法治话语表达。

　　由于法治语境的差异，法治话语必然呈现出不同的具体形态。法治话语作为一种法治文化现象，是一定时期的法治理论作用于社会实践的产物，具有实践性和时代性。时间、地域、文化的不同，导致不同历史阶段、不同国度人们对法治认识存在差异，从而派生出诸多不同的法治话语。法治话语凝结着人类法治思想的精华和智慧成果，是各国相互借鉴、交流的产物，但同时又必须立足本国国情，使其贴近本国实际、贴近本土生活、贴近本地群众，能为人民所掌握和运用。因而，有一国之法治，则有一国之法治话语，一国之法治话语必定要体现一国之特殊国情。

[①] 参见刘建明：《话语研究的浮华与话语理论的重构》，《新闻爱好者》2018 年第 9 期。

特定的法治话语与特定的法治文化密切相关。一个国家的法治话语根植于其法治文化当中，是法治文化的外在具体表现形式。法治文化为法治话语提供源源不断的养分，法治话语通过系统的表达将法治文化的丰富内涵呈现出来。法治话语具有现代文明的理性特征，其理性本质要求其能公正地表达理念诉求，以准确而简洁的语言表达法治理论和经验，严谨而有逻辑地对社会产生的矛盾和问题进行客观分析。从内涵上说，法治话语是法治思维的集中表达，是法治精神、法治理念、法治原则集中体现的语言符号体系。在实践中，法治话语是展示法治文化建设状况、法治发展路径和方向、法治社会存在的问题和矛盾所必不可少的表现形式和应用方式。

法治话语有着一定的内部结构。从话语内部结构来看，"话语是由两个相互依存的部分组成的，一个部分是话语内容，也就是言语者表达的思想内容；另一个部分是话语形式，也就是言语者借以表达思想的形式，这种形式就是语言"①。同样，法治话语也由内容和形式两部分组成。其中，法治话语内容主要是指法治观念和法治信仰，前者是知识、情感、意志、信念等关于法治思想观念和价值判断理性化的总和；后者是社会主体总结依法管理国家和治理社会的经验，在对法治现象理性认识的基础上自然产生的一种认同感、皈依感和神圣体验，是调整社会关系进行社会秩序安排的主流意识形态。② 当法治实践通过一定的语言形式，将法治观念传递给每一个公民，并在公民内心形成法治信仰，将进一步培育全民的法治文化。如果具备观念的和文化的基础，法治就具有了软性约束力，法治事业也将获得强大而持久的推动力。法治话语形式指的是表达法治话语内容的语言，如法治相关概念、判断，即特定的词语和句子。本书所研究的就是有这些具有中国特色的关于法治的语词和句子所构成的法治话语体系。

---

① 范晓：《语言、言语和话语》，《汉语学习》1994 年第 2 期。

② 参见季金华：《法治信仰的意义阐释》，《金陵法律评论》2015 年第 1 期。

第一节　中国特色社会主义法治话语的概念界定

中国特色社会主义法治话语是集中阐述我国法治建设实践的思想、理论、文化、语言的集合体，承载着立足于中国特色社会主义法治道路的法治思维与法治精神。其构成一个完整的体系，并具有如下特征。

其一，中国特色社会主义法治话语是法治建设的重要支撑。中国特色社会主义法治体系的完善必须辅之以相应的法治话语建设。由于在社会主义市场经济条件下，观念多元、价值观念多样，利益之间容易产生对抗和冲突，中国特色社会主义法治建设面临着诸多观念和价值上的障碍。而文化是社会的纽带和黏合剂，价值观是社会的精神支柱和行动向导，因而承载着法治文化和法治价值观的法治话语，是解决法治建设中观念差异和利益冲突对抗的有效途径。法治话语有利于对内凝聚法治建设力量。系统完整的法治话语能够有效统一复杂多元的观念和表达，有效解决价值差异和观念冲突问题，以系统法治话语倡导引领法治观念，以法治观念的不断磨合，促使人们在法治发展方向上达成高度一致的共识，从而化解潜在的各种冲突。法治建设必须以法治话语这一软件配合法律体系这一硬件，才能真正使法治深入人心。法既安天下，又润人心。

其二，中国特色社会主义法治话语的核心是法治思维。法治话语能直接反映出人民依法管理社会经济文化事务中的思维模式，即法治思维。执政党的思维选择很大程度上决定着一国的思维，我们党在新的历史时期选择将依法治国确定为党领导人民治理国家的基本方略，将依法执政确定为党治国理政的基本方式，同时大力提倡法治思维，这都是影响我国法治进程、塑造我国人民思维模式的重大历史抉择。"法治思维的主体是全国公民，但最主要的是领导干部。"① 在"依法治国"提出以前，人治思维以及特权思维泛滥，表现为"权"大于"法"的观念盛行，权力凌驾于法律之上，

---

① 吕世伦、金若山：《法治思维探析》，《北方法学》2015 年第 1 期。

枉法滥权的现象时有发生，这极大地阻碍了社会主义法治建设。党的十八大报告明确提出"法治思维"，党的中央全会的重大决定对"法治思维"做出阐述，为形成完备的中国特色社会主义法治话语提供了法治思维这一内核。"领导干部要提高运用法治思维和法治方式的能力"，要求领导干部"把对法治的尊崇、对法律的敬畏转化成思维方式和行为方式，做到在法治之下、而不是法治之外、更不是法治之上想问题、作决策、办事情"。① 法治思维实质上就是要求将法律作为判断是非的准绳，以法律作为人们的行为准则，并进而崇尚法治、尊重法律，善于运用法律手段解决问题和推进工作。法治思维的提出与日益受到重视，也使对法治话语进行系统研究有了必要。可见，法治话语以法治思维为核心，将法治思维作为其内容，二者紧密相关。

其三，中国特色社会主义法治话语集中体现法治精神。法治的关键在于"治"这一落脚点，中国的法治话语要求将法治精神覆盖治党、治国、治军各方面。其中，首要的是执政党坚持依法执政。党内法规就是用法治方式来管党治党。只有执政党在自身治理上运用法治方式，才能在国家治理上更好地运用法治方式。这是法治精神的最佳彰显。西方法治话语停留在表面的人权、民主、自由、平等上，表现的是以私有制经济和个人主义为中心的法治模式，而中国的法治话语坚持以人民主体地位、以家庭和社会为本位、以人民为中心的法治精神。中国特色社会主义法治一方面同西方法治一样秉持自由、平等、公正的价值追求，另一方面又深深扎根于源远流长的中华传统政治法律文化中，充分继承几千年国家治理的经验和追求良法善治的治理理念。因此，法治精神立场的不同导致了法治话语的根本区别。我国法治话语毫无疑问要体现以社会主义为目标、西方法治为借鉴、中华优秀传统文化为根基的社会主义法治精神。

其四，中国特色社会主义法治话语是法治理论与法治模式的高度凝练。

---

① 《习近平总书记关于全面依法治国论述摘编》，中央文献出版社 2015 年版，第 124—125 页。

我国法治话语所反映的中国特色社会主义法治模式，必须体现"深化改革、推动发展、化解矛盾、维护稳定"的目标导向，从治国理政的战略高度深刻认识和运用法治方式；同时还需要体现宪法法律至上、尊重和保障人权的宗旨，主张国家机关权力的依法行使和公民权利的有效保障，以及体现追求程序正当、重视实体公正的目的。全面深化改革背景下，构建中国特色社会主义法治话语体系，必须全面而深刻地认识中国改革的历程与经验，必须提炼出具有标志性的法治话语来推动法治中国建设。法治话语与政治话语不可能互不搭边，中国特色社会主义法治话语体系就是中国共产党带领中国人民治国理政，在法治实践中形成的话语构成的体系。这一法治话语体系是在长期坚持将马克思主义基本原理灵活运用于法治中国建设实践中产生的，是在建设和发展中国特色社会主义实践中提炼出来的。同时，这一法治话语体系是在中国特色社会主义法治理论践行和法治话语构建过程中，经过系统分析总结、反复加工而凝练成的话语体系，是在弘扬中国特色社会主义法治文化过程中创新得到的话语体系。

总的来说，中国特色社会主义法治话语体系是支撑法治建设、以法治思维为核心、集中体现法治精神，形成于建设中国特色社会主义法治道路、法治体系、法治理论、法治文化的历史进程中，能直接反映中国特色社会主义法治道路的实质、根本特点以及根本导向的话语体系。在本质上它是社会主义法治模式的中国表达，是马克思主义法治话语体系的重要组成部分。

第二节　中国特色社会主义法治话语的概念辨析

法治话语作为一个复合概念，由"法治"与"话语"两个概念结合而成。其与法治语言、法治观念、法治文化等相邻概念有着千丝万缕的联系。因此，研究中国特色社会主义法治话语体系，有必要将其与这些相邻概念进行辨析。

一、法治话语与法治语言

话语是源自语言学的概念，但话语并非语言。话语由内容与形式两个部分构成，话语形式就是语言。① 话语是在语言基础上的拓展延伸，是人们用包括肢体表达、言语表达等不同方式传递出来的语言。② 话语具有社会性，在人与人的互动过程中得到呈现和运用。"话语是语言与言语结合而成的更丰富和复杂的具体社会形态，是指与社会权力关系相互缠绕的具体言语方式。"③ 按照这种观点，法治话语就是法治的语言与言语方式结合而成的，其展现复杂丰富的经济、政治、文化等社会制度，并与特定政治意识形态形成的权力密不可分。由于话语是用于对外交流、表达一定思想的，因而法治话语就是在特定社会语境即法治社会下，为维系特定权力关系而产生的对外展开法治对话交流的工具。

法治语言是法治道路和法治理论的外在表现形式。法治话语是法治国家治国理政所依靠的法治方式之生动表达。可以说，它既是法治国家意识形态的主观表现，又是法治精神的基本表达，更是对法治国家法治文化发展历程的描述。法治文化不能脱离社会风俗和习惯。法治话语作为法治文化的言语载体，有着具体的目标群体，应当体现特定的思维习惯、价值观、信仰等深层次的民族文化特征。法治话语的表达方式受传统观念、法治发展模式和道路的影响。同时，法治话语的改变往往是由于国家和政府治理理念的改变，有时也是对国际主流法治话语的回应。

法治话语是通过语言彰显法治精神、弘扬法治理想的文字表达。法治语言作为法治活动的直接表达，具有如下特征：第一，具有同法律一样的严谨性、统一性和规范性；第二，具有一定的灵活性和适应性，能够随着法治实践的发展而不断与时俱进；第三，具有广泛的影响力。法律普

---

① 参见范晓：《语言、言语和话语》，《汉语学习》1994 年第 2 期。
② 参见《辞海》，上海辞书出版社 2009 年版，第 941 页。
③ 〔法〕福柯：《词与物：人文科学的考古学》，莫伟民译，上海三联书店 2016 年版，第 49 页。

遍适用于所有社会成员，是所有社会成员必须遵守的基本行为准则，因此法治语言需要统一和规范。为了使社会成员更好地接纳和传播，法治语言必须要简洁。法治话语作为文明社会的文明话语，其具有意识形态性、严肃性、科学性、人文性。法治话语在持续对话、互动的动态过程中，不断获得更新发展，不断为公众普遍接受和认可，进而获得持久的生命力。

法治话语与法治语言的差异可以归纳成以下几点：第一，法治话语是法治国家与法治社会特定政治意识形态语境中的特定话语模式，不仅仅局限于书面的文字表达，还有多种表征法治精神的方式，比如行为；而法治语言就只是单一的语言文字形式；第二，法治话语的存在载体多种多样，不仅包括基本的法治活动中的语言符号，还包括新闻报道、文学艺术作品传播和社会团体标语口号等弘扬法治精神的语言符号，而法治语言就只存在于法治活动中具体的文字符号，比如司法活动中固定化的文字符号；第三，法治话语作为对法治语言的延伸和扩展，其涵盖了法治语言、法治行为等法治活动和法治活动以外的范围，法治语言只是法治话语的一个组成部分；第四，法治话语更侧重于话语中法治精神、法治思维、法治理念、民主法治观念的表征，而法治语言仅仅停留在其语言的固定结构和意义本身。因此，法治话语和法治语言，一个是动态存在，一个是相对静态的存在。

二、法治话语与法治观念

观念是主体对事物主观与客观认识的系统化之集合体。① 法治观念指导着法治实践，指引着人们遵守法律、敬畏法律、信仰法治，而法治实践反过来进一步巩固法治观念。法治观念是人们关于法治的精神品格和观念性要素，其意味着人们把法律视为社会生活的基本准则，承认法律的统治，服

---

① 参见《辞海》，上海辞书出版社 2009 年版，第 763 页。

从法律的权威，信仰法律。① 法治观念形成于人们在法律实践中对法治的认识。法治观念一方面反映法治的客观本质，另一方面也是人们对法治的主观理解。所谓观念，"观"是观望，通过长时间的观望，才能形成"念"，即心中的理念。首先，人们通过贯彻和接触法治而形成心中的初步理念，并在行动中逐渐转化为对法治这一方式的信赖与信仰。这个对法治逐步认识的过程就是"观"，也是法治理念扎根于内心的一个过程。而这一过程的终点就是"念"，对于法治实践得出的体会最终形成的就是法治观念。其次，法治观念是人们对接触到的法治思想所表达出来的意识形态形成的看法。法治观念来源于法治思想，意识只是观念形成的一个基本条件，法治观念的形成来自对法治模式的思考与判断。法治具有内在稳定性与规律性，人们形成的法治观念相应地具有稳定性。法治观念一旦在人们心中形成，其稳定性会使观念逐渐转化成一种习惯。最后，法治观念体现在人们的价值观念上，即对法治的尊重、推崇和认可，一直到法治转化为人们的日常行为方式和生活理念，也就达到了法治文化的高层次、高境界。

法治国家、法治政府、法治社会建设离不开全体公民较为成熟的法治观念。作为普通公民，既要对自己拥有的权利有清醒的认识，又要对自己应尽的义务有自觉遵守的观念；作为领导干部，在基本的权利义务观念基础上，既要具备符合法治精神的权力观，也要做守法的模范，更要具有维护宪法与法律之权威的责任担当。法治观念是法治文化的基点，体现在人们的思想、行为以及对待法律制度的态度中。对法与法律的接纳、尊重、信仰构成法治观念的基础，支撑着法治社会并推动着法治进程。法治社会为社会成员法治观念的萌芽、发展与成熟提供土壤，法治观念的不断成长又支撑着法治社会的不断发展。

法治话语作为法治观念的直接表达，将法治观念的深刻含义彰显于政治、经济、文化等诸多领域。话语的核心就是观念所表达的内容，而观念以

---

① 参见周旺生、朱苏力主编：《北京大学法学百科全书：法理学·立法学·法律社会学》，北京大学出版社 2010 年版，第 399 页。值得说明的是，该法律辞典的编者认为，法治观念与法治精神、法治意识为同一概念。

语言的形式传播就是话语。法治话语作为国家、政府与公众之间的互动性话语，也是在主体之间传播互动的产物。因此，法治话语通过互动交往的过程，将法治观念逐渐向社会扩散、渗透。评价是否掌握话语权的标准在于其是否有效地实现了法治观念的传达。法治话语在呈现法治观念的过程中，不仅可以明确地表达法治观念所蕴含的法治文化与法治理想，而且能够反映出民众的法治信仰。法治观念主导着法治话语的内容，又反过来借助法治话语的表达巩固法治观念的树立。法治话语与法治观念二者相辅相成。法治话语的作用之一便是作为对外交往互动的工具。如果法治话语传达出的法治观念具有世界性的意义价值，那么这套法治话语就是具有引领性、前瞻性地位的先进话语。换言之，先进的法治观念是取得国际法治话语权的前提。法治观念的不断创新是保持国际法治话语权的必要条件之一。

西方法治观念与中国法治观念的差异造就了中西方法治话语的差异。西方国家人民的法治意识启蒙较早，法治观念更是已经根深蒂固，并确立了以自由主义为核心，以"宪政"为保障，以三权分立、司法独立、人权保障为基本特征的自由主义法治话语体系。相比之下，中国以儒家文化为根基的传统社会，以维护纲常伦理为首要目的，国家治理虽不乏典章制度，但人治色彩较为浓重。直到近现代，西方文明的传播和渗透，使中华文明逐步意识到人治盛行、法治不彰的弊端，西方传来的法治逐渐在中国发芽。改革开放后，我们逐步确立了依法治国基本方略，法治在中国受到前所未有的重视。然而，中国的法治观念虽然受西方影响而产生，法律理论和制度舶来自西方，但在解决中国自身问题的过程中也批判继承了中国传统法律文化，可以说是在继承中国传统观念、接受西方现代观念并在中国自身法治实践中融合产生的本土法治观念。中国法治在所处的背景和文化方面与西方法治有着本质差异。自古以来，中华传统文明崇尚"仁政"、"德治"、"礼"等观念，并以此为基础探寻治国理政策略。中国社会素来也崇尚风俗习惯和乡规民约，形成了重视"人情"胜于法理的社会氛围。这些观念势必对当代中国人的法治观念产生一定影响。中国的法治观念仍处于现代化进程中，不仅需要对中国的传统观念加以辨别和筛选并适当改造，也需要有选择地合理借鉴西方法治观念，最后将本土与西方法治观念融入中国特色社会主义法治实践中，形成符合我国国情、符合我国民众心理结构的新的法治观念。因此，中国特色社会主义法治话语必然与西方国家的法治话语存在本质不同。

三、法治话语与法治文化

法治文化是文化之一种。文化，是人类在漫长历史进程中创造形成的历史、地理、习俗，生活方式、宗教信仰、文学艺术、规范、制度、思维方式、价值观念等物质和精神财富。① 法治是人类在治理过程中摸索出来的，其不仅构成一种集规范制度、思维方式、价值观念、精神信仰于一体的文化，而且是人类在历史上经历无数治理模式失败之后总结出来的成功治理模式，因而具有历史性和传承性。法治文化在多个层面和不同范围内发挥着以下功能作用：一是整合作用。法治文化使社会成员在法治范围内达成一致理解，进行良好的互动沟通。二是指向作用。法治文化可以帮助社会成员明确行为的边界和底线，认识到法律就是行为的准绳，法治就是服从规则治理的事业。三是维护秩序的作用。法治文化一旦生根发芽，社会秩序由法治维系，法律具有绝对权威，社会成员内心对于法治的认可和敬畏让法治这一价值观得以维持，法治文化维系的社会秩序自然更加稳固。

法治具有文化属性，是文化存在和表现的方式之一。法治文化是一种将法视为最高权威的文化。法治文化既包括平等、自由、民主、公平等价值追求，也包括法律制度、法律观念以及自觉执法、守法、用法等实践和行为方式。更确切地说，法治文化是以法治理念和法治思维的确立为核心，在法治理念支撑下建立相应的制度、运行相应的组织机构，伴随着法治社会的建设而形成的一种文化形态和社会生活方式。不同法治国家的法治文化会有所差异，但对公平正义的执着追求，崇尚法律，将法律作为衡量人们行为的准绳，追求规则之治，则是一致的。

---

① 参见《辞海》，上海辞书出版社 2009 年版，第 2379 页。

法治话语与法治文化之间彼此映照。法治话语表征出的法治思维、观念以及精神等，究其根本均源自法治文化。没有法治文化，法治话语便无立足之地。法治文化需要法治话语作为外在表达以彰显其深刻内涵。一般来说，法治话语通过四个层次来表达和展现法治文化：法治精神和法治理念；法律制度、法治社会的管理机制；行为规则、法律规范；法律实践方式、行为习惯。一国的法治话语作为沟通互动的桥梁，成为不同法治文化交往融合的有力工具。先进的法治文化是掌握法治话语权的必要条件之一。一个国家的法治文化只有面向世界和未来，其法治话语才能在世界舞台上占据主动权。在全球化时代，一方面要承认法治文化具有国别性，另一方面也必须尝试使一国的特殊话语与国际普遍话语相融通，让全球各国承认本国的法治话语权，这就必须站在全球视角的高度，用法治文化本质上的同一性消除文化隔阂与冲突，方能实现法治话语在沟通互动上的障碍。中国传统文化理念中"和而不同"所要达到的就是这一目标。开放包容的法治文化自然会滋生出具有开放性、包容性的法治话语。我国法治文化的特点决定了我国法治话语独特的发展方向。然而，当今世界各国法治文化的发展尽管各具特点，但也存在着诸多共性，因而在推进各国法治文化交流以及国际法治建设过程中，哪个国家掌握了法治话语权，其法治文化就有了影响其他国家和国际社会的可能性，也就能为法治文化软实力的提升奠定基础。

四、法治话语与法治理想

理想，是对未来的美好想象和期望，也是期冀某一事物臻于完美境界的追求。法治理想指实行法治所期望完美达到的目的、目标和境界。① 法治理想是人类社会在治国理政实践中探索出来的远大目标。民主法治国家是全人类对未来社会的理想蓝图，实现这一宏远目标需要人类长期共同努力。法治

---

① 参见周旺生、朱苏力主编：《北京大学法学百科全书：法理学·立法学·法律社会学》，北京大学出版社 2010 年版，第 403 页。

理想是人们在总结当下社会矛盾与问题的基础上，以法律作为主要手段解决这些问题并指引我们对未来美好生活的规划。法治理想是创造法治社会的不竭动力。法治理想具有客观必然性和社会现实性。法治是世界各国治理的主流方式，是当代世界不可逆的大趋势。正因为法治社会合乎人类社会发展规律，所以全球法治也是指日可待的现实。同时，法治目标的实现受到当下经济、政治、文化等客观因素的限制，因此法治理想必须立足于法治现实。

"志须预定自远到"，中国的立国理想寄寓于法治理想当中。对于现阶段的中国而言，法治理想即把我国建设成为一个社会主义法治国家，建成一个公平、正义的法治社会，践行民主、法治和人权精神，为世界法治事业添砖加瓦。法治兴则国家兴，法治强则国家强。通过法治实现国家富强是中国梦的一部分，而且是最为关键的一部分。社会主义法治理想的目标就是依靠法治建成法治国家，最终全面实现社会主义现代化。

如果说法治理想是一个国家治国理政所期冀达成的美好状态，那么法治话语则是对法治理想及其实现方式的诉说。不同的国家拥有不同的法治理想，因而产生不同的法治话语。社会主义法治理想最终要追求社会的和谐稳定、国家的长治久安和人民的幸福安宁，社会主义法治话语表达的是社会主义法治理想。西方资本主义法治理想追求个人自由、私有财产神圣不可侵犯，西方法治话语表达的是西方资本主义法治理想。法治话语在表达法治观念和精神的同时，将法治的理想表达和传递给世人，以便逐步将理想落实于实际行动中。反过来，法治理想决定法治话语的发展方向，为法治话语的形成和完善提供源源不断的动力。

五、法治话语与法治信仰

信仰，是对某种主张、主义或事物的信奉和尊敬，并把它奉为自己的行为准则。① 法治信仰就是对法治的敬畏和信奉，并把法和法律当作行为

---

① 参见《辞海》，上海辞书出版社 2009 年版，第 2556 页。

准则。信仰是人们对生活所持的某些长期的和必须加以捍卫的根本信念。法治是人类长期以来对治国理政经验总结基础上明确追求的理想,人类社会在对法治理想的不懈追求过程中产生了法治信仰。法治信仰是人类社会为自身确立的价值目标,是为未来指明出路的精神力量。只有形成法治信仰,才能让社会思想观念具有极高的稳定性。对法治这一崇高目标的追求,让全体法治建设者团结一致、积极行动。法治信仰成为维系全社会最坚韧的纽带。它使公民有强烈的归属感,让人们自觉、自愿长期遵守法律,把依法办事内化为生活习惯、外化于行事准则。"天下之事不难于立法,而难于法之必行。"① 法律要产生社会效果,首要前提是公众的内心笃定。法治信仰引领法治观念贯穿于整个社会,让人们自然而然地对法治产生由衷的崇尚之情,积极主动地维护法律秩序。法治信仰是全面推进依法治国的精神支撑,为实现"科学立法、严格执法、公正司法、全民守法"持续提供精神力量。

法治信仰不能仅停留在抽象的信仰层面,还必须通过法治话语的表达使之转化为法治观念、法治文化、法治精神,方能外化于行。法治信仰是法治话语的灵魂支柱,是法治话语蕴含的涉及法治社会的基本价值观。缺乏法治信仰,法治话语将不成体系,更无号召力与感染力。而要培育法治信仰,就离不开法治话语。法治话语通过更深层次的宣传提升对于整个社会的法治教化,从而培育法治文化,夯实全社会的法治信仰。法治话语通过发挥促进全民普法和守法的法治教育作用,使法治信仰成为公民教育的一部分。法治话语让法治出现在民众生活的方方面面,让民众在耳濡目染和自身实践中将法治内化为一种信仰。法治话语推动法治走向每个公民的身边,丰富法治信仰的内涵,拉近其与法治信仰的距离,促进法治与民众之间的良性互动。在法治话语的熏陶下,法治意识与法治观念逐渐植根于人们内心,法治即成为民众追求未来美好生活的信仰。

---

① (明)张居正:《请稽查章奏随事考成以修实政疏》,《张居正奏疏集》(上),潘林编注,华东师范大学出版社 2014 年版,第 232 页。

第二章 中国特色社会主义法治话语体系的基本面向

当今世界是一个多元共存的世界。国家、民族、文化、社会不可避免地面临多元价值的碰撞，传统思想、文化、价值的表达方式逐渐被"解构"而表现出多样性特点。在当今世界多元化的大背景下，我们必须更加明确中国特色社会主义法治话语体系的基本意涵、基本面向以及所具有的基本特性。法治话语体系在很大程度上反映当代法治的基本面貌和走向，不同法治话语体系相互之间既有交流与借鉴，又遵循着自身历史发展的逻辑和独特的创造与个性。从词源意义上说，"中国特色社会主义法治话语"本身涵盖三个内涵丰富的词语——"中国特色"、"社会主义"及"法治话语"，每一个词语的含义都非常深刻，需要结合历史、政治、文化、社会等多方面因素进行阐释。

第一节 中国特色社会主义法治话语之"中国特色"

在推进法治中国建设，构建中国特色社会主义法治话语体系时，我们必须首先明确"中国特色"的准确内涵。法治是人类共同的一种治理方式，但是适应不同国家人民生活方式的具体法治路径则千差万别。在中国，我们所主张的是中国特色社会主义法治，既不是抽象的法治，也不是西方法治，而是植根于中国现实、解决中国问题，根源于中国历史、带有中国元素，以中国特有表达方式呈现的法治。在法治话语体系研究中，"中国"是一个需要我们认真研究的概念，"我们既需要认识传统文化意义上的中国，也需要研究现实问题引导以及法治目标实现的中国"①。

其一，"中国特色"表明法治的空间坐标，是指地理上的中国。地理上的中国界定了文化上的中国。生活在这一片名为中国的土地上的人曾经取得辉煌的成就，创造了绚烂多彩、举世瞩目的文化。因此是继承了五千年文明的中国，有着悠久的历史、光辉灿烂的文化和光荣革命传统的中国。"传统决不意味着腐朽、保守；民族性也决不是劣根性。传统是历史和文化的积淀，只能更新，不能铲除，失去传统就丧失了民族文化的特点，就失去了前进的历史与文化的基础。"② 因而，中国特色社会主义法治话语是具有历史传承的中国法治的话语，必须面向地理和文化上的中国。

中国不仅是文明古国，在政治、经济、文化方面长期领先世界，也是法制文明古国。中国有着长达三千多年历史的中华法系辗转传承，绵延不绝，形成了独具特色的中国法律传统，曾对周边国家产生广泛而深远的影响，并促进了古代世界法制的进步。现代中国正是因为充分汲取了中华法律传统所遗留下来的丰富资料和提供的宝贵经验，才显示出鲜明的"中国特色"。这是中国法治明显区别于其他国家法治的根源所在。中华法系以中国传统儒家思想为理论基础，糅合了法家、道家、阴阳家学说的精华，呈现出多元的表现形式和精神特征。中国古代社会农耕生产、宗法家族、集权政体三合一的社会存在，决定了在支配法律实践活动价值基础上的双元格局、法律规范内部的多层结构、法律规范与非法律规范互依互补的实施渠道。③ 早在公元前21世纪，中国就已经产生习惯法，春秋战国时期中国开始制定成文法，在唐朝时期形成较为完备的封建法典，并为以后历代封建王朝所传承和发展。

---

① 陈金钊：《"中国社会主义法治理论体系"之中国》，《扬州大学学报》（人文社会科学版）2016年第1期。

② 张晋藩：《中国法律的传统和近代转型》，法律出版社2005年版，第2页。

③ 参见武树臣：《论中华法系的多元性格与时代意义》，《人民论坛·学术前沿》2013年第2期。

在历史的长河中，中华法系在世界各大法系中独树一帜，古老的中国传统法治文化为人类法治文明做出了重要贡献，对当代各国法治仍然有一定的借鉴意义。中国社会的传统习惯在维持社会群体秩序、调整社会组织或社会成员关系时发挥了巨大作用。中国法律传统可以概括为：（1）引礼入法，礼法结合；（2）恭行天理，执法原情；（3）法则公平，权利等差；（4）法自君出，权尊于法；（5）家族本位，伦理法治；（6）以法治官，明职课责；（7）无讼是求，调处息争。① 这其中包含着诸多基于中国本土经验、符合中华民族特性的治理经验总结，也有一些重视法律制度、追求公平正义的合理主张。中华法系的深厚文化根基滋养着当代中国法治建设。党的十八大以来，党中央明确提出坚持依法治国和以德治国相结合。传统中华法系中有利于当代法治建设的部分得到重视，有益的经验得到传承，简洁而蕴意深刻的法谚、警句逐渐为人们熟知，中国古代奉公守法、廉洁自律、刚正不阿、执法如山、不畏强权的父母官、执法者、司法者形象也更加深入人心。尤其是将作为中华政治文明瑰宝的德法合治纳入当代服务于社会主义法治建设，这既是对传统法律文化精华的继承，也是对中华法律文化的发扬光大。

其二，"中国特色"表明法治的时间坐标，是指当代中国，是指处于全面建成小康社会、全面深化改革、全面依法治国、全面从严治党历史背景下，屹立于全球化浪潮中的中国。

"中国"是立足于全球化国际浪潮中、处于世界舞台中的现代化法治中国，不同于曾经闭关锁国、妄自尊大、闭目塞听、盲目排外的中国。在全球化时代建设中国特色社会主义法治，我们必须以更加开放的心态吸纳西方法治文明的优秀成果。党的十九大提出："坚持推动构建人类命运共同体。中国人民的梦想同各国人民的梦想息息相通，实现中国梦离不开和平的国际环境和稳定的国际秩序。""始终不渝走和平发展道路、奉行互利共赢的开放战略，坚持正确义利观，树立共同、综合、合作、可持续的新安全观，谋求开放创新、包容互惠的发展前景，促进和而不同、兼收并蓄的文明交流"，"始

---

① 参见张晋藩：《中国法律的传统和近代转型》，法律出版社 2005 年版，目录第 2—4 页。

终做世界和平的建设者、全球发展的贡献者、国际秩序的维护者"。① 中国特色社会主义法治事业具有鲜明的时代特征：其一，中国特色社会主义是开放的、积极融入国际大环境的社会主义；其二，中国特色社会主义法治海纳百川、兼收并蓄，虚心学习人类法治文明的优秀成果；其三，中国特色社会主义法治事业继往开来、与时俱进，肩负着沉重的使命，必须加快法治建设步伐，不断按照时代的变化要求调整自身发展战略，坚决推进中国特色社会主义法治体系和法治国家建设。

其三，"中国特色"表明法治建设的主体是作为特定政治实体的中国人民，而"中国各族人民将继续在中国共产党领导下，……把我国建设成为富强民主文明和谐美丽的社会主义现代化强国，实现中华民族伟大复兴"②，这就决定了中国特色社会主义法治建设不能离开中国共产党的领导，中国特色社会主义法治话语体系所面向的也正是中国共产党领导下的中国。

"中国"是指中国共产党领导的社会主义中国。中国共产党领导是中国特色社会主义最本质的特征，是中国特色社会主义制度的最大优势。这就决定了我们所进行的法治建设必须坚持党的领导，坚持人民民主专政，坚持社会主义道路，坚持马克思主义指导。违背了"四项基本原则"，也就是对中国特色的否定。坚持法治的中国特色，就是必须牢牢抓住这四个方面的要求，不断加强党的领导，不断捍卫人民当家作主地位，不断完善社会主义的各项制度，发展社会主义市场经济，发展社会主义民主，健全社会主义法治。中国特色社会主义法治话语当中的"中国"一词，涵盖了经济、政治、文化、社会、生态文明和党的建设各个方面，协调构成系统中的中国。法治中国建设与这个系统内的每一方面都息息相关、不可分割，也只有在深刻把握法治中国背景下，实现法治与经济、政治、文化、社会、生态文明、党的建设的有机结合，才能最终建成自由、民主、平等、公正的法治中国。

---

① 习近平：《决胜全面建成小康社会　夺取新时代中国特色社会主义伟大胜利——在中国共产党第十九次全国代表大会上的报告》，人民出版社 2017 年版，第 25 页。

② 《中华人民共和国宪法》序言。

第二节　中国特色社会主义法治话语之"社会主义"

在西方法治中心主义的宣传下，西方法治具有普适性，因而西方自由主义法治往往被认为等同于法治本身。受此影响，有人认为法治就是西方资本主义的东西，我们是社会主义国家，不宜使用"法治"这一提法。对此，我们必须明确，法治是与社会主义相统一的，法治不仅是完善社会主义的战略选择，而且是发展社会主义的必经之路。社会主义作为法治中国的目标和道路，一方面决定了中国法治道路的社会主义性质，另一方面指明了中国法治前进的方向。社会主义对法治理论建构等诸多重要内容具有重要影响。"社会主义"不仅是政治意识形态，还是植根、作用于国家和社会治理的理念、理论。① 中国特色社会主义法治之所以是社会主义法治，其体现在以下几方面。

其一，社会主义制度是我国法治建设的基础。我国宪法第一条明确规定："社会主义制度是中华人民共和国的根本制度。"社会主义制度是我国经济、政治、文化等各项制度的总和。发展中国特色社会主义法治，必须坚持我国社会主义经济、政治、文化制度；构建中国特色社会主义法治话语也必须立基于我国经济、政治、文化制度不动摇。坚持社会主义制度，在经济上，必须坚持社会主义初级阶段的公有制为主体、多种所有制经济共同发展的基本经济制度；在政治上，我国实行人民代表大会制度的政体，坚持和完善中国共产党领导的多党合作和政治协商制度、民族区域自治制度和基层群众自治制度；在文化上，坚持以马列主义、毛泽东思想、邓小平理论、"三个代表"重要思想、科学发展观和习近平新时代中国特色社会主义思想为指导，实行中国特色的教育、科学、文化制度，大力加强社会主义精神文明建设。习近平总书记在《加快建设社会主义法治国家》一文中强调："我国社会主义制度保证了人民当家作主的主体地位，也保证了人民在全面推进依法

---

① 参见陈金钊:《中国社会主义法治理论体系之"社会主义"》,《江汉论坛》2016 年第 6 期。

治国中的主体地位。这是我们的制度优势，也是中国特色社会主义法治区别于资本主义法治的根本所在。"①

其二，党的领导是中国特色社会主义法治最根本的保证。中国特色的法治道路彰显了法治中国建设的社会主义这一本质属性，也说明了法治中国建设本质上是社会主义建设。习近平总书记指出："党的领导是中国特色社会主义最本质的特征，是社会主义法治最根本的保证。坚持中国特色社会主义法治道路，最根本的是坚持中国共产党的领导。"② 坚持党的领导，与法治并不矛盾，因为这不是一句空的口号，而是一系列原则性要求，具体体现在党领导立法、保证执法、支持司法、带头守法各方面。原则是能够与原则相容的，只要我们明确，坚持人民民主专政的国体，坚持党领导人民建设社会主义法治，党自身在宪法法律范围内活动，就能够实现党的领导与依法治国的有机统一。而否定党的领导也就否定了中国法治建设最可靠的支撑力量；脱离了人民民主的社会主义道路，法治建设也就迷失了方向。这些都是新中国法治建设历史经验所证明的。作为社会主义法治根本要求的党的领导，是能极大推动中国法治建设的根本保障。

其三，社会主义核心价值观是我国法治建设的灵魂。中国特色社会主义法治道路涵盖人类共同的价值追求，同时也充分弘扬社会主义核心价值观。社会主义核心价值观既彰显了中国社会主义事业的本质，也表达了中国社会主义道路的关键特点，同时还为建设中国特色的法治道路提出实践目标和检验标准。社会主义法治建设的目标之一就是要将社会主义核心价值观表达的愿景逐一落实。因此，中国特色社会主义法治是弘扬社会主义核心价值观等理念的法治，是实现富强、民主、文明、和谐、美丽的法治。而且法治本来就属于社会主义核心价值观之一，与其他价值如民主、平等、自由、公正等相互依存。

其四，社会主义法治更加注重实质法治。社会主义法治更加注重平等，

---

① 习近平：《加快建设社会主义法治国家》，《求是》2015年第1期。
② 习近平：《加快建设社会主义法治国家》，《求是》2015年第1期。

坚持贯彻法律面前人人平等的原则。平等是社会主义法律的基本属性，是社会主义法治的基本要求。坚持法律面前人人平等，必须体现在立法、执法、司法、守法各个方面。社会主义法治坚持人民主体地位，坚持法治为了人民、依靠人民、造福人民、保护人民。党的十九大报告指出，"中国特色社会主义进入新时代，我国社会主要矛盾已经转化为人民日益增长的美好生活需要和不平衡不充分发展之间的矛盾"，同时，"人民美好生活需要日益广泛，不仅对物质文化生活提出了更高要求，而且在民主、法治、公平、正义、安全、环境等方面的要求日益增长"。[①] 社会主义法治的本质决定了我们必须把体现人民利益、反映人民愿望、维护人民权益、增进人民福祉落实到依法治国全过程，使法律及其实施充分体现人民意志。

第三节　中国特色社会主义法治话语之"法治话语"

法治话语是运用法治思维创造的，以彰显法治精神、弘扬法治理想为基本功能的语言符号体系。那么，中国所要构建的是怎样一种"法治话语"呢？这里有许多需要探讨的地方。

其一，中国特色社会主义法治话语是对中国自身法治实践的本土表达。中国特色社会主义法治话语从中国国情出发，既坚持法治的一般原理，充分学习借鉴西方法治精华，又坚持立足于本国国情，从我国根本制度和现实状况出发，从传统法律文化汲取养分。法治话语既要是"民族的"，也要是"世界的"，而且"只有民族的才是世界的"。中国特色社会主义法治固然是"中国的"和"社会主义的"，但是作为一种法治形态，其必须具备法治的一般特征，不能脱离法治的基本规律和基本特征。法治话语建构也必须是在与各国法治话语交流对话中寻找共同话语、突出自身特点的话语，从而实现交流

[①] 习近平：《决胜全面建成小康社会　夺取新时代中国特色社会主义伟大胜利——在中国共产党第十九次全国代表大会上的报告》，人民出版社 2017 年版，第 11 页。

互鉴。

当今世界各国面临基本相同的问题，如维护主权、社会治理、可持续发展等，法治是解决这些共性问题的主要途径和方式。法治话语作为世界各国治国理政的中心话语，完全有交流的可能性和必要性。同时，探索当今世界法治话语体系表达中所共同追求的、能反映现代政治文明的基本价值理念，将使中国特色社会主义法治话语体系建立在尊重一般规律的基础上，这就能防止法治话语体系发展为一种在思想、文化、价值上绝对孤立的自我表达；另一方面，研究探索法治话语体系的民族性，探索法治话语体系在其民族发展过程中的历史逻辑，对法治实践以及在实践基础上形成的法治话语体系进行重点研究，将充分发掘法治话语体系中的民族性特点。概言之，通过在概念上研究法治话语体系的世界性和民族性特点，既体现中国特色社会主义法治话语对法治一般规律的尊重，又充分体现了对民族本土资源的挖掘和利用，使中国特色社会主义法治话语体系实现世界性和民族性的统一。

其二，法治话语体系创新是法治理论体系成熟的关键所在。首先，法治话语体系与法治理论体系是现象和本质的关系。世界上的任何事物都是现象和本质的统一体。现象和本质是揭示客观事物内部联系和外部联系以及相互关系的一对哲学范畴。法治话语体系是法治理论体系的表现，法治理论体系是法治话语体系的基本内涵。正如马克思所言，如果事物的表现形式和事物的本质直接合二为一，那么一切科学就都成为多余的了。法治话语体系与法治理论体系必然有其各自独立的研究空间与价值，二者不可偏废。而现象与本质的统一性，则说明了法治话语体系与法治理论体系研究的可行性，使二者在各自存在独立研究价值的基础上具备相互联系的特点。其次，成熟的法治话语体系是成熟的法治理论体系的重要标志。成熟的法治理论体系需要通过成熟的法治话语体系表达出来，如果没有一定的法治话语体系作支撑，法治理论体系也很难得到准确、权威的表达，法治理论本身的逻辑性、自洽性都会受到影响，要么说不出来，要么传播不出去。再次，成熟的法治理论体系需要不断创新法治话语体系。理论体系的成熟需要通过不断创新话语体系来实现。只有通过法治话语体系的创新，提高法治话语体系的成熟度，才能正确反映法治理论体系的成熟度。

其三，法治话语体系的形成是一个漫长过程，有着不同的发展阶段。我国法治建设多受西方法治理论影响，在法治话语体系上表现为长期受制于西方法治话语体系。西方法治话语体系所表现出来的"话语霸权"，使法治话语体系的内涵和标准变得单一和片面。诚然，西方法治话语体系包含有反映现代文明的元素，这些元素在一定程度上具有共通性。正如西方文明的许多发展成果能为全人类所共享一样，西方发展出的能够体现现代文明共同性的元素也能为我们学习和借鉴，这就使反映这些现代文明元素的法治话语体系具有世界性特性。然而，随着多元世界态势的不断发展，传统意义上的单一理性、意志、真理等被逐步解构，法治的意识形态领域逐渐复杂，法治建设中的自主性意识不断强化，法治建设的本土特征逐步明显，片面、单一的法治话语体系已不能准确反映不同的思想、文化和价值，法治话语体系正逐步从普世性标准发展到地方性知识，因而法治话语体系正越来越具有鲜明的民族特性。基于法治话语体系鲜明的世界特性和民族特性，我国社会主义法治话语体系创新，必然需要从概念层面正本清源，突出法治话语体系的个性，注重我国法治发展的历史和现实逻辑，脱离西方僵化的法治话语体系，不受西方自由主义法治话语束缚而去搞一些削足适履、舍本逐末的概念引进和制度嫁接。由于我国法治建设呈现出明显的阶段性特征，因而法治话语发展历程相应地也可以分为不同阶段。

其四，法治话语最终是"批判武器"，其必须被充分运用才是"武器的批判"。"批判的武器当然不能代替武器的批判"[1] 是马克思在《〈黑格尔法哲学批判〉导言》中提出的著名思想。这启示我们，关于法治话语的研究，最终是服务于其运用上，即服务于话语的传播与功用上，即解释中国法治现实、指导中国法治发展、塑造中国法治自信。

当前我国法治话语体系受西方法治话语体系评价标准的束缚，使中国特色社会主义法治理论和实践往往得不到准确评价，甚至时常遭到歪曲与攻

---

[1] 《马克思恩格斯选集》第1卷，人民出版社2012年版，第9页。

击，我国也因此在社会主义建设中难以树立起对自身法治道路、法治理论和法治制度的自信。推进中国特色社会主义法治话语体系创新，即是摆脱西方法治话语体系束缚的关键途径。通过探索具有中国特色的社会主义法治话语体系，从而凝练中国特色社会主义法治道路、法治理论、法治体系的标识性概念，形成能准确表达中国具体法治思想、法学原理、法治文化、法治知识以及法治思维的法治话语体系新表述与新范畴，构建中国特色社会主义法治建设的评价标准，这对于增强中国特色社会主义法治自信有着极为重要的意义。概而言之，通过法治话语体系创新的研究，一方面既能摆脱西方法治话语体系霸权的影响，树立起多元世界中彰显自身民族特色的评价标准；另一方面也能准确表达中国特色社会主义法治建设的具体状况，使人们对中国道路、理论、制度、文化的认可度不断增强，真正树立起中国特色社会主义法治的道路自信、理论自信、制度自信和文化自信。

第三章　中国特色社会主义法治话语体系创新的必要性、路径与使命

　　习近平总书记在哲学社会科学工作座谈会上指出:"发挥我国哲学社会科学作用,要注意加强话语体系建设。在解读中国实践、构建中国理论上,我们应该最有发言权,但实际上我国哲学社会科学在国际上的声音还比较小,还处于有理说不出、说了传不开的境地。要善于提炼标识性概念,打造易于为国际社会所理解和接受的新概念、新范畴、新表述,引导国际学术界展开研究和讨论。"① 这一重要论述为创新中国特色社会主义法治话语体系指明了方向,提出了要求。在新时期,我们需要在明确创新中国特色社会主义法治话语体系的必要性以及其所承载的历史使命基础上,科学规划中国特色社会主义法治话语体系的创新路径,在法治建设道路上不忘初心、砥砺前行,为实现中华民族伟大复兴提供智慧、担当、勇气以及力量。

第一节　中国特色社会主义法治话语体系创新的必要性

　　创新中国特色社会主义法治话语体系是历史发展之必然。法律是治国之重器,良法是善治之前提。如果说法治是治国理政的基本方式,那么法学就是治国理政之学。我国法治理论与法治实践之间时常呈现出相互脱节的现

---

　　① 习近平:《在哲学社会科学工作座谈会上的讲话》,人民出版社 2016 年版,第 24 页。

象。自新中国成立以来，我国几乎全盘接受苏联式的法治理论，导致苏式法治话语体系主导我们的法律思维与法律实践；苏式法治理论破产后，我们又接受西方自由主义法治理论，该理论描绘了一幅西式自由民主等"普世价值"指导下法律之治的理想蓝图。然而，从我们国家七十年的治理实践进程来看，尽管经历了一段选择——探索——徘徊——发展的曲折过程，但总体说来，我国社会主义法治建设成就显著。中国特色社会主义道路自信、理论自信、制度自信和文化自信，在治国理政意义上集中体现为中国特色社会主义法治理论和法治实践自信。成熟的理论体系主要表现为成熟的话语体系，话语体系是检验理论体系是否成熟的重要标志。因此，为全面推进依法治国，总结过去治国理政经验教训，探索我国推进国家治理现代化的基本规律，创新中国特色社会主义法治话语体系，将一般性的理论原则运用于指导国家治理实践，就是一种历史的必然。

创新中国特色社会主义法治话语体系是时代发展之需要。自改革开放以来，我国坚持"四项基本原则"，在社会主义市场经济条件下开辟了一条实现国家现代化的独特道路，跃居为世界第二大经济体，"经历了从'韬光养晦'到'有所作为'的战略转变，对内确立了'两个一百年'奋斗的'中国梦'目标，对外规划了'一带一路'的战略布局，呈爆炸式增长的海外利益亟须国家法治话语体系的保障"①。然而，中国在国际上却面临"失语"、"挨骂"的现象，集中表现在自20世纪90年代以来，国际上涌现一波又一波"中国威胁论"和"中国崩溃论"的论调。中国未曾主动威胁他国，却总是被动地受着他国威胁；中国没有崩溃，反而"中国崩溃论"崩溃了。"中国威胁论"和"中国崩溃论"缺乏事实依据，但却一度广为流传，对我国外交和国家形象造成了一定负面影响。与此类似，中国法治在国际上也面临着同样的"失语"、"挨骂"现象。国际上一直流行的一套说辞认为，世界上只有民主政体和非民主政体两类。其中民主政体有多党竞争、三权分立、一人一票等标准化的制度配置，而不具备这套配置的就是非民主政体，并往往被扣上霸权政

---

① 熊正、陈彬：《中国法治话语权具有战略意义》，《人民法治》2015年第1期。

治、威权主义、无合法性等标签。[①] 可以说，这些论调都是在"非黑即白"二元对立思维下的产物，并且完全无法解释中国独特的法治实践。为准确解释我国的社会主义法治实践，在交流对话基础上实现兼容并蓄，我们必须提炼出具有"中国元素"的话语表述，以及在此基础上提出具有"中国特色"的概念、范畴、方式和范式，构建符合我国法治需求的中国特色社会主义法治话语体系。

　　创新中国特色社会主义法治话语体系是文化自信之必要。一切自信说到底都是文化自信，[②] 一切竞争到最后都是文化竞争。而文化传播主要以话语为载体。随着西方殖民体系的崩溃，一些后发现代化国家不假思索地接受了西方世界的观念体系和制度体系，法治话语与法治评价标准，成为民族国家发展过程中西方世界压制东方国家的重要法宝。创新中国特色社会主义法治话语体系，实际上是站在中华文明的主体性以及法治意识形态本土性立场，去"重新认识传统，重新认识现代，重新认识中国，重新认识世界"的问题；而不是在"中国模式"[③] 都没有认识清楚的情况下，去用西方法治话语体系"解释中国模式"，甚至当解释不通的时候，去想着怎么"改造中国模式"，将中国纳入这样那样的"普遍性"模式中去的问题。全球化并不意味着消解不同文明之间的属性差异，朝着一体化文明的方向发展，而是相反，全球化会凸显不同文明之间的属性差异。黑格尔说中国是一切例外的例外，[④] 尼采也曾说过，强调中西方文明如何相似性的比较研究都是肤浅的，心智弱的表现。[⑤] 套用西方理论讲中国故事，实际上是中国文化不独立、不成熟的表

---

① 一些典型做法，比如认为"国强必霸"，鼓吹"修昔底德陷阱"；混同"集权"与"极权"，认为集权就是独裁，不区分行政集权还是政治集权，也不考虑集权的目的是什么；混同"传统"与"落后"；混同"封建"与"专制"。

② 习近平总书记在哲学社会科学工作座谈会上指出："我们说要坚定中国特色社会主义道路自信、理论自信、制度自信，说到底是要坚定文化自信。"习近平：《在哲学社会科学工作座谈会上的讲话》，人民出版社2016年版，第17页。

③ 中国模式首先是政治制度模式，而非经济模式。

④ 参见甘阳：《通三统》，三联书店2007年版，第22页。

⑤ 参见甘阳：《通三统》，三联书店2007年版，第17页。

现，对习以为常的概念、范式、知识和方式缺乏反思的勇气，实际上是中国人独立精神的匮乏。可以说，西方自由主义法治与中国特色社会主义法治尽管存在着本质区别，但两者之间也存在着学习借鉴关系。中国特色社会主义法治话语的创新过程实际上也是文化自信的重建过程，即要从洋务运动时期"以中国为中心，以西方为方法"和五四运动以后"以西方为中心，以西方为方法"，转变为今天"以中国为中心，以中国为方法"的思维方式和表达方式。① 因此，为实现人类法治文明的共同发展，通过创新中国特色社会主义法治话语体系，凝聚中国法治建设与发展的经验具有重要的理论和实践意义。

第二节　中国特色社会主义法治话语体系创新的基本路径

法治话语体系是有关一个国家法治思想、法治文化、法治思维以及法治语言的高度总结和提炼，涉及领域横纵交错，涉及面复杂多元，在理论层面表现为系统完善的法治理论和知识谱系。可以说，法治话语体系创新是一项具有挑战性和时代性的系统工程。我们必须明确中国特色社会主义法治理论为"元理论"和"元知识"，② 并以此为指引，坚持科学、合理、有效的路径，循序渐进、稳步发展，使中国特色社会主义法治成为哈贝马斯"对话的普遍意义"上真正的在场者，借此与其他法治理念平等对话，促进法治文化间的交流与融合，为世界法治文明进步贡献中国力量。这样的理论与实践应当成为当下我国法治建设的重大任务和现实使命。具体而言，需要遵循以下基本路径。

首先，明确我国法治理论的"元知识"地位，凝聚话语权威。中国特色

---

① 参见陈娜：《以中国为中心，以中国为方法——访清华大学新闻与传播学院教授李彬》，《新闻爱好者》2014 年第 5 期。

② 喻中：《新中国成立 60 年来中国法治话语之演进》，《新疆社会科学》2009 年第 5 期；朱振：《中国特色社会主义法治话语体系的自觉建构》，《法制与社会发展》2013 年第 1 期。

社会主义法治理论来自我国法治建设实践，是我国法治模式的理论表达，是人类法治文明的最新成果和最高表达。[①] 但在现实中，西方法治理论在我国现实生活中具有较强的话语权威，西方国家被预设为"法治样板国"，被编织成乌托邦式的幻境与神话，被赋予自然先在的正当性和正确性，在这其中尤其以西方自由主义法治理论为典型代表。忽视西方法治发展和运行的基本国情、社会基础、历史文化传统以及制约条件，很容易让西方掌握法治制高点，并以其为标杆来俯视和评价一切后发现代化国家的法治实践。因此，构建我国的法治话语体系，必须从根本上扭转这种话语逆差，将社会主义法治理论作为中华民族的重要精神财富以及人类法治文明的独特贡献。[②] 这有两个方面的要求：一是将社会主义法治理论置于人类法治思想演进史中，在认识不同法治理论与法治观念差异性的基础上，肯定社会主义法治理论对人类法治文明的贡献；二是在中华法治文化源流中扬长避短，去芜取菁，汲取传统文化中优秀的话语资源，诠释中国特色社会主义法治理论在国家建设和社会发展各方面的突出作用，凝聚社会主义法治理论的表达力、解释力和说服力，并阐明社会主义法治理论对于我国法治实践和法治发展的杰出贡献，以强化社会主义法治理论的话语权威。

其次，明确"中国模式"的实践特点，总结我国法治建设、运行和发展规律。中国模式最主要的就是坚持实践理性。[③] 统筹推进改革、发展、稳定一直是我国现代化建设的基本任务，在此形势下创新中国特色社会主义法治话语体系，必然要求坚持实践主义立场，强调法是实践的智慧。[④] 与此同时，我们还需精确把握我国实践进程中的几个基本特点：其一，时代背景是社会主义初级阶段。我国正处于并将长期处于社会主义初级阶段，正在努力实现

---

① 参见王乐泉：《坚持和发展中国特色社会主义法治理论》，《中国法学》2015 年第 5 期。

② 参见顾培东：《当代中国法治话语体系的构建》，《法学研究》2012 年第 3 期。

③ 实践理性主要是指在"实事求是"的思想指导下，一切从实际出发，不搞本本主义，不断总结和汲取自己和别人的经验教训，推动大胆而又慎重的体制改革和创新。参见张维为：《中国震撼：一个"文明型"国家的崛起》，上海人民出版社 2014 年版，第 100 页。

④ 对相关问题的讨论，可参见郑永流：《实践法律观要义——以转型中的中国为出发点》，《中国法学》2010 年第 3 期。

"两个一百年"奋斗目标，致力于推进国家治理体系和治理能力现代化，致力于实现中华民族伟大复兴的"中国梦"，这是当代中国的基本国情，也是创新中国特色社会主义法治话语体系的总依据。其二，任务目标是民主化、法治化和现代化。民主化、法治化和现代化是人类历史发展的客观要求。坚持法治话语语境的中国化和本土化，处理好民主和法治之间的关系是创新中国特色社会主义法治话语体系需要解决的中心课题。其三，根本立场是坚持人民主体地位。法治是至今为止人类治国理政最好的方式，也是实现人民幸福的中心环节。坚持人民群众作为中国革命、建设和改革的主体，坚持人民群众共享革命、建设和改革的成果，坚持把增进人民福祉、促进人的自由全面发展作为创新中国特色社会主义法治话语的价值追求。[①] 其四，根本话语是"坚持党的领导、人民当家作主、依法治国有机统一"。以党的领导、人民当家作主和依法治国为逻辑起点，以政党、国家和社会三者间的相互作用为逻辑主线，将中国法治实践上升为系统化学说，将民族性和世界性相结合，从中国特殊的法治经验中总结出普遍性原则，为人类法治文明贡献中国智慧。

复次，坚持问题导向的研究方法，倡导创新型法治观。无论是规范法学方法，还是社会科学法学方法，两者都存在一定的短板和不足。前者的问题主要在于其局限于部门法视野从事某一具体法学问题的研究，忽视了法的宏观性和整体性。而中国的法治实践表明，中国法律的许多问题恰恰发生在不同学科间的交叉地带。后者的问题主要在于学术训练上的先天不足，在运用社会科学方法从事法学研究方面，还没有达到驾轻就熟的程度，往往导致"批判有余，创新不足"。为此，创新中国特色社会主义法治话语体系需要坚持问题导向，倡导创新型法治观，树立更加科学的研究方法。一方面，某一国家治理问题在西方法治理论和实践中有比较成熟的经验做法，而对于我国又是可行的，我们对其理论结合我国实际进行学习和借鉴；另一方面，也应警惕西方法治理论的政治陷阱和政治企图，不应保持"被殖民者"的心态，

---

① 参见徐俊忠：《"人民主体地位"再强调的深远意义》，《光明日报》2016年4月16日。

甘当"学术留声机"①以及"知道分子",而应树立起主体意识。具体而言,应当明确以下几点:其一,认识我国政治制度建构与发展的特殊历史进程、文化传统和社会基础,明晰我国政治制度与西方国家、苏联东欧社会主义国家的差异性;其二,关注中国社会发展的重大现实问题,如中国特色社会主义民主政治发展与完善、基层政权建设与巩固、反腐败体制与机制的健全与完善、党内民主政治生活的规范化等问题,寻求制度建设和制度创新的解决路径;②其三,法治发展历时性问题的共时性解决。中国作为后发型法治国家,"法治并非是衍生于中国传统的自发性秩序,而是通过法律移植自上而下推进的建构性秩序"③,因此,在相对不长的时间内,我国要顺利走过西方国家历经几百年走过的法治建设的漫长道路,解决法治发展过程中的一系列问题,实现"弯道超越",就必须客观认识和评价我国当前的法治建设现实,统筹问题导向和目标导向。这也是法治话语体系创新应当着重考虑的内容。

最后,拓宽国际视野,保持兼容性的话语形态。其一,深入了解世界发展大势,准确把握国际规则。全球治理体系内部存在一些不利于发展中国家的内部矛盾,现有国际舆论和传播秩序中存在着不利于发展中国家的负面报道。为此,一方面,需要准确了解西方各国出现的新的法治思想、法治观点、法治知识,做到"胸中有丘壑",既积极主动借鉴西方国家的相关理论和知识,又立足中国现实,阐明中国立场;另一方面,也需要了解国际秩序规则,将西方舆论中掩盖和淡化的法治议题凸显出来,把握中国法治发展的现实特点,强化中国法治议题设置能力,做到有的放矢,用有说服力的中国声音去讲有影响力的中国法治故事。其二,兼容并包,打造新概念、新范畴和新表述。将中国传统法律文化中的"奉法者强则国强,奉法者弱则国

---

① 毛泽东曾经有过这样一段话:"我们研究中国就要拿中国做中心,要坐在中国的身上研究世界的东西。我们有些同志有一个毛病,就是一切以外国为中心,作留声机,机械地生吞活剥地把外国的东西搬到中国来,不研究中国的特点。不研究中国的特点,而去搬外国的东西,就不能解决中国的问题"。《毛泽东文集》第2卷,人民出版社2009年版,第407页。

② 参见顾培东:《当代中国法治话语体系的构建》,《法学研究》2012年第3期。

③ 王彬:《构建中国法治话语权的意义和路径》,《人民法治》2015年第1期。

弱"①,"立善法于天下,则天下治;立善法于一国,则一国治"②,以人为本,民本主义,德主刑辅,礼法并重,强调法律的任务不仅是"禁暴惩奸",而且要"弘风阐化"等超越时空具有普遍价值和文化意义的传统话语,与权力制约、人权神圣、税收法定、财产神圣、法律面前人人平等、契约自由、言论自由、罪刑法定、正当程序、权利推定、"法无禁止即自由"等起源于西方资本主义社会,但反映人类法治文明发展一般规律的外来话语,③与中国特色社会主义法治理论结合起来。整合传统文化和现代学术话语资源,打造不仅能够"融通中外"而且能够"落地生根"的新表述、新概念,也是创新社会主义法治话语体系需要打通的一个中心环节。其三,法治话语体系创新要有预见性和科学性。一方面,成熟的话语体系不仅要符合我国法治发展的历史规律,而且要有很强的预见性,要求不仅能对我国的法治实践做出合理解说,而且能对我国社会转型和发展做出一定预测和判断,以强化社会主义法治理念对国家和社会行为的引导作用。另一方面,成熟的话语体系不仅应当包含法治理论的构成、内容,而且需要明确其适用场域、限制条件,经受历史和实践的检验,以保持和延续其生命力,④因而法治话语必须接受预见性和科学性的检验。

第三节　中国特色社会主义法治话语体系创新的使命

党的十八大以来,我国学术界越来越重视中国特色社会主义法治话语体系创新,究其原因就在于中国特色、中国气派、中国风格的科学理论需要优秀的话语资源予以承接,而优秀的话语资源承载着向外传播中国道路、理论、制度和文化自信的历史使命,因此学者们逐渐意识到了中国特色社会主

---

① 《韩非子》,赵沛注说,河南大学出版社 2008 年版,第 95 页。

② （宋）王安石:《临川先生文集》,中华书局 1959 年版,第 678 页。

③ 参见张文显:《中国特色社会主义法治理论的科学定位》,《法学》2015 年第 11 期。

④ 参见顾培东:《当代中国法治话语体系的构建》,《法学研究》2012 年第 3 期。

义法治话语创新的重要使命。具体说来有如下几方面。

第一，破除西方自由主义法治迷信，书写中国人自己的法律观，在国际上争得我国自身的法治话语权。拉德布鲁赫曾说过，每个时代必须重书它的法学，因而处在转型时期的当代中国也必须重塑自己的法律观。[①] 一个国家的法治话语依托于一个国家的法律制度体系，一个国家的法治话语权与一国的综合国力密切相关。我国现有的国际话语权与我国在国际上的经济地位完全不相称。"民主"和"市场"一直是西方世界发展的两大支柱，西方世界借助西方自由主义式的法治话语，推销西方制度，将其作为"重塑"和"演变"非西方世界的工具。西方世界对外推行民主自由化这么多年来，相继出现苏联解体、南斯拉夫崩溃，我国台湾地区经济滑坡，韩国沦为 2008 年金融危机的重灾区。第三世界国家找不到一个通过西方民主自由模式而变成现代化强国的例子。[②] 相反，那些坚持不放弃自己发展模式并不断进行模式创新的国家，如新加坡和中国，其发展则更上一层楼。习近平总书记为此专门讲到了我国制度的先进性，强调我们要"为人类对更好社会制度的探索提供中国方案"[③]。因此，必须创新中国特色社会主义法治话语体系，在国际舞台上更多地展示与宣传中国的制度优势，促进国际社会对中国尤其是中国特色社会主义法治建设新成就和法治理论新发展的认可，让我国牢牢掌握自身法治道路的解释和评判的话语主动权。

第二，维护社会主义法治意识形态安全，加强对外交流合作，提升我国的国际软实力。"软实力"这一概念由约瑟夫·奈首先提出，他认为："美国拥有庞大的软实力资源，而且能够有效地利用它们并进而达到自己的预期目标。"[④] 法治话语体系承载着符合特定阶级利益的完整严密的思想体系。"尤

---

① 转引自郑永流：《实践法律观要义——以转型中的中国为出发点》，《中国法学》2010 年第 3 期。

② 参见张维为：《中国震撼：一个"文明型"国家的崛起》，上海人民出版社 2014 年版，第 128 页。

③ 习近平：《在庆祝中国共产党成立 95 周年大会上的讲话》，《人民日报》2016 年 7 月 2 日。

④ ［美］约瑟夫·奈：《软实力》，马娟娟译，中信出版社 2013 年版，第 97 页。

其是当话语权掌握在特定人群、阶级和国家甚至是国际集团手中时，就有可能对维护其经济、政治利益产生极为重要的作用。"① 在全球化的今天，"西强我弱"的话语格局依旧未能根本转变，西方国家不断以各种方式和途径对外输出资本主义意识形态，包括资本主义法治思想和文化，因此，维护我国社会主义法治意识形态安全形势严峻。但另一方面，也不能以社会主义法治意识形态的本土性为名，拒绝全球法治对话和对外法治交流合作。有学者指出："我国内外宣传存在着两个话语体系，在国内大讲特讲马克思主义、中国特色社会主义，但在国外却刻意回避马克思主义和社会主义，只讲中国传统文化和中国改革开放。"② 因此，当前我国需要通过创新法治话语体系，来凝聚法治思想、总结法治经验、传播法治文化，积极投身于世界法治文明发展，不断"发声"以谋求发展，拓宽国际交流平台，利用国际组织等有利条件，增强国际法治话语权的"中国成分"，增强我国在国际事务中的知情权、表达权以及参议权。③

第三，继续全面推进马克思主义中国化，不断发展完善中国特色社会主义法治。创新我国社会主义法治话语体系必须坚持继承性和民族性，坚持原创性和时代性，坚持系统性和专业性，与此同时必须坚持以马克思主义为指导，并将其作为区分于其他法治话语体系的根本标准。习近平总书记在全国党校工作会议上特别强调："国内外各种敌对势力，总是企图让我们党改旗易帜、改名换姓，其要害就是企图让我们丢掉对马克思主义的信仰，丢掉对社会主义、共产主义的信念。"④ 现实中有些国人不加辨别地对西方法治话语和理论全盘接收，甚至挟洋自重，鼓吹西方资本主义意识形态。因此，如何守护好马克思主义、中国特色社会主义，理性对待各种社会思潮，成为维护我国国家安全的重要内容，为此必须时刻警惕西方意识形态的侵袭和腐蚀。

---

① 罗会德：《中国特色社会主义法治话语体系的建构》，《中共天津市委党校学报》2013 年第 5 期。

② 秦宣：《中国特色学术话语体系构建思路》，《人民论坛·学术前沿》2012 年第 11 期。

③ 参见王俊：《建立中国法治话语权需要三轮驱动》，《人民法治》2015 年第 1 期。

④ 习近平：《在全国党校工作会议上的讲话》，人民出版社 2016 年版，第 8 页。

从新中国七十年的发展历程来看，我们实现了从革命法治精神到今天提倡的社会主义法治理念的转变。① 而创新中国特色社会主义法治话语体系，需要寻求"最大公约数"来凝聚社会共识，但这并不意味着可以抛弃马克思主义、忘记共产党人的初心和使命，尤其是马克思主义最为关键的历史使命，即实现人的自由而全面发展、实现共同富裕等深刻反映社会主义核心价值追求的话语资源。这些都是绝对不能丢弃的。

① 参见喻中：《新中国成立 60 年来中国法治话语之演进》，《新疆社会科学》2009 年第 5 期。

第四章 中国特色社会主义法治话语体系创新的基本原则

一套成熟的话语体系，往往是经过长期历史实践发展积累而形成的，与社会制度、历史传统和文化积淀都有着密切关系。我国社会主义法治话语体系即是立足中国特色社会主义法治实践基础之上形成和发展的。从革命时期的法治精神到社会主义法治理念的提出，以及建设中国特色社会主义法治体系，都在一定程度上反映出特定时期的法治思维以及法治方式。

伴随着改革开放的不断深入以及对外学术交流的扩大，西方法治理论和法治话语体系以各种渠道传入我国并占据学术高地，曾一度成为法学界的主流，使马克思主义法学理论观点、中国特色社会主义法治理论以及中华优秀传统法律思想受到很大冲击和削弱。国外敌对势力借助西方法治话语体系传播西方意识形态和价值观，甚至打着超阶级、超历史的"普世价值论"旗号，企图使我国彻底西化。国内一些学者或"挟洋自重"，将西方法治理论奉为圭臬，认为西方法治理论更先进、更具有普世性；或"削足适履"，套用西方法治概念和法治话语解释中国道路、中国经验，以期解决中国问题，预测中国未来。① 面对着国际舆论西强我弱的局面没有发生根本改变，西方话语在国际学术话语体系占据主导地位的形势没有发生根本逆转，我国法学界必须保持高度的理论自觉和理论自信，增强学术创新意识，加强中国特色社

---

① 参见王伟光：《建设中国特色的哲学社会科学话语体系》，《中国社会科学报》2013 年 12 月 20 日。

会主义法治话语创新研究，运用中国化的话语体系阐释和总结中国的法治实践、法治经验、法治理论和法治道路。为此，我们在这里探讨中国特色社会主义法治话语体系创新必须遵循的基本原则，以期为中国特色社会主义法治话语体系创新奠定初步框架性前提。

第一节　坚持马克思主义指导地位原则

中国特色社会主义法治话语体系创新，必须坚持以马克思主义为指导，熟练运用马克思主义立场、观点和方法。习近平总书记明确指出："坚持以马克思主义为指导，是当代中国哲学社会科学区别于其他哲学社会科学的根本标志，必须旗帜鲜明加以坚持。"① 目前，不同法治话语之间存在矛盾，彼此争夺话语权。比如国内外一些人别有用心，利用法治话语裹挟政治企图和政治陷阱，将西方现代化道路描绘成普世性蓝图，极力推销西方"三权分立"、多党轮流执政、司法绝对独立的制度体系，完全忽视和否定我国现实国情和历史发展状况，试图割裂中国共产党领导与社会主义法治的根本一致性，进而否定中国共产党领导；试图动摇我国现行的根本政治制度和基本政治制度，进而否定中国特色社会主义道路。为有效应对法治话语权争夺的严峻形势，我国法治话语体系创新必须自觉以马克思主义为指导，深化对社会主义法治建设规律的认识，形成一系列具有标识性的法治新概念、新范畴、新表述，打造符合学术阐释规律的表达方式，以增强我国的法治道路自信、法治理论自信、法治制度自信和法治文化自信。

以马克思主义为指导，致力于中国特色社会主义法治话语体系创新，需要克服两种错误倾向：② 一种错误倾向是食古不化的"文化复古主义倾向"，即借口弘扬传统文化而否定马克思主义理论创新。对待传统文化，我们需要

① 习近平：《在哲学社会科学工作座谈会上的讲话》，人民出版社 2016 年版，第 8 页。
② 参见严书翰：《加强我国哲学社会科学话语体系建设的几个重要问题》，《党的文献》2014 年第 6 期。

有鉴别地加以对待，有扬弃地加以继承，既不能片面地厚古薄今，也不能片面地厚今薄古。另一种错误倾向是食洋不化的"外来教条主义倾向"，即照搬照抄西方的理论和话语，借口引进外国先进文化而否定马克思主义中国化。话语权具有阶级性，话语体系背后带有鲜明的阶级立场。话语理论的提出者米歇尔·福柯指出，话语即权力，人通过话语赋予自己权力。因此，对待西方法治话语，我们既不能一概拒之门外，又不能一律照单全收，要在全面分析的基础上，针对不同情况采取不同态度。中国特色社会主义法治话语体系创新，并非是指与原有话语体系完全脱节。这既是片面的，也是不现实的。我们在使用西方法治话语过程中，可以赋予有些话语以新的含义，也需要将有些不适合我国情况的话语予以舍弃。比如，人权是西方法治的核心话语，其人权的核心是以政治自由和权利为代表的第一代人权，但对于西方国家借由人权话语干涉别国内政的行为我们理当予以揭露，并强调我们尊重和保护人权，而对于发展中国家而言，人权首先是生存权和发展权。比如，民主也是西方法治话语中的核心话语，我们也在努力发展中国特色社会主义民主，但我们坚决反对西方所谓的"三权分立"、议会民主的标准化制度配置，我们主张民主价值具有不同的实践形式和实现方式，坚持人民代表大会制度这一根本政治制度不动摇。比如，对于"文明冲突"这一话语，虽然其在一定程度上反映出当今文明碰撞的现状，但这一提法隐含着西方对文明类型的划分标准以及理解上的固有范式，与我们国家主张的相互尊重、相互包容的文明观是相冲突的，因此，我们必须加以舍弃。

以马克思主义为指导，致力于中国特色社会主义法治话语体系创新，需要警惕两种错误方式：一种是生吞活剥，从理论到理论、从概念到概念，简单、机械、片面、教条地理解马克思主义经典作家的一些论述和观点，完全脱离现实以及时代特点。正如恩格斯曾强调的："马克思的整个世界观不是教义，而是方法。它提供的不是现成的教条，而是进一步研究的出发点和供这种研究使用的方法。"① 另一种错误方式是打着创新发展马克思主义的旗号，

---

① 《马克思恩格斯文集》第 10 卷，人民出版社 2009 年版，第 691 页。

实际上背离马克思主义的立场、观点、方法，背离其基本理论、基本原则，借此塞进反马克思主义学术观点的私货。① 真正坚持以马克思主义为指导，是要坚持马克思主义基本原理、方法，在联系具体国情中创造性运用，使其不断中国化、时代化。

以马克思主义为指导，进行中国特色社会主义法治话语体系创新，绝非一句空话，而是需要联系我国客观实际以及我们所处的时代背景来谈马克思主义，科学合理地对待以及辩证发展马克思主义，将其同中国的法治实践紧密结合。因此，在创新法治话语体系过程中如何坚持马克思主义，以及坚持马克思主义哪些方面等问题至关重要。我们认为，主要有三方面的要求：其一，坚持马克思主义的世界观和方法论。马克思主义是科学成熟的理论，辩证唯物主义以及历史唯物主义世界观的创立，使人类对于社会历史发展的认识有了科学的理论，为人们正确认识和改造世界提供了科学依据。② 正如列宁所言："只有把社会关系归结于生产关系，把生产关系归结于生产力的高度，才能有可靠的根据把社会形态的发展看作自然历史过程。"③ 法治作为一种治理形态，属于上层建筑的重要组成部分，取决于特定经济基础。法治的核心价值在于保护权利，但权利的实现受制于一定经济社会条件。其二，坚持无产阶级正确的立场和价值观。马克思主义是关于无产阶级以及全人类解放的学说体系。无产阶级革命的首要任务是使自己成为统治阶级，利用自己的政治统治实现生产资料的社会占有。一旦社会占有全部生产资料，阶级和阶级对立就将消除，那时取而代之的"联合体"中，"每个人的自由发展是一切人的自由发展的条件"④。在法治话语体系创新中坚持马克思主义的立场和价值观，就是要坚持以人民为中心，将人民群众的根本利益作为我国法治

---

① 参见李捷：《构建中国哲学社会科学话语体系的几点思考》，《中国社会科学报》2014年1月17日。

② 参见张宇：《中国特色社会主义经济理论体系对科学社会主义基本原则的继承与发展》，《四川大学学报》（哲学社会科学版）2008年第6期。

③ 《列宁选集》第1卷，人民出版社2012年版，第8—9页。

④ 《马克思恩格斯选集》第1卷，人民出版社2008年版，第294页。

建设和法治发展的出发点和落脚点，坚持法治为了人民，促进和实现人的全面自由发展，将促进经济社会发展和人的自由发展统一起来。其三，坚持社会主义政治制度。我国是社会主义国家，社会主义制度是我国的根本制度，国家的性质必然要求法治话语创新要始终坚持社会主义政治制度不动摇，从巩固和完善我国宪法规定的根本政治制度和基本政治制度这一立场来谋划法治话语体系创新。

第二节　立足中国法治实践、解决中国现实问题原则

中国特色社会主义法治话语体系创新，不是封闭的概念推演和逻辑论证，不是"拿来主义"，而是与我国法治实践发展息息相关的思想表达活动，关键在于立足我国法治实践、总结我国法治经验、解决我国现实问题。脱离中国法治实践，法治话语体系创新会成为无本之木、无源之水。法治发展经验为法治话语体系创新提供坚实基础，法治话语体系创新又为总结法治经验提供强大理论支撑。可以说，我国创新法治话语体系的目的就在于坚持中国法治道路、总结中国法治经验、阐释中国法治体系、完善中国法治理论，形成一批鲜明的中国特色社会主义法治话语的关键性表达，以此提升我国国际法治话语的影响力，提升国际法治话语权。为达此目标，就必须在准确理解中央精神的基础上，将政治话语转化为学术话语，将两者有机结合起来，而不能将两者割裂开来，更不能对立起来。

一方面，我们要对中国法治实践有自信。中国特色社会主义法治尽管经历了一段选择—徘徊—成长—发展的曲折过程，但总体说来成就显著。法治已经成为我国治国理政的基本方式，中国特色社会主义法律体系和中国特色社会主义法治体系业已形成并逐步完善，依法治国与以德治国相结合，以及依法执政与依宪治国等的提出并付诸实践，为中国特色社会主义法治话语提供了丰富的现实素材。中国法治实践也构成中国法治理论创新的沃土和富矿，构成中国特色社会主义法治话语的创新之源。对此，国外有识之士都有

研究的热情,"中国法治模式"、"中国法治实践与经验"、"中国法治的国际形象"等等,逐渐成为国外学界的热点话题。关于中国法治实践与经验以及中国法治道路的选择和继承,中国人最有资格也最有可能讲清楚,对此我们应当保持定力,有所担当,做出成果。

另一方面,我们需要有对中国现实问题的关怀。中国法治实践尽管取得显著成就,但不可否认的是,中国法治实践中同样存在着诸多问题。我们务必保持法学理论工作者的责任和担当,坚守问题意识,善于发现问题、勇于直面问题、敢于解决问题,而不是对问题视而不见。中国法治实践发展永无止境,理论创新也就永无止境,旧的问题得到解决,新的问题又会产生,人类正是在发现问题、解决问题中前进的。坚持问题导向,关注法治现实是我国法治话语体系创新的原动力。就目前而言,我们需要关注的主要有:其一,如何准确阐释我国政治制度和政治建构的特殊性。人民代表大会制度、中国共产党领导的多党合作和政治协商制度、民族区域自治制度和基层群众自治制度,既与西方国家不同,也和苏联、东欧等社会主义国家有着很大区别。中国特色社会主义法治必须与这些政治制度相符。这些制度决定了我国社会主义法治不同于其他国家法治的特征。我们必须用学术语言对这些中国特色的政治制度予以准确阐释。其二,法治如何回应当代中国社会发展的重大主题。传统的法治理论和知识依据自身体系和逻辑对学科或门类的界分,限制了理论的视野和知识的广延度。因此,中国特色社会主义法治话语体系创新的一个重要方向,就是利用中国社会发展的重大问题为导向,形成新的知识谱系,解决诸如中国特色社会主义民主政治制度的发展与完善、中国特色社会主义司法体制及司法运行机制的构建与完善、基层政权建设与巩固等等一系列问题。其三,如何实现法治建设历时性问题的共时性解决。①与西方国家有着悠久法治传统不同的是,中国法治建设起步晚、根基浅、任务重,具有明显的超阶段性,并因而导致各种基础性积累不足,比如社会成员普遍的

---

① 参见顾培东:《有效处理法治发展中的历时性与共时性矛盾》,《中国司法》2016 年第 2 期。

法治信仰和自觉的守法态度、全社会明确的规则意识，在当下中国社会就非常缺乏。因此，认清我国法治基础性积累不足的现实，满足法治超越性的发展，也是中国特色社会主义法治话语体系创新的着眼点所在。[①] 以上问题的解决，既需要坚持法治自信，也需要坚持问题导向，更需要更新法治观念。总之，时刻保持对中国问题的现实关怀，法治话语才能具有持久生命力。

第三节　弘扬中华文化精髓、吸收国外法治经验原则

中国特色社会主义法治话语体系创新无疑需要充分利用好中国优秀传统文化资源。中国特色社会主义法治话语体系既应体现对科学社会主义原则的坚持和发展，也应继承和弘扬中华文化的优秀基因。针对"中国特色"的宣传阐释，习近平总书记曾系统提出过"四个讲清楚"的要求，即"要讲清楚每个国家和民族的历史传统、文化积淀、基本国情不同，其发展道路必然有着自己的特色；讲清楚中华文化积淀着中华民族最深沉的精神追求，是中华民族生生不息、发展壮大的丰厚滋养；讲清楚中华优秀传统文化是中华民族的突出优势，是我们最深厚的文化软实力；讲清楚中国特色社会主义植根于中华文化沃土、反映中国人民意愿、适应中国和时代发展进步要求，有着深厚历史渊源和广泛现实基础"[②]。这就从根本方向上决定了我们在构建和创新中国特色社会主义法治话语体系时，应从哪些方面着力继承和弘扬中华文化精髓的问题。

一方面，我们需要在把握中华传统学术语言优势和特点的基础上，承继厚重的中华文化。语言作为一种表达思想和价值观念的符号是相对稳定的，具有无法割断的历史延续性。承继了厚重中华文化的传统语言具有独特优势。其一，知行合一。中华传统语言体现为理论和实践的统一，人格与学术

---

① 参见顾培东：《当代中国法治话语体系的构建》，《法学研究》2012 年第 3 期。
② 《习近平：胸怀大局把握大势着眼大事努力把宣传思想工作做得更好》，《人民日报》2013 年 8 月 21 日。

的统一。这种统一性决定了学术语言具有很强的实践性和普及性，甚至没有受过专门教育的普通百姓也能掌握并运用其核心概念。其二，具有生动性和直观性。中国传统的学术话语大多是在人生切身感悟基础上形成的，不同于西方学术语言符号化的抽象特征。这就导致中华传统学术语言与现实生活世界高度契合。其三，言不尽意。中华传统学术话语能够很好地体现出语言有限性和意义无限性之间的张力，给读者留下无限的生命感悟空间。①

另一方面，坚持法治话语语境的中国化和本土化。我国法治话语的创新需要以当代中国社会为具体场景，以中国的实际国情为基本立足点，以解决中国社会的实际问题为目标。即使我们身处法律全球化的大背景下，法治建设也必须符合中国的长远和大局利益、契合我国现有制度体系，不能背离我国社会主导性文化价值观。中国对人类法治文明的贡献在于，我们始终坚持根植于中华传统文化的独特法治形态，以自身法治模式为世界其他国家提供启示和经验。

中国特色社会主义法治话语创新既需要立足于中国实践，把握中国传统文化精髓，同时，又需要借鉴和吸收人类一切法治文明成果。中国特色社会主义法治话语体系创新应当保持兼容性的话语形态。不仅需要借鉴法治基本原理和一般常识，更为重要的是借鉴吸收法治国家成熟的法治运作经验。但在对待西方法治思想和法治资源时，我们应保持明确的自主意识，审慎运用，而不应满足和限于某些既有结论，并警惕所谓"普世性"遮掩下裹挟的政治陷阱。应当坚持马克思主义基本立场，实事求是地解剖西方学术思想和学术观点，考察某种学术主张或法治观点在特定情境中的具体含义，弄清概念或命题的真实意涵，明确所依附的社会条件，分析其与相关思想或理论体系的联系，审视潜伏于这些思想或知识资源背后的政治、经济等制度设计，注意西方国家所经常使用的"双重标准"，考虑这些法治经验和法治资源与我国其他理论、实践、制度与文化的相适应性。②

---

① 参见韩喜平：《构建具有中国特色的哲学社会科学学术话语体系》，《红旗文稿》2014年第 22 期。

② 参见顾培东：《当代中国法治话语体系的构建》，《法学研究》2012 年第 3 期。

第四节　提高法治话语体系科学化、大众化和国际化水平原则

目前，法治领域存在着三种话语形态：即总揽性、指导性的政治话语；深奥晦涩的学术话语；歧义但通俗多元的百姓话语。在话语体系上，迫切需要解决两个方面的问题：一是进一步解决广大人民群众对中国特色社会主义法治实践、法治道路和法治理论的认同问题；二是解决中国法治模式、法治形态如何更好被国际社会所理解，以扩大中国在国际社会的影响问题。当然，解决这些问题，首先需要用事实说话，但同时也需要借助以事实为基础的话语体系。可以说，法治实践是内容、是本质；法治话语则是形式、是表现。为此，我们认为需要进一步提升法治话语体系的科学化、大众化和国际化水平。

就法治话语体系的科学化而言，中国的法治实践是一个在曲折中逐步发展并与时俱进的过程。法治话语体系的科学化，包括话语形式和话语内容的科学化，具体话语科学化以及话语结构科学化。如坚持党的领导、人民当家作主、依法治国有机统一，坚持依法治国与以德治国相结合，民主的制度化和法律化，法治国家、法治政府和法治社会一体推进，依法执政，建设中国特色社会主义法治体系，建设社会主义法治国家等等一系列话语中，哪些构成根本话语、基石话语，哪些又是基本话语，它们之间是否可以形成一套逻辑严密且层次清晰的话语体系等等，就构成法治话语科学化的基本问题。法治话语体系的科学化也会推动法治理论的进一步发展。

就法治话语体系的大众化而言，涉及话语体系的根基问题。众所周知，构成当代中国法治话语的素材，既有来自西方的，也有来源于我国人民群众实践，经过法律工作者、专家学者加工改造而形成的。因此，这种话语体系的成熟程度，很大程度上取决于是否能够为广大人民群众所接受和信服，进而对社会实践产生一定的积极推动作用。那么，怎样实现中国法治话语体系的大众化？我们认为可以从以下几方面入手：其一，处理好书面话语和口头

话语的关系。书面话语应当保持其统一性、规范性和严肃性。实际生活中，老百姓更加容易接触以及更加容易理解和传播的实际上是口头话语。因此，为了得到人民群众的理解认可和接受，需要善于将严肃规范统一的书面话语转化成生动鲜明活泼的口头话语。其二，处理好官方语言和民间语言的关系。大部分的官方语言都来源于民间语言，经过加工、改造和转变才最终形成。但在实际生活中，很多人不愿意相信官方话语，有的甚至采取嘲讽和抵制态度。因此，我们必须正视这种情况，分析其产生的原因，采取切实有效措施缩短两者间的距离，加强两种语言的对接、沟通和交融。其三，处理好传统语言和新兴语言的关系。话语体系是一种自然演进的过程，即使创新也是以原有话语体系为基石和基础的。但是，由于时代的变迁以及网络等新媒体的出现，导致出现很多新鲜与时尚的语言。这种新兴语言往往会和口头语言交汇在一起，广受年轻人喜爱。因此，新兴语言的出现，既构成对传统语言的挑战，又构成传统语言发展的良好机遇。我们既要保证法治话语体系的严肃性、规范性和统一性，又要主动学习新兴语言，促进主流法治话语的创新和进步。①

就法治话语的国际化而言，通过对中国法治话语进行必要的形式上的包装与转化，使其成为外国人能够理解和听懂的语言，讲述中国法治故事，介绍中国法治现实，解释中国法治道路的来龙去脉，展示中国法治形象，使中国法治理论在世界上得到更广泛的传播。为提高法治话语的国际化水平，需要从以下几个方面入手：其一，正确认识和妥善处理共性和个性，普遍性和特殊性的关系。交往以共性为基础，在国际交往和对外传播中需要把握好一定的共性基础，以共性基础为前提阐释中国法治的特殊之处，在交流中加深理解，扩大共识。其二，在交流方式上，注意研究外国人的思维方式和习惯爱好。在对外传播过程中，要善于说故事、摆事实、讲事理，追求语言自然得体，娓娓道来的表达效果。对他们关心的问题，我们要在基本立场和方

---

① 参见李忠杰：《提高中国话语体系的科学化大众化国际化水平》，《人民论坛》2012年第12期。

针政策上不动摇，但使用语言可以尽可能柔和。其三，注重提高运用话语权的能力。主要是以下几种能力：议题设置力，即设置一些中国独有的优势议题，不要被动地只是回答问题，而要主动提出问题，设置议题；叙事框架力，即对事件的定义权、责任鉴别力、道义评判力和处置建议力；移情劝服力，即设身处地，转换角色，知己知彼，将心比心；整合传播力，既包括新闻业界的内部采、编、播等跨媒体领域的信息收集和传递能力，更包括与新闻传播共生共长、相辅相成的其他传播模式的整合实力。① 民族的，才是世界的，但也要求是以世界各国人民能够听懂、易于听懂的语言表达出来，才能够真正实现法治话语的国际传播。

---

① 参见吴旭：《话语权争夺背后的传播力差距》，《对外传播》2014 年第 5 期。

第五章　中国特色社会主义法治话语体系
创新的思想渊源

　　创新中国特色社会主义法治话语体系，必须坚持民族性与继承性相统一。其中民族性要求创新必须契合中国特色社会主义法治道路，立基于我国法治现实，体现我国独特的法治本土资源，凝聚理论特色、实践特色、民族特色和文化特色，能够为我国法治建设提供理论支撑；继承性要求创新必须立基于对优秀法学文化的批判继承，古为今用、洋为中用。结合中国实际国情，中国特色社会主义法治话语体系要在继承中实现创新，就必须以马克思主义法学思想、西方自由主义法治思想和中国传统政治思想为渊源。

第一节　马克思主义法学思想是中国特色社会主义
法治话语创新的指导思想

　　马克思主义是科学的理论，它深刻揭示了世界的物质性及其发展规律、人类社会及其发展规律、认识的本质及其发展规律，为人类社会发展进步指明方向。自诞生以来，马克思主义随着时代和实践的不断发展，愈加丰富完善，迄今依然显现着强大生命力。以马克思主义为指导思想，中国共产党在中国革命、建设和改革时期，坚持理论联系实际，不断推进马克思主义中国化和时代化，先后形成毛泽东思想、邓小平理论、"三个代表"重要思想、科学发展观和习近平新时代中国特色社会主义思想等理论成果。其中，马克思主义法学思想作为马克思主义思想理论的重要组成部分，深刻揭示了法的本质和发展规律，对我国社会主义法治建设产生了深远影响。

一、阶级矛盾不可调和下国家的产生

马克思主义法学思想立基于马克思主义阶级理论、国家理论。马克思主义认为，阶级是伴随着私有制的出现而出现的，阶级矛盾不可调和的情况下国家得以产生。恩格斯曾指出："国家并不是从来就有的。曾经有过不需要国家、而且根本不知国家和国家权力为何物的社会。"[1] 国家形成以前，社会处于一种原始状态，比如母系氏族公社，那时是没有私有制和阶级划分的，人们按照血缘关系结合起来，共同占有生产资料，共同进行生产劳动和消费，经济生活实行的是共产制。在氏族社会中，没有国家和反映国家意志的法，"没有监狱，没有诉讼，而一切都是有条有理的"[2]。由选举产生的氏族首领享有极高的权威，尽管没有任何强制手段，但依赖习惯、习俗和自身权威就能解决那时氏族社会可能发生的一切争端和纠纷，包括用战争的办法解决与外界的冲突。这种原始氏族组织及制度，是由当时的社会生产条件决定的。由于社会生产力极端低下，在大自然面前，一个人的力量极其渺小，人们为了保存自身，在获取食物、抵御猛兽、开垦土地等事务上增强自身的力量，就会自觉组织起来，互助合作，共同占有生产资料，共同劳动。但在那种情况下，人们获得的劳动成果最多只能维持其自身生存所需，没有剩余，因此，不可能出现私有财产和剥削的现象，更不会有阶级的划分。

随着生产工具的不断改进，尤其是在金属工具出现后，社会生产力得到显著提升，这使人们在生产中对组织的依赖性降低。此时开始出现个体劳动。于是，生产资料私有制出现，产品除了满足自身生存所需外开始有了剩

---

① 《马克思恩格斯文集》第 4 卷，人民出版社 2009 年版，第 193 页。
② 《马克思恩格斯文集》第 4 卷，人民出版社 2009 年版，第 111 页。

余，继而出现占有他人劳动的剥削制度，战争俘虏成为奴隶的主要来源。一夫一妻制个体家庭的出现和子女继承财产的父权制，导致财产越来越集中于家庭内部。财富上的不平等带来人类社会的不平等，尤其是在货币和货币高利贷、土地所有权和抵押制度产生后，公社内部一些贫穷的自由人开始沦为奴隶，奴隶来源不再限于战争俘虏了。① 此时拥有大量财富和奴隶的少数人依靠剥削奴隶而不再参加劳动，于是社会开始有了对立阶级的划分，"奴隶的强制性劳动构成了整个社会的上层建筑所赖以建立的基础"②。

社会出现利益相互冲突的不同阶级后，阶级间一直不断进行着公开斗争，社会矛盾日益加剧和尖锐，甚至面临消灭自身和社会的危险。在阶级矛盾不可调和之际，为减少阶级间公开斗争对社会的破坏作用，必须有某种力量在阶级之上进行统治，将以经济领域为主的各种阶级斗争限制在服从秩序的合法形式下。在部落融合的大趋势下，原本以血缘关系为依据划分的居民现在按地区来划分，人口和领土成为国家行使权力的对象和空间。在不断的对外战争中，军事首长不断强化自己的权力，最终以世袭制取代父权制，世袭王权成为社会最集中的正式代表，公共权力和国家至此建立。

二、法是国家统治阶级意志的反映，其本原是经济关系

在阶级斗争中，国家实质上是阶级压迫的暴力机器，"在马克思看来，国家是阶级统治的机关，是一个阶级压迫另一个阶级的机关，是建立一种'秩序'来抑制阶级冲突，使这种压迫合法化、固定化"③。马克思主义强调国家"专政"的属性，即在经济上占统治地位的阶级借助国家的公共权力压迫其他阶级，建立符合统治阶级意志的法秩序。历史上不管是封建君主制、封建农奴制国家，还是近代资本主义民主共和制国家，无一不是统治阶级对

---

① 参见张光博：《坚持马克思主义法律观》，吉林人民出版社 2005 年版，第 5 页。
② 《马克思恩格斯文集》第 4 卷，人民出版社 2009 年版，第 187 页。
③ 《列宁专题文集·论马克思主义》，人民出版社 2009 年版，第 198 页。

其他阶级的专政，即使是当今以民主、法治、人权自诩的资产阶级国家，其实质就是资产阶级对无产阶级的专政。另一方面，马克思主义也承认秩序在国家统治中的功能，即秩序是国家统治阶级意志的反映，直接充当着压制阶级斗争的角色。"在这种（生产）关系中占统治地位的个人，除了必须把自己的力量构建成国家外，还必须使他们的由这些特定关系所决定的意志具有国家意志即法律这种一般表现形式。"① 在这种秩序的建立过程中，法秩序的建立至关重要，所谓的"压迫合法化、固定化"，就是指压迫在法秩序中得到体现，并且要求全体成员（尤其是被统治阶级）共同严格遵守，否则国家公权力将作为法秩序的保障，对违法的成员进行强制性惩罚。那些统治阶级为巩固既得利益，借助法律这种权威形式，将习惯、传统等多种限制现状的形式再次确立下来。如此一来，法就是由国家统治阶级制定、颁布并反映统治阶级意志，规范调整社会关系，具有国家性，在国家强制力保证实施下，将阶级冲突和斗争严格限制在法的秩序内进行，从而有利于进行阶级压迫。

有学者认为，马克思主义哲学对法的本原的理解有多层含义：第一层为国家意志性，第二层为阶级意志性，但法的最终本质一定是物质制约性。② 尽管法反映的是国家意志，但法与国家都是由一定经济基础决定的上层建筑，"并不是决定和创立社会的力量，也不可能摆脱社会的制约而独立存在，它的内容只能是社会物质生活条件的客观反映"③。法根源于一定经济基础，并与之相适应，法的产生、存在和变化都是基于一定经济基础运行规律的客观要求，其内容、性质、变更和发展由一定的经济基础所决定。不同经济基础决定法的形态类型多样；经济基础决定着法，同时法对经济基础亦具有一定的反作用，一方面法律对一定的经济基础进行确认、引导、促进和保障，另一方面对其矛盾的或不相适应的经济关系或改造或摧毁或限制，这便是法

---

① [德] 马克思、恩格斯：《德意志意识形态》（节选本），人民出版社 2003 年版，第 108 页。

② 参见李龙主编：《法理学》，人民法院出版社、中国社会科学出版社 2003 年版，第 55—57 页。

③ 李龙主编：《法理学》，人民法院出版社、中国社会科学出版社 2003 年版，第 57 页。

的物质制约性。① 法的物质制约性要求统治阶级在制定法律时应尊重客观经济条件，不能脱离客观经济条件而任意制定，以确保法的主观性和客观条件相统一。

三、国家历史类型及法的演进

经济基础不断发展变化，导致新的国家历史类型不断产生。"代表奴隶制的奴隶主阶级的国家，代表农奴制或依附农奴制的封建地主阶级的国家，还有代表雇佣劳动制的资产阶级的国家，都是一个阶级压迫另一个阶级的工具。"② 以上三种国家历史形态具有共同特征：占社会人口少数的剥削者阶级压迫占社会人口多数的劳动者阶级。这个特征导致的结果是，尽管以上三种剥削阶级国家会随着生产关系的发展而逐个向前发展，资产阶级国家是最后一种剥削阶级国家形态，但代表新生产方式的广大无产阶级必然会通过阶级斗争最终战胜资产阶级，走向无产阶级专政，建立起以公有制经济为基础的社会主义国家。

马克思主义认为，法是统治阶级实行阶级压迫的重要手段。在奴隶制社会，法确认和维护奴隶主的一切权利，奴隶主不仅占有生产资料，而且占有生产劳动者本身，剥削、买卖、杀害奴隶的行为十分常见，奴隶是不被当作人来看待的，他们承担了一切义务，并且奴隶主可以任意增加其义务。在封建社会，国家按照土地这个主要生产资料占有量的标准，将社会包括奴隶在内的所有人划分为多个等级，自上而下形成金字塔式的等级统治体系。封建法通过权利义务（对统治阶级是权利，对被统治阶级是义务）的分配规定，进一步确认、维护这种封建统治关系，并且与宗教迷信、宗法体系密切配合，国家对没有土地的人们进行着从身体到精神的残酷剥削和压迫。而在资本主义社会，阶级对立更加直接，产生了资产阶级和无产阶级这两大直接对

---

① 参见李龙主编：《法理学》，人民法院出版社、中国社会科学出版社 2003 年版，第 24—28 页。

② 张光博：《坚持马克思主义法律观》，吉林人民出版社 2005 年版，第 22 页。

立的阶级,其中占有一切生产资料的资产阶级通过剥削无产阶级的劳动力获取剩余价值。在这样的经济关系下,国家需要建立起自由、平等、民主的普遍价值观念,以推动资本主义经济的繁荣发展。于是,资产阶级国家建立起多党竞争的议会制民主政体,以及以"人权"、"民主"、"平等"、"法治"等为主要法律价值观的资产阶级法制。"在这种国家中,财富是间接地但也是更可靠地运用它的权力"①,资产阶级通过资本操纵着政府和官员。尽管资产阶级法制较以往的剥削阶级国家有了很大进步,外表更加温和,但其本质依然是一种专政制度,是占人口少数的资产阶级对广大无产阶级的剥削统治。在无产阶级的持续斗争中,资产阶级可能会在某些方面有所妥协、做出让步,制定的法律对无产阶级利益予以一定的保护。但这种妥协的根本目的是为了进一步巩固资产阶级统治。当无产阶级的斗争和意志的表达不断强化,并最终达到一定程度,且这个程度足以威胁到资产阶级自身的根本利益时,资产阶级国家的民主遮羞布就会掀开,转为公开的暴力统治。

工业的发展壮大了无产阶级的规模和力量。无产阶级作为新的生产力的代表,被统治是暂时的,最终必将取得统治地位,建立无产阶级专政,逐步消灭私有制和阶级剥削,真正实现人民当家作主。此时的法律体现的依然是统治阶级意志,但已经是消灭私有制和剥削后的广大无产阶级意志,是真正的人民意志。而这里的人民与资产阶级的假"人民"有着本质区分。无产阶级争得统治地位和民主后,国家通过扩大社会主义民主形式,比如人民代表制,实现真正的人民的法治,而法治反过来进一步巩固人民民主的成果,使人民真正当家作主。当然,不管是社会主义法制还是民主,它们都决定于并服务于一定的经济基础,是解放和发展社会生产力的重要手段,而不是社会主义的最终目的。对此,邓小平曾明确指出:"社会主义的本质,是解放生产力,发展生产力,消灭剥削,消除两极分化,最终达到共同富裕。"②

---

① 《马克思恩格斯文集》第4卷,人民出版社2009年版,第192页。

② 《邓小平文选》第3卷,人民出版社1993年版,第373页。

四、马克思主义法学中国化的历程

1917 年，社会主义革命在俄国的胜利，为科学的马克思主义理论的传播奠定实践基础。在李大钊、陈独秀等知识分子的努力下，马克思主义理论开始传入中国。1938 年，毛泽东同志在党的六届六中全会上作题为《论新阶段》的政治报告，率先提出"马克思主义中国化"的概念，并要求"学会把马克思主义的理论应用于中国的具体环境"。[①] 与此同时，作为马克思主义思想理论重要组成部分的马克思主义法学思想，对我国无产阶级法制思想和社会主义法治进程产生了深远影响。

马克思、恩格斯等对法的科学论述很多，但马克思主义法学体系的建立其实开始于苏联。苏联的法学家们在吸收前人的马克思主义法学思想的基础上，创造性地构建起马克思主义法学学科体系。比如在法理学中，将法与国家联系在一起，科学阐述了法的本质、概念和起源，法与经济、政治和意识形态的关系等；在宪法学中，将国家的阶级性质放在宪法条文的第一条，规定了经济制度、公民基本权利义务实现的物质保障、国家权力机关和国家检察机关等国家机关的创建等等。这些思想理论被实践证明是科学的，推动了马克思主义法学的发展。当然，苏联法学也存在许多不足，主要是计划经济体制带来的体制问题，比如以行政手段配置资源的领域，法制建设无法正常展开；权力集中导致个人崇拜，阻碍法治进程；权利统一行使，义务则分别落实到个人，导致公民的权利意识淡薄等。[②] 新中国对苏联法学的全盘吸收，在移植科学的马克思主义法学思想理论的同时，也受到苏联法学的负面影响。但中国共产党人坚持实事求是的思想路线，在法治建设中逐渐纠正和克服苏联法学的缺点和不足，在马克思主义法学中国化道路上不断发展着马克思主义法学理论。

以毛泽东为主要代表的中国共产党人充分运用马克思主义立场、观点和

---

① 《毛泽东选集》第 2 卷，人民出版社 1991 年版，第 534 页。

② 参见张光博：《坚持马克思主义法律观》，吉林人民出版社 2005 年版，第 253 页。

方法，最终取得新民主主义革命的胜利。在新中国成立初期，面对封建主义的、资本主义的多重法制模式更替后的法律残余，如何看待这些旧法统是一件需要慎重考虑的问题。马克思曾指出，工人阶级不能把奴役他们的政治工具当成解放他们的政治工具来使用。① 这些封建的、资本主义的法律不能直接接受。于是毛泽东等人认为，中国的社会主义绝不是在过去法制基础上进行改造，无产阶级革命不仅要摧毁旧的经济关系结构，还要改变包含政治与法的关系在内的全部上层建筑，竭力打破旧宪制，建立全新的社会主义法制。1949 年中共中央发布《关于废除国民党的六法全书与确立解放区的司法原则的指示》，明确指出："人民的司法工作应该以人民的新的法律作依据，未制定之前应以共产党政策以及人民政府与人民解放军已发布的各种纲领、法律、命令、条例、决议作依据。"② 从而确立了当时司法裁判所遵循的法律原则。1949 年制定的《中国人民政治协商会议共同纲领》从根本上彻底废除了旧法统，代之以人民的法律与司法系统，同时对新民主主义国家制度及其政权组织系统做了较为明确的规定，起了临时宪法的作用。1954 年，第一届全国人大一次会议制定了新中国第一部宪法。它"不仅是对《共同纲领》的继承，而且更重要的是对共和国国家制度的进一步创新和发展，确立了我国社会主义政治、经济、社会制度的基本原则，为社会主义制度在中国的全面确立奠定了根本法基础"③。然而，自 1957 年开始，法律虚无主义思潮蔓延，国家工作重心由经济建设转移到思想战线和意识形态领域，在"踢开党委闹革命"、"打倒旧政府"、"砸烂公检法"的政治运动中，"文化大革命"悲剧上演。

党的十一届三中全会成为中国特色社会主义法治进程的新起点。以邓小平为主要代表的中国共产党人拨乱反正，及时反思总结"文化大革命"的经验教训，提出要加强社会主义民主，健全社会主义法制，使民主制度化、法

---

① 参见《马克思恩格斯选集》第 3 卷，人民出版社 2012 年版，第 52 页。

② 参见韩延龙、常兆儒：《中国新民主主义革命时期革命根据地法制文献选编》第 1 卷，中国社会科学文献出版社 1981 年版，第 87 页。

③ 公丕祥：《中国特色社会主义法治道路的时代进程》，《中国法学》2015 年第 5 期。

律化，明确要求党必须在宪法法律范围内活动，对各种形式的人治予以彻底否定，从而实现了从人治向法治的历史性变革，开创了中国厉行法治的新阶段。1979 年全国人大通过了刑法、刑事诉讼法等七部法律，尽管此时的法制建设总体上存在法律工具主义倾向，但法制建设一直是国家的重要任务并得到不断推进。1982 年宪法在深刻总结我国法治建设正反两方面经验教训的基础上，尤其是认真总结党的十一届三中全会以来我国加强社会主义法制建设的宝贵经验和好的做法，及时将其上升为宪法规定，以国家根本大法的方式确认国家法制统一原则。随后伴随着实践的发展，全国人大以宪法修正案形式对"八二宪法"进行了数次必要的充实完善，实现了宪法的与时俱进。在加强社会主义法制建设的同时，邓小平同志也着力于经济关系结构调整，科学阐述了社会主义的本质，即"解放生产力，发展生产力，消灭剥削，消除两极分化，最终达到共同富裕"①；一手抓改革开放，一手抓打击犯罪；一手抓经济建设，一手抓民主法制等等，因而走上了具有中国特色的社会主义道路。尤其是在经济体制上，邓小平摒弃传统理论的固化思维，勇于改革创新，将马克思主义与中国经济建设现实紧密结合，创造性提出建立社会主义市场经济体制，为社会主义法制的发展奠定经济基础。总之，邓小平丰富的法制思想论述，为我国后来的法治繁荣与发展做出了重要贡献，法治和法学发展由此驶上了快车道。

党的十三届四中全会以后，以江泽民为主要代表的中国共产党人，在继承邓小平法制思想的基础上，高度重视社会主义法制建设。1996 年，江泽民在一次法制讲座上首次明确提出，要"坚持依法治国"；1996 年全国人大提出了"依法治国、建设社会主义法制国家"的法治建设目标；1997 年党的十五大深刻阐释了"依法治国"的具体含义，针对"法制"与"法治"的表述之争，进一步提出"依法治国、建设社会主义法治国家"的法治建设目标；1999 年"依法治国、建设社会主义法治国家"正式写入宪法。在经济体制上，江泽民提出要继续完善社会主义市场经济体制，深刻阐明了社会主义市

① 《邓小平文选》第 3 卷，人民出版社 1993 年版，第 373 页。

场经济体制的主要特征；① 党的十四大明确提出建立社会主义市场经济体制的改革目标，以及与此目标相适应的法制建设需求，加快了 20 世纪 90 年代后我国社会经济生活领域的立法步伐。另外，在执政党建设方面，江泽民提出"三个代表"重要思想，强调从严治党，并要求将党的建设与国家民主法制建设联系起来，指出法制建设既要加强立法工作又要加强普法教育的工作思路；② 同时江泽民提出，"发展社会主义民主，同坚持党的群众观点和群众路线在本质上是一致的"③，"始终注意维护国家法制的统一性和严肃性。……维护宪法尊严和保证宪法实施，维护国家政令和法制统一"④。

党的十六大以后，以胡锦涛为主要代表的中国共产党人坚持以科学发展观统领国家发展与现代化建设全局，继续推进我国的法治建设，指出"依法治国首先是依宪治国，依法执政首先是依宪执政"，要求把坚持党的领导、人民当家作主和依法治国统一起来，确定依法执政为治国理政的基本方式⑤ 等等；要求进一步建立健全经济建设领域的法律法规，加快形成与社会主义市场经济体制相适应的中国特色社会主义法律体系。2011 年 3 月，中国特色社会主义法律体系形成，标志着国家事业各方面实现了有法可依。⑥

党的十八大以来，以习近平为主要代表的中国共产党人从坚持和发展中国特色社会主义全局出发，协调推进"四个全面"战略布局，加快社会主义法治国家建设。党的十八届三中全会强调法治国家建设必须遵循"两个坚持"的基本路径；四中全会专门研究全面依法治国，科学提出了全面推进依法治国的总目标和实现举措，在科学立法、严格执法、公正司法、全民守法四个领域做出全面部署，强调中国共产党要统一实施依法治国基本方略和依

① 参见《江泽民文选》第 1 卷，人民出版社 2006 年版，第 203 页。

② 参见《江泽民文选》第 1 卷，人民出版社 2006 年版，第 513 页。

③ 《江泽民文选》第 1 卷，人民出版社 2006 年版，第 641 页。

④ 《江泽民文选》第 1 卷，人民出版社 2006 年版，第 644 页。

⑤ 2004 年 9 月 19 日中共十六届四中全会通过的《中共中央关于加强党的执政能力建设的决定》。

⑥ 参见《中华人民共和国全国人民代表大会常务委员会公报》2011 年第 3 号，第 333 页。

法执政基本方式，并创造性地将党内法规体系纳入中国特色社会主义法治体系之中，将党的建设和法治国家建设、全面从严治党和全面依法治国统一于中国特色社会主义实践之中。2017 年 10 月，党的十九大进一步明确全面推进依法治国总目标，将"坚持全面依法治国"作为必须坚持的基本方略之一，系统提出"深化依法治国实践"的任务。① 比如强调坚持党对法治建设的统一领导，加强宪法实施，推进科学立法、民主立法、依法立法，推进依法行政，深化司法改革，建设法治社会等等。② 另外，习近平总书记在诸多公开场合的讲话中，提出了一系列新概念、新范畴、新命题、新论断、新观点、新理念，辩证科学地回答了党与法、民主与专政、活力与秩序、改革与法治、政策与法律、法律与道德、维稳和维权、信念与能力等的关系，丰富了中国特色社会主义法治理论。③ 这些重大法治理论论述，深深植根于我国法治现实，很大程度上为有效解决法治建设过程中遇到的障碍指明方向，使马克思主义法学中国化不断向前推进。

第二节　西方自由主义法治思想为中国特色社会主义法治话语体系创新提供思想借鉴

西方自由主义法治被视为人类法治的典范，为人类法治文明提供了重要内容。自近代以来，法治在西方国家不断发展，形成了自由主义法治模式。自由主义法治不仅归纳出法治的核心要义，总结了西方法治建设的一般规律，而且使法治成为人类共识。西方自由主义法治思想为我国进行社会主义法治建设提供了重要的思想借鉴。

---

① 参见习近平：《决胜全面建成小康社会　夺取新时代中国特色社会主义伟大胜利——在中国共产党第十九次全国代表大会上的报告》，人民出版社 2017 年版，第 19、38—39 页。

② 参见周叶中、汤景业：《关于深化依法治国实践的思考》，《法学杂志》2017 年第 12 期。

③ 参见张文显：《习近平法治思想研究（上）——习近平法治思想的鲜明特征》，《法制与社会发展》2016 年第 2 期。

一、法治是人类文明的重要成果

法治被人们认为是迄今为止治国理政最好的方式。法治理论最初源于西方，是西方近几百年来依靠法律治理国家的经验总结。英、美、法、德等老牌资本主义国家有着较为完善的法治理论、成熟的法律制度和丰富的法治实践，被视为法治国家的典范。西方资本主义国家的法治理论，在殖民扩张和全球化过程中向广大亚非拉美国家传播。20 世纪 50 年代，各社会主义国家也有关于法治的讨论。20 世纪 80 年代，苏共提出了社会主义法治国家思想，并影响了社会主义阵营国家。[①] 随着政治现代化波及全球，民主政治成为普遍趋势，法治也伴随着民主成为全球范围的普遍追求。法治逐渐被新兴民族主义国家和社会主义国家所接受，成为人类社会的共识。法治不再是西方国家的专利，而是逐渐成为人类文明的共同成果。

马克思等人在总结和批判资本主义法治时，也承认作为社会主义前夜的资本主义在法治上所取得的成就，认为自由主义法治是人类文明的重大进步。习近平总书记强调："法治是人类文明的重要成果之一，法治的精髓和要旨对于各国国家治理和社会治理具有普遍意义，我们要学习借鉴世界上优秀的法治文明成果。"[②] 西方自由主义法治理论固然有其特殊的一面，但在一定程度上也客观反映了法治建设的基本规律，这种规律值得我们去深入挖掘和借鉴。因此说，西方自由主义法治思想可以作为我国法治话语体系创新的重要思想借鉴。

二、西方自由主义法治思想的核心观点

所谓自由主义法治，就是以保障自由为目的的法治。概括说来，自由主

---

① 参见王人博、程燎原：《法治论》，山东人民出版社 2014 年版，第 458 页。

② 习近平：《加快建设社会主义法治国家》，《求是》2015 年第 1 期。

义法治的核心观点可以总结为：法治的目的在于保障个人自由，国家权力是对自由的最大威胁，必须建立有限政府和实行权力分立来防范权力滥用。具体说来，自由主义法治主要包含以下几方面的内容。

（一）法治的含义

法治的含义具有不确定性，即使是在自由主义语境下，法治也具有多层含义。自由主义国家对法治的理解经历了一个不断发展变化的过程，但始终以保障个人自由为核心，并由此发展出法治的内在规定性即反人治、法治的制度保障即"宪政"法治、法治的外在形式和实质内涵。

法治，英文为 rule of law，源自拉丁语 imperium legum，最初的含义为"法律的统治"，而不是人的统治。亚里士多德最早提出："法治应当优于一人之治。"① 因而法治一开始就是作为人治的对立物而存在。现代法治与自由主义在反对人治的追求上是一致的。自由主义在反对封建专制主义过程中依靠法治来对抗人治，限制君主权力和保护个人权利。

法治与自由有着密切联系。在自由主义者看来，自由不是"为所欲为"，他们坚持法治下的自由，并且认为只有在法治之下才可能有自由。霍布斯将自由定义为"外界障碍不存在的状态"②，"在法律未加规定的一切行为中，人们有自由去做自己的理性认为最有利于自己的事情"③。洛克甚至认为："哪里没有法律，那里就没有这种自由。"④ 孟德斯鸠认为："自由是做法律所许可的一切事情的权利。"⑤ 可见自由主义法治最独特的贡献在于，将自由与法治联系起来——自由是法治的目的，法治是自由的保障，法治极大地体现了自由精神。

法治与自由更紧密的联系还体现在形式法治与放任的市场经济的关系上。

---

① ［古希腊］亚里士多德：《政治学》，吴寿彭译，商务印书馆 1983 年版，第 167—168 页。
② ［英］霍布斯：《利维坦》，黎思复译，商务印书馆 1996 年版，第 97 页。
③ ［英］霍布斯：《利维坦》，黎思复译，商务印书馆 1996 年版，第 165 页。
④ ［英］洛克：《政府论》（下篇），叶启芳、瞿菊农译，商务印书馆 1996 年版，第 36 页。
⑤ ［法］孟德斯鸠：《论法的精神》，张雁深译，商务印书馆 1995 年版，第 154 页。

洛克认为，法律的目的就是指导人们自由地追逐正当利益。①从亚当·斯密开始的自由主义经济学家极力主张放任的市场经济，认为政府干预越少越好，政府应扮演"守夜人"角色。法治对放任的市场经济的保障，使市场经济具有明确性、安全性和高效率，因而形式法治极大地促进了资本主义经济发展。

以保障自由为目的的法治使政府的依法统治有了合法性。自由主义者认为，政府是对自由的最大威胁，但政府又是"必要的恶"。如何使这种恶具有正当性，赋予政府统治的正当性，只能寄希望于法治。洛克根据自然状态和社会契约理论提出了他的同意学说，认为政府的合法基础在于个人权利的合法让渡，统治应该基于被统治者的同意而进行。这与法治的要求不谋而合。法治蕴含着统治合法性的要求，政府对个人权利的干预都必须以法律为依据，而法律必须体现人民的意志，因而要求国家权力特别是行政权力必须依照法律行使。

（二）"宪政"法治

自由主义者认为，保障法治的最好机制无疑是"宪政"。因为"宪政"即"限制政府"，在他们看来，依靠宪法来限制政府权力的机制具有高度稳定性、可靠性。潘恩尤为重视宪法的重要性，"宪法是一样先于政府的东西，而政府只是宪法的产物"②，政府权力受到宪法的约束。潘恩为美国提供了"宪政"法治的范式。在"宪政"法治下，基本人权由宪法保障，政府权力受到限制且相互独立，主权始终掌握在人民手中。具体说来"宪政"法治包含着人权、权力分立、共和制等要求。

自由主义法治认为，法律尤其是宪法的首要目的是保障人权。自然法观念在西方由来已久，早期自由主义法治理论建立在自然状态论、国家契约论，特别是天赋人权基础上，认为人生而具有生命权、健康权、自由权、财

---

① "法律按其真正的含义而言与其说是限制还不如就是指导一个自由而有智慧的人去追求他的正当利益，它并不在受这法律约束的人们的一般福利范围之外做出规定。"[英]洛克：《政府论》（下篇），叶启芳、瞿菊农译，商务印书馆1996年版，第35—36页。

② 《潘恩选集》，马清槐等译，商务印书馆1982年版，第146页。

产权等不可剥夺、不可转让的天赋人权。自由主义将保护人权视为法治的首要目标，从而确立了近代法治主义的人权原则。洛克重视对个人自由权利尤其是财产权的维护。洛克发展了霍布斯的自然状态理论，坚持社会契约论，认为建立政治社会的首要目的是保护财产。① 潘恩也提出建立国家的目的是保障人权，"人进入社会并不是要使自己的处境比以前更坏，也不是要使自己具有的权利比以前更少，而是要让那些权利得到更好的保障"②。为了保障人权，人们才建立政府。而约束政府的权力，首要的就是给政府权力划定禁区即不可侵犯的人权。

法治意味着政府的权力是有限的，受到法律的限制。法治之下的权力是一种有限权力，严格依法行政的政府必然是有限政府。孟德斯鸠认为，"任何无限制的权力，不可能是合法的"③，为了防止权力滥用，政府应该"以权力制约权力"。为了进一步保障个人权利，必须将政府权力进一步划分，因而孟德斯鸠提出"三权分立"学说。"三权分立"学说主张立法权、行政权和司法权相互分离，各种权力都依法运行，而不是服从于统治者个人意志。杰斐逊等人设计了美国的分权模式，在纵向上划分联邦政府和州政府权力的界限，在横向上划分立法权、行政权、司法权三权的界限，使权力的享有和运行都服从法律。

自由主义法治认为，法治国家应该是共和制的，其实质是反对专制，主张人民的参与。哈林顿最先提出法治共和国设想，主张在共同权利或共同利益基础上建立国家，通过人民参与立法，将个人自由转化为共和国的自由。④法治共和国强调公民参与公众事务，通过辩论和决定来立法。⑤ 哈林顿的法

---

① 参见 [英] 洛克：《政府论》（下篇），叶启芳、瞿菊农译，商务印书馆 1996 年版，第 53 页。

② 《潘恩选集》，马清槐等译，商务印书馆 1982 年版，第 142 页。

③ [法] 孟德斯鸠：《波斯人信札》，罗大冈译，人民文学出版社 1958 年版，第 178 页。

④ "法律是由全体平民制定的，目的只是保护每一个平民的自由。不然，他们就是咎由自取了。通过这个办法，个人的自由便成了共和国的自由。"[英] 哈林顿：《大洋国》，何新译，商务印书馆 1981 年版，第 21 页。

⑤ "所谓均分和选择，用共和国的词汇来说，就是辩论和决定。凡是元老辩论过的任何事项，得向人民提出。经人民批准之后，就通过长老的权柄和人民的权力加以制定，两方面汇合起来就制成了法律。"[英] 哈林顿：《大洋国》，何新译，商务印书馆 1981 年版，第 25 页。

治共和国构想是以自由为最高价值准则、以法律为绝对统治的国家体制。卢梭认为法治要与共和政体相结合，"凡是实行法治的国家都是共和国"①。卢梭反对君主专制，认为专制君主"是一个把自己置于法律本身之上的人"②，主张人民主权，法律要体现公意，立法权也就是最高权力属于人民。如果政府滥用权力，作为主权者的人民可以限制、改变和收回委托给政府的权力。

（三）形式法治

根据法治所依据的法律与道德关系的密切程度，存在着不同程度的法治：形式法治强调法治所依据的法律要与道德相分离，法律要具有良好的形式；而实质法治则强调法治所依据的法律要与道德相结合，法律必须符合正义。从历史趋势来看，西方法治发达国家大抵都经历了由形式法治到实质法治的历程。

戴雪1885年出版的《英宪精义》一书，立足当时英国的主流自由主义思想，总结了英国"法的统治"原则的三个子原则：第一，法律至上与武断权力的禁止；第二，法律面前人人平等，所有人皆平等服从普通法之管辖；第三，宪法是法院执行个人权利之结果。③戴雪的法治观被视为形式法治的典范。近代以来，法治问题引发了很多学者的深入思考和广泛讨论，在较长一段时期，形式法治的观点逐渐成为人们对法治认知的共识。④分析法学派和当代自然法学派的代表人物都从法治的形式标准问题上定义法治，强调遵守规则的重要性而不过问规则的价值取向。

形式法治首先要求法律至上。基于法治的反人治目的，法治首先要求法律的至高无上性，要求树立法律的绝对权威。英国中世纪《大宪章》确立的"王在法下"的政治传统，后来不断被法学家所重述。柯克大法官认为，国王应该处于法律和大宪章之下，国王对王国的治理应该依照法律和大宪章而

---

① [法] 卢梭：《社会契约论》，何兆武译，商务印书馆1980年版，第57页。
② [法] 卢梭：《社会契约论》，何兆武译，商务印书馆1980年版，第130页。
③ 参见 [英] 戴雪：《英宪精义》，雷宾南译，中国法制出版社2001年版，第244—245页。
④ 参见高鸿钧：《现代西方法治的冲突与整合》，《清华法制论衡》第1辑。

展开。①洛克法治学说的核心在于法律至上，即将政治权威置于法的控制之下（在英国当时的表述为"王在法下"）。洛克认为："处在政府之下的人们的自由，应有长期有效的规则作为生活的准绳，这种规则为社会一切成员所共同遵守，并为社会所建立的立法机关所制定。"②卢梭认为："统治者是法律的臣仆，他的全部权力都建立于法律之上。"③潘恩认为："在专制政府中国王便是法律，同样地，在自由国家中法律便应该成为国王。"④人治下的服从是服从于人格化的统治者的意志，而法治下的服从是服从于非人格化的法律。法治的根本就在于法律的权威高于人的权威，由法律支配权力。⑤

形式法治强调法在形式上要具有普遍性。洛克强调法律必须是"确定的、经常有效的"⑥。卢梭认为法律要体现公意。约瑟夫·拉兹（Joseph Raz）认为法应该具备不溯及既往、公开明确、应相对稳定等形式特征。正因为法律具有普遍性、确定性，才能够排斥人的恣意性，才能体现法治相对于人治的优越性。

形式法治强调法在适用上的平等。自由主义虽然承认社会成员之间的自然差别，但也坚持法律面前的平等，"法律不论贫富，不论权贵和庄稼人都一视同仁，并不因特殊情况而有出入"⑦。1789年法国《人权宣言》正式确认这一原则，明确规定"法律面前人人平等，并有权享受法律的平等保护"。但这种平等是形式平等和机会平等，而不是实质平等和结果平等。

形式法治还要求法必须具有可操作性。人治之下的法往往不具有可操作性，表现为法不公开、法不确定、法自相矛盾而由统治者最终裁决。自由主义法治在形式法治阶段最突出的成就之一，就是极大地提升了法的可操作

---

① 参见李红海：《历史与神话：800年的传奇》，《中外法学》2015年第6期。

② ［英］洛克：《政府论》（下篇），叶启芳、瞿菊农译，商务印书馆1996年版，第16页。

③ ［法］卢梭：《论政治经济学》，转引自张宏生编：《西方法律思想史》，北京大学出版社1983年版，第248页。

④ 《潘恩选集》，马清槐等译，商务印书馆1982年版，第35—36页。

⑤ 参见周叶中主编：《宪法》，高等教育出版社2016年版，第92页。

⑥ ［英］洛克：《政府论》（下篇），叶启芳、瞿菊农译，商务印书馆1996年版，第85页。

⑦ ［英］洛克：《政府论》（下篇），叶启芳、瞿菊农译，商务印书馆1996年版，第88页。

性。法治所要求的法在形式上的可操作性，表现为法的公开性、确定性、一致性，法律用语的规范性，并要求不断提高立法技术和普及法律知识。法的可操作性致力于将法的实施通过一定的操作程序，与立法者或者执法者的恣意分离开来。

普遍守法是形式法治的最终要求。自由主义法治虽然主张自由，排斥外在约束，但他们也意识到只有守法才能获得自由。卢梭认为法治的前提是普遍守法，"尊重法律是第一条重要的法律"；并且普遍守法内在地要求平等，"不管一个国家的政体如何，如果在他的管辖范围内有一个人不遵守法律，其他所有的人就必然会受到这个人的任意支配。"① 甚至，自由主义法治国家认为，守法必须成为一种良好的社会公德，形成一种法治信仰。

（四）实质法治

现代实质法治观得益于积极自由观的兴起。19世纪，随着工业革命的到来，社会飞速发展所带来的社会问题，促使人们更加注重从社会整体来考虑法律和正义的问题，因而从放任自由市场经济观转向国家对经济的全面干预。基于个人主义和消极自由观的形式法治的缺陷日益暴露，自由观念由消极自由观转向积极自由观，从而导致消极自由主义法治观转向积极自由主义法治观。积极自由主义法治，要求法治不仅保障人的消极自由不被侵犯，而且要求赋予个人更多的物质条件去发展和实现自由。詹宁斯等人反对戴雪的自由放任法治观，提倡一种积极自由法治观。这个时期的积极法治在政策上最集中的体现，就是"福利国家"政策，二战后在这一基础上西欧国家建立起福利行政法。

新的自由主义法治② 进一步发展了自由主义法治，赋予法治诸多新的内

① ［法］卢梭：《论人类不平等的起源和基础》，李常山译，商务印书馆1962年版，第53页。
② 经济学上把亚当·斯密的政治经济学主张称为古典自由主义，而把强调国家干预的凯恩斯主义称为新自由主义（new liberalism）。那么对应强调国家干预和福利国家时期的法治主张可以称为新的自由主义法治。这种新自由主义是政治新自由主义，不同于后来的经济自由主义的新自由主义（neo-liberalism）。

涵。新自由主义法治秉承古典自由主义法治的诸多观念，但坚持积极自由观。基于人道主义的社会公平观念的影响，传统的形式法治在资本主义飞速发展时期越来越无法保障社会公平。形式法治导致的社会实质不公逐渐凸显，对实质法治的需求愈来愈高。因而新自由主义法治赋予法治更多的实质内涵，将公平和社会正义等价值赋予法治。与主张"最小政府"的古典自由主义法治不同，新自由主义法治主张"有效政府"。新自由主义法治超越形式法治，更强调法治的实质内涵，要求法治原则能够得到落实，权利和秩序有实质保障。1959 年《德里宣言》发布，其中提出了当时国际社会对"法治标准"的一般看法：一是立法机关的职能是创造和维持个人尊严得到维护的各种条件，并使《人权宣言》中的各项原则得到实施；二是防范行政权力滥用，同时需要政府维持法律秩序；三是有正当的刑事程序，充分保障被告辩护权、公开审判权；四是司法独立和律师自由。[1] 该宣言对于实质法治的发展具有标志性意义。

实质法治观认为，法治一词本身就应该蕴含道德要求。在法律和道德尚未划清界限的古代，法律本身具有较多的道德内涵，强调法治必然是实质法治。亚里士多德关于法治的两层含义中就有良法的要求。[2] 只是到了近代，实证主义法学的发展，法律和道德逐渐分离，自由主义法治表现出越来越多的形式法治色彩。这种形式法治发展的极端导致了诸如纳粹德国以法治之名制造的反人类暴行。拉德布鲁赫等法学家在第二次世界大战后对形式法治进行深刻反思，强调法的道德性。[3] 罗尔斯提出了包含实质法治价值取向的法治主张，他坚持自由优先、拒绝服从不正义法律以及自由应该是一种平等的自由的法治思想。[4] 拉兹提出了法治的八项原则，富勒在坚持法的道德性基

---

① 参见秦德君、张爱阳：《培植中国社会的主导精神文化》，《探索与争鸣》1999 年第 2 期。

② 亚里士多德在《政治学》中对法治的著名定义："法治应包含两重意义：已成立的法律获得普遍的服从。而大家所服从的法律又应该本身是制定的良好的法律。"参见 [古希腊] 亚里士多德：《政治学》，吴寿彭译，商务印书馆 1983 年版，第 199 页。

③ 参见 [德] 拉德布鲁赫：《法学导论》，米健译，商务印书馆 2013 年版，第 20—21 页。

④ 参见高鸿钧：《现代西方法治的冲突与整合》，《清华法制论衡》第 1 辑。

础上提出了更具实质法治色彩的法治八项原则。德沃金对纯粹的形式法治提出明确挑战，他主张道德权利，要求对那些处于弱势地位的人们提供更多法律保护，法律的原则必须反映"公平"、"正义"等价值观念。[1] 诺内特、昂格尔和哈贝马斯等的法治思想也具有新自由主义法治色彩。

（五）法治发展规律

自由主义法治形成一套系统的法治理论，在指导法治实践中也形成关于法治发展的一些规律性认识。

其一，法治是人性的需求。自由主义法治认为法治是人性的要求。这种说法是基于资本主义对人性的假设。自由主义坚持人性恶的立场，认为人与人之间、个人与社会之间有着不可调和的矛盾。人都有作恶的本能。因而要以法律来约束人。法作为具有普遍性的善，是可以遏制人性恶的。因而自由主义法治认为，法治恰恰产生于人性的需要，是以人性的善来制衡人性的恶。法治突出体现为以法律遏制公权力的恶。休谟认为，在设计任何政治制度时，应该把每个手握公共权力的人都预先视为"无赖"。同样，"如果人都是天使，就不需要政府了；如果是天使统治人，就不需要对政府有任何外在的或内在的控制了"[2]。正因为握有公权力的人有作恶的可能，因而需要以法律对政府予以外在的控制。

其二，建构理性法治与进化理性法治。建构理性（Constructivist Rationality）和进化理性（Ecological Rationality）的概念由哈耶克提出。哈耶克认为有两种观察人类行为模式的方式，即建构论理性主义和进化论理性主义。建构论理性主义认为："人生来就具有智识和道德的秉赋，这使人能够根据审慎思考而形构文明。"[3] 进化论理性主义认为："各种自由制度，如同自由所造就的所有其他的事物一般，并不是因为人们在先已预见到这些制

---

① 参见高鸿钧：《现代西方法治的冲突与整合》，《清华法制论衡》第 1 辑。
② ［美］汉密尔顿等：《联邦党人文集》，程逢如译，商务印书馆 1995 年版，第 264 页。
③ ［英］哈耶克：《自由秩序原理》（上），邓正来译，三联书店 1997 年版，第 68 页。

度所可能产生的益处以后方进行建构的。"① 因而也存在两种不同视角下法治
发展的理论，即建构理性主义法治理论和进化理性主义法治理论。建构理性
主义法治理论认为，法治的历史、现实与未来可以而且应该通过人的理性设
计和创造而得到；进化理性主义法治理论认为，法治的历史、现实与未来也
必然是由人的真实的生活经历和具体的实践纠错而形成的。② 但是不可将英
国经验主义基础上的进化理性法治和欧陆理性主义基础上的建构理性法治对
立和割裂开来，实际上任何国家法治的发展都是这两者的统一，社会主义法
治建设必须同时依靠这两者。

其三，法治建设并无固定模式，必须从各国实际情况出发。英国基于自
身独特的自由主义传统和君主制度实际，发展出英国自由主义法治。英国法
治的成功影响了其他欧美国家。但美国、法国和德国等并未照搬英国法治模
式，而是结合自身实际，探索到了适合自己的法治模式。因而在世界法治
发展史上，除英国的法治（Rule of law）模式之外，还有美国式的"宪政"
法治模式、法国的"法之国"③ 模式和德国式的法治国（Rechtsstaat）④ 模式。
不少亚非拉国家照搬西方法治模式后，不仅未能实现法治，反而遭遇种种挫
折。但凡法治发达的国家都是从本国国情出发，而照搬他国法治模式的拉美
国家等却无一成功。因此，不从自己国情出发，任何国家的法治建设都不可
能取得成功。从各自实际情况出发，是各国法治建设取得成功的共同原因，
也是法治发展的普遍规律。

西方古典自由主义法治奠定了法治的雏形，为社会主义法治提供了法
治的基本形式和法治核心精神的参考。而新自由主义法治则赋予法治以更
多实质内涵，为社会主义法治提供了价值导向上的借鉴。此外，自由主义

---

① [英] 哈耶克：《自由秩序原理》（上），邓正来译，三联书店 1997 年版，第 61 页。

② 参见李亮：《法律体系到法治体系：从"建构理性主义"到"进化理性主义"——以中
共十五大到十八届四中全会政治报告为分析基点》，《甘肃政法学院学报》2014 年第 6 期。

③ 参见李晓兵：《法国法治发展的多维考察："法之国"的法治之路》，《交大法学》2014
年第 4 期。

④ 参见刘刚：《德国"法治国"的历史由来》，《交大法学》2014 年第 4 期。

法治所揭示的法治发展的基本规律，对于社会主义法治的发展也是部分适用的。

三、社会主义法治是对西方自由主义法治的必然回应

由西方自由主义法治向社会主义法治过渡，是人类法治发展的必然。社会主义法治是针对西方自由主义法治存在的缺陷做出的回应，因而克服和超越西方自由主义法治也是必然的。

（一）辩证地看待西方自由主义法治

社会主义法治并不排斥自由主义法治的一些观点。马克思本人也将法与自由联系起来，强调"法典就是人民自由的圣经"①。但社会主义法治秉承的自由不是阶级社会少数人的自由，而是所有人的自由。社会主义法治学说主张的自由是比西方自由主义更大限度的人的自由，因而理应吸收自由主义法治的自由精神，同时超越自由主义对自由有局限性的理解。在资本主义社会，并不存在可以真正实现个人自由的"真正的集体"，只有共产主义社会"是个人自由发展的共同条件"，在那里"每个人的自由发展是一切人的自由发展的条件"。

中国特色社会主义法治体系不是一个封闭系统，而是一个具有包容性和发展性的开放体系，其在形成与发展的过程中，必然需要向西方自由主义法治体系学习。当然，这种学习并非无选择地全盘接受，而是根据我国法治现实，坚持以我为主、为我所用的学习原则，合理地借鉴与吸收。

（二）自由主义法治的局限性

自由主义法治存在着不可避免的缺陷。自由主义法治的缺陷，随着第二次世界大战后批判法学运动和对资本主义法治的反思，开始逐渐暴露出来。

---

① 《马克思恩格斯全集》第 1 卷，人民出版社 1995 年版，第 176 页。

西方在现代出现了"法治危机"。① 昂格尔指出："无论在防止政府直接压迫个人自由方面有什么功效，法治主义战略不能在工作和日常生活的基本关系中解决这些问题。"② 在西方，法治向来被视为是现代国家的灵魂，③ 但20世纪以后，随着福利国家的发展，"在立法、行政及审判中，迅速地扩张使用无固定内容的标准和一般性的条款"，导致"法治的衰落"和"后自由主义社会（现代社会）中法治的解体"。④

自由主义法治既具有普遍性又具有特殊性。西方自由主义法治理论是法治理论西方经验的总结，是西方各自由主义国家近几百年来运用法律治理国家经验的总结，在一定程度上揭示了法治的普遍规律。法治已经成为人类主流的治理模式，具有普遍性。但是西方自由主义法治是立基于西方基督教文化、市民社会、私有制和个人主义的产物。因此，西方各国法治实践总结出来的法治理论都是自身经验的产物，具有特殊性，并不适用于不具有西方宗教文化和自由主义传统的国家。

而且，自由主义法治具有虚伪性，主要表现在：其一，自由主义法治产生的经济基础是资本主义私有制。自由主义法治一开始就是为新兴资产阶级维护其私有财产服务的，其意图用法律权利来保卫资本积累的财富不被封建专制统治者肆意剥夺。自由主义法治基于权利本位，财产权被视为自由的基础。⑤ 基于私有制的自由主义法治导致资本主义社会贫富差距日益严重，并且法治本质上也正是在维护这种贫富差距。由于社会弱者很难从中获利，资

---

① 伯尔曼认为："西方法律传统像整个西方文明一样，在20世纪正经历着前所未有的危机。"[美] 伯尔曼：《法律与革命——西方法律传统的形成》，贺卫方译，中国大百科全书出版社1993年版，第38页。

② [美] 昂格尔：《现代社会中的法律》，周汉华译，中国政法大学出版社1994年版，第240页。

③ 参见 [美] 昂格尔：《现代社会中的法律》，周汉华译，中国政法大学出版社1994年版，第180页。

④ 孙国华：《社会主义法治论》，法律出版社2002年版，第57页。

⑤ 洛克赋财产权以独特的地位，甚至有学者认为洛克主张"国家是一个由财产所有者组成的社会"。Laski, The Rise of European Liberalism, p.156. 转引自 [美] 布雷恩·Z. 塔玛纳哈：《论法治——历史、政治和理论》，李桂林译，武汉大学出版社2010年版，第63页。

本主义法治是使少数人获利的不公平游戏。恩格斯早就指出，在资本主义社会，法律面前人人平等具有虚伪性，"法律上的平等就是在富人和穷人不平等的前提下的平等，即限制在目前主要的不平等范围内的平等，简单说，就是简直把不平等叫平等"①。其二，自由主义法治所主张的正义也只是形式正义，不可能是真正的正义，"形式正义有助于那些把持经济权力的人们"，因而它们"把形式合理性的司法视为'自由'的保障"。② 其三，自由主义法治自称其法律具有普遍性，但是在阶级社会，法律只是统治阶级意志的体现。其四，自由主义法治所要求的守法也不具有普遍性。资本主义社会的普遍守法，表现为要求无产阶级服从既定的剥削关系。资产阶级因为有了阶级特权，恰恰可以不受法律束缚。

（三）自由主义法治各项原则之间存在着矛盾

在自由主义法治的各项原则中，法治与平等的矛盾尤为明显。保守的自由主义者认为，早期启蒙思想家所主张的"人人生而平等"是一种不可能实现的假想状态，不平等才是普遍必然的，不平等具有合理性，因为它是自由竞争的结果，是保障效率的必要手段。而19世纪以来，自由主义法治带有很浓厚的保守主义色彩。作为保守主义者的先驱，伯克不认同"人人生而平等"的自然权利观念，认为法律只是保障自由，并不需要去保障平等，公民社会的不平等才是合乎自然而且合理的。

自由与民主的矛盾贯穿自由主义法治发展的始终。自由主义强调个人的独特性，而法治和民主则要求法的普遍性。作为激进民主倡导者的卢梭主张人民主权和平等，他认为公意高于一切，是不受限制的。与卢梭相反，杰斐逊等人主张捍卫少数人的权利，"虽然在任何情况下都应该以大多数人的意志为重，但是那个意志必须是合理的才能站得住脚，而且少数人也享有同样

---

① 《马克思恩格斯全集》第2卷，人民出版社1957年版，第648页。

② Max Weber, *Max Weber on Law in Economy and Society*. Harvard University Press，1966，pp.228–229. 转引自高鸿钧：《现代西方法治的冲突与整合》，载《清华法制论衡》第1辑。

的权利，必须受平等的法律保护，如果加以侵犯就是压迫"①。当法治与民主发生冲突，民主优先极有可能导致托克维尔所说的"多数人的专制"。自由主义本身蕴含的个人独特性与法的普遍性的矛盾，贯穿自由主义发展的始终。虽然自由主义在一定程度上催生了法治，促进了法治的发展。但是随着启蒙运动的发展，对民主的需求成为时代主流。当民主成为不可阻挡的趋势并将矛头指向自由时，自由又立刻和民主划清界限。因而，在自由主义法治下，自由与民主之间也存在着矛盾。

自由主义法治下的形式法治与实质法治也难以统一起来。因为自由主义法治所追求的形式法治，是保障资本特权的自由而不是实质正义，要保障实质正义就必然要在一定程度上否定自由主义的形式法治。传统形式法治考虑更多的是私人领域不受国家非法干预，而实质法治则意味着国家权力必须进入那些过去属于个人的私人领域，同时又开拓出一些不属于个人的新领域，国家要更加充分发挥其职能，以保障个人自由的实现。消极自由与积极自由的矛盾，转化成形式法治和实质法治的矛盾。这种矛盾在资本主义制度下是无法克服的，资本主义的形式法治与实质法治也无法统一。

总之，自由主义法治体系是一个复杂的矛盾综合体。只有对西方自由主义法治的特殊性、局限性、虚伪性和内在矛盾有着清晰的认识，才能够使我们在法治建设道路上少走弯路。

（四）立基于公有制的社会主义法治具有优越性

与资本主义私有制基础上发展形成的法治相比，社会主义法治始终坚持公有制基础上的法治，更加强调法的普遍性。作为上层建筑的社会主义法治理论与西方资本主义法治理论的最大不同，在于经济体制的差异。在社会主义条件下，公有制与人民主体地位对社会主义法治在法的普遍性方面提出更高要求：法是最广大人民意志的体现，而非少数有产阶级意志的体现，因而法具有更普遍的民意基础。社会主义法治下的普遍守法更进一步强调："任

---

① 《杰斐逊选集》，朱曾汶译，商务印书馆2011年版，第318页。

何组织或者个人都不得有超越宪法和法律的特权。"社会主义法治与人民当家作主结合起来,对社会主义法治在守法方面提出了更高要求,要求确立宪法和法律的权威,反对任何形式的特权,真正实现法律面前人人平等。

社会主义法治所要保障的自由是最大多数人的自由。资产阶级自由思想一开始是反对封建专制的,具有进步性,它极大地促进了人的解放。但资本主义私有制下的自由,存在以下三个方面的缺陷:首先,资本主义制度保障的是少数人即有产者的自由;其次,资本主义自由实质上是有限的自由,即仅限于自由贸易和自由雇佣;最后,资本主义自由是形式的自由,是虚假的自由。这种虚假自由的局限性在历史上不断暴露,因而西方自由主义法治不断遭受非法治因素的挑战。社会主义法治所保障的自由不是少数人的自由,而是最大多数人的自由。社会主义法治学说主张的自由是比西方自由主义更大限度的人的自由,它以实现全人类的自由而全面的发展为目标。

社会主义法治是形式法治与实质法治的统一,是良法之治。在马克思主义法治观看来,法治的实体与形式是两个不可分割的方面。①没有形式法治,实质法治没有依托,不具有可操作性;没有实质价值,法治的形式就失去方向,没有价值归依。社会主义法治是实体与形式的统一。社会主义的良法之治是真正的实质法治,是对西方自由主义各种以"形式合法性"、"程序正义"为要义的形式主义法治的超越。"法律是治国之重器,良法是善治之前提",中国法治作为现代社会主义法治,不仅应当是形式上的法律之治,更应当是实质上的良法之治。②

社会主义法治坚持人民当家作主和依法治国的统一,从而调和了法治与民主的冲突。人民代表大会制度是我国的根本政治制度,人民通过该制度依法参加国家政治生活,共同管理国家事务,依法治国是这一根本政治制度保证落实的重要基础。此外,依法治国要求发挥人民的主体地位,要求人民维护宪法和法律的权威,充分反映人民共同意志。

---

① 参见王人博、程燎原:《法治论》,山东人民出版社 2014 年版,第 112 页。

② 参见张文显:《习近平法治思想研究(中)——习近平法治思想的一般理论》,《法制与社会发展》2016 年第 3 期。

社会主义法治并不是对西方自由主义法治理论的全盘否定，而是高于资本主义法治的法治形态。黑格尔指出："对于一个哲学体系加以真正的推翻，即在于揭示出这体系的原则所包含的矛盾，而将这原则降为理念的一个较高的具体形式中组成的理想环节。"① 那么，我们对资本主义法治的认识，也应该沿着这样的逻辑发展过程，即揭示出资本主义法治体系诸原则所包含的矛盾，并以超越资本主义局限性的方式解决这些原则之间的矛盾。社会主义法治不是建立在空地上，而是在人类现有法治成果基础上的进一步深化发展，因而必须借鉴资本主义法治的思想理论资源。而且，构成社会主义法治的诸原则，因为与社会主义实践相结合，所以与立足于资本主义社会实践的资本主义法治原则存在根本不同。因此，社会主义法治通过对法治发展到资本主义阶段所暴露的缺陷予以回应，使法治这种政治文明形态发展到更高阶段。

第三节　中国传统政治思想为中国特色社会主义法治话语体系创新提供重要养分

中国是世界四大文明古国之一，而且是四大文明古国中文明从未中断过的唯一国家。中华民族是具有悠久历史的伟大民族，博大精深的中国文化延续数千年，未曾断绝。中华文明是礼乐文明，施行礼乐教化，推崇仁义礼智信。"我国古代法制蕴含着十分丰富的智慧和资源，中华法系在世界几大法系中独树一帜。要注意研究我国古代法制传统和成败得失，挖掘和传承中华法律文化精华，汲取营养、择善而用。"② 中国传统政治思想是其重要组成部分，我们在新时代建设中国特色社会主义法治国家过程中，无疑必须从传统中国优秀文化中汲取养分。

---

① ［德］黑格尔：《小逻辑》，贺麟译，商务印书馆 1981 年版，第 200 页。

② 习近平：《加快建设社会主义法治国家》，《求是》2015 年第 1 期。

一、中国传统政治思想具有优秀的文化基因

中国历史上有许多杰出的政治家、思想家，他们利用中国传统政治思想治理国家，实现太平盛世，让百姓安居乐业。因此，这些优秀的思想主张理应被当代中国所继承并加以弘扬，从而为法治中国建设提供思想给养。

（一）中国古代之民本思想

民本思想是儒家的传统思想，是中国古代政治思想的重要内容。民本的内涵随着朝代更迭、时代变迁而被各朝各代的政治家和思想家不断发展。"民"在中国古代政治思想中占据核心位置。中国古代政治进程在根本上受到"民惟邦本"这一关键理念的深刻影响。民本思想一方面表达了中国古代政治家的政治立场，即对人民在国家中处于根本地位的明确定性。另一方面这也是中国古代政治哲学的起点，也就是必须将人民作为政治活动的中心。

商朝的王和百姓都崇尚天和祖先，而这二者都与民本思想有关。因为"民"与"君"都必须服从于"天命"和"祖先"。到了周朝，几代君王提出并奉守"以民为本"，同时开创了"宗法"与"分封"制度，从而实现了周朝八百多年形式上的统一局面。"我不可不监于有夏，亦不可不监于有殷。我不敢知曰，有夏服天命，惟有历年；我不敢知曰，不其延。惟不敬厥德，乃早坠厥命。我不敢知曰，有殷受天命，惟有历年；我不敢知曰，不其延，惟不敬厥德，乃早坠厥命"①，周公这一上书的本意是劝诫成王施德政方能使天命长久，实质上也表达了周王朝顺民意、尊民本的统治思想。春秋战国时期，"士"阶层的兴起使"民"的范围发生了变化。

古代典籍中最早明确提出"以人为本"的是春秋时期齐国名相管仲，"夫霸王之所始也，以人为本。本理则国固，本乱则国危"②。管仲明确提出"以

---

① 《四部备要·经部·尚书·卷八·召诰》，中华书局据相台岳氏家塾本校刊，第14页。
② 《荀子集解》，王先谦撰，中华书局2012年版，第151页。

人为本"的基本命题和对于国家安危的重要性。孔子更是对中国古代的民本思想产生了重大和深远的影响。孔子提出"为仁由己"以后，对"人"的重视才有了可行的实现路径。孔子重视教育，主张有教无类，教化万民。荀子系统地传承了孔孟的民本思想，在此基础上又进行适当创新与拓展。荀子的民本思想主要表现为：经济为前提，王权是必要手段，礼法并用作为加固，最终落实到"利民"。他的民本思想的全面提出，标志着中国传统民本思想的形成。① 传统的民本思想表明了统治阶层对于民众推动政治历史进程根本性、决定性作用的认可，也认为统治者必须时刻谨记利民的根本落脚点，同时暗含了对君主权力的限制。但不得不承认，事实上，"民"的地位受到的限制远大于"民"对王权的约束。

我们可以将"民本"思想总结为以下几点。

其一，重民，民贵君轻，立君为民。"敬天保民"是周朝统治者用以提醒自己敬畏天命、体察民情的警语。周公用"民情可见"将"天命"理解为可以认识的客体，这在一定意义上决定了中国传统政治思想的人本主义趋势。周公提出从民情知天命的观点，说明他十分看重民众的影响力，这是后代重民思想的前身。②"民贵君轻"、"立君为民"更直白地表明民众对于国家而言比君王意义更大，民众是根基，君王不过是替民众服务而存在。"国将兴，听于民；国将亡，听于神"③，表现了民众是事关国家兴亡的决定性力量。"乐民之乐者，民亦乐其乐；忧民之忧者，民亦忧其忧。乐以天下，忧以天下，然而不王者，未之有也"④，是孟子从民众角度出发对执政者的一种启示，即与民众同甘共苦者，才能得民心、得天下。"君人者，爱民而安，好士而荣，两者无一焉而亡"⑤，体现了荀子将民众视为政权稳定的根本。荀

---

①　参见张铮、徐媛媛：《历史进程视域下中国古代民本思想的发展理路》，《山东大学学报》（哲学社会科学版）2014 年第 6 期。

②　参见蓝勇：《中国政治思想史》，高等教育出版社 2012 年版，第 42—44 页。

③　《左传译注》上，李梦生撰，上海古籍出版社 2004 年版，第 170 页。

④　《孟子》，万丽华、蓝旭译注，中华书局 2007 年版，第 29 页。

⑤　《荀子集解》，王先谦撰，中华书局 2012 年版，第 232 页。

子认为"天之生民，非为君也，天之立君以为民也。故古者列地建国，非以贵诸侯而已；列官职，差爵禄，非以尊大夫而已"①。贾谊在汉初深刻总结了秦朝灭亡的历史教训，提出要让民众有一个安定的生活环境和发展的稳定空间，所以把中国的传统民本思想在汉初的历史条件下进行了发展，提出以"民为政本"为核心内容的民本思想；唐太宗在唐初就意识到民众的关键作用，因而主张"国依于民"。魏征也说："视人如伤，恤其勤劳，爱之如子。"②宋元明清时期是封建专制日益腐朽和资本主义逐渐萌芽的动荡历史时期，王夫之、唐甄提出的民本思想，明显具有与反专制相结合、反映资本主义萌芽的民主因素。王夫之的"不以天下私一人"，唐甄的"帝王皆贼"，都明显地表现出这种倾向。

其二，安民，民水君舟，民为国本。据《尚书》记载，夏的创始人禹曾说过："知人则哲，能官人。安民则惠，黎民怀之。"③周公有言："怀保小民，惠鲜鳏寡。"④在儒家取得官学地位后，这一思想得到进一步发展，并且深入人心。"君者，舟也；庶人者，水也。水则载舟，水则覆舟"⑤，在汉唐以后成为民本思想家的论题。唐初时魏征与唐太宗李世民明确提出民水君舟说，清楚地表明水对于舟的极端重要性，正是得益于唐朝将隋朝的覆亡引以为戒，才得以创造贞观之治。"闻之于政也，民无不为本也，国以为本，君以为本，吏以为本，故国以民为安危，君以民为威侮，吏以民为贵贱，此之谓民无不为本也。"⑥这是贾谊对民众根本地位的认同。"闻之于政也，民无不为力也，故国以为力，君以为力，吏以为力。故夫战之胜也，民欲胜也；攻之得也，民欲得也；守之存也，民欲存也。故率民而战，民不

---

① 《荀子集解》，王先谦撰，中华书局2012年版，第487页。

② 《贞观政要》，王娟译注，上海三联书店2013年版，第621页。

③ 《四部备要·经部·尚书·卷二·皋陶谟第四》，中华书局据相台岳氏家塾本校刊，第6页。

④ 《四部备要·经部·尚书·卷九·无逸第十七》，中华书局据相台岳氏家塾本校刊，第9页。

⑤ 《荀子集解》，王先谦撰，中华书局2012年版，第151页。

⑥ （西汉）贾谊：《新书》，王洲名注评，凤凰出版社2011年版，第101页。

欲胜，则莫能以胜矣。故其民之为其上，接敌而喜进而不能止，敌人必骇，战由此胜也；夫民之于其上也，接而惧必走去，战由此败也。故夫灾与福也，非粹在天也，必在士民也。"① 这是贾谊对于民众在国之大事、朝代更迭中重要影响的清醒认识。社会安宁是百姓安然生活的基础，因此要缓和社会动荡、天灾人祸等不确定情况之于百姓的不幸，及时救济、抚恤遭受不幸的百姓。

其三，利民，民主君客，政在养民。管子深知从民众那里获取利益是统治者必不可少的，但他同时认识到，统治者只有通过利民的政策使民众得到实惠后，统治者才有利可图。"知予之为取者，政之宝也。"②"凡治国之道，必先富民。民富则易治也，民贫则难治也。民富则安乡重家，安乡重家则敬上畏罪，敬上畏罪则易治也。"③孔子的"因民之所利而利之"④，孟子的"制民以恒产"⑤，正是对这一主张的精确阐释。荀子曾把君主对待民众的方式分为三种：第一种是不知利民、爱民，只知攫取民力、民财；第二种是在利民、爱民的基础上，再使用民力、民财；第三种是只知利民、爱民，而不向民众索取任何回报。荀子认为，采用第一种统治方式的君主会把国家带向危亡，采用第二种方式的君主能够稳固自己的政权，而采用第三种方式的君主则能够平治天下。宋代的张载、程颢等说过："为政之道以顺民心为本，以厚民生为本，以安而不扰为本。"明成祖曾讲："朕惟事天以诚敬为本，爱民以实惠为先。"王夫之则说"藏富于民"。黄宗羲在《明夷待访录》中认为古代社会天下是主，君是客，君是为人民服务的。⑥唐甄也持有同样的观点。鉴于当时的历史条件，民权思想的提出可以说达到了古代民本思想的顶峰。因为他们不可能完全摒弃君权，所以能够以此对君主专制做出批判是非常了不起的

---

① （汉）贾谊：《新书》，王洲名注评，凤凰出版社 2011 年版，第 101 页。

② 《管子》，李山译注，中华书局 2009 年版，第 5 页。

③ 《管子》，李山译注，中华书局 2009 年版，第 256 页。

④ 《论语》，张燕婴译注，中华书局 2007 年版，第 306 页。

⑤ 《孟子》，万丽华、蓝旭译注，中华书局 2007 年版，第 104 页。

⑥ （明）黄宗羲：《明夷待访录》，段志强译注，中华书局 2011 年版，第 8 页。

成就。

综上可见，国家、君王、政治均要以民为本是古代中国民本思想所集中表达的观点。这一观点经由历朝历代政治家、哲学家、思想家的深刻思考、不断自省、清醒认识，而得到巩固和丰富。①

（二）中国古代的仁政思想

中国古代仁政思想由孔子开创并由孟子发扬光大。其核心理念就是民本思想。其一，孟子认为仁政的基础是"制民之产"，强调统治者要爱民，反对暴政和苛税，让老百姓有生活上的基本保障，这是政治稳定的基石。孟子主张"性善论"，要求君王广施"仁政"，即将仁爱之心推己及人，体察民情，明白百姓疾苦，改善民生。考虑到当时的社会发展水平，孟子关于重视小农经济，提倡解决民生问题，保障政治稳定的观点，在当时是非常先进的理念。"夫仁政，必自经界始。"②因为意识到国家经济和百姓生活对于土地的依赖，孟子将土地问题视为"仁政"的关键，可谓是切中肯綮。其二，孟子进一步阐发孔子"节用爱人"的主张，提出了减轻徭役、降低赋税的爱民观念，从而保证了民众在适合农作物耕种、管理、收获的季节能顺时而行，最终保证了百姓的生计和国家的物质基础。百姓能按时耕种收获、没有沉重的税务压力，自然能乐得其所、安居乐业，这也是仁政最终要达成的效果。"不违农时，谷不可胜食也"③，"庖有肥肉，厩有肥马，民有饥色，野有饿莩，此率兽而食人者也"④。总而言之，在农业社会，统治者让民众能够顺天时而劳动，不愁生计，自然就是仁政。即使以现在的眼光来看，孟子这种把民众生活的质量视作统治者治理水平标杆的观点，也十分合理和科学。除了民生方面，孟子还发展了儒家的刑罚观，"省刑

---

① 参见张分田：《中国帝王观念——社会普遍意识中的"尊君—罪君"文化范式》，中国人民大学出版社2004年版，第334页。

② 《孟子》，万丽华、蓝旭译注，中华书局2007年版，第105页。

③ 《孟子》，万丽华、蓝旭译注，中华书局2007年版，第5页。

④ 《孟子》，万丽华、蓝旭译注，中华书局2007年版，第7页。

罚"就是他主张减少并放宽刑罚的措施。对于"株连"这样极为严酷的刑罚，孟子更是极力反对，从而体现了仁爱的理念。至于具有暴力性、攻击性、杀戮性的战争，更是不为孟子所容忍。孟子认为战争这样的极端行为只会带来生命的毁灭、给民众带来不可弥补的伤害，因而提出"春秋无义战"的斥责。"争地以战，杀人盈野；争城以战，杀人盈城。此所谓帅土地而食人肉，罪不容于死。"① 这是孟子对于发动兼并战争的统治者的无情斥责。"王如施仁政於民，省刑罚，薄税敛，深耕易耨，壮者以暇日，修其孝悌忠信，入以事其父兄，出以事其长上。可使制梃以挞秦楚之坚甲利兵矣"②，"当今之时，万乘之国，行仁政，民之悦之，如解倒悬也"③。这都是孟子对统治者应施行仁政苦口婆心的劝告，并且希望君主能够通过实行仁政，救民于水火之中。

孟子认为，施行"仁政"要多管齐下、齐头并进。第一，政治方面，必须逐渐由己及人。其一，要将仁义落实到对自身的要求上，做出榜样使民众受到感染；其二要将仁义落实到实际政策中，"夫国君好仁，天下无敌"④，要"尊贤使能"，统治者必须推崇德行高尚者，"贵德而尊士"⑤，选贤任能，让"贤者在位，能者在职"⑥，"则天下之士皆悦，而愿立于其朝矣"⑦；其三，减轻刑罚。第二，经济方面，要减轻赋税，"薄税敛"，注重农产"深耕易耨"。可以说，孟子意识到了经济基础对于上层建筑的重要性，所以强调务必要民众能自给自足、不愁生计。第三，在教育方面，要施行道德教化，"壮者以暇日修其孝悌忠信"⑧。⑨

---

① 《孟子》，万丽华、蓝旭译注，中华书局 2007 年版，第 159 页。
② 《孟子》，万丽华、蓝旭译注，中华书局 2007 年版，第 9 页。
③ 《孟子》，万丽华、蓝旭译注，中华书局 2007 年版，第 53 页。
④ 《孟子》，万丽华、蓝旭译注，中华书局 2007 年版，第 151 页。
⑤ 《孟子》，万丽华、蓝旭译注，中华书局 2007 年版，第 66 页。
⑥ 《孟子》，万丽华、蓝旭译注，中华书局 2007 年版，第 66 页。
⑦ 《孟子》，万丽华、蓝旭译注，中华书局 2007 年版，第 67 页。
⑧ 《孟子》，万丽华、蓝旭译注，中华书局 2007 年版，第 9 页。
⑨ 参见张志宏：《论孟子以"民本"理念为核心的"仁政"思想》，《社会科学》2012 年第 5 期。

（三）中国古代的德治思想

德治可以说是中国古代传统政治文化的精髓。其源于三代，发扬光大于儒家，并为历代统治者所采纳。德治一般来说，包含几个层面的要求：第一，要求统治者以身作则，注意修身和勤政，充分发挥道德感化作用。第二，重视对民众的道德教化，"为政以德"。第三，德主刑辅。周朝的"明德慎罚"、"为政以德"通过西汉东汉魏晋南北朝的发展、完善和创新，使礼与法融为一体，直至《唐律》将"德礼为政教之本，刑罚为政教之用"① 的德治思想明文规定下来，并在后世不断传承和弘扬。

"德"是中国古代所有朝代治国理政的基础，也是治国方略。以孔子为代表的儒家积极主张德治，向为政者提供各种具体德政举措，同时经过思考和实践整理出完整的德治方略。"其身正，不令而行，其身不正，虽令不从。"② 这就是说，不论是君王还是臣子都是儒家德治理论的践行主体。只有具有高尚品行并以身作则、以德服人，才能担当起治国理政的重责。"尊五美，屏四恶，斯可以从政矣。"③ 孔子认为德行高尚就具备了为政者的基本条件。基于这一观点，政治的实质为道德，执政者在治国理政过程中能达到德与礼的最高境界——"仁"，自然会得到太平盛世。"为政以德，譬如北辰，居其所而众星拱之"④，更是强调了德在治理国家中十分重要的地位。

在战国时期，诸子百家都对德治有一定的认识。孟子和荀子继承并发展了孔子的德治思想。孟子提出以德养民，以德教民，以德服天下，"以力假仁者霸，霸必有大国；以德行仁者王，王不待大。汤以七十里，文王以百里"⑤，阐述了德具有以小敌大、以柔克刚之效，是功绩长久的保证。"礼者，政之挽也。为政不以礼，政不行矣。"⑥ 这是荀子对德治的进一步阐发，礼治

---

① 《唐律疏议》，岳纯之点校，上海古籍出版社 2013 年版，第 3 页。
② 《论语》，张燕婴译注，中华书局 2007 年版，第 189 页。
③ 《论语》，张燕婴译注，中华书局 2007 年版，第 306 页。
④ 《论语》，张燕婴译注，中华书局 2007 年版，第 12 页。
⑤ 《孟子》，万丽华、蓝旭译注，中华书局 2007 年版，第 65 页。
⑥ 《荀子集解》，王先谦撰，中华书局 2012 年版，第 477 页。

的本质就是德治。法家虽然推崇"法"在管理国家中不可撼动的地位，但也同样重视德治，尤其认可"德"具有无可替代的维护社会伦理纲常的作用，"德明教行"就是法家核心人物商鞅的代表性观点。"俭节则昌，淫佚则亡"[1]展现了"德"对于国家兴盛与衰落的影响。墨家赋予德治新的含义，即俭以养德，至简至朴为上德。

自秦朝实现大一统后，德治为众多政治家所推崇。在西汉初年，社会出现了崇武贱德的风潮，为此儒家再次提出德治主张。"治以道德为上，行以仁义为本，故尊于位而无德者黜，富于财而无义者刑，贱而好德者尊，贫而有义者荣。"[2]陆贾由此表达了对于德治的深刻见解——政治的核心精神是德，德乃至仁具有决定国家兴亡的决定性力量。汉代儒家的集大成者董仲舒，在他提出的政治思想中，承袭了先秦儒家的德治主张："天道之大者在阴阳。阳为德，阴为刑；刑主杀而德主生，是故阳常居大夏，而以生育养长为事；阴常居大冬，而积于空虚不用之处。以此见天之任德不任刑也。"[3]在治国方略上，董仲舒主张德主刑辅。官吏的德才状况也事关国家的存亡："国家之败，由官邪也。官之失德，宠赂章也。"[4]

二、中国传统政治思想对中国特色社会主义法治话语体系创新的重要意义

习近平总书记将中华优秀传统文化概括为"讲仁爱、重民本、守诚信、崇正义、尚和合、求大同。"[5]这与现代法治的核心精神在很多内容上不谋而合。中国特色社会主义法治必须从中汲取民本、仁政、德治等思想精华。民

---

① 《墨子》，李小龙译注，中华书局2016年版，第47页。

② 《新语校注》，王利器撰，中华书局1986年版，第159页。

③ 《汉书》第八册，中华书局1962年版，第2502页。

④ 《左传译注》上，李梦生撰，上海古籍出版社2004年版，第52页。

⑤ 《〈习近平总书记系列重要讲话读本〉——关于建设社会主义文化强国》，《人民日报》2014年7月9日。

本思想是仁政与德治的根基，仁政与德治以民本思想为核心理念，仁政与德治二者紧密联系，相辅相成，共同发挥作用。中国特色社会主义理论所主张的"以人为本"理念是对民本思想的传承与超越，建设服务型政府是对仁政理念的发展和创新，坚持依法治国和以德治国相结合是对德治思想的继承与升华。因而，民本、仁政、德治思想构成中国特色社会主义法治话语体系创新的重要渊源。

（一）以重民、爱民、利民、富民为核心的传统民本思想具有一定的现代意义

科学发展观中的"以人为本"是对传统民本思想的批判继承。科学发展观的核心是以人为本，强调让人民当家作主，政府不过是为老百姓谋福祉的存在，执政党的宗旨也是全心全意为人民服务，一切国家机关的权力来源于人民。科学发展观的灵魂就是以人为本，将人民摆在最重要的位置，强调党治国理政的出发点和落脚点就是人民群众的权益，要发挥人民首创精神，保障人民各项权益，走共同富裕的道路，促进人的全面发展。"以人为本"理念坚持人民群众是历史创造者的唯物史观，贯彻实施党的群众路线，牢固树立"立党为公，执政为民"的坚定信念，全心全意为人民服务，基础是以人民为支撑力量，路径是全面提升人的素质，衡量尺度是对人的尊重，最终结果是保障人的权益，做到发展为了人民，发展依靠人民，发展成果由人民共享。① 这是对传统民本思想的批判性继承，并结合时代特征，因应时代发展需要丰富了民本思想的内涵与外延，使民本思想能够在新时代有新内涵，最终为建设中国特色社会主义服务。习近平总书记强调："要把人民放在心中最高位置……以人民为中心是党治国理政的价值引领，人民群众是执政党的力量源泉，人民立场是执政党的根本政治立场……实现'两个一百年'奋斗目标和中华民族伟大复兴的中国梦，必须始终坚持以人民为中心，将增进人

---

① 参见胡锦涛：《高举中国特色社会主义伟大旗帜　为夺取全面建设小康社会新胜利而奋斗——在中国共产党第十七次全国代表大会上的报告》，《人民日报》2007 年 10 月 25 日。

民福祉、促进人的全面发展作为推动经济社会发展的出发点和落脚点，以人民为中心体现在执政理念、制度设计与发展成果由人民共享三个方面。"①

习近平总书记明确指出，坚持以人民为中心的发展思想，践行创新、协调、绿色、开放、共享的新发展理念。② 五大新发展理念就是对传统仁政思想的彰显，回答了发展的主体、对象和落脚点。"以人民为中心"理念在党的十八届五中全会第一次确立。这是人民为国家主人的本质表达，明确了人民至上这一核心理念，也是五大新发展理念自始至终要贯彻的精神。新发展理念将以人民为中心落到现实，为完成人民对于幸福的期盼，致力于为人民营造公正稳定和谐的社会环境，让人民可以自由追求美好未来。

（二）服务型政府与古代仁政善治思想具有一定的契合之处

国家治理现代化的善治目标体现了传统政治文化中的仁政理念。中国特色社会主义法治话语体系追求的是良法善治，以契合道德要求的良法塑造国家治理现代化的善治目标。善治的最终目的是实现全体中国人民幸福的中国梦，善治目标承袭了仁政理念中的民本核心，要求执政者把民众的安康作为最终目标，建立服务型政府。善治目标同时根据时代要求革新仁政的内涵。仁政是要求统治者自身仁义的君权统治，是提出了一个好的统治者的要求。而善治则强调国家治理、公民参与管理，要求政府秉承公共利益最大化的宗旨，还政于民，让民主、公平理念根植于民众心里，积极培育公民意识，树立公民权利至上的"民本位"观念，多方位拓宽公民参与公共决策的渠道和机会，引导公民积极参与、更好地与政府合作，共同进行社会主义现代化建设。因此，善治的关键是人民的主体地位和人民意志的体现，善治需要民主、法治政治价值观的普及。③ 善治的前提是良法，唯有在依法治国、

---

① 《习近平总书记系列重要讲话读本》，学习出版社、人民出版社2016年版，第212—226页。

② 参见《习近平总书记系列重要讲话读本》，学习出版社、人民出版社2016年版，第128页。

③ 俞可平：《推进国家治理体系和治理能力现代化》，《前线》2014年第1期。

依良法治国的前提下，才能保证仁政得以实现的现实路径，推动国家治理现代化。

（三）中国特色社会主义法治话语体系对德治思想的扬弃

古代政治家历来提倡德在管理国家中的重要作用，主张德治作为治理国家的重要方式。传统政治文化中的德治，要求统治者自身须具备良好的道德，以德正己、以德利民、以德养廉、以德立公。

我国社会主义法治话语体系将德治思想中符合时代需求的精华予以继承并发扬光大。2006 年胡锦涛同志提出的社会主义荣辱观，坚持服务人民的中心，提倡集体荣誉感，提倡爱国主义精神，崇尚劳动，培育科学探索精神，是针对拜金主义、享乐主义、见利忘义、损公肥私、不讲信用、欺骗欺诈等不良道德风气提出来的。"八荣八耻"用传统道德观塑造新时代的荣辱观，引导民众摆正个人、集体、国家的关系，是中华传统优秀品质的核心要义，也顺应了新时代的呼声，是世界观、人生观、价值观的中国特色社会主义方式的表达，为现代中国国民的精神塑造和行动提供了方向标，提升了道德在国家治理中的地位，是对以德治国传统思想的批判继承。

党的十八届四中全会以来，党中央进一步强调坚持依法治国与以德治国相结合，推进国家治理现代化目标，以德治国就是对中国传统政治文化中德治思想的良好运用。"爱国、敬业、诚信、友善"的社会主义核心价值观，明确倡导了对公民的道德规范。这是对传统文化中的爱国主义、勤劳奋斗、诚实守信、为人友睦等优秀德治基因的传承与弘扬，使道德感融入人民生产生活和精神世界，并营造积极健康的社会氛围。习近平总书记强调："必须坚持依法治国和以德治国相结合。法律是成文的道德，道德是内心的法律，法律和道德都具有规范社会行为、维护社会秩序的作用。治理国家、治理社会必须一手抓法治、一手抓德治，既重视发挥法律的规范作用，又重视发挥道德的教化作用，实现法律和道德相辅相成、法治和德治相得益彰。"[1] 这段

---

[1] 习近平：《加快建设社会主义法治国家》，《求是》2015 年第 1 期。

话对现代国家治国理政方略中法律与道德关系做出了深刻阐释，将德治置于法治同等重要的地位。"'不知耻者，无所不为。'没有道德滋养，法治文化就缺乏源头活水，法律实施就缺乏坚实社会基础。在推进依法治国过程中，必须大力弘扬社会主义核心价值观，弘扬中华传统美德，培育社会公德、职业道德、家庭美德、个人品德，提高全民族思想道德水平，为依法治国创造良好人文环境。"① 这足以体现出当代中国的依法治国理念对中国传统文化中"德治"思想的传承与弘扬。

法安天下，德润人心。"法治和德治不可分离、不可偏废，国家治理需要法律和道德协同发力……法律法规要树立鲜明道德导向，弘扬美德义行，立法、执法、司法都要体现社会主义道德要求，都要把社会主义核心价值观贯穿其中，使社会主义法治成为良法善治。"② 以德治国通过对传统德治思想的批判继承，转化成社会主义荣辱观和社会主义核心价值观等当代核心道德理念，与现代依法治国理念有机契合相统一，以培育社会公德、职业道德、家庭美德、个人品德为基础，为依法治国提供道德土壤，从而进一步夯实法治实践基础。

---

① 习近平：《加快建设社会主义法治国家》，《求是》2015 年第 1 期。

② 《习近平在中共中央政治局第三十七次集体学习时强调坚持依法治国和以德治国相结合推进国家治理体系和治理能力现代化》，2016 年 12 月 10 日，见新华网 http://www.xinhuanet.com/politics/2016-12/10/c_1120093133.htm。

第六章　中国特色社会主义法治话语体系
创新的历史发展

　　法治中国建设是一项长期、复杂的系统工程。中国特色社会主义法治有其自身发展历程，是中国社会转型的必然产物，也是积极发挥主观能动性和创造性的结果，是执政党、法学法律工作者和人民群众共同更新法治观念、指导和参与法治建设实践并总结法治经验智慧的结晶。

　　逻辑基于事理，经验来自历史。中国特色社会主义法治话语的形成具有内在的逻辑，符合法治发展的一般规律。中国特色社会主义法治所积累的经验，来自对历史的不断反思与总结。中国特色社会主义法治话语经历了漫长而曲折的发展历程，具有鲜明的时代性、发展性和创新性，是不断开放、吸纳不同时期对法治的共识和反思的产物。

　　我国法制建设呈现出明显的阶段性特征。法治话语的发展历程也可以分为不同的阶段。中国特色社会主义法治（法制）话语在其发展过程中，法治（法制）的概念及其内涵不断发展，并能广泛引起同时代人对于法治（法制）建设的共鸣。考察法治话语体系的转型与发展，可以明晰话语演变过程以及这些话语所蕴含的核心价值变迁，有助于探究、总结法治话语体系创新的指导思想和基本思路。在此，我们立足于历史事实，力图将中国特色社会主义法治话语放在新中国法治历史进程之中，划分其历史阶段，明确其历史必然性，探明法治话语形成的推动力量与基本经验，并为中国特色社会主义法治话语的未来提供指引。

第一节　中国特色社会主义法治话语历史阶段划分的依据

对任何事物的发展进行阶段划分都非易事。尤其是对处于历史流变中的法治话语来说，很难根据客观标准对其进行划分。这不仅要求对法治的本质有着较为深刻的把握，还要求对不同时期法治的特征有着敏锐的洞察。除了"法治"一词本身的模糊性之外，在中国，法治的含义既受到历史惯性的作用，又受到外来学说外力的牵引，因而长期处于变动之中。而要对其历史发展阶段进行划分，就要在这种变动之中，抓住法治的本质，将一定限度内的变视为相对的不变，从而找出法治含义处于相对稳定状态的阶段来予以划分。

法治建设时期的划分影响着法治话语发展阶段的划分。法治话语的形成是一个历史过程。新中国法治建设大体上经历了三个大的历史时期，即新中国成立初期、"文革"动乱时期和社会主义建设新时期。这一法治建设历程的划分是法治话语历史阶段划分的基础。

在法治资源的选择上，我国法治建设呈现出明显的阶段性特征。新中国成立之初，我国在几近空白的基础上全盘接受了苏联的法治理论，在苏式法治话语体系支配下我国初步建立起社会主义法制。在苏式法治理论破产后，我们又几乎不加反思地转而求助西方法治理论。进入 21 世纪之后，西方法治话语的弊端凸显，本土法治的自主意识开始觉醒，学界越来越意识到建构中国自己的法治话语体系的必要性，并进行了各种尝试。经过多年的努力，这种尝试取得一定成效。可以说，以党的十八届四中全会为标志，具有中国特色、彰显人类法治文明精神的中国特色社会主义法治话语体系初步形成。

通过对以上几种划分依据的综合考虑，我们可以把中国特色社会主义法治话语的发展阶段，划分为三阶段九时期。三阶段分别是萌芽阶段、发展阶段和形成阶段。在这三个阶段中，萌芽阶段涵盖了新中国前三十年的历史，可见萌芽之艰难。但正因为如此，道路越曲折前景越光明，灾难越深重反思越深刻，法治萌芽扎根也就越牢固。发展阶段是中国法治建设飞速发展的时期，也是大量法治理念和理论形成时期，为法治话语的最终形成打下坚实基础。这种史无前例的法治发展速度，得益于正确的指导思想和良好的历史发展机遇，更是中国法治话语具有后发优势、产生集聚效应的体现。形成阶段是在前两个阶段的基础上，将法治建设理论和实践经验予以抽象化、符号化，形成系统的话语体系，使其不仅逻辑自洽，而且能够形成强大说服力、广泛影响力和与世界对话的能力。

虽然中国特色社会主义法治话语发展的每一个阶段时间并不长，但却高度浓缩，每一个阶段相当于西方的一个世纪。因此，为了更加清晰地显示这种浓缩了的历史过程，我们必须对每一阶段再做更加深入的观察，因而每一阶段又可以划分为三个时期。尽管同一阶段的不同时期，在主导话语资源上具有一致性，但在具体表达和实践运作中，还是存在较大差异，量的积累逐渐引起质的飞跃，能够很好地反映话语由量变到质变的过程。当然，这样的人为划分并不是绝对的，而只是通过对中国法治建设的渐变过程进行相对粗浅的划分尝试。

第二节　苏联一元法制话语：萌芽阶段

党和国家很早就意识到法治自主性和法治话语的重要性。虽然没有直接使用"法治话语体系"这个提法，但从内容和实质上看，早在这一概念被正式提出之前，就对法治话语体系建构进行了长期探索和做了大量准备工作。

新中国成立初期，在彻底废除国民党政府旧法统之后，我国法制建设百废待兴，亟须建立一个新的社会主义法制秩序。在当时的境况下，我国法制建设深受苏联影响，主要以苏联国家与法的理论为模板，在苏联指导下开始进行建设。但是即使是在受苏联法制话语影响最深的20世纪50年代，中国仍然坚持立足中国国情，进行具有中国特色的社会主义法制建设的有益探索。在新中国建立初期，民主和法制建设一度有过长足发展，社会主义法制建设事业呈现欣欣向荣的局面，开始独立自主探索符合我国国情的法制道路，并初步总结了中国特色的法制原则和法制理念。但由于受到"左"倾思想的影响，民主法制建设的良好势头未能保持，酿成十年"文革"的历史性悲剧。"文革"结束后，苏联法制话语对中国法制建设的影响一直持续到改革开放初期，直到20世纪80年代初，我国法制建设还受到过苏联法制话语的某些影响。因而从新中国建立到改革开放初期的这个阶段，可以称为苏联一元法制话语阶段。

就阶段特征来看，在苏联一元法制话语阶段，中国法制建设很大程度上是以马克思主义关于国家与法的理论为指导而开展的，坚持法律是统治阶级意志的体现的观点，将法律视为阶级统治的工具，强调法律是由国家强制力保障实施。党和国家领导人高度重视法制建设的原因，很大程度上体现为对法律维护新生国家政权、巩固无产阶级专政政治作用的重视。由于法制从属于政治，服务于政治运动，因而这一阶段的法制建设主要依靠疾风暴雨式的阶级斗争和轰轰烈烈的群众运动来推进。

就这一阶段的历史影响来看，在此阶段，苏联法制话语极大地影响了我国法制建设：一方面为党的十一届三中全会后的法制重建和发展奠定了一定基础，提供了可资借鉴的经验和教训；另一方面，我们对法制的认识存在偏差，虽然重视法制的作用，但并没有将法制摆到应有的位置，也没有使其形成具备抵抗人治的力量，因而这种法制很脆弱，容易被人治所动摇、颠覆甚至摧毁。党的十一届三中全会后的法制新发展，就是对前一时期进行深刻反思所取得的。

一、社会主义法制建设初期

新中国建立之初，刚刚站起来、实现民族独立的中国人对来自西方的法治、民主大失所望，选择"一边倒"站在社会主义阵营一方。因为人们普遍认为，自近代以来，西方法治并没有给中国带来独立自主和自尊自强，因而在新中国建设时期西方法治也无法给新中国带来真正的富强。[1] 中国共产党带领中华民族实现了民族独立，因而历史和人民在选择共产党的同时，也就认同了社会主义法制，而在当时也就基本上是认同了苏联法制话语。

基于"不破不立"的思维，建设社会主义法制的第一步就是先破除旧的法统。1949 年 2 月和 4 月，中共中央和华北人民政府发布了以废除国民党六法全书为主要内容的两个文件。废除国民党伪法统，彻底终结了国民党法制话语，为构建马克思主义法制话语体系开辟道路。[2] 除了宣布废除旧法统之外，这两个文件还确定了新政府的司法工作，应以人民政府的新法律作为依据，无法律规定的依新民主主义原则，要求司法机关蔑视和批判欧美、日本资本主义国家一切反人民的法律、法令的精神，以学习和掌握马列主义毛泽东思想的国家观、法律观以及新民主主义的政策纲领、法律、命令、条例、决议的办法，来教育改造司法干部。[3] 这一规定使中国法制建设处于一个全新的局面，既打破一切旧的法律传统的束缚，也排斥一切西方国家法治话语的影响，中国共产党领导的无产阶级牢固占领了法学研究和传播阵地。这两个文件在全新基础上确立了新中国法制建设的基础，从而对新中国法制探索与话语形成产生极其深远的影响，尤其是其中体现敢于摆脱旧的法制话语、独立自主探索新的法制话语的精神，一直是新中国法制建设的精神支柱。

但是，废除旧法统、排斥旧有的和西方法制话语的影响，也使新中国的法制建设立于空白之基，一切从零开始，不仅法律依据极度匮乏，法制建设的基本经验也不足。在拒绝了旧的法制传统、又基本对外封闭的情况下，法

---

[1]　参见李栋：《十八届四中全会〈决定〉在中国法治历史进程中的定位》，《法学评论》2016 年第 1 期。

[2]　参见李龙：《论当代中国法学学术话语体系的构建》，《法律科学》（西北政法大学学报）2012 年第 3 期。

[3]　参见北京政法学院法制史教研室编：《中国法制史参考资料选编·近现代部分》第 3 分册，北京政法学院法制史教研室 1980 年编印，第 125—128 页。

制建设只能采取经验主义和照搬苏联的做法。① 经验主义的做法表现为，在根据地法制建设经验基础之上，逐渐形成以政策替代法律、重政策不重法律的不良倾向。照搬苏联的法制建设，则直接导致苏联法制话语统治新中国初期的法制建设。

以苏联 1936 年宪法为标志的苏联社会主义民主和法制，在根据地时期就被广泛传播。列宁主张"以党代政"、以政策代替法律。② 列宁对社会主义法制的一些有价值的思想，如关于建立社会主义法制必要性的论述，关于社会主义法制必须统一，在社会主义建设中必须严格遵守法制等主张，对毛泽东等新中国第一代领导人的法制观念，产生了极其重要的影响，从而影响了我国法制建设全局。在 20 世纪 50 年代中苏关系最为密切的时期，国内掀起学习苏联法律的热潮。当时国内全方位引进苏联法律思想和法律制度，大量照搬和移植苏联法律教科书和法学观点。苏联法制话语深入我国法学教育、法学研究以及立法、司法实践，形成了苏联法制话语对中国法制建设的"统治"。

虽然受苏联法制话语的影响，但以毛泽东和董必武为代表的中国共产党人并没有完全被苏联法制话语所束缚，而是积极探索中国特色社会主义法制道路，构建中国特色社会主义法制话语。他们以马克思主义法学理论为指导，紧密结合中国实际，进行了一系列有益探索，形成了一系列关于新中国法制的著作和论述，为构建中国特色社会主义法制话语奠定了坚实基础。《共同纲领》和《中央人民政府组织法》以及"五四宪法"，就是这些有益探索的结晶。毛泽东等人通过主导和参与这些新中国法制建设实践，对社会主义法制有了初步了解，尤其是"五四宪法"凝聚了毛泽东等领导人及全体中国共产党人对新中国民主法制的构想。毛泽东等人在"五四宪法"起草过程中，立足中国国情和新中国社会主义建设的需要，开始独立

---

① 参见蔡定剑：《历史与变革：新中国法制建设的历程》，中国政法大学出版社 1999 年版，第 4 页。

② 列宁说："我们的党是一个执政的党，党的代表大会所通过的决议对于整个共和国都是必须遵守的。"《列宁全集》第 41 卷，人民出版社 1986 年版，第 55 页。

自主地思考法制建设问题，形成了独具特色的法制观念。董必武也系统论述了社会主义法制的作用，推动了新中国法制观念的进一步形成。[①] 这些法制观念是中国特色社会主义法制话语的最初萌芽，深深影响了中国当代法治话语的形成。

这一时期，中国逐步确立了立法制度，出台了一批当时急需的法律，并着手进行一些重要法律的起草工作，设立了人民法院、人民检察院和司法行政机构，逐步形成符合中国实际的司法制度和行政监察制度。这个时期在立法方面逐步形成了"成熟一个制定一个"，"不求精细"的立法经验，往往先制定通则，再慢慢试验制定细则。[②] 在中国共产党第八次全国代表大会上，董必武分析了人民民主法制的形成和作用，系统总结了新中国成立以来法制建设的历史经验和教训，并提出了"依法办事是进一步加强法制的中心环节"的重要命题，并首次对"依法办事"的内涵进行了全面、系统的论述，进一步明确提出了"依法办事"所包含的两个方面的基本要求，即"有法可依"、"有法必依"，发展了社会主义法制原则，并提出了一系列加强法制的措施。以社会主义法制原则的提出为标志，具有我国本土特色的法治话语已经萌芽。

从新中国成立到 1957 年，是新中国法制建设正常发展的时期。我们可以将这一时期法制话语的有益经验总结为如下几点：第一，坚持不破不立，与中国旧的法制传统划清界限，坚持在全新的历史基础上探索新中国法制话语；第二，坚持法制话语的社会主义性质，与资本主义法制话语划清界限，坚持独立自主探索社会主义法制话语；第三，立足中国国情，灵活运用马克

---

① 董必武认为，新中国成立以后，"总任务应该是竭尽全力，协助国家进一步健全人民民主制度，加强和运用人民民主法制，巩固人民民主专政，以保障社会主义经济建设和各种社会主义改造事业的顺利进行"。《董必武政治法律文集》，法律出版社 1986 年版，第 326 页。

② 当时的全国人大常委会副委员长彭真的讲话很好地反映了这个时期的立法思路，"目前还不宜追求制度上一些既不成熟，又非急需的完备、细密的成套的法规，以致闭门造车；应该按照当前的中心任务和人民急需解决的问题，根据可能与必要，把成熟的经验定型化，由通报典型经验并综合各地经验逐步形成制度和法律条文，逐步地由简而繁，由通则而细则，由单行法规而形成整套的刑法、民法"。《彭真文选》，人民出版社 1991 年版，第 212 页。

思主义唯物史观、唯物辩证法，坚持实事求是地探索法制话语；第四，重视运用新宪法激发人民建设社会主义民主法制的热情，发挥人民在法制建设和法治话语探索中的主体作用。

由于与旧中国历史传统、与帝国主义划清了界限，这一时期的法制话语建设面临着法制资源严重匮乏和路径一元化的困境，其局限性也显而易见：第一，对法治的核心在于权力制约、保障人权还缺乏认识，忽视对公民基本权利的保障，因而导致个人权威高于法律，法制尊严受到践踏，酿成严重后果。第二，虽然认识到法治是人治的对立面，但并没有意识到法治和人治的本质区别在于最高权威是法律而不是个人，对人治的阴影缺乏清醒认识，也没有建立起抵御人治的制度保障。第三，法制被当作政党实现政治目的的手段，对法律权威认识不足，长期依赖政策，重政策轻法律，以政策代替法律导致法律权威难以树立。第四，忽视法治建设的客观规律。这一时期给我国的法治建设提供了重要启示，法治建设需要遵循法治发展的规律，这就是法治具有历史传承性和开放性，既需要继承旧的法律传统，也需要积极吸收借鉴各国法治经验。

二、社会主义法制重大挫折时期

1957 年是新中国法制建设一个重大转折点。法律工具主义、[①] 法律虚无主义、法制无用论[②]由此盛行起来，党和国家对法制的态度由轻视法制转为彻底抛弃。在反右斗争和"大跃进"运动中，党在八大上确立的健全社会主义法制的正确方针被抛弃，法制被公开否定。"文化大革命"更是一次史无前例的破坏社会主义法制的运动，抛弃宪法，践踏人权，砸烂公检法，破坏一切法律秩序，刚刚建立起来的社会主义法制遭遇灭顶之灾。

---

① 在这一时期，法被视为一种"治人"的工具，而且主要是惩治犯罪或镇压阶级敌人的专政工具。

② 这一论调认为，治国靠的是群众运动，靠开会，靠决议，靠人治，靠党治，而不是靠法律，行法治。法律只能作为办事的参考。"要人治，不要法治"。

邓小平曾经说过，"文化大革命"也有一"功"，它提供了反面教训。①十年动乱的惨痛教训，使中国人明白了法律秩序的极端重要性，明白了法制不健全、人权被忽视的灾难性后果。因而在"文化大革命"后，全国人民形成高度共识：一定要加强民主法制建设，要使民主制度化、法律化，以防止"文化大革命"的悲剧重演。这一时期的惨痛教训为中国特色社会主义法治话语的酝酿形成提供了内在动力，不仅揭示了其必要性，也揭示了其必然性，使健全社会主义法制成为国家头等大事，因而才有了 1978 年后中国法制的重建和新发展。

三、社会主义法制建设新时期之初

党的十一届三中全会开启了新的历史时期的法制建设，也开启了对法制的重新认识，是继续探索中国特色社会主义法治话语的再出发。党的十一届三中全会为新时期法制建设扫除了思想障碍。在我国新时期社会主义现代化建设和民主法制建设实践迫切需要的推动下，我国的法治话语由最初的萌芽状态不断发展壮大。

这一时期构建中国特色社会主义法制（治）话语的旗手是邓小平和彭真。邓小平对社会主义法制建设遭遇的重大挫折做出深刻反思，带领全党和全国人民对民主法制建设的认识实现了质的飞跃。邓小平不仅开辟了中国特色社会主义道路，而且对中国特色社会主义法治道路的形成做出了突出贡献。②对于我国法治建设的道路、理念问题和话语形成等，他提出了一系列具有重大影响力的观点。具体可以归纳为以下三点：一是法制与民

---

① 《邓小平文选》第 3 卷，人民出版社 1993 年版，第 272 页。

② "坦率地说，我们过去照搬苏联搞社会主义的模式，带来很多问题。我们很早就发现了，但没有解决好。我们现在要解决好这个问题，我们要建设的是具有中国自己特色的社会主义。""要紧紧抓住合乎自己的实际情况这一条。所有别人的东西都可以参考，但也只是参考。世界上的问题不可能都用一个模式解决。中国有中国自己的模式。"《邓小平文选》第 3 卷，人民出版社 1993 年版，第 261 页。邓小平这里所说的"建设具有中国自己特色的社会主义"落实到法制领域，就是要走中国特色社会主义法治道路。

主密切相关，即法律必须建立在民主的基础之上，法制必须靠民主来保障。二是法律权威高于个人权威，即法律的意志高于任何组织和个人的意志，尤其是高于党和国家领导人的意志。三是任何组织和个人都必须严格依法办事，严格守法，增强法律意识，维护法律权威。邓小平法治思想体系最显著的特征是"民主的法制"，民主与法制的关系概括地讲，就是民主法制化、法制民主化。①"社会主义民主和社会主义法制是不可分的"，二者是相辅相成的，"民主要坚持下去，法制要坚持下去，这好像两只手，任何一只手削弱都不行"②。

正是基于邓小平对法制的正确认识，全党逐渐意识到使法律高于任何组织和个人的重要性。党的十二大将"党必须在宪法和法律的范围内活动"写入党章。同年，"任何组织和个人都不得有超越宪法和法律的特权"又被写入宪法。这样经由党章和宪法，在党和国家层面确立了宪法和法律的至高地位，使宪法和法律具有极大的权威。这是法治国家建设的一个重大突破。

邓小平同志还非常重视执法、守法以及法律权威。他将董必武提出的社会主义法制原则由两句话拓展成四句话："有法可依，有法必依，执法必严，违法必究。"此外，他还围绕法制提出过许多有影响的论述："法律要有极大权威"，"在全体人民中树立法制观念"③，"加强法制重要的是要进行教育，根本问题是教育人。法制教育要从娃娃开始……"④，"党干预太多，不利于在全体人民中树立法制观念"⑤。这些都极大地丰富了我国的法治理论和法治话语。

邓小平不仅开辟了中国特色社会主义法治道路，而且使我们对法治的重视程度达到前所未有的高度，社会主义法制获得前所未有的发展，并逐渐摆

---

① 张文显：《邓小平民主法治思想永放光芒》，《法制日报》2014 年 8 月 22 日。
② 《邓小平文选》第 2 卷，人民出版社 1994 年版，第 189 页。
③ 《邓小平文选》第 3 卷，人民出版社 1993 年版，第 163 页。
④ 《邓小平文选》第 3 卷，人民出版社 1993 年版，第 163 页。
⑤ 《邓小平文选》第 3 卷，人民出版社 1993 年版，第 163 页。

脱了古代法家"以法治国"的人治含义。法制经由民主制度才能抵抗个人的恣意，使法制真正变为一种不可动摇的制度，符合近现代意义上"法治"的核心内涵。邓小平把健全社会主义法制提高到党的"坚定不移的基本方针"和"决不允许有任何动摇"的高度来认识，旗帜鲜明地向全中国和全世界宣告，中国将真正开始进行法治建设，始终坚持依法治国，在中国曾经出现的"无法无天"现象将被彻底否定，在中国大地持续两千多年的人治毒瘤将被彻底清除。

彭真同志主持我国立法工作数十年，不仅留下众多宝贵的法制论述与法制建设经验，还为中国特色社会主义法治话语体系建设增添了重要内容。彭真同志明确提出了我国的审判原则即"以法律为依据，以事实为准绳"，"再一条，法律面前人人平等"①。这既是对我国古代法家思想精华的继承与发展，也是对新中国审判实践经验的总结与提升，是中国法治话语在司法方面的重要体现。彭真同志在中国法学会成立大会上指出，法学要"从中国的实际情况出发，总结自己的经验教训，找出中国自己社会的发展规律"②。因而在这一时期我们就已经认识到法学自主性对于法治自主性的重要意义，法学要立足中国国情，从中国实际情况出发，总结自己的法制建设经验教训，表明我们已经初步具备让法学理论真正服务于我国社会主义法治建设的法学自主意识。

但在这一时期，我国法制建设仍然没有摆脱苏联法制话语的影响，对法治的认识还长时间地停留在苏联的教条之上。即使是新时期法制建设取得了重大突破，但基于路径依赖和惯性思维，苏联法制话语的阴魂难以消散。有学者指出，苏联法学专家和法学教材培养出的新中国第一代法学家及其学生，仍然在中国法学界有着重要影响。"50 年代苏联法学的一套，几乎无形中形成一个框框，还束缚着一些人的头脑，后果是不能低估的。"③"直到现

---

① 《彭真文选》，人民出版社 1991 年版，第 396 页。

② 彭真：《发展社会主义民主，健全社会主义法制——在中国法学会成立大会上的讲话》，《法学杂志》1982 年第 5 期。

③ 陈守一：《法学研究与法律教育论》，北京大学出版社 1996 年版，第 121 页。

在中国法学仍是苏联法学最正统的继承者。"① 这种说法可能有些夸张，但也表明我们在经历了苏联一元法制话语阶段后，法学领域仍然残留着较多苏联影响的客观事实。

第三节　多元法制话语：发展阶段

中国共产党的任务由革命转向社会主义建设后，其在话语体系上也经历了由"革命"向"建设"的话语转变。这一转变一度被"文革"所中断。改革开放以后，我国在社会主义建设实践中，逐渐形成并完善中国特色社会主义理论体系。进入"建设"话语时期，法制不再是服务于革命和政治运动的工具，而是服务于经济建设和社会发展的治理方式以及公民权利的重要保障。革命话语时期的苏联一元法制话语，已经无法满足这种要求，因而我们一方面需要开放国门，从西方法治发达国家引进法治资源；另一方面也要续接历史传统，从中国古代法制文明和当代法治实践中挖掘本土资源。因此，法治资源的多元化不可避免，法治话语也呈现多元化趋势。在苏联法制话语、西方法治话语和中国本土法治话语多元法治话语的融合中，逐渐发展形成了反映我国法治理论、符合我国法治现实的中国特色社会主义法治话语。这一发展阶段就是多元法治话语阶段。我们可以将这一历史阶段细分为三个不同时期。

一、苏联法制话语式微时期

20 世纪 70 年代末，关于真理标准的大讨论之后，我国逐步摆脱了对苏联法学理论的依赖，开始意识到要从我国自身实践出发构建中国自己的法治

---

① 蔡定剑：《历史与变革——新中国法制建设的历程》，中国政法大学出版社 1999 年版，第 258 页。

理论。一方面，我国法学界对法学理论与实践关系的认识更加科学深入，法学立基于实践基础，同时以服务现实而存在，我国法制建设的加强，有力地推动了我国法学理论的发展。① 到了 80 年代，逐渐有一批学者意识到，要摆脱苏联法制话语的束缚，必须排除苏联法制话语对法制内容和形式方面的影响。② 从 1978 年到 80 年代末，苏联法制话语的影响渐渐减弱。因而可以说 80 年代是苏联法制话语的式微时期。此时部分学者开始有意识地尝试构建中国法治话语。但是新的尝试，到哪里去获取法治资源和法治理论、法治经验呢？改革开放历史性选择地打开了国门。这个时候，西方自由主义法治话语似乎成了一个不错的选择。

二、西方自由主义法治话语传入时期

改革开放使中国人重新认识并认可西方法治文明成就。基于健全社会主义法制的迫切需要，长期封闭的中国有着吸收借鉴人类法治文明成果的强烈渴望，加之西方主动进行的意识形态和法治输出，导致中国人将西方法治经验作为唯一参考，进而大规模移植西方法学理论和法律制度，导致西方法治话语的大规模涌入。

西方法治事实上处于领先水平，在全球法治文明中居于主导地位。在这样的事实面前，后发国家的法治建设不可避免地要将目光投向西方寻求法治话语资源。改革开放以后，中国法律体系和法学体系中的诸多话语，都开始与西方法律文本和法学话语接轨，从法律移植、法律现代化到基本权利义务概念、各种法学流派以及部门法的各种概念、术语及理论，

---

① 参见张文显：《法哲学通论》，辽宁人民出版社 2009 年版，第 149 页。

② 在 1980 年代关于建立"具有中国特色社会主义法学体系"的讨论中，如何看待外国法学特别是苏联法学的问题被着重加以讨论。在讨论中，论者指出，中国法学是在学习苏联的基础上建立的，但对于建立具有中国特色的社会主义法学理论体系来说，必然需要突破苏联法学的束缚。参见谷安梁：《关于建立具有中国特色的社会主义法学体系的问题》，《政法论坛》1984 年第 3 期。

都与西方产生了直接的和内在的联系。① 西方是法治的发源地，西方法治发达国家的法治理论和实践一直领先世界，拥有丰富的法治经验、制度和文化，可以说向世界各国提供了一幅法治的"理想图景"。改革开放以来，我国始终存在一种依恋和崇尚西方法治模式的倾向，学者们自觉或不自觉地运用西方的法治视角、理论资源和法治模式，来衡量和评价中国的法治建设。西方法治理论尤其是自由主义法治理论的一些原则和原理，成为"金科玉律"。在立法和制度设计方面，一切"向西方看齐"，西方有的我们也要有，西方好的我们也要搞一套。这就是学者所说的"追仿型法治进路"②。

西方在法治建设方面已经走了几百年，而我们尚处于"摸着石头过河"的经验累积阶段。因而对中国来说，面对西方提供的一整套法治理论、标准和实践模型，不由自主地"追仿"也是可以理解的。作为"追仿"的结果，我国目前的法学理论体系、法律体系、立法原理与技术、司法制度，甚至法院的建筑风格、法庭布局、司法人员着装和用具等等，无不是"追仿"的具体表现。基于这几个方面的客观事实，不管是学者还是普通百姓，对法治的理解就是西方法治。似乎我们无法撇开西方法治想象出另外一种法治模式，就像我们无法想象法官除了戴假发、穿西式法袍之外还会是什么模样。在这个关键的转折时期，西方法治话语很大程度上填补了苏联法制话语撤退之后留下的真空地带。这不仅难以避免，而且也产生了一定的积极意义。自1999 年"依法治国，建设社会主义法治国家"载入宪法文本以后，以西方法治为代表的法治理论、立场、观念日益为我国法学界所接受，在一定程度上成为人们对法治理解的普遍认识。③ 不仅仅是学者，党和国家在法治建设中也逐渐承认法治的普遍性，进而对西方国家的法治建设成就给予一定程度

---

① 参见周尚君：《中国法学的话语流变考略》，《法制与社会发展》2012 年第 5 期。
② 顾培东：《中国法治的自主型进路》，《法学研究》2010 年第 1 期。
③ 参见李栋：《十八届四中全会〈决定〉在中国法治历史进程中的定位》，《法学评论》2016 年第 1 期。

的肯定，① 法治成为一个官方与民间的共识。

但是，我们不能忽视西方法治理论尤其是自由主义法治理论对我国意识形态带来的巨大负面影响和潜在威胁。自由主义法治理论已成为西方各种势力向包括中国在内的发展中国家，推行其整体意识形态以及改变这些国家政治制度的思想工具。② 部分学者由于受改革开放后"西风"携带的资本主义法学思想尤其是西方自由主义法治理论的影响，沉迷于西方自由主义法治话语。在西方有关自由、民主、公平、正义等主流价值观影响下，西方法治"殖民主义"在中国大行其道。

西方自由主义法治话语之所以在我国盛行，以及我国之所以呈现"追仿"西方法治的现象，原因是多方面的：首先，作为现代社会治理方式的法治，并非我国本土所有，而是来自西方的"舶来品"，因而人们倾向于认为"原产地"的法治才是最好的。其次，西方国家确实在法治建设实践中积累了丰富的法治经验，创立了较为科学的法治制度，培育了深厚的法治文化，在法治建设方面走在前列，有许多值得后发国家学习的地方。再次，中国长期在法治建设方面对他国现有模式存在依赖性，即对"洋老师"指导的依赖；在苏联法制式微后转而师从西方国家，尽管换了一个"老师"，但"小学生心态"并未改变。最后，伴随经济全球化而来的法治全球化席卷世界各地，当西方国家对外输出包括法治话语在内的意识形态和政治制度、价值观念时，中国也很难抵挡。

应该说，向西方法治文明学习，对于我们发展社会主义民主、健全社会主义法制具有重要的借鉴意义。我们必须承认，西方法治蕴含了人类法治的一些主流价值理论和先进制度，因此适当借鉴西方国家法治中的有益成分，可以大大缩短我们后发国家的法治化进程，进而使我们有可能实现法治的弯道超越。但是，借鉴西方并不意味着要走西方法治道路，更不能受制于西方法治话语。特别是，不能在中西对比中忽略发展阶段的差异，以西方法治的

---

① 参见李栋：《十八届四中全会〈决定〉在中国法治历史进程中的定位》，《法学评论》2016 年第 1 期。

② 参见顾培东：《当代中国法治话语体系的构建》，《法学研究》2012 年第 3 期。

"完成时"来比对中国法治的"进行时";①不能忽略路径差异，以英美之长丈量自己之短；更不能将西方法治道路普遍化，要认识到西方法治的特殊性，②不能无视一些拉美国家、亚洲国家实行西方式法治未能取得成功的事实。因此，我们必须区分合理借鉴与照搬照抄的区别。只有充分学习和合理借鉴西方法治模式，才可能形成中国特色社会主义法治。法治话语的中国特色，不是对西方法治整体的排斥，而是要将法治的普遍性应用于我国独特的国情之中，寻找法治实现道路的特殊性，并运用中国的理论将其表达出来。这种本土主义倾向和本土表达的强烈要求，在20世纪90年代催生了本土法治话语。

三、本土法治话语崛起时期

长期照搬苏联法制和追仿西方法治，长时间讲法治"洋腔"使作为法治"方言"的我国本土法治话语没有发出应有的声音。而且事实证明，许多中国人并不习惯这一套法治"洋腔"，也并未真正理解西方法治，对于西方那一套要么选择无视，要么"下有对策"予以规避。法治"洋腔"，老百姓听不懂，不爱听，"左耳进右耳出"。因此，搞法治还是必须结合我国本土实际，多讲法治"方言"，多一些本土话语。"语言仿佛是民族精神的外在表现；民族的语言即民族的精神，民族的精神即民族的语言。"③由于民族精神的激发和民族传统的再次被重视，不少学者意识到，中国法治建设不可能撇开中国自近代以来独特的现代化发展道路，更不可能撇开中国几千年形成的并仍对当代有着深刻影响的法制传统。中国法治必须具备本民族特色，民族传统是中国本土法治方言在世界法治话语平台上发声的基点，④也只有基于民族

---

① 参见张劲：《法治的"世界结构"和"中国语境"》，《政法论坛》2016年第6期。

② 参见杨建军：《中国法治发展：一般性与特殊性之兼容》，《比较法研究》2017年第4期。

③ ［德］威廉·冯·洪堡特：《论人类语言结构的差异及其对人类精神发展的影响》，姚小平译，商务印书馆1999年版，第33、52页。

④ 参见李瀚琰：《中国法治话语的理论探析与本土法治方言的建构》，《山西农业大学学报》（社会科学版）2016年第11期。

自身特色开创的法治道路，才可能立足于现代文明之林。与主张西方自由主义法治者不同，法治民族主义者"主张延续中华法系的有益成果，实现法律传统的创造性转化，生发适合当下的法治本土资源"①。

　　自近代以来，我们一直存在着到底是依靠学习、移植西方法治成果，还是依靠本土资源来实现法治现代化的争论。到了 20 世纪 90 年代初期，各种激进的法治"移植论"和"接轨论"被提出，原本的"政法法学"转变为"诠释法学"，再到 90 年代中期"社科法学"开始崛起，② 我国法学研究的视野逐渐转移并聚焦本土，因而这一时期可以称为本土法治话语的崛起时期。对西方自由主义法治话语的反思和对中国法治本土化构建的思考，大致可以分为三波历程。第一波以苏力 1996 年出版的《法治及其本土资源》为代表，其率先引起学术界关于法治本土资源的广泛讨论。第二波以邓正来 2005 年发表的《中国法学向何处去》一文为代表，该文引起学术界对中国法学理想图景的讨论。③ 第三波则以近几年一些井喷式出现的论文为代表，④ 尤其是2016 年习近平总书记在哲学社会科学工作座谈会上发表讲话后，学术界产生了关于法治话语前所未有的热烈讨论。

　　苏力借用吉尔兹的"地方性知识"⑤ 的概念，认为任何知识都是具有"地方性"的，因而对现代法治的普适性产生怀疑，提出中国的法治之路必须注重

<hr>

① 廖奕：《中国法治的三种话语》，《检察日报》2010 年 10 月 28 日。

② 参见苏力：《中国法学研究格局的流变》，《法商研究》2015 年第 5 期。

③ 相关的讨论见魏敦友《"知识引进运动"的终结——四评邓正来教授的〈中国法学向何处去〉》（《河北法学》2006 年第 10 期），顾培东的《也论中国法学向何处去》（《河北法学》2006第 10 期），李林《关于"中国法学向何处去"的两个问题》（《现代法学》2007 年第 3 期），姚建宗《中国法律哲学的立场和使命——评邓正来教授〈中国法学向何处去〉》（《河北法学》2007 年第 1 期），何家弘《多种些活树少谈些森林——也说"中国法学向何处去"》（《现代法学》2007 年第 1 期），林来梵、郑磊《基于法教义学概念的质疑——评〈中国法学向何处去〉》（《河北法学》2007 年第 10 期），徐忠明《也说世界体系与中国法律的理想图景》（《政法论坛》2006 年第 5 期）。

④ 这些代表性的论文包括：喻中《新中国成立 60 年来中国法治话语之演进》（《新疆社会科学》2009 年第 5 期），顾培东《当代中国法治话语体系的构建》（《法学研究》2012 年第 3 期），朱振《中国特色社会主义法治话语体系的自觉建构》（《法制与社会发展》2013 年第 1 期）。

⑤ 参见吉尔兹：《地方性知识：事实与法律的比较透视》，载梁治平编：《法律的文化解释》，三联书店 1994 年版，第 73—171 页。

利用中国本土资源,注重利用中国法律传统和结合中国实际。当然,利用法治的本土资源是对传统的超越,而不是恢复中国的法律传统。苏力认为,不仅要从历史中,还要从当代人的社会实践中已形成的或正在萌芽发展的各种非正式制度中,去寻找法治本土资源。①因而研究和解决中国实际问题,就是在创造、累积资源。②法治的普世性与本土性并不是矛盾的,必须在实践中将二者统一起来。要建立符合中国现代化需求的法治,就必须将中国的法治建设过程看作是法律移植和利用本土资源相融合的过程,从而充分利用域外法治资源和本土法治资源,让二者形成强大合力,服务于中国法治的现代化事业。

伴随着对本土资源论的传播和批判,中国法学界开始对受西方法治话语支配的局面进行反思,中国法学"向何处去"成为时代之重大命题。这关系到中国法学的主体性和实践意识。③只有结束从理论上直接套用西方法治模式的做法,才可以让我国法学重归本土性,在深深扎根于我国法治建设现实基础上,自觉构建起一幅"中国法律理想图景"④。基于西方自然法学派理论而形成的对法治模式的想象与认知,不可能为中国法治建设指明方向。⑤因

---

① 参见苏力:《变法,法治建设及其本土资源》,《中外法学》1995年第5期。"苏力所指的本土资源第一层含义为本土的传统、习惯和民间法;第二层社会生活中形成的新的传统和习惯;第三层含义为,关注、研究、解决当下中国的实际问题,创造、累积新的资源。"参见韩月香:《法治建设的普世价值与本土资源》,《社会科学辑刊》2008年第4期。

② 参见苏力:《法治及其本土资源》,中国政法大学出版社1996年版,第22页。

③ 参见周尚君:《中国法学的话语流变考略》,《法制与社会发展》2012年第5期。

④ 所谓的"中国法律理想图景",乃是一种依凭对中国现实的"问题化"理论处理而阐明的中国本土的理想图景;它既是以批判西方现代化范式为基础的,也是以否弃那种主张一劳永逸且永恒不变之自然法的理论为前提的,更是以批判那种封闭且实质保守的文化"意义世界"为依凭的。参见邓正来:《中国法学向何处去(上)——建构"中国法律理想图景"时代的论纲》,《政法论坛》2015年第1期。

⑤ 中国法学在引进西方法治的同时忽略了对中国现实问题的切实关注和研究,西方法治没有也不能很好地解决中国现实问题。中国长期痴迷于西方法治理想图景,而忽视了中国自己的法治理想图景的构建;自觉或者不自觉地受着西方法治话语的支配,不加质疑地把西方的法律制度性安排当作法治理想图景加以引进和信奉,进而回避或者扭曲中国现实存在的问题;痴迷于抽象的自由、民主、人权口号,执着于西式的三权分立、多党制、司法独立,而没有注意到中国现实的问题需要一种怎样的解决方式,西方法治图景对于这些问题的解决意义有多大。参见邓正来:《中国法学向何处去(上)——建构"中国法律理想图景"时代的论纲》,《政法论坛》2015年第1期。

此，我国法学应当立基于"法治的中国因素"①，紧扣我国法治建设现实。在这个过程中，我国法学理论应当体现出特色性、创造性、实践性，为法治建设充分发挥理论指导作用。有学者提出，应当"努力将现代西方法律的理想图景融入中国社会，或者在中国本土法律实践中提炼具有精神意义（可以成为理想图景）的东西，以期产生'中西合璧'的效果"②。关于"中国法学向何处去"和"中国法律理想图景"的讨论，虽然并没有明确指出中国法学到底向何处去，也没有描绘出明确的中国法律理想图景，但通过对"西方现代性范式"、"西方法律理想图景"的批判，中国法学不应脱离对中国问题的具体思考而盲目接受西方法治理论，已经成为学界共识，为确立中国法治话语的自主性奠定了观念基础。

在以上探讨和反思基础上，学者们在法治理论建构和话语创新上，不仅明确了其必要性，而且明确了其目标和使命，并初步形成了具体路径。"意图结束历时百年的法学知识引进运动，确立中国法学、法治于思想上的自主性"③，告别"小学生心态"，结束"学徒状态"④，中国法治话语终于要发出自己的声音了。有学者将中国特色社会主义法治话语体系的重要目标定义为："在世界层面上争夺法治话语权，为法治的世界概念注入中国元素。"⑤为实现这一目标，可以分几步走：第一步，要形成具有中国特色、中国风格、中国气派的法学学术话语体系；第二步，要用中国的法学理论和话语体系解读中国法治实践；第三步，要以高度的理论自觉和理论自信总结中国经验，升华中国实践；第四步，要自觉建构并形成具有中国特色、

---

① 顾培东：《也论中国法学向何处去》，《中国法学》2009年第1期。

② 徐忠明：《也说世界体系与中国法律的理想图景》，《政法论坛》2006年第5期。

③ 朱振：《中国特色社会主义法治话语体系的自觉建构》，《法制与社会发展》2013年第1期。

④ 吴晓明指出："真正意义上的学术话语问题从来不是（也不可能是）一个仅仅表面的、纯粹形式的议题，它具有'实体性'的内容，并总是最经常地与某种'学徒状态'的脱离和特定的自律性要求相吻合、相表里的。"吴晓明：《论当代中国学术话语体系的自主建构》，《中国社会科学》2011年第2期。

⑤ 朱振：《中国特色社会主义法治话语体系的自觉建构》，《法制与社会发展》2013年第1期。

能与西方自由主义法治话语相抗衡的法治话语体系。① 为此必须坚持法治话语语境的中国化、本土化，注重法治话语内容的实在性和具体化，坚持以问题为中心的话语取向。在提升法治思想和知识资源选择自主性和法治话语语境中国化、本土化方面，我们应该意识到，我国法制文化遗产极为丰富。在增强法治话语内容的实践性方面，我们应该意识到，中国已经有了四十余年的法治实践，积累了大量的法治经验和法治话语素材，形成了具有中国元素的中国法治的初步框架。这些都为我们构建法治话语提供了坚实的基础。中国法律学人具备了根据自身实践，而不是依赖既有学说和模式，建立自己的法治理论体系的外部条件。② 最后就是坚持法治的中国问题导向。庄子认为，道无所不在，在蝼蚁，在稊稗，在瓦甓。③ 法治也是一样，并非是高高在上的大道理，而应该是"接地气"的，应该接近日常生活，不能离开本土的风俗人情。

这也就是说，解决我国的问题，不能指望直接从他国获得现成经验，必须准确和充分地结合我国的历史文化传统，从我国实际出发寻找解决问题的道路和方法。习近平总书记指出："我国古代法制蕴含着十分丰富的智慧和资源，中华法系在世界几大法系中独树一帜。要注意研究我国古代法制传统和成败得失，挖掘和传承中华法律文化精华，汲取营养、择善而用。"④ 一时代、一民族，必有其特有的生活样态与活法。"橘生淮南则为橘，生于淮北则为枳。"一方水，一方土，必能培育出适应本土的法治样式。因而我们必须强调关注本土、立足国情，反对忽视中国特殊历史传统和实践经验，而照搬西方特殊历史形成的法治经验，必须要用符合本土实际的方式，解决法治的中国问题，推进中国法治进程。

多元法治话语并存，是一个过渡性历史阶段。因为这三种法治话语力量

① 参见朱振:《中国特色社会主义法治话语体系的自觉建构》,《法制与社会发展》2013年第1期。
② 参见顾培东:《也论中国法学向何处去》,《中国法学》2009年第1期。
③ 参见《庄子·知北游》,孙通海译注,中华书局2016年版,第309页。
④ 习近平:《加快建设社会主义法治国家》,《求是》2015年第1期。

对比并不稳定，而是处于此消彼长的状态。尤其是在西方自由主义法治话语的强劲攻势下，大有"不是东风压倒西风，就是西风压倒东风"的态势。因而多元法治话语并不是一个稳定的状态。我们必须认真对待法治进程中的各种思潮，既能宽容对待法治话语的多样性和矛盾性，又能在多样性中寻求统一性，以一元、稳定的法治话语来化解多元话语之间的矛盾。因而，构建这样一个统一话语的历史使命就落在了当代人的肩上。

第四节　一体多元法治话语：形成阶段

在经历了"全面苏化"的苏联一元法制话语阶段和多元法治阶段，尤其是近乎"全盘西化"的西方自由主义法治话语传入时期，域外法治意识形态对我国法治建设产生了深远的"实质性影响"。① 这种法治建设的不自主性越来越受到重视。在党的十八大之后，我国法治建设正在从"追仿型法治"向"自主型法治"转换，② 开始进入一个新的发展阶段，同时法治话语也迎来形成阶段。

以"法治中国"和"全面推进依法治国"的提出为标志，意味着中国特色社会主义法治话语已经初步形成。有学者提出，真实而有力量的中国话语，需要五个方面的支撑要素：一要有问题支撑；二要有概念支撑；三要有价值支撑；四要有范式支撑；五要有学理支撑。③ 在中国特色社会主义法治话语中，法治建设的中国问题是问题支撑，法治关键词是核心概念支撑，社会主义核心价值观是价值支撑，马克思主义法学构建起来的独特分析框架是范式支撑，中国特色社会主义法治理论是理论支撑。因此，这五个支撑要素的形成，也就标志着我国法治话语的形成。

党的十八大以来，习近平总书记紧紧围绕新时期加强社会主义法治建

---

① 参见顾培东：《当代中国法治话语体系的构建》，《法学研究》2012 年第 3 期。

② 参见顾培东：《中国法治的自主型进路》，《法学研究》2010 年第 1 期。

③ 参见陈曙光：《中国话语与话语中国》，《教学与研究》2015 年第 10 期。

设，发表了一系列新思想、新论断、新命题和新观点，系统总结了自改革开放以来我国社会主义法治建设的经验和做法，深刻阐述了社会主义法治的理念、精神和道路的价值内核和精髓，极大地丰富和发展了中国特色社会主义法治理论，形成了系统完备的中国特色社会主义法治思想理论体系，增强了法治理论自信；并提出了建设法治中国的新目标，阐述了我国法治建设过程中面临的一系列重大理论和实践问题，进一步明确法治中国的总体布局、根本宗旨以及实现路径，推动全面推进依法治国迈向新征程。

我们可以将这一阶段的中国特色社会主义法治话语特征，概括为"一体多元"。"多元"是指各种法治话语各有其起源、形成、发展的历史，既有来自苏联的、西方的，也有源自我国本土的。"一体"是指各种法治话语的发展，相互关联、相互补充、相互依存，与整体有不可分割的内在联系和共同的价值功用。这种"一体多元"格局的形成，统合了不同来源的法治理论、法治资源，有一个从分散多元结合成一体的过程。在这个过程中，有一个起着凝聚作用的核心，这就是中国特色社会主义法治理论。"一体多元"的法治话语格局，可以很好地避免前两个阶段法治话语存在的弊端："一体"是体，是根本的，可以克服多元法治话语的松散性和相互排斥性；"多元"是用，是服务于"一体"的，可以避免法治话语单一、僵化，可以缓和革命话语和阶级话语对法治造成的冲击。

一、中国特色社会主义法治话语初步形成时期

有了理论上的准备，我国法治建设实践得以进一步深化，同时实践也为理论注入了丰富的内涵。虽然依恋和崇尚西方法治模式的思维偏向在我国始终存在，但在世纪之交和新世纪之初，我国法治建设在坚持"社会主义"的同时，"中国特色"越来越明显，并且结合中国实际，突出中国特色，打造中国话语。随着依法治国基本方略的确立和不断完善，中国特色社会主义法律体系和法治理念形成，法治话语建设也逐步开展。

（一）依法治国基本方略的确立和不断完善

依法治国的确立和不断完善，有力地推动了我国法治实践进程，催生了法治话语的实践运用。党的十一届三中全会提出"发展社会主义民主，健全社会主义法制"，邓小平同志不断强调要"处理好法治和人治的关系"，要"靠法制，搞法制靠得住些"，这些论述促使依法治国观念日益深入人心。在 20 世纪 90 年代末期，"依法治国，建设社会主义法治国家"成为学界和官方的共识。①

以江泽民同志为核心的党的第三代领导集体顺应历史潮流，高举邓小平理论伟大旗帜，高度重视中国特色社会主义法治建设。党的十五大科学总结了我国社会主义民主法制建设的经验和教训，提出"依法治国，建设社会主义法治国家"的目标，并将"法制"改为"法治"，一字之变，体现了第三代领导集体对"法治"的高度重视。这是党中央经过反复推敲，排除苏联法制话语和教条主义的干扰，采纳法学界的倡议，审慎做出的决断。江泽民同志对依法治国的科学内涵做了深入分析。他指出："依法治国，就是广大人民群众在党的领导下，依照宪法和法律的规定，管理国家事务，管理社会事务，管理经济和文化事业，保证国家的一切工作都依法进行，逐步实现社会主义民主的制度化、法律化，使这种制度和法律不因领导人的改变而改变，不因领导人看法和注意力的改变而改变。"② 中国共产党在党的政治报告中正式提出"依法治国"基本方略，标志着中国共产党在领导方式、执政方式和治国方略上取得了重大进步，我国社会主义法治建设进入一个新的历史阶段，也为中国特色社会主义法治话语的形成提供了根本遵循。

1999 年 3 月，全国人大对现行宪法进行第三次修改，"依法治国"的基本方略和奋斗目标被写入宪法，③ 以宪法和法律形式确认了"法的统治"地

---

① 1996 年 2 月 8 日，在中共中央举办的中央领导同志法制讲座上，著名法学家王家福作了《关于依法治国建设社会主义法制国家的理论和时间问题》的演讲，"依法治国，建设社会主义法制国家"的提法得到了中央领导人的肯定。

② 《江泽民文选》第 2 卷，人民出版社 2006 年版，第 28—29 页。

③ 现行宪法第五条：中华人民共和国实行依法治国，建设社会主义法治国家。

位，确立了宪法法律至上和人民权利至上的观念，法治原则成为宪法的基本原则。①2001年，《"十五"计划纲要》进一步指出："依法治国，建设社会主义法治国家，是社会主义现代化的重要目标。"②由治国方略拓展到重要目标，"依法治国"实现了从手段向目标的层次升级，使法治国家成为实现社会主义现代化的重要目标。

2002年，党的十六大提出"健全法制，依法治国，建设社会主义法治国家"，并将"依法治国基本方略得到全面落实"作为小康社会的重要指标。③同时，进一步强化"党的领导是人民当家作主和依法治国的根本保证，人民当家作主是社会主义民主政治的本质要求，依法治国是党领导人民治理国家的基本方略"（以下简称"三统一"），创造性地提出"实行依法治国和以德治国相结合"。"三统一"的提出，更加突出了法治在社会主义民主政治中的重要地位和作用。法治与德治相结合，为社会主义政治文明建设指明了独具中国特色的可行路径，将东西方治理之道融合创新，推动中国特色社会主义政治文明不断发展。这些新论述是党中央对法治建设历史经验的深刻总结和重大理论创新，深化了对依法治国本质的认识。在此基础之上，党的十七大进一步提出要全面落实依法治国基本方略，加快建设社会主义法治国家。

（二）中国特色社会主义法律体系的形成

法治话语的形成有赖于完善的法律体系提供制度基础和运用空间。一般来说，社会主义法制（治）体系包含法律体系、执法体系、守法体系和法律监督体系。④这几个子体系紧密联系、有机统一。其中法律体系是法制建设的基础和起点，只有实现有法可依，执法、司法、守法才能得到进一步发

---

① 参见郭道晖：《从人治走向法治》，《百年潮》1999年第7期。

② 《依法治国十年跨越历史五千年》，2007年9月15日，见人民网 http://npc.people.com.cn/GB/28320/102538/102540/6299408.html。

③ 参见《江泽民文选》第3卷，人民出版社2006年版，第543页。

④ 参见谷安梁：《关于建立具有中国特色的社会主义法学体系的问题》，《中国政法大学学报》1984年第3期。

展。我国要建立的社会主义法律体系，是以马克思主义法治原理为指导，统一体现党的主张和人民意志，适应我国基本国情和法治现实，能够保障我们国家沿着中国特色社会主义道路不断前进的各项法律制度有机组成的体系。与西方法律体系相比，中国特色社会主义法律体系强调其社会主义性质；与苏联、东欧等传统社会主义国家法律体系相比，中国特色社会主义法律体系强调其中国特色。

市场经济本质上是法治经济。我国提出要建立社会主义市场经济，这就内在要求我国必须建立和完善社会主义法律体系。1993年全国人大及其常委会为适应党的十四大提出的建立社会主义市场经济体制目标的需要，计划在八届全国人大任期内把经济立法项目作为主要工作内容，大体形成社会主义市场经济法律体系的框架，提出制定152项法律的五年立法规划。于是，大量适应市场经济改革要求的法律得以出台，经济立法迎来"黄金时代"。一大批具有中国特色的法律术语和法治话语也在此时出现。

为了适应社会主义市场经济立法的需要，全国人大不断加快立法步伐，不断强化立法职能和完善立法理念，立法重点由单纯的重视经济立法转向涵盖社会、经济、文化等各领域的全面立法。立法指导思想也因为大量立法的需要，而由原来的成熟一条制定一条的"经验立法"，转变为以法律推动、指导、规范改革的"超前立法"。这一立法指导思想的转变，推动了我国立法工作的进一步繁荣发展。

随着我国制定的法律数量不断增多，法律之间冲突、不协调、不一致的问题时有发生，我国法律面临着体系化的时代任务。党的十五大提出："到二零一零年形成有中国特色社会主义法律体系。"[1]经过十多年的立法努力，我国在经济、政治、文化、社会生活等方面基本建立了相应的法律法规，实现了有法可依的基本要求。2011年3月，吴邦国在十一届全国人大四次会议上正式宣告，中国特色社会主义法律体系已经形成。[2]至此，我国形成了

---

[1]　《江泽民文选》第2卷，人民出版社2006年版，第30页。

[2]　参见《吴邦国：中国特色社会主义法律体系形成》，2011年1月26日，见人民网 http://politics.people.com.cn/GB/1024/13815724.html。

以宪法为核心、以法律为主干，包括行政法规、地方性法规等规范性文件在内，由七个法律部门、三个层次法律规范构成的法律体系。

（三）社会主义法治理念的形成

法治理念关乎人们对法治的理解，尤其是对法治价值、结构和功能的认识，贯穿于指导立法、执法、司法、守法和法律监督的全过程和各方面，是法治体系的精髓和灵魂。社会主义法治理念经历了提出、丰富和形成的过程，呈现出由简单到丰富、由表层到内核、由形式法治到实质法治的演进特征，① 并不断在广度、深度和高度上得到拓展、深化和飞跃，而且仍将继续发展深化。在社会主义法治理念中，依法治国是核心内容，执法为民是本质要求，公平正义是价值追求，服务大局是重要使命，党的领导是根本保证。这五个方面的内容相互补充、相互支持，协调一致地体现了我国法治建设"三统一"原则。与此同时，社会主义法治理念并非是一个孤立的存在，其提出有着重大意义，② 不仅表明我国社会主义法治建设的基本立场，同时也是对我们要建设的法治国家和所要走的法治道路的明确描述，更是为我国法治话语体系的形成指明方向。

（四）社会主义守法意识逐渐增强

"法律不只是一种制度化模式或社会组织模式，而且也是一种理性精神和文化意识。"③ 我国自1985年开启普法计划以来，伴随着法律职业制度的完善，公民守法意识不断增强。随着党内法规制度建设的加快推进，遵守宪法、法律和党内法规，成为每一个党员干部的必修课，领导干部带头学法、守法，带动了全党和全体人民学法、守法和用法，对于促进全民守法意识的

---

① 参见蒋传光：《新中国法治简史》，人民出版社2011年版，第306—307页。

② "中国特色法治话语体系的构建过程，也就是以社会主义法治理念为基础，全面塑造属于中国自己的法治理论和法治知识体系的过程。"顾培东：《中国法治的自主型进路》，《法学研究》2010年第1期。

③ 王人博、程燎原：《法治论》，山东人民出版社1998年版，第190页。

提升起到了重大作用。守法意识的增强还表现在人们对法的价值及其在社会中功能与作用的新认识，越来越多地用法治思维来分析和处理问题，逐渐摒弃过去在处理问题时一味强调的道德思维、政策思维和服从领导思维，服从法律而不是服从任何个人权威，越来越成为社会主流观念。用法律来维权和用法律来治理，越来越成为社会的通行做法。社会主义法治理念的提出，清除了一些不符合时代发展要求的陈旧观念，使新的法治观念在人们头脑中扎下根来，并逐渐形成法治信念、信仰。

二、从党的十八大到十八届三中全会

党的十八大报告指出："法治是治国理政的基本方式。要推进科学立法、严格执法、公正司法、全民守法，坚持法律面前人人平等，保证有法必依、执法必严、违法必究。"①"科学立法、严格执法、公正司法、全民守法"（以下简称"新十六字方针"）是对原"十六字方针"的丰富和发展，成为我国新时期"推进"法治建设新的指导方针和衡量标准，是新时期"依法治国"内涵的具体表现。党的十八大报告提到的社会主义核心价值观中的"自由、平等、公正、法治"，充分体现了社会主义法治的本质要求和精神内核，进一步丰富了社会主义法治理念。党的十八届三中全会提出，建设法治中国，必须坚持依法治国、依法执政、依法行政共同推进，坚持法治国家、法治政府、法治社会一体建设。② 三中全会审议通过的"改革决定"，对法治中国建设提出一系列具体要求。同时，全文包含大量重要的法治话语，③ 充分体

---

① 《十八大以来重要文献选编》（上），中央文献出版社 2014 年版，第 21 页。

② 参见《十八大以来重要文献选编》（上），中央文献出版社 2014 年版，第 529 页。

③ 如"紧紧围绕坚持党的领导、人民当家作主、依法治国有机统一深化政治体制改革，加快推进社会主义民主政治制度化、规范化、程序化，建设社会主义法治国家，发展更加广泛、更加充分、更加健全的人民民主。""建设法治中国，必须坚持依法治国、依法执政、依法行政共同推进，坚持法治国家、法治政府、法治社会一体建设。""健全社会普法教育机制，增强全民法治观念。""逐步增加有地方立法权的较大的市数量。""坚持依法治理，加强法治保障，运用法治思维和法治方式化解社会矛盾。""把涉法涉诉信访纳入法治轨道解决，建立涉法涉诉信访依法终结制度。"

现了维护社会主义法制统一、尊严和权威，尊重和保障人权，公平正义，民主共和等法治理念和法治精神，并将全面深化改革与法治建设结合起来，在全面深化改革中推进法治改革、加快推进法治中国建设。党的十八届三中全会提出的"法治中国"概念，统领着新时期我国的社会主义法治建设，我国法治建设已由静态的法律规范完善到动态的法律制度实施，由法治硬件完备到法治软件和软环境提升和优化转变，而"要强化权力运行制约和监督体系"反映了社会主义法治的本质要求。

三、党的十八届四中全会

作为党的历史上首次以法治为主题的中央全会，党的十八届四中全会是全面依法治国的新起点，也是中国法治史上一个新起点。全会通过的《中共中央关于全面推进依法治国若干重大问题的决定》（以下简称《依法治国决定》）提出并阐述了一系列法治新概念、新命题、新论断、新观点、新思想，[1] 提出了一系列内涵丰富、思想深刻的社会主义法治建设理论，[2] 准确回答了法治中国建设的重大理论问题，推动了中国特色社会主义法治理论体系和话语体系的形成。[3]《依法治国决定》系统论述了中国特色社会主义法

---

[1] 例如社会主义法治体系、法治实施体系、法治监督体系、法治保障体系、党内法规制度体系，立法和改革决策相衔接，取消权力设租寻租空间，行政裁量权基准制度，阳光司法，以审判为中心的诉讼制度，党的政策和国家法律互联互动，谁执法谁普法的普法责任制，法治工作队伍，党纪党规严于国家法律，依法治军、从严治军，加强涉外法律工作等等。

[2] 例如"党的领导和社会主义法治是一致的，社会主义法治必须坚持党的领导，党的领导必须依靠社会主义法治"。"法律是治国之重器，法治是国家治理体系和治理能力的重要依托。""法律是治国之重器，良法是善治之前提。""公正是法治的生命线。""人民是依法治国的主体和力量源泉"，"增强全社会学法尊法守法用法意识，使法律为人民所掌握、所遵守、所运用"。"人民权益要靠法律保障，法律权威要靠人民维护。""坚持依法治国和以德治国相结合"，"必须坚持一手抓法治、一手抓德治。""健全事实认定符合客观真相、办案结果符合实体公正、办案过程符合程序公正的法律制度。""法律红线不可逾越、法律底线不可触碰。"

[3] 参见张文显：《全面推进依法治国的伟大纲领——对十八届四中全会精神的认知与解读》，《法制与社会发展》2015 年第 1 期。

治的核心价值，强调法治建设中的人民主体地位。人民群众是历史的创造者，也是我国法治话语的塑造者，在法治话语建设中充分发挥人民的主体地位和作用，就可以排除各种依靠西方外来力量和外来经验建设中国法治的依赖思想，形成和增强依靠中国人民的自身力量和中国法治建设自有经验，来建设法治的独立自主思想。而且，将人民作为依法治国的主体和力量源泉，就使法治建设实现了从"政府推进型"向"党政与人民共同推进型"的重大转变，① 法治话语也实现了从"追仿型"向"自主型"的转变。在全面推进依法治国进程中，法治实践不断发展进步，带动了我国法治话语的不断丰富、成熟、完善和体系化，最终形成中国特色社会主义法治话语体系。

当然，一种理论的出现与成熟之间存在着不少距离。我们必须承认，目前无论是中国特色社会主义法治理论体系，还是中国特色社会主义法治话语体系都还远未成熟，还没有被充分"说"出来、"传"出去、"听"进去、"动"起来。因此，明晰中国特色社会主义法治话语的发展阶段，仅仅只是将其发展历程予以回顾和梳理，目的在于促进这种话语尽快成熟和发挥其话语力量。

---

① 参见张文显：《全面推进依法治国的伟大纲领——对十八届四中全会精神的认知与解读》，《法制与社会发展》2015 年第 1 期。

第七章 中国特色社会主义法治话语体系
创新的基本特征和基本经验

    新中国成立之初的苏联法制话语和改革开放之初的西方法治话语，虽然在一定程度上为我国法治建设提供过许多帮助，但苏联法制话语破产了，西方法治话语也逐渐走下神坛，我们越来越强烈地意识到形成并拥有自己法治话语的重要性和紧迫性。

    作为治国理政基本方式的法治其实现途径必然具有多样性。"世界上的问题不可能都用同一个模式解决。"① 不同国家、不同时期的问题，不可能用同一个法治模式来解决；不同国家的法治经验也不可能用同一种话语来表达。习近平总书记指出："一些理论观点和学术成果可以用来说明一些国家和民族的发展历程，在一定地域和历史文化中具有合理性，但如果硬要把它们套在各国各民族头上、用它们来对人类生活进行格式化，并以此为裁判，那就是荒谬的了。"② 中国人民对法治有着独特期待，我国社会主义法治建设，既借鉴了大量西方法治理念、原理和制度，因而法治话语具有一般性特征，同时也由于我国法治建设出发点、理论导向和所植根的国情与西方国家的法治根本不同，因此法治话语更具有独特性。

---

① 《邓小平文选》第 3 卷，人民出版社 1993 年版，第 261 页。

② 习近平：《在哲学社会科学工作座谈会上的讲话》，《人民日报》2016 年 5 月 19 日。

第一节　中国特色社会主义法治话语具有独特性的原因

纵观我国法治话语的发展阶段，可以发现其自产生之时就具有诸多独特性。中国特色社会主义法治话语以现实的个人为逻辑出发点，以马克思主义法学理论为理论导向，植根于中国国情，是其具有独特性的主要原因。

一、以现实的个人为逻辑出发点

中国特色社会主义法治话语的逻辑出发点不同于西方法治话语。"人是什么？这是哲学中的头一个和基本的问题。"① 对人是什么这一问题理解的不同，导致法治属性的不同。法治是实现人的自由和解放的途径。对这一点，中国和西方在认识上是一致的。但是，中国与西方法治话语对法治背后的个人究竟是什么样的个人，彼此之间的理解不同。这是逻辑起点方面存在的差异。

中国特色社会主义法治话语以现实生活中的个人为出发点，而西方法治话语则以抽象的个人、假设的理性人为出发点。前者强调人的社会属性、现实性和特殊性，后者强调人的政治属性、绝对理性和普遍性；前者基于历史唯物主义形成社会主义法治下关于人性的理解和对人类社会治理规律的把握，后者基于自由主义理论假设形成资本主义法治下关于人性的理解、对权力的认识和对资本主义局限性的掩饰。

西方自由主义法治基于自然法学派学说，通过社会契约论、天赋人权等学说构建起一个虚构的权利体系，主张通过法治来保障个人权利。但其设定的个人是一个抽象的个人，不是一个有血有肉的人；是与外界绝缘的个体，因而只是一个理念上的假设。西方法治从自由主义出发，强调个人是社会活动的基本单位，个人自由是社会自由的基础，其自身具有独特价值，但却往

---

① ［意］安东尼奥·葛兰西：《狱中札记》，葆煦译，人民出版社 1983 年版，第 34 页。

往忽视了社会自由对于个人自由的意义，也忽视了抽象的个人如何在现实社会获得自由的现实问题。自由主义者所理解的自由更多的是政治自由，重视政治权利而忽视社会经济权利，虽然新自由主义（new liberalism）在一定程度上对国家和社会予以关切，但却始终认为个人高于社会，国家妨碍个人，实现个人自由最大化的唯一途径就是约束和限制国家权力。然而我们必须看到，即使在法治国家，个人被赋予的权利也必须依赖一定社会条件，抽象的权利必须要有具体的社会条件才能落实。因而，基于抽象个人的自由主义法治，对在社会条件方面处于弱势地位的那部分个人是不利的。西方民主话语以抽象的民主观念掩盖其民主的阶级性，法治也不考虑现实中的个人差异性，而以法律的平等性掩饰个人在社会条件上的不平等。这是其法治虚伪性之所在。在西方民主和法治话语中，真实的人是不在场的，取而代之的是一个抽象的人。但是，法归根结底是由具体的物质生活条件决定的，必须考虑具体存在的真实的个人。真实的人缺场的法治话语，是难以让作为法治主体的人感到满意的。

社会主义法治则通过对人的本质属性是社会性的论断，将个人放在社会网络、社会生产关系和现实利益关系中进行观察，认为只有在社会活动中才能实现人的自由。现实的、具体的个人才是社会存在的基础，社会自由是实现个人自由必不可少的途径。社会自由不是个人自由的简单相加，也不能粗暴地认为作为整体的社会自由高于作为部分的个人自由，社会自由具有自身的独立价值。社会主义法治所理解的个人自由，兼顾了政治自由和社会权利，在不侵犯个人自由的前提下增强社会整体的自由，以经济发展为个人自由的实现提供条件，以个人社会条件的改善带动实质自由的实现。社会主义法治应该着眼于现实中的个人，立足于经济发展水平，最大限度地为个人自由的实现提供条件，实现全面的社会自由。法治作为一种社会治理模式和制度设计，是人的创造物。它根源于人性，是人的现实需要的直接创造物。人作为法治思想、法治观念、法治意识和法治话语的生产者，应该成为法治和法治话语的主体。法治固然提倡制度，提倡理性的非人的因素居于首要位置，但人恰恰应该是法治中最活跃的因素，其个性和差异不应被忽视和扭杀,而是更应得到充分展示和发展。对于制度的好坏,每个人都有自己主观的爱恨和评判,所以法治不能忽视作为感受主体的人的感受。

对法治的追求与对法治条件下现实生活的体验是密切联系在一起的。法治始于人们对法律统治下美好生活的向往,最终要回到人们在法治下生活水平的提升上来。法治要捍卫人的尊严和实现人的价值。这里的人必须是"现实的个人",而这正是马克思主义唯物史观的逻辑起点。习近平总书记提出"以人民为中心"、"以人民为主体"。"以人民为主体"的法治观,将现实中的个人作为法治的逻辑出发点,是马克思主义理论走向彻底的表现,是历史唯物主义、人本主义和法治主义的完美结合。

二、以马克思主义法学理论为指导

马克思主义产生的时代,法治并非是时代主题,因而马克思主义创始人并没有提出系统的关于法治的论述。有学者认为,马克思主义存在"法学空区"[1]。但是,马克思主义法学理论始终是马克思主义的一个重要组成部分。马克思、恩格斯、列宁等革命导师,由于其所处时代的限制,阶级斗争而不是法治是他们那个时代的主题,但他们对西方法治和无产阶级法治进行过思考。毛泽东所处的时代尽管肩负无产阶级革命与社会主义建设两大历史任务,但他却为中国特色社会主义法制建设奠定了基础。他不仅领导制定了1954年宪法,而且对社会主义民主和法制进行过较为全面、深入的思考,得出了不少有益的、符合中国实际的经验,形成了中国特色社会主义法制的最初设计。邓小平同志顺应和平与发展的时代主题,将法制建设作为重要工作予以开展,从而开创了中国特色社会主义法治事业的新局面。

虽然马克思主义创始人没有形成系统的法治理论,但这并不妨碍我们必须以马克思主义基本原理为指导,进行法治理论研究和法治话语体系建设。

---

[1] Jürgen Habermas, "What does Socialism Mean Today? The Rectifying Revolution and the Need for New Thinking on the Left", *New Left Review*, Sept./Oct., 1990, p.12. 转引自佟德志:《马克思主义"法学空区"与中国政治体制改革的贡献》,天津市社会科学界2008年学术年会论文。

坚持马克思主义对法治话语的指导主要包括两个方面：一是坚持马克思主义的基本方法，如理论联系实际、唯物辩证法、阶级分析法等；二是将马克思主义关于法治的基本立场、基本理论、基本原则、基本概念运用于法治话语体系之中。我国社会主义法治话语本质上是马克思主义的当代形态、中国形态和法治形态，[1] 而不是资本主义法治话语的中国版本，也不是古代法家的当代版本。它始终坚持人民立场，"为人民说话"[2]，始终代表最广大劳动人民的根本利益。"马克思主义法学理论构成中国法治的理论支撑，是中国话语区别于西方话语的根本标志。"[3] 马克思、恩格斯、列宁对法治有着丰富的论述，对资本主义法治本质有着深刻理解，对其局限性进行过猛烈抨击。马克思等人对法治本质的理解，异于同时代资本主义的形式法治和不彻底的"实质法治"。他们一方面看到了资本主义法治的阶级性；另一方面看到了法治对于实现人的解放的重要价值，从而开辟了通往现代法治的道路。我国秉持这一法治本质观，既坚持法治的阶级性，又遵循法治发展的基本规律，并将依法治国上升为治国理政的基本方略。

三、植根于中国国情

中国特色社会主义法治建设必须立足于我国国情，这是新中国法治建设七十多年来的经验总结。我国目前最基本的国情是仍然处于社会主义初级阶段。在这个阶段，包括法律制度在内的各种制度都还不完善，因而与理想中的法治存在差距属于正常。但这种差距并非不可缩小。而要缩小这种差距，就必须坚持和完善中国特色社会主义法治道路。为此，就必须从我国实际国情出发。

从各自实际情况出发，是各国法治建设取得成功的共同原因，也是法治发展的普遍规律。英国基于自身独特的自由主义传统和君主制度实际，发展

---

① 参见陈曙光：《中国话语与话语中国》，《教学与研究》2015 年第 10 期。

② 陈曙光：《中国话语与话语中国》，《教学与研究》2015 年第 10 期。

③ 陈曙光：《中国话语与话语中国》，《教学与研究》2015 年第 10 期。

出英国自由主义法治；美国基于英国殖民统治遗留下来的自由主义传统和对权力制约以及人权保障的格外重视，产生了美国式的"宪政"法治；德国基于其历史上浓厚的国家主义和行政集权传统，产生了特别强调行政权依法行使的德国式法治国（Rechtsstaat）；日本则基于其独特民族特性和天皇在国家政治生活中的重要地位，形成了其自身独特的法治。这些都是从各国历史、文化和现实出发，各自探索法治道路的典型例子。可见，但凡法治发达的国家都是从本国国情出发，而照搬他国法治模式的拉美国家等却无一成功。因此，不从自己国情出发，任何国家的法治建设都不可能取得成功。

同时，法治强度与其空间跨度和时间持续性成反比。因而在中国这样一个幅员辽阔、人口众多、社会结构复杂的国家，在全球化、改革开放、法治现代化、国家治理现代化的重叠期，要加快法治建设的速度，其难度可想而知。我们要在一个国土面积几十倍于英国、人口总数两倍于整个欧洲的发展中国家，全面推进法治建设，仅凭法治规模就可算得上是一个成就，何况我们真正建设法治的时间只有四十多年，这样的效率更是前无古人甚至后无来者的成就。可以说，如果不从中国国情出发，这两个成就都是难以想象的。因此，中国特色社会主义法治话语，是植根于我国国情的产物，是我国国情在法治建设方面的综合体现。其重要特征和使命就是消除各种忽视实际国情、不从实际出发的主观主义法治观点和学说，不断使法治道路、理论契合我国实际。

第二节 中国特色社会主义法治话语的特殊性是对人类法治普遍性的发展

虽然我国法治本质上不同于西方法治，但并非与其毫无关联，而是与其一道共同构成人类法治文明的重要组成部分。我国法治话语建设以"各美其美、美人之美、美美与共、天下大同"为目标，明确反对法治话语霸权，主张各国法治的特殊性共存于人类法治文明的整体之中，各国法治话语汇成和谐统一的人类法治言说。因此，中国特色社会主义法治话语不仅要突出其民族性和特殊性，还要讲清其世界性和普遍性。

一、法治话语特殊性与普遍性是辩证统一的

坚持矛盾普遍性和特殊性的辩证统一，是唯物辩证法的基本观点。人作为一种生物学意义上的物种，具有普遍性；但作为文化意义上的族群，又各具特殊性。中国特色社会主义法治话语将现实的个人作为逻辑起点，既关注每一个独立个体的幸福生活，又注重文化意义上的民族对实现人的幸福生活的重要意义，将人民对美好生活的向往融入中华民族伟大复兴的中国梦之中。因而法治中国和法治梦的提出，就蕴含了通过法治实现人民美好生活、国家富强、民族振兴的含义，这既是中国人民的愿望，也是符合人类普遍愿望的追求。

法治话语不仅体现法学理论，更展示法治实践。在福柯那里，"话语"始终与社会制度和社会实践联系在一起。英美国家和欧洲大陆国家，无不是从法治实践中产生法学理论并形成法治话语。同样，我国法治话语的特征与我国法治实践的特征紧密联系在一起。我国法治实践既有世界各国法治实践的一般特征，也有我国特殊时空环境下的特殊性，是全球法治发展的一个缩影。既顺应现代国家必然是法治国家和国家治理现代化的治理趋势，顺应法律至上、权力制约和人权保障的制度趋势，也顺应法治理念不断更新的观念趋势。但是，我国法治实践有许多地方明显不同于西方法治实践。首先，我国法治实践是在一个超大人口规模、复杂国情的国家的法治实践，空间更大，结构更复杂；其次，我国法治实践将西方三百多年的法治历程浓缩为三四十多年，时间上非常密集；最后，我国法治是与经济市场化、政治民主化、社会治理现代化以及民族文化现代化的历程交错在一起的，也就是说，实现法治化是我国实现现代化的重要组成部分，与其他方面的现代化同步进行。

法治是人类社会发展的必然趋势，但实行什么样的法治却要因地制宜。

法治既具有普遍性又具有特殊性。中国特色社会主义法治话语要坚持法治普遍性和特殊性的辩证统一，既包含人类法治中普遍存在的"法律面前人人平等"、"权力制约"、"权利保障"、"法的公开性、确定性和可操作性"等话语，也包含中国特有的"法治中国"、"党的领导、人民当家作主和依法治国有机统一"、"法治与德治相结合"等话语。

二、中国特色社会主义法治话语并不排斥西方法治话语的独特性

对于西方法治话语中包含的一些经过西方法治实践检验的合理成分，我国法治话语体系建设理应予以借鉴。我国法治建设的独特性立基于客观实际国情，是法治原理在中国本土的具体应用，但也必须遵循法治发展的基本规律。西方各国法治也具有其特殊性，但同样必须遵循法治发展的基本规律。因此，我们既不能以法治的特殊性否认其普遍性，也不能以法治的普遍性否定其特殊性。

一国的法治话语可以讲清楚一个国家法治建设的前因和后果。前因告诉世人该国法治道路具有历史合理性，后果则告诉世人该国法治道路具有实践合理性，以及其发展趋势。因而，比较法治话语，不应该空对空地进行理论和理论的对比，也不能拿西方的理论和中国的实践做对比，而应该以实践和实践来做对比。也就是说，各国法治的特殊性最终是否合理，完全要看其是否经得起实践的检验。

三、法治话语的独特性可以上升为普遍性

法治话语的特殊性不仅不与其普遍性相冲突，而且，法治话语的特殊性可以上升为法治话语的普遍性。例如，"法律面前人人平等"最开始只是少部分人、特定阶级的要求，但随着社会的发展，其逐渐成为人类的普遍要求。人权也只是启蒙思想家用以反对封建专制的思想武器，但经由美国和法

国等国的"宪政"实践后，其不断获得其他国家认同并成为全球范围内的法治共识。从理论上说，我国的部分法治话语，也可以经由中国自身成功的法治实践，获得世界认可，从而转化为具有普遍性意义的法治话语。中国特色社会主义法治话语，只有实现由自身经验上升到人类共识的过程，才不会只在封闭的圈子里自说自话，而是在不同法治文明的交流中继续发展，为人类法治文明做出应有的贡献。

从法治话语的功用上来看，"中国法治话语必须谋求中国法治的世界意义，在国际社会建构与强化法治的中国声音，学会运用并牢固掌握中国的国际法治话语权"[①]。中国一方面要坚持法治话语中的特殊性，另一方面也要善于运用和表达这种特殊性，尤其是要善于使中国法治话语的特殊性为世界所了解和掌握。一种法治理论或实践，无论在哪个国家或哪个地区最先出现，只要反映了人类法治发展的普遍规律，它们最终都会上升为人类法治的普遍经验，并对其他国家和地区产生影响，都能增进人类法治文明的共同价值。我们今天熟知的法律面前人人平等、天赋人权、正当法律程序、法不溯及既往等莫不如此。将中国法治实践经验升华为一般的理论原则，从而丰富人类共同的法治话语，并调整被我们视为一般法则的西方法治话语预设，将有助于形成真正的法治话语权。我们谈论中国法治话语的特殊性，并不是在自说自话，而是要让这种特殊性获得一种普遍性承认，上升为一种普遍性的存在。

第三节　中国特色社会主义法治话语体系创新的基本经验

党的十八大以来，我国法治建设取得重大成就，推动了中国特色社会主义法治话语体系的形成和发展。因此，及时总结我国法治话语体系创新的基本经验，对于进一步推进法治建设至关重要。坚持鲜明的理论性与实践性相结合，坚持独立自主、历史传承与对外开放相结合，坚持人民主体地位，坚

---

① 汪习根：《论法治中国的科学含义》，《理论参考》2014 年第 2 期。

持法治与民主相结合，坚持实质法治观念与法治体系完善并重，坚持法治作为制度的现实性和作为理念的超前性相结合，这些都是中国特色社会主义法治话语体系能够不断取得创新的基本经验。

一、坚持鲜明的理论性与实践性相结合

实事求是，一切从实际出发是马克思主义活的灵魂，也是我们进行社会主义法治建设的根本方法。回顾我们改革开放以来四十多年法治建设的历程乃至七十多年社会主义法治建设的探索与实践，我们可以发现，照搬或者照抄西方法治模式并不能使我国实现法治化，而必须从我国实际国情出发，走中国特色社会主义法治道路。法治是庞大的系统工程，与社会方方面面有着千丝万缕的联系，来不得半点马虎，必须在实事求是上下功夫，切切实实做到一切从实际出发。

理论是实践的先导，法治建设必须重视法治理论体系的构建和完善。法治话语是由诸多关于法治的观念、理论和实践经验等组成的思想体系，具有很强的理论性。我国法治建设的每一个进步都是以法治观念的更新、法治理论的发展为先导的。在法治建设的历程中，无数法治理论工作者站在法治建设前沿，不断琢磨法治的本质，探索实现法治的路径，古今探源，上下求索，从古代和从西方寻找法治理论资源，从人类法治文明的高度把握全局，向历史的深处追问中国法治向何处去。经历了几十年的实践探索与理论建构，中国特色社会主义法治理论体系得以形成，为我国法治实践提供了理论指导，更为我国法治话语体系的形成奠定基础。

理论必须指导实践，中国特色社会主义法治话语更强调法治话语在实践中的运用和完善。法治实践是检验法治理论的唯一标准。关于法治话语的理论构想和理论表达，不应停留在抽象的玄想中，而必须以现实存在的问题为导向。中国特色社会主义法治道路是适应我国具体国情、能解决实际问题，适应我国未来法治建设需求、具有中国特色的自主型法治道路。由此形成的法治话语体系深深植根于我国社会实际，自我发展、自我创新、自我完善、

有机统一，具有与时俱进的重要品格。在不同时期和不同时代我们有不同的法治话语，随着时代的变化，法治话语也在更新。法治话语体系是一个能不断进行自我更新的体系。坚持理论联系实际，在法治实践中运用和完善法治话语，使中国呈现出一种法治新常态，法治话语也在指导新的实践中获得强大生命力。

习近平总书记强调，实践是法律的基础，法律要随着实践的发展而发展。① 我国法治建设实践一直在前进。随着经济基础的不断发展变化，我国法律制度不断完善，法治观念不断丰富更新。法治实践是法治话语的基础，脱离了实践的法治话语是空洞的，没有时代意义和现实意义。实践发展永无止境，思想解放永无止境，坚持理论与实践相结合，坚持理论与时俱进，法治话语才能有坚实的基础。

二、坚持独立自主、历史传承与对外开放相结合

当下我们所走的法治道路，不同于世界上现存的任何其他国家的法治道路。所谓中国特色，就是在"古为今用、洋为中用"基础上，结合我国实际国情，坚持走本民族的自主创新之路。邓小平曾说过："所有别人的东西都可以参考，但也只是参考。"② 从清末"仿行立宪"开始，中国历次重大变革都是在仿效。虽然仿效的对象在不断变化，但所有这些仿效无一不以失败而告终。仿效心态，归根结底是认为自己没有法治传统和经验，也没有独立自主建设法治的能力。现在经过数十年独立自主的法治建设，我们不仅从中国古代历史中挖掘出了自己的法治传统，而且在法治实践中积累了丰富的法治经验，更重要的是我们可以确信，自己有独立自主进行法治建设的能力。坚持独立自主是我们革命取得胜利和建设取得成功的法宝，是毛泽东思想的重要内容，也是我国法治话语建设生死存亡的关键。

---

① 《习近平主持中共中央政治局第四次集体学习》，2013 年 5 月 25 日，见人民网 http://cpc.people.com.cn/n/2013/0225/c64094-20583750.html。

② 《邓小平文选》第 3 卷，人民出版社 1993 年版，第 261 页。

　　坚持独立自主，在法治话语中首先体现为法治强国的理念。法治强国，既是我们建设法治国家的重要目标，也是实现中国人民近代以来强国梦的重要保障。同时，没有民族自尊、文化自信、理论自立，就不可能有自主和自强，就不可能实现法治强国，因此我国法治建设必须走中华民族的自主创新之路。① 改革开放四十多年来，我们着眼于法治建设实际问题的解决，开创了一条中国特色社会主义法治道路。这在西方法治理论中找不到任何现成结论，也不是任何其他国家法治实践的再版，而是一种独立自主的法治创新之路。

　　坚持独立自主，在我国法治话语体系建设中还体现为法治创新精神。建设社会主义法治国家，离不开创新。观念、理论和制度的创新，都应从本国实践中去寻找生动素材和力量源泉。"中国法治社会的建立，应着重从中国的内部寻找变革的动力。"② 只有坚持独立自主进行法治建设，我国才能立于不败之地和获得不竭的力量源泉。如果缺乏独立自主精神，依赖西方的"无私奉献"和"权威指导"，则是痴人说梦。不少亚非拉国家照搬西方法治模式后，法治遭遇种种挫折就是前车之鉴。为此，必须将法治创新精神贯彻到法治建设全局和各个方面。第一，与殖民地国家主要依靠宗主国，其他后发国家主要依靠西方发达国家的援助不同，我国法治建设始终坚持独立自主，坚持从自身内部去寻找法治建设的原动力、推动力和建构力。第二，我国法治建设坚持党的领导与群众路线相结合，法治话语创新始终依靠人民群众的创造性发挥，始终将人民群众作为法治建设的主体。第三，我们深刻认识到，没有公民权利意识、法治意识的兴起，就不可能有法治的迅速发展。我国四十多年法治建设之所以取得成效，与这四十多年来公民法治意识的兴起密切相关。法律职业在法治意识的兴起中扮演着重要角色。如果说民间力量是原动力，官方推动是主导力，那么法律职业的推动则是一种自主的独立

_____

　　① 参见蒋传光：《新中国 60 年法制建设经验的总结与展望》，《上海师范大学学报》（哲学社会科学版）2009 年第 6 期。

　　② 蒋传光：《中国特色社会主义法治之路的内涵》，《上海师范大学学报》（哲学社会科学版）2011 年第 2 期。

于其他两个方面具有专业性建构作用的力量，可称之为法治的"建构力"。①依靠官方和民间两方的积极性，充分发挥学者和人民群众的创造性，中国法治涌现出巨大的力量，创造性地解决了在一个法治传统和基础薄弱的大国快速实现法治化的诸多难题。

而"法治中国"就是我国坚持独立自主进行法治建设的话语表达。"法治中国"既是中外法治文明的现代版，又是"法治国家"的升级版，②其比"法治国家"内涵更加丰富、深刻，特色鲜明，更加体现我国法治建设的原创精神。"法治中国"蕴含着道路自信、理论自信、制度自信和文化自信，坚信通过中国特色社会主义法治建设，不仅能够促进国内法治建设，而且能够推动和促进国际法治和全球治理，提升中国在国际法治和全球治理中的话语权，为世界法治贡献中国智慧和中国力量。

中国特色社会主义法治建设一方面坚持独立自主，另一方面也始终坚持对外开放，广泛吸收借鉴各国法治文明成果。坚持独立自主并不是要断绝法制传统和排斥外来法治理论，在完全孤立的环境中进行法治建设。独立自主是练"内功"，与学习其他武术招式并不冲突。一方面，建设社会主义法治国家，必须学习其他一切法治文明成果，必须时刻放眼全球，时刻关注其他国家所取得的法治成果。坚持对外开放，是全球化时代法治建设和法治话语完善的必然选择。没有向其他国家的学习，就不可能有中国特色社会主义法治，我国法治建设也就会走更多的弯路。法治话语必然需要法治文化交汇、法治理论交锋和法治制度对比，必须与不同话语争鸣，才能得到发展。另一方面，用中国智慧为人类法治文明做出中国贡献，也必将是中国法治的必然使命。坚持"引进来"与"走出去"相结合，法治话语才能具有强大生命力。

此外，中国特色社会主义法治建设还必须坚持历史的传承性。坚持法治创新还必须正确处理现代法治与中国古代法制传统的关系，必须考虑如何正

---

① 参见孙笑侠：《搬迁风云中寻找法治动力》，《东方法学》2010 年第 4 期。

② 参见张文显：《法治与国家治理现代化》，《中国法学》2014 年第 4 期。

确认识与对待自己本土的法律文化传统，进而做出筛选和扬弃。我国有五千年文明史，积淀了丰富的法律文化。托克维尔所描述的法国旧制度与大革命纠缠不清的关系①完全适用于中国。我们过去在法治建设中，一度曾向中国古代法制传统和在中国存在过的资本主义法制传统公开宣战，但如果从文化的角度看，则很难与这两个传统彻底划清界限。通过对新中国法治建设经历曲折后的深刻反思，我们不得不承认，法治建设必须重视法律文化及其历史传承，这是法律制度的依托所在。我国法律文化深深根植于中华民族悠久的历史传统之中，几千年文明积淀的文化深刻影响着当代中国。不理解这些文化也就无法理解当代中国，不吸收这些文化的精髓法治文化就无从生根。法治必须与德治相结合。一方面要靠制度，但另一方面又必须重视道德教化对人的作用和影响。这是中国古代"德治"、"礼治"文化留给我们的财富。继承中国古代法律文化传统与法治创新不仅不冲突，而且能够为法治创新提供强大支撑。我们越是能够正确对待自身的法律文化传统，就越是能够在法治创新方面走得更坚定、更远。

卡西尔认为："世界史里真正的和伟大的复兴运动照例都必然是一原创性之胜利（Triumphe der Spontaneität），而不是单纯的容受性（Rezeptivität）。"②中国特色社会主义法治话语的形成也一样。其并非单纯被动接受西方法治理论资源，更是包含有原创性的理论创新和观念革新，是容受性与原创性的结合。独立自主性、历史传承性和对外开放性，是中国特色社会主义法治话语的鲜明特征。在建设社会主义法治的过程中，既要坚持独立自主，始终从国情出发，又要善于学习其他法治文明的优秀成果，还要充分挖掘继承我们自己优秀的法律文化资源，并将三者结合起来。中国特色社会主义法治话语不是无源之水、无本之木，而是对中国几千年政治文明进行

---

① "不论一代人如何彻底地向前一代宣战，但是和前一代人作战容易，要与他们截然不同很难。因此，要谈论某一时期的民族而不讲清它在半个世纪以前的情况，这是不行的。特别是涉及一个过去50年中一直处于几乎不断革命的状态中的人民时，这一点尤其必要。"[法]托克维尔：《旧制度与大革命》，冯棠译，桂裕芳、张芝联校，商务印书馆1997年版，第278页。

② [德]卡西尔：《人文科学的逻辑》，关子尹译，上海译文出版社2004年版，第177页。

现代化改造、对外来的马克思主义进行中国化、对西方法治文明进行合理借鉴的综合产物，因而其根基深厚、理念先进、制度优越，显示出强大的生命力。

三、坚持人民主体地位

历史唯物主义基本观点认为，人民群众是历史的创造者，是历史进步的主导力量。坚持人民主体地位，是法的主体性的基本要求、法的目的性的必然归宿、法的有效性的客观需要①，更是中国特色社会主义法治区别于资本主义法治的根本所在②。我国法治话语坚持为人民代言，替百姓说话③，始终代表最广大劳动人民的根本利益，遵循法治为人民说话、人民用法治说话，法治话语必须依靠人民、向人民学习④的内在逻辑。这种"为人民说话"的法治话语，根本上不同于资本逻辑主导下的新自由主义话语和权力逻辑主导下的特权阶层话语。⑤

党的十八届四中全会强调，全面推进依法治国，必须坚持人民主体地位原则。将坚持"人民主体地位"上升为重要原则，这是我国法治建设本质的必然要求。在我国，人民是依法治国的主体和力量源泉，处于主体地位，发挥主导作用，因而法治建设必须坚持为了人民、依靠人民、造福人民、保护人民，以保障人民根本权益为出发点和落脚点，保证人民依法享有广泛的权

---

① 参见胡玉鸿：《人民主体地位与法治国家建设》，《学习论坛》2015 年第 1 期。

② 习近平总书记在谈到依法治国的人民主体地位原则时指出："我国社会主义制度保证了人民当家作主的主体地位，也保证了人民在全面推进依法治国中的主体地位。这是我们的制度优势，也是中国特色社会主义法治区别于资本主义法治的根本所在。"习近平：《加快建设社会主义法治国家》，《求是》2015 年第 1 期。

③ 陈曙光、杨洁：《中国故事和中国话语》，《湖北社会科学》2018 年第 4 期。

④ 毛泽东所总结的学习语言的三条基本途径之一就有"向人民群众学习语言"，认为"人民的语汇是很丰富的，生动活泼的，表现实际生活的……"。《毛泽东选集》第 3 卷，人民出版社 1991 年版，第 794 页。同样，我们的法治话语也有大量来自人民的生动活泼、切合实际生活的话语。

⑤ 参见陈曙光：《中国话语与话语中国》，《教学与研究》2015 年第 10 期。

利和自由、承担应尽的义务，维护社会公平正义，促进共同富裕。全面推进依法治国的目标主体是人民，这强调了法治建设必须将体现人民意志、维护人民利益作为出发点和落脚点，从而明确了中国特色社会主义法治从根本上说是为了人民。对于人民来说，法律既是一种行为规范，更是维护权益的坚实保障。这就要求法律必须为人民所掌握、所遵守、所运用。党的十八届四中全会对此做出重要部署，在法治建设各个环节和过程中具体突出了人民的参与权、监督权，确保人民主体地位得到充分实现。

坚持人民主体地位，要求法律面前人人平等，必须尊重和保障人权。具体到我国现阶段来说，必须全方位地重视和切实保障公民的合法权利，既有人身、财产、政治权利等基本权利，也有经济、文化、社会等其他权利。经济、文化、社会等方面的发展权，是个人不可缺少的人权。我国法治建设的一个显著特征就是将发展权的保障放在突出位置。在社会主义条件下，法治为实现绝大多数人的发展提供了可能。只有通过社会主义法治，人的发展权利才能够得到保障。这种发展不仅是可能的而且是现实的。在法治建设中坚持人民主体地位，也是实现现实的个人全面发展的必然要求。

中国特色社会主义法治话语的优越性也在于坚持人民主体地位。"实践法治优于理论法治，有时人们的直观感受比专家的繁琐论证更为真实和合理。"① 中国特色社会主义法治话语最终能否为人们所接受，能否具有强大的生命力，最关键的还在于我国法治实践最终能否改善人民生活；② 在中国特色社会主义法治理论指导下形成的生活实践形态、生活秩序、生活模式是否比基于自由主义法治理论下更好，中国特色社会主义法治话语是否能指引我们实现人民的幸福生活，必须由人民做出回答。换言之，法治建设的最终指标是人民的感受。

---

① 聂长建、李国强：《实践法治优于理论法治》，《法制日报》2013 年 6 月 19 日。

② 2014 年新年前夕，习近平总书记在发表的 2014 年新年贺词中说："我们推进改革的根本目的，是要让国家变得更加富强、让社会变得更加公平正义、让人民生活得更加美好。"

四、坚持法治与民主相结合

法治与民主观念均来自西方。从表面上看，法治与民主之间似乎存在着冲突：民主是多数人的统治，法治是法的统治；民主是对多数的推崇，法治却对多数人抱有不信任。但我们通过坚持人民当家作主和依法治国的有机统一，则使社会主义法治建设充分协调了民主与法治的关系。

坚持和巩固人民主体地位，捍卫人民当家作主是法治话语的根本目的。民主与法治，一直以来是相伴而生的，如同车之双轮、鸟之两翼。中国特色社会主义法治话语体系更是贯彻了这一观点。民主与法治统一于人民主体地位，共同促进人民当家作主地位的实现和巩固。树立法律权威、确立法律信仰是民主的法治要求，权力制约与权利保障是法治的民主要求。二者在一定条件下可以达到统一。[1] 中国的历史实践已经证明：民主若不以法治为其必要的形式，就不能真正实现全体人民"当家作主"，民主也终将成为一句空话；而法治若不以民主为其实质和目的，就不能全面保障人们享有平等自由的权利，法治也终将蜕变回人治。[2] 形式主义和工具主义地理解民主和法治，会导致法治与民主相分离。中国特色社会主义从民主和法治的实质和价值层面理解两者的关系，因而可以实现两者的结合。法治的实质就是全面兑现并保障人民当家作主的地位。

在实践中，注重民主的制度化、法律化，就是坚持法治与民主的高度结合，是在人民当家作主的社会主义民主基础上实现法治，是以规则之治和良法善治来保障人民当家作主的地位。我们必须牢牢坚持这一基本经验，在新的历史条件下，坚持法治与民主政治建设同步发展，将民主作为法治的基础，法治作为民主的保障，在法治中贯彻民主，使民主法制化。

---

① 参见秦前红、刘高林：《论民主与法治的关系》，《武汉大学学报》（社会科学版）2003年第 2 期。

② 参见李德顺：《论民主与法治不可分——"法治中国"的几个基本理念之辩》，《中共中央党校学报》2017 年第 1 期。

五、坚持实质法治观念与法治体系完善并重

中国特色社会主义法治作为现代法治类型，不应当仅仅满足于形式法治、规则之治，而应当上升为实质法治、良法善治。良法善治既要求完善的法治体系，还要求法治蕴含着自由、民主、平等、公正、人权、秩序、正义等价值。党的十八届四中全会《决定》充分体现了形式法治与实质法治的结合。

社会主义法治是实质与形式的统一。在马克思主义法治观看来，法治的实体与形式是两个不可分割的方面。[①] 没有法治形式，法治实质就没有依托，不具有可操作性；没有实质价值，法治的形式就会失去方向，没有价值归依。社会主义的良法之治是真正的实质法治，是对西方自由主义以各种"形式合法性"、"程序正义"为要义的形式主义法治的超越。"法律是治国之重器，良法是善治之前提"，我们所要建设的中国法治是现代社会主义法治，"不仅应当是形式上的法律之治，更应当是实质上的良法之治"。[②]

社会主义法治本质上是实质法治。这就必然要求以实现公平正义为目标。社会主义自由、平等和公正，是可以与西方自由主义法治观所强调的自由等相竞争的社会主义价值，[③] 一直以来被认为是社会主义的核心价值取向。而且事实上，社会主义法治话语体系更加强调平等、公正的实质法治观。

六、坚持法治作为制度的现实性与作为理念的超前性相结合

法律制度作为上层建筑，法治观念作为一种社会意识，法治理论作为系统化的意识形态，都受到经济发展水平的限制。法律制度的设计不可能超越时代发展的水平。在社会主义建设之初，我国法律制度还很不完善，因而与

---

① 参见王人博、程燎原：《法治论》，山东人民出版社 2014 年版，第 112 页。

② 张文显：《习近平法治思想研究（中）——习近平法治思想的一般理论》，《法制与社会发展》2016 年第 3 期。

③ 参见朱振：《中国特色社会主义法治话语体系的自觉建构》，《法制与社会发展》2013 年第 1 期。

西方在法治方面存在一定差距是正常的。在社会主义初级阶段，我们必须坚持法治作为制度的现实性，即法律制度的设计要切合实际，应以经济社会发展需求为导向，不能建空中楼阁和中看不中用的"花架子"。这一时期，我们时刻注重法治与经济发展水平相适应，同时也看到市场经济的完善和发展会推动法治向前发展。在 20 世纪 90 年代初期，随着改革开放的深入，市场经济体制初步确立，为因应时代需要，我国制定了许多调整市场关系的法律，以切实解决社会主义市场经济条件下的各种利益关系。在 21 世纪初期，随着社会分配问题的凸显，社会矛盾丛生，我国又制定了大量调整利益分配和纠纷解决的法律。因而坚持法治作为制度的现实性，要求一手抓法治，一手抓经济建设，两者大体保持相当的水平。我国社会主义法治建设是能够与经济建设同步发展并且保障经济发展的，这在中国特色社会主义法治话语中也有深刻体现。在全面深化改革过程中，我国国情的发展对法治建设提出了很多客观要求，因此立法工作必须与时俱进，与改革发展相协调衔接，必须加快法律的立改废释进度，以充分发挥立法对改革的引领和保障作用，进而实现全面深化改革与全面推进依法治国良性互动、相得益彰。

但是法治作为一种理念和意识形态，又具有超前性。中国特色社会主义法治理念往往超前于经济社会发展水平，对经济社会发展具有引领作用。在我国法治建设过程中，我们总是善于适时地以先进的法治理念引领法治建设。在 20 世纪 90 年代市场经济飞速发展的同时，将"依法治国"载入宪法，树立市场经济实际上就是法治经济的理念；在 2004 年更是适时将"国家尊重和保障人权"写入宪法，从而引领我国人权保障事业的发展。因此，我国法治建设目标"既现实又超现实"，同样，法治话语也必须既考虑当前的现实，又考虑发展的前景。当然，过于超现实的目标往往会被怀疑为空洞的口号。对于中国特色社会主义法治国家这个尚处于不断探索创造的新目标，在一定时期人们对其存在种种怀疑和误解也是难免的。但中国特色社会主义法治道路和法治话语体系已经初步形成，并已经过一定的实践检验，因此，我们对此必须有信心，并且理直气壮地讲，大张旗鼓地讲，同时进行各种释疑解惑、澄清疏导工作。

第八章　中国特色社会主义法治话语体系之根本话语

　　话语是语境、历史条件或现实巨变的产物，① 话语必须结合其具体社会环境和社会问题。社会环境和社会问题发生转变，话语也随之改变。话语的重要性取决于其所描述的事物的重要性。提起"法治"一词，人们往往首先想到的是西方式的法治，西方法治所主张的法治下的自由（法律保障自由）、法律面前人人平等、人权的法律保障等等，就会浮现在人们的脑海。这些名词对于西方法治的建立、巩固和推广有着不可估量的作用，可称之为西方法治话语的根本话语。那么，中国特色社会主义法治话语体系的根本话语是什么？其为何是根本性的？它在整个法治话语体系中的作用如何？等等，这些是我们必须回答的重要问题。

　　中国特色社会主义法治道路的根本在于坚持党的领导、人民当家作主、依法治国有机统一这一根本安排。基于这一根本安排对于法治建设全局的根本性意义，我们认为，党的领导、人民当家作主和依法治国有机统一，即"三统一"就是中国特色社会主义根本法治话语。这一根本话语是对我国法治话语的高度凝练，不仅具有丰富的内涵，而且也有深厚的历史渊源。就根本法治话语的内涵来说，其根本性体现在其涵盖了法治的核心概念、根本价值以及法治下人们的生存和生活方式；就其历史渊源来说，其是古今中外法治理论与实践相结合的产物。

---

① 参见刘建明：《话语研究的浮华与话语理论的重构》，《新闻爱好者》2018 年第 9 期。

第一节　根本法治话语的含义和判断标准

在众多法治话语中，如何判断哪些是根本法治话语？应依据何种标准判断何为根本法治话语？法治话语体系是关于法治的概念体系、价值体系和规则体系的话语表达的统一体，因而判断根本法治话语，也应从法治概念、价值和规则三个方面着手。

中西方法治话语在对法治是什么、为什么、怎么实现的回答上存在着差异，这种差异首先体现在中西方对法治的核心概念、根本价值和法治下人的生存和生活方式的理解不同。西方的自由、平等、人权的口号从根本上塑造了西方法治的样态，决定了法治下的人的生活方式。这些话语在西方法治话语体系中发挥着根本性作用，构成法治话语体系之根本。根本法治话语为基石法治话语、基本法治话语和具体法治话语奠定基础，既能够统领法治话语体系全局，又能够把握住法治话语的核心所在。具体来说，其根本性体现在其涵盖了法治的核心概念、法治的根本价值，以及对法治下人们生活方式的基本指引。

根本法治话语必须能够表达法治的核心概念。法治话语体系包含着一套关于法治的核心概念、一般概念及其相互关系的概念体系。法治的核心概念是对法治的本质和特征的高度概括。中西方法治核心概念既存在一致性，又存在差异性；一致性说明中国法治仍然处于人类法治的范畴之中，差异性则从根本上决定了中国法治话语体系与西方法治话语体系这两大体系之间存在不同。法治被定位为一种与人治相对立的治理形式，而且法治优于人治。① 因而反人治的法治概念具有的相对确定性为中西方法治的一致性提供了前提。但是，法治概念本身的模糊性是客观存在，这就使得对法治做出完全不同的理解成为可能。只要不违背"反对人治"、"规则之治"

① 参见［古希腊］亚里士多德：《政治学》，吴寿彭译，商务印书馆 1983 年版，第 167—168 页。

这一根本规定性，法治核心概念存在一定的差异就完全可能、合理且必要。法治核心概念的差异性，要求从符合我国国情、符合中国人法治观念的法治核心概念出发，来探寻根本法治话语，进而构建中国特色社会主义法治话语体系。

根本法治话语必须能够表达法治的核心价值。法治话语体系包含着一套关于法治的核心价值、基本价值和一般价值及其相互关系的价值体系。法治的核心价值是对法治为何重要、法治能够产生什么功效的回答。首先，法治的价值与法律的价值密切相关。近代以来法治国家对法律价值的认识是一致的，法治是自由的保障，没有法治就没有自由，而且法治能够维系政体实现国家治理，因而各国都明确将法治作为治国的基本方式。其次，认识到法律的重要性并不等于认识到法治的重要性，这是由"法制"与"法治"之间的差异导致的。法治的重要性在于其通过排除人治，能够保障人作为主体的价值和尊严，即人的自由和基本权利。法治的价值包括内在价值和外在价值。对于法治的外在价值，基于社会主义与西方自由主义出发点的差异，中西方认识并不相同。最后，对法治价值中最为核心的是什么这个问题，各法治国家的回答有所差别。通过对这三个层次问题的思考，各法治国家形成自己的法治核心价值观并进而用来指导法治建设。这是对法治概念的深化和应用。在这种深化和应用中，法治呈现出多样性，因而就形成法治形态之间的比较与对话，从而产生出各自的法治话语。不同法治话语中法治价值的差异，要求我们必须坚定社会主义立场，坚持人民主体地位，坚持社会主义核心价值观来探寻根本法治话语，进而构建中国特色社会主义法治话语体系。

根本法治话语必须能够指引人们的生活方式。法治话语体系包含着一套关于法治下人们生产、生活、思维和行为的规范体系。法治最终要回到指导和保障人的生活方式上来。人们选择法治的初衷无非是为了将自己从人治的不良治理之下解救出来。东西方莫不如此。法治不仅仅是一种观念和理论，更是实践，因此必须将观念和理论上的变革应用到实践中来，用到改善人们的生活方式上来。中世纪以来的西方各国逐渐形成了人类社会应当如何生活和生存的一套现代的政治、经济和法律的信念或曰"观念体系"，这才引发了西方各国的现代社会转型。① 那么，什么样的法治能够保障生存、指导生活？何谓善治？如何实现善治？这些都是法治话语所要回答的问题。而在中国语境下，什么样的法治是符合中国国情的，能够在适应中国人生活样态的前提下改善人的生活？法治话语是契合特定人群的基本生存和生活方式，并促使特定人群产生共鸣、共识进而将之付诸实践的观念指南。根本法治话语必须契合一国人群的基本生存方式、生活方式、思想方式、行为模式，并对人们的生存和生活产生指引作用。由于不同民族在这些方面存在差异，法治话语尤其是根本法治话语必然在各国之间存在差异。因而研究法治话语也必须致力于法治对人们生活方式的指引上，尤其是针对本国本民族特定生活方式的保存和改善上来。

只有在概念上不人云亦云，在价值选择上不亦步亦趋，才能够在生活方式上保持自身的独特性。法治道路的独特性是建立在法治概念和法治价值独特性之上的法治生活的独特性。我国独特的法治核心概念、法治基本价值以及法治下的生存生活方式，决定了我们必须走中国特色社会主义法治道路。根本法治话语必须回答一国法治的核心概念、法治的基本价值、法治下的基本生活方式是什么这三个问题。中国特色社会主义法治根本话语应全面回答上述三个方面的问题，能够在定义法治核心概念、明确法治基本价值的理论探索中，将其运用到改善人的生存和生活方式的实践中来，让法治成为一种生活方式。

第二节　作为根本法治话语的"三统一"

西方法治发达国家在资产阶级革命成功后相继实行"法治"，并以"三权分立"、"政党轮流执政"为基本原则。我国总结历史的治国理政的经验与

---

① 参见韦森：《观念体系与社会制序的生成、演化与变迁》，《学术界》2019 年第 5 期。

教训，从中国国情出发，实行"依法治国"的方略，并在实践中总结出"党的领导、人民当家作主和依法治国的统一"的基本原则。我国法治建设的根本要求在于坚持党的领导、人民当家作主和依法治国三者有机统一。党的十五大报告指出："依法治国把坚持党的领导、发扬人民民主和严格依法办事统一起来。"①党的十六大报告进一步指出："党的领导是人民当家作主和依法治国的根本保证，人民当家作主是社会主义民主政治的本质要求，依法治国是党领导人民治理国家的基本方略。"②党的十九大报告提出："三者统一于我国社会主义民主政治伟大实践。"③就中国特色社会主义法治而言，党的领导是根本特征，人民当家作主是目的本质，依法治国是实践本质，三者有机统一是对我国社会主义民主法治建设经验的科学总结。④这一原则在党的十五大基本形成，党的十六大正式提出，并在党的十七大、十八大、十九大再次重申，成为中国特色社会主义法治的标志性话语。应该说，我国在各方面取得巨大成就，与治国方略和与之相适应的基本原则的确立有直接关系。⑤"三统一"理论的形成既具有历史演进的内在逻辑机理，也是在法治全球化背景下立足中国国情，将中国法治元素与世界各国法治文明相融合而得出的科学表达，具有中国特色、中国风格和中国气派，体现了中国特色社会主义法治建设的本质特征，构成中国特色社会主义法治的根本话语。

一、"三统一"与中国法治核心概念

中国特色社会主义法治在政体基础、价值导向、核心要素以及演进方式

---

① 《江泽民文选》第 2 卷，人民出版社 2006 年版，第 29 页。

② 《江泽民文选》第 3 卷，人民出版社 2006 年版，第 553 页。

③ 习近平：《决胜全面建成小康社会　夺取新时代中国特色社会主义伟大胜利——在中国共产党第十九次全国代表大会上的报告》，人民出版社 2017 年版，第 36 页。

④ 参见张文显：《习近平法治思想研究（中）——习近平法治思想的一般理论》，《法制与社会发展》2016 年第 3 期。

⑤ 参见李龙：《中国特色社会主义法治体系的理论基础、指导思想和基本构成》，《中国法学》2015 年第 5 期。

上与西方法治存在根本区别。与西方国家奉行的以三权分立政体为基础、以个人自由为导向、以个人权利保障为核心的自由主义内生型法治模式不同，中国特色社会主义法治是以人民代表大会制度为政体基础、以社会公正为导向、以人民主体地位的实现为核心的外生型法治模式。

其一，在推动法治建设的动力因素方面，我国和西方国家存在着根本差异。有观点认为，只有在西方那样的市民社会与政治国家分离的背景下才可能产生自发的、内生型的法治。[1] 而不具备这样背景的国家，则不会产生作为法治土壤的市场经济和作为法治思想基础的资产阶级启蒙思想，更由于公民权利意识缺失，市民社会力量不足，难以产生自下而上的法治建设推动力。因而走外生型法治道路的中国，即使能够引进西方传来的市场经济、资产阶级启蒙思想，但公民权利意识和法治推动力量的培育却需要时日。近代以来，以孙中山为代表的先进的中国人探索出来的民主法治建设道路，其实是一种政党主导的民主法治模式。这种模式的影响力一直持续到今天。其在法治话语中就体现为，以作为先进力量代表的政党作为领导核心来推动法治建设，执政党领导国家各方力量自下而上实施法治战略和推进国家法治发展。[2] 从这个角度来说，党的领导是中国特色社会主义法治的根本特征。坚持党的领导不仅具有历史的合法性和现实的正当性，而且具有中国法治建设的必要性。首先，党的领导的目的和主要内容是支持人民当家作主，这与社会主义法治的根本目的相一致；其次，坚持党的领导与法治建设并不矛盾，党必须依宪执政、依法执政，党的领导必须是在维护法治前提下的领导。党领导人民制定宪法和法律，同时必须带头遵守宪法和法律，在宪法和法律范围内活动，这本身就蕴含着党的领导与法治的相容性；最后，在一个不具法治传统的后发国家进行法治建设，必须有一个强有力的领导核心，一方面集中各方力量推动法治建设，完善法治制度，另一方面带头模范遵守宪法和法律，普及法治意识，为我国法治建设提供政治保障。"坚持中国特色社会主

---

① 参见王建国：《"三统一"理论的逻辑证成与实践面向》，《法学》2017 年第 5 期。

② 参见王建国：《"三统一"理论的逻辑证成与实践面向》，《法学》2017 年第 5 期。

义法治道路，最根本的是坚持中国共产党的领导"，这一根本集中体现在党对法治建设的保障和促进方面。

其二，中国推进法治的政治基础与西方国家不同。西方法治以"三权分立"政体为政治基础，中国特色社会主义法治则以体现人民民主专政的人民代表大会制度作为根本政治制度。① 法治离不开政治。不同政治基础的法治存在着本质差异。基于不同的国体和政体基础，形成不同的法治话语。我国坚持将人民当家作主作为根本法治话语的关键构成，是基于我国国体和政体的必然选择。在西方，三权分立尤其是三权中的立法权，以及这种权力行使所依托的代议制，是民主的制度载体；而在中国，这种制度载体则体现为人民代表大会制度。这两者都是民主价值的实现载体，都是法治的政体基础。人民代表大会制度，有利于保证人民当家作主，是中国社会主义政治文明的重要制度载体。② 我国国体和政体决定了我们不可能照搬基于西方三权分立及司法独立的那套法治模式，我国法治必须体现符合我国国情的人民当家作主的制度模式即人民代表大会制。价值的实现形式并非价值本身。我们反对西方法治话语中的"三权分立"和"司法独立"，只是反对其实现法治价值的政治制度设计，并不是反对法治价值本身。在中国，我们同样可以通过自主设计的人民代表大会制度来实现法治，进而实现人民当家作主这一法治的终极目标和本质要求。因此，将"人民当家作主"作为我国根本法治话语的构成，具有必然性。

其三，中西方法治的价值导向不同。中国和西方之间在法治传统方面存在差异，在法治理念方面也存在重大区别。中国在法治建设中形成的独具特色的法治理念，集中体现在依法治国这一根本方略之中。而且，中西方对法治外在价值的认识也存在不同。西方自由主义法治认为法治应以实现个人自由为目的，即坚持以个人自由为导向的法治观；中国法治尽管对个人自由并不否认，但为了实现个人自由，也必须兼顾平等和公正，即形成的是以自

① 参见王建国：《"三统一"理论的逻辑证成与实践面向》，《法学》2017年第5期。
② 参见《十八大以来重要文献选编》（中），中央文献出版社2016年版，第53—54页。

由、平等和公正为共同导向的法治观。产生这种法治观念差异的根源在于，资本主义法治理论尤其是西方自由主义法治理论的出发点为抽象的、原子式的假想的个人，而社会主义法治理论的出发点为具体的、处于复杂社会联系中的现实个人。社会主义法治虽然也以实现人的自由为终极目的，但却超越了资本主义狭隘的个人主义，不仅通过法治保障个人的自由和政治权利，更强调通过法治保障法律面前人人平等和社会公正，使个人的经济社会权利都能得到实现。中国特色社会主义法治不断发展和实现着的是一种社会本位的积极自由观，是对西方自由主义的消极自由观的超越。因而，西方法治以个人自由为价值导向，而中国特色社会主义法治以自由、平等和公正为价值导向。价值导向的不同决定了作为中国特色社会主义法治根本话语的依法治国更贴合中国实际，更具有针对性和现实性。

二、"三统一"与中国法治核心价值

尽管在一定意义上我国法治与西方法治在价值追求方面存在着相似之处，但同样存在着差异性。在西方资本主义国家，法律是资产阶级意志的体现，因而资产阶级通过主张法律的权威来否定广大无产阶级的意志。而在社会主义中国，法律是人民意志的体现，法律与人民的意志是一致的，人民的意志和法律权威二者是共生共存的。相较于西方法治国家条件下追求的自由、民主和人权等价值，中国特色社会主义法治则在批判基础上将其发展为进步和稳定下的自由、人民当家作主的真正民主和法治下的社会公正。

其一，党的领导是进步、稳定下的自由的体现。党的领导，并非西方学者所理解的那样是一种高于法律之上的权威。党的领导，在中国法治话语中体现为一种特殊的自由观，即为了追求进步、稳定下的自由，必须坚持党的领导。西方学者往往认为党的领导与自由相冲突，认为在中国法治与党的领导之间存在着不可调和的矛盾，或者认为党领导下的法治与西方自由主义法治存在着根本差异，因而不能被认为是一种法治类型。这几种偏见，都是因为没有深刻理解党的领导的实质、中国社会与西方社会的本质差异，以及形成这些差异的中西方现代化进程所导致的。

党的领导并不是对自由的否定。恰恰相反，中国共产党的领导就是以实现人的自由而全面的发展为目标的。党的领导是进步、稳定下的自由的保障。这里的自由不同于资产阶级所主张的基于个人本位的自由主义。后者这种"自由主义的来源，在于小资产阶级的自私自利性，以个人利益放在第一位"①。中国特色社会主义法治所要实现的自由与西方资本主义法治的自由有着本质不同。这种自由不是没有限制的绝对自由，也不是没有现实根基的观念中的自由，而是基于社会本位，以现实的个人为出发点，在人与人的交往中受到约束的相对自由，以及在现实的经济发展水平基础上有限度地、有条件地逐步实现的自由。自由必须以能够实现进步和维护稳定为前提，自由不是单个人的自由，而是全体人民的自由，必须以统一意志、统一行动、步调一致来实现自由。因而，需要由党的领导来保证这种自由的实现。

对于处在世界民族之林、激烈国际竞争中的民族国家而言，自由不能包含使民族自我毁灭的自由，不能包含使文明退步和国家分裂的自由，也不能包含个人为所欲为、无法无天的自由，而只能是以进步、稳定作为前提的自由。中国共产党在近百年领导人民进行的革命、建设和改革实践中向我们表明，其一直是先进的力量，代表着国家和民族前进的方向，是稳定的保障和团结的纽带，能够凝聚人心进行法治建设。这与我国法治所追求的自由相一致。稳定的社会秩序是人类社会追求的共同目标，也是实现其他价值的必备条件。在中国人的观念中，法治既是社会治理的手段，又是社会治理的目的，最终是要实现一种依法治理的理想社会状态。近代以来中华民族实现民族复兴的过程，就是对摆脱"乱"实现"治"的社会状态的探索过程。而中国社会本质上的追求是和谐社会，在实现人与人的和谐方面，个人自由必须服从于整个社会的进步与稳定。

中国近现代追求自由、民主、进步的历程告诉我们，只有在党的领导下，自由的实现才有保障。自近代以来，法治话语在中国的流行反映的是对

① 《毛泽东选集》第2卷，人民出版社1991年版，第360页。

秩序的渴求。①"治"是与"乱"密切联系在一起的。清末在向西方自由主义学习法治之时，人们就认识到了自由作为法治价值的重要性。随着民族危机的不断加深，救亡运动带来社会动荡不安，法律至上的观念又难以确立，因此中国走上了与西方截然不同的法治道路。中国共产党人将法治作为治国理政的基本方略、执政的基本方式和实现人民福祉的唯一途径，领导人民开创了中国特色社会主义法治道路。

总的来说，中西方法治都包含对自由的追求，但是如何实现这种自由却采取了不同的方式。例如，英国利用了以君主为代表的古老传统；美国借助了宪法中的三权分立政体、《权利法案》以及违宪审查制度；中国则结合本国国情，在历史和人民选择的基础上，形成了中国共产党领导的法治道路。党的领导是实现进步、稳定下的自由的保障。否定党的领导，就否定了历史进步的方向和稳定的社会环境，自由就不可能实现。

其二，人民当家作主是真正的民主的体现。关于民主和法治的关系，西方学者有着非常丰富的论述。民主是法治之基础，法治是民主之保障。我国长期将两者并列，同步发展，在法治中贯彻民主，使民主法制化。而人民当家作主则是中国特色社会主义法治话语对民主这一价值的独特表达。

自西学东渐后，民主话语在中国盛行，民主价值在中国确立，但民主的实现方式却久久未能找到。中国曾很长一段时间都在模仿西方民主制度。但总统制、内阁制、议会制度、公民选举制度等等这些从西方照搬过来的各式民主制度，并没有发挥作用。如北洋政府时期，民众并没有响应选举的热情，议会选举一直被操控，甚至爆出"贿选"丑闻，种种乱象使得"民主"理想走向幻灭。新中国建立起来的人民代表大会制度，则在中国历史上第一次实现了真正的民主。同时，也正是以人民代表大会制度作为人民当家作主的实现形式，中国共产党带领人民跳出历史周期率。"只有让人民来监督政府，政府才不敢松懈。只有人人起来负责，才不会人亡政息。"人民当家作主是社会主义民主政治的本质和核心，法治下的民主，就是将民主制度化、

---

① 参见苏力：《二十世纪中国的现代化和法治》，《法学研究》1998年第1期。

法律化，这是我国法治建设的重要任务，因此全面推进依法治国必须坚持人民主体地位。

民主本质上解决的是国家权力归属问题，即主权问题。美国宪法关于主权的格式化修辞是"我们人民"；英国宪法（尽管是不成文宪法）的原则被格式化为"国王/女王在议会中"；我国宪法文本则暗含着"中国人民在中国共产党的领导下"这一格式化修辞，① 其中人民当家作主的制度载体是人民代表大会制度。与美国的国会制度、英国的议会君主制度一样，都是不同国家在本国国情下实现民主价值的方式。

客观地讲，人们关于民主的认识感受会受到国情、时空等诸多因素的影响，由此发展形成的民主政治制度也会大不相同。② 在我国，人民代表大会制度是坚持党的领导、人民当家作主、依法治国有机统一的根本政治制度安排，是立基于我国实际国情，经过实践充分检验，并且能充分保障和实现人民当家作主的有效制度安排，必须长期坚持。因此，我们必须以高度的自信不断完善和推进人民代表大会制度实践，将民主制度化、法律化，并因而不断完善中国特色社会主义民主与法治。

其三，依法治国更加强调社会公正。法乃善良与公正的艺术，实现正义是法治建设的核心追求。西方自由主义法治因偏向形式法治而导致社会实质不公现象逐渐凸显，因而不断产生谋求社会公正的平权运动。新自由主义法治尽管超越形式法治，更强调法治的实质，要求法治原则能够得到落实、权利与秩序有实质性保障，但由于经济、政治和社会等方面的原因，这些愿望并没有办法实现。中国特色社会主义法治则赋予法治更多的实质内涵，将公平和社会正义等价值赋予法治，从而切实推进了实质法治的实现。

我国不仅在立法上尊重和保障人权，把公正、公平、公开原则贯穿于立法全过程，而且在法治建设中不断健全权利救济渠道和方式，让人民真正感受到公平正义。营造更加公平、和谐、有序的社会环境，是全面建成小康社

---

① 参见陈端洪：《宪治与主权》，法律出版社 2007 年版，第 161 页。

② 参见汪亭友：《推进民主制度化法律化——学习习近平同志在庆祝全国人民代表大会成立 60 周年大会上的重要讲话》，《人民日报》2015 年 3 月 5 日。

会的目标和保障。"如果不能给老百姓带来实实在在的利益，如果不能创造更加公平的社会环境，甚至导致更多不公平，改革就失去意义，也不可能持续。"① 法治建设尤其如此，"要把促进社会公平正义、增进人民福祉作为一面镜子"②。因而党的十八大明确提出："要在全体人民共同奋斗、经济社会发展的基础上，加紧建设对保障社会公平正义具有重大作用的制度，逐步建立以权利公平、机会公平、规则公平为主要内容的社会公平保障体系，努力营造公平的社会环境，保证人民平等参与、平等发展权利。"③ 党的十九大报告提出："增进民生福祉是发展的根本目的。必须多谋民生之利、多解民生之忧，在发展中补齐民生短板、促进社会公平正义。"④ 这是依法治国作为我国根本法治话语的应有之意。

依法治国，强调通过法律的实施保障社会稳定，营造平安和谐的社会环境。保障法律全面正确实施，是维护社会和谐稳定、畅通不同利益表达机制、满足人民群众的法治诉求、从源头上化解社会矛盾、提升社会管理水平的根本途径。依法治国是社会公正的根本实现路径。以往的社会治理方式由于"人治"色彩浓厚，很容易导致社会不公。而依法治国方略的提出，就是对以往不公正治理的根本性解决。从国家战略层面高度重视社会公正，从社会治理的规律性中挖掘出实现社会公正的可靠途径，既遵循了世界各国实现文明治理的普遍规律，又继承了中国自古以来"平不夷"、"矫不直"⑤ 的法律公正观念。有西方学者质疑中国的依法治国是"以法治国"，其实，只要看到中国的依法治国时刻以社会公正作为价值主线，这种误解就不攻自破。中国古代法家的"以法治国"思想并不以公正作为价值追求，而是以维护君主个人权威和实现富国强兵为目的。当代中国依法治国的主体是人民群众，

---

① 习近平：《切实把思想统一到党的十八届三中全会精神上来》，《求是》2014 年第 1 期。

② 习近平：《切实把思想统一到党的十八届三中全会精神上来》，《求是》2014 年第 1 期。

③ 《十八大以来重要文献选编》（中），中央文献出版社 2016 年版，第 12 页。

④ 习近平：《决胜全面建成小康社会　夺取新时代中国特色社会主义伟大胜利——在中国共产党第十九次全国代表大会上的报告》，人民出版社 2017 年版，第 23 页。

⑤ 《韩非子》，赵沛注说，河南大学出版社 2008 年版，第 356 页。

因而只可能是维护人民当家作主的地位；依法治国的目的是增进民生福祉，而这一根本目的只可能以符合人民要求的公平来实现。依法治国强调社会公正，以不断促进公平正义的实现，不仅致力于法律面前的平等，更强调运用法律方式最大可能减少社会不公，营造一种真正公正的社会生活，这是一种实质意义的法治。

三、"三统一"与中国法治下的基本生活方式

法治不仅是手段更是目标。作为手段的法治的最终目的是实现人民的福祉，实现个人的幸福安宁。"人民的福祉是最高的法律。"在此意义上，法治具有工具性。按照康德的说法，人是目的而不是手段。因而法治也应具有保障人的主体地位的工具作用。尽管法治服务于人民的福祉这一终极目的，但法治自身也应被视为人类社会追求的目的。因为没有法治，就不可能实现人民的福祉。人民的福祉这一终极目的，也就当然包含了法治的目标。法治既具有外在价值又具有内在价值。所谓法治的外在价值就是指法治的功效，能够促进其他价值的实现。法治的内在价值就是法治作为一种人们向往并值得追求的可能的生活状态。① 这种状态本身就是有价值的，并不依托于其他价值的实现。从内在价值的角度来看，法治是一种指向人类福祉的生活方式，不应简单地被视为一种工具。

20 世纪末各国出现了法治化运动，即"走向法治的运动"（the movement

---

① 关于法治的内在价值与外在价值，国外学界存在着争论。如富勒认为，法治的八项原则是法律实现"指引人类行为"这个功能所必需的，而且，越能够满足八项法治原则的法律，就是越好的法律。他声称，这是"法律的内在道德"（the inner morality of law）。换句话说，法治具有一种内在的道德价值。而在富勒的批评者约瑟夫·拉兹看来，法治仅具有"消极价值"。它表现在以下两个方面：其一，除非避免恶，服从法律并不会推进善；其二，法律所要避免的"恶"，正是法律自身产生的恶。例如，法律会不稳定，会溯及既往等，而这些是法律自身产生的恶。法治的要求能有效减少这些恶。可即便如此，也并不意味着，法治本身具有任何道德价值。法治并不具有任何道德价值的论述，似乎与我们习惯的道德直觉相冲突，也不符合我国传统的法治观。新时期我国法治建设所坚持的法治不仅具有工具性的价值，还具有一定程度的道德价值。

toward rule of law),① 对"法治"的推崇成为一种不可阻挡的趋势。这其中也伴随着将法治作为一种理想生活的观念。正如美国法理学家塔玛纳哈（Brian Z. Tamanaha）所说的，"法治快速并引人注目地，上升为一种全球理想"②。党的十八大报告从国家建设的角度重申了法治的目的，将法治描述为一种理想的生活状态。党的十八届四中全会将法治体系和法治国家作为法治建设的总目标，并详细设计了实现这一目标的路线图。这标志着我们对法治的认识有了质的飞跃，从手段上升为目的，从外在价值深化为内在价值。

坚持法治的目的性和内在价值，只有不仅将法治视为一种可行的治理方式，更奉为一种值得追求的生活方式，才能将中国特色社会主义法治不断向前推进。坚持将法治作为一种生活方式，就应将法治能否改善人民的基本生存、生活方式，能否增进人民的福祉，作为衡量法治建设成功与否的标准。习近平总书记多次强调："坚持依法治国、依法执政、依法行政共同推进，坚持法治国家、法治政府、法治社会一体建设。"这一关于法治建设的重要论断含义深刻，是对我国法治建设规律的深刻总结。其中，党领导人民依法治国，党依法执政，政府依法行政；法治国家指整个国家公权力的法治化，法治政府主要指国家行政权行使的法治化，法治社会则主要指相对于国家公权力的政党和其他社会共同体行使社会公权力的法治化。③ 三者"共同推进"和三者"一体建设"，表明法治已经深入各个领域、各个层次，覆盖国家政治生活和公民个人生活的方方面面，对个人的生存生活方式产生了全方位立体化的影响。

每一个中国人都在中国法治进程中切切实实感受到，法治的进步给生活方式带来巨大改变。从法治缺位的计划经济时代，到法治不健全的市场经济起步时代，再到法治逐步完善的市场经济完善时代，人们的生活方式发生了

---

① Thomas Carothers, "The Rule of Law Revival", *Foreign Affairs*, Vol. 77, No. 2, 1998, p.103.

② ［美］布雷恩·Z. 塔玛纳哈：《论法治——历史、政治和理论》，李桂林译，武汉大学出版社 2010 年版，第 1、4 页。

③ 参见姜明安：《论法治国家、法治政府、法治社会建设的相互关系》，《法学杂志》2013 年第 6 期。

天翻地覆的变化。从权力本位、官本位到权利本位、民本位，不仅人们的思维方式发生了彻底变化，而且中国几千年人治传统留下来的思想遗毒也逐渐被消除。当法治成为一种生活方式，人们才真正走向现代生活，现代化的生活也才能得到相应的保障。

第三节　"三统一"根本法治话语与法治话语体系的构成

从话语体系结构上看，可以将其分为四个层次：根本法治话语、基石法治话语、基本法治话语和具体法治话语。根本法治话语对法治话语体系的性质和构造起着决定性作用，对基石法治话语、基本法治话语和具体法治话语发挥着统摄和引领的作用，是构建整个法治话语体系的根本点和出发点。

一、根本法治话语的理论与实践意义

根本法治话语表达了法治的核心概念、核心价值和法治下人们的基本生活方式，因而具有重要的理论与实践意义。

就其理论意义来说，首先，根本法治话语是对法治基石概念的阐述。法治基石概念，是人们了解法治的入口。我们必须以鲜活的法治话语传递法治基石概念。其次，根本法治话语是对法治基本价值的锚定。法治的基本价值，是我们研究法治话语体系的起点。我们必须以法治基本价值作为我们行为的指引和冲突解决的指南。根本法治话语与法治的核心概念、法治的根本价值有着最为直接的联系，是对法治价值最简洁的概括，也包含着法治的诸原则。法治根本话语的形成和完善有利于法治基石概念的传播。

根本法治话语不仅具有理论意义，更具有实践意义。其具体体现为对"法治道路"的选择和指引。"法治理论"与"法治道路"密切相关，不同的根本法治话语奠定不同法治道路的基础。"法治"是一个兼具理论性与实践性双重色彩的主题。在理论层面它关注"法治是什么"的抽象问题；在实践层面它关注"如何实现法治"的普遍问题，以及"如何在中国实现法治"的具体问题，这就是法治的道路选择问题。① 只有在实践中广泛传播根本法治话语，才能形成关于中国法治道路的普遍共识。

二、"三统一"根本法治话语与基本法治话语

作为根本法治话语的"三统一"在基本法治话语各个方面都有相应的体现，因而贯穿于社会主义法治的立法、执法、司法和守法各个环节。

"三统一"在立法话语中体现为党领导立法、民主立法、科学立法、依法立法相统一；在执法话语中体现为党保证执法、依法行政、职权法定、严格执法与违法必究。"三统一"在司法话语中首先体现为支持司法，具体体现为如下几个方面。首先，坚持党的领导体现为旗帜鲜明地反对西方式的司法独立，② 党支持司法，党的各级组织要支持人民法院、人民检察院依法独立公正地行使审判权、检察权，带头提高司法公信力，深化司法体制改革、推进司法文明建设。其次，人民当家作主体现为民主司法，③ 完善人民陪审

---

① 参见陈景辉：《法律的内在价值与法治》，《法制与社会发展》2012 年第 1 期。

② 从历史来看，我国的宪法和法律是执政党领导人民制定的，我们的司法机关是依据宪法和法律设置并在执政党的政治领导和人民民主监督下行使职权的。因此，司法机关严格执行宪法和法律，就要维护执政党的领导权威。我国司法制度是在党的领导下建立起来的，司法制度的完善也离不开党的推动作用。我国现行宪法明确规定了依法独立公正行使审判权和检察权的原则，但这绝不是否定党对司法活动的领导，而恰恰是以遵循法治规律、司法运行规律，以适应司法专业化特点的方式来维护和坚持党的领导地位。党对司法的领导是思想领导、政治领导、组织领导，并不是通过对个案的干预来影响司法公正，而主要是在路线、方针、政策，尤其是在司法体制改革中提供方向和指引，提供保障。在我国，党是领导一切的力量，进行全面司法体制改革，关系到经济社会发展的各个领域、各个层面、各种利益，可谓是浩大的工程，因而更需要党的强有力领导。

③ "司法民主是我国司法制度的基石，也是司法权运行的基本原则。"张文显：《司法责任制与司法民主制》，《人民法院报》2016 年 9 月 7 日。

员制度和司法责任制,① 保障人民群众参与司法，坚持人民司法为人民,② 加强人权司法保障，加强对司法活动的监督。最后，依法治国在司法话语中体现为依法独立公正行使审判权和检察权，优化司法职权配置、推进严格司法。③ "三统一"在守法话语中也有充分体现：党的领导体现为党带头守法；人民当家作主体现为全民守法，人民监督法律实施；依法治国体现为违法必究。

三、以"三统一"根本法治话语为起点构建法治话语体系

根本法治话语是非常抽象的凝练、高度的概括，因而需要由若干基石法治话语予以衔接，同时基石法治话语又需要基本法治话语予以支撑。基本法治话语又往往表现为一句话、一个客观的描述或者一个价值目标的设定，还需要具体法治话语予以充实。根本法治话语是基本法治话语的中心点，基本法治话语是具体法治话语的轮廓线，具体法治话语则是围绕中心点和轮廓线所展现的生动法治图像。因而，构建中国特色社会主义法治话语体系，必须以根本法治话语为起点，紧紧抓住这个根本点和出发点。

以根本法治话语为根本点，就要求法治话语不能偏离、扭曲、动摇"三统一"：任何偏离都会导致话语脱离中国特色社会主义法治话语的腔调，这就是话语"变调"了；任何扭曲都会导致话语不是对中国法治实践的客观描

---

① 司法责任制概括起来说就是"由审理者裁判，由裁判者负责"。2015 年 8 月 18 日，习近平总书记主持中央全面深化改革领导小组审议通过了《关于完善人民法院司法责任制的若干意见》和《关于完善人民检察院司法责任制的若干意见》，标志着司法责任制在全国范围内普遍实行。

② 《中共中央关于全面推进依法治国若干重大问题的决定》提出："保障人民群众参与司法。坚持人民司法为人民，依靠人民推进公正司法，通过公正司法维护人民权益。在司法调解、司法听证、涉诉信访等司法活动中保障人民群众参与。完善人民陪审员制度，保障公民陪审权利，扩大参审范围，完善随机抽选方式，提高人民陪审制度公信度。逐步实行人民陪审员不再审理法律适用问题，只参与审理事实认定问题。"

③ 《中共中央关于全面推进依法治国若干重大问题的决定》继此前提出"有法必依"、"执法必严"、"违法必究"，以及"严格执法"和"公正司法"之后，首次提出了"严格司法"的要求，并用专条加以具体规定。

述，这就是话语"失真"了；任何动摇都会影响中国特色社会主义法治话语传播，这就是话语"消音"了。因而，以"三统一"这个根本法治话语为构建中国特色社会主义法治话语的根本点，可以保证法治话语不"变调"、不"失真"、不"消音"。

概而言之，以根本法治话语为出发点，就是法治话语体系的构建之路始于对根本法治话语的正确理解和深入贯彻；由根本法治话语到基石法治话语、基本法治话语再到具体法治话语，既是一个法治概念展开的过程、法治理论构建的过程、法治价值具体化的过程、法治逻辑自然延伸的过程，也是法治道路由点到线再到面立体呈现的过程。

第九章 中国特色社会主义法治话语体系 之基石话语

除根本话语之外，话语体系中还应有一些标志性的话语作为整个话语体系的基石。我们认为，"加强和改进党对依法治国的领导"和"建设中国特色社会主义法治体系"构成中国特色社会主义法治话语体系的两大基石话语。

第一节 基石法治话语的含义和判断标准

基石法治话语不同于根本法治话语，它衔接根本法治话语，更加具体地描述中国法治道路的鲜明特征，同时也是统领法治建设全局、贯穿法治建设各个环节的话语。

一般来说基石一词可以从两个层面理解：一是指做建筑物基础的石头，由此引申为事物的根本、根据，即事物结构中发挥"基石"作用的部分；二是比喻基础或中坚力量。按照这一定义，我们可以从中国特色社会主义法治话语体系中找出发挥"基石"作用的和承担"中坚力量"的话语作为基石话语。

党的十八届四中全会指出，全面推进依法治国，总目标是建设中国特色社会主义法治体系，建设社会主义法治国家，并就五大子体系做出了部署。同时，全会指明，"必须加强和改进党对法治工作的领导，把党的领导贯彻到全面推进依法治国全过程"，并将"坚持中国共产党的领导"作为实现全面推进依法治国总目标必须坚持的基本原则。因而我们将"加强和改进党对依法治国的领导"与"建设中国特色社会主义法治体系"一同作为中国特色社会主义法治话语体系的两大基石话语。

必须确定基石法治话语的判断标准。与根本法治话语的全局性、统领性不同，基石法治话语是在根本法治话语之上撑起整个法治话语体系的基石，要能够与基本话语相衔接，搭建起法治话语体系的梁柱。

就"加强和改进党对依法治国的领导"在法治话语体系中的作用而言，党对依法治国的领导的具体方式是"领导立法、保证执法、支持司法、带头守法"，这四项要求与作为基本法治话语的立法话语、执法话语、司法话语、守法话语存在密切联系。"加强和改进党对依法治国的领导"，对应法治的立法、执法、司法、守法四大环节，分别衍生出"党领导立法"、"党保证执法"、"党支持司法"、"党带头守法"等话语。这种对应衍生关系体现了根本法治话语即党的领导和依法治国的统一。同时，对应法治国家、法治政府、法治社会建设，党的领导也始终贯彻于党依法治理国家、政府依法行政和社会的依法治理各个领域。"党依法执政"、"坚持公正用权、谨慎用权、依法用权"、"坚持把领导干部带头学法、模范守法作为全面依法治国的关键"等表现了党的领导对法治国家、法治政府、法治社会建设中的引领和示范作用。

就"建设中国特色社会主义法治体系"在法治话语体系中的作用而言，法治体系的五大子体系分别对立法、执法、司法和守法各环节发挥着作用。法治体系本身就包含了法治四大环节的基础设施：形成完备的法律规范体系必然要求在立法环节科学立法、民主立法、依法立法；形成高效的法治实施体系必然要求在执法环节严格执法；形成严密的法治监督体系必然要求加强权力制约和监督，防止权力腐败和蜕变，特别是对执法权、司法权的制约和监督；形成有力的法治保障体系，首要的是坚持党的领导这一全面推进依法治国的坚强政治保障，同时要完善立法、执法、司法、守法制度，培育高素质的法治建设队伍，孕育法治文化土壤。之所以将"法治体系"作为基石话语，是因为"它确立了当代中国法治理论体系的基石范畴和核心概念，对我国法治建设实践具有现实的解释力、科学的穿透力和理论的整合力"，"为正在形成的中国法治话语体系找到了阿基米德支点"。① 中国特色社会主义法治体系是法学中一个统领性概念，其不仅是依法治国的总目标，而且是中国特色社会主义理论体系的法律表现形式，生动地反映了中国法治各环节操作规范化、有序化的程度，表明了中国法治结构严谨运转协调的和谐状态。②"建设中国特色社会主义法治体系"这一话语将"法律体系"升级为"法治体系"，不仅强调"法律之治"，更强调"良法善治"，集中表现了中国特色社会主义法治理论、法治道路的创新，冠之以"中国特色社会主义"，更加彰显了法治的中国元素。

中国共产党的领导是中国法治建设的中坚力量，而中国特色社会主义法治体系是全面推进依法治国的"基石"，因而"加强和改进党对依法治国的领导"和"建设中国特色社会主义法治体系"在中国特色社会主义法治话语体系中发挥着基石话语作用。

第二节　加强和改进党对依法治国的领导

党的领导是中国特色社会主义法治之魂。③ 党的十八届四中全会指出："党的领导是全面推进依法治国、加快建设社会主义法治国家最根本的保证。必须加强和改进党对法治工作的领导，把党的领导贯彻到全面推进依法治国全过程。"在部署全面推进依法治国时，全会提出要以"坚持中国共产党的领导"为基本原则，改善党对依法治国的领导，不断提高党领导依法治国的能力和水平，强调党要坚持依法治国、依法执政，自觉在宪法法律范围内活动，各级领导干部要带头遵守法律，带头依法办事；要不断完善党内法规制

---

① 张文显：《在新的历史起点上推进中国特色法学体系构建》，《中国社会科学》2019 年第 10 期。

② 参见李龙：《中国特色社会主义法治体系的理论基础、指导思想和基本构成》，《中国法学》2015 年第 5 期。

③ 参见王晨：《在全面依法治国实践中担当尽责沿着中国特色社会主义法治道路阔步前进》，《中国法学》2019 年第 6 期。

定体制机制，提高党内法规执行力，运用党内法规把党要管党、从严治党落到实处；党员干部要提高法治思维和依法办事能力，把法治建设成效作为衡量各级领导班子和领导干部工作实绩重要内容，纳入政绩考核指标体系。

一、"加强和改进党对依法治国的领导"的具体意涵

加强党对依法治国的领导，不仅仅只是一个政治判断或战略原则，还是许多具体的工作要求。加强和改进党对依法治国的领导，具有四个方面的意涵：第一，党的领导是社会主义法治最根本的保证；第二，坚持党的领导与中国特色社会主义法治相统一；第三，健全党领导全面依法治国的制度和工作机制；第四，依法执政是依法治国的关键，必须通过党执政活动的法治化推动国家治理的法治化。

（一）党的领导是社会主义法治最根本的保证

党法关系问题是法治建设的核心问题，也是政治与法治关系的集中反映。诚如习近平总书记所言："法治当中有政治，没有脱离政治的法治。公法只是一种复杂的政治话语形态，公法领域内的争论只是政治争论的延伸。每一种法治形态背后都有一套政治理论，每一种法治模式当中都有一种政治逻辑，每一条法治道路底下都有一种政治立场。"[1] 党的领导是我国法治理论的核心问题，其话语表述构成我国法治话语与西方资本主义国家法治话语的最大区别。可以说，党的领导是中国特色社会主义法治话语体系的话语之基。

首先，党的领导是我国法治与西方资本主义国家法治的最大区别。西方资本主义国家法治认为，多党制代表民主和多数人的统治，政党间的竞争更能反映民意，并给予人民更大的选择余地，能产生更理想的执政党与领导人。基于西方政党模式的惯性思维，他们将我国的政党制度说成是一党专

---

[1] 《习近平关于全面依法治国论述摘编》，中央文献出版社 2015 年版，第 34 页。

制，是集权主义政治体制，中国是没有自由的一党专制的国家。西方国家有关人士的这些认识无疑是错误的。不仅如此，而且西方资本主义国家的法治理论还存在以下几个误区：第一，认为多党制可以遏制腐败，因为多党竞选制可以通过政党间的权力制约，防止少数人滥用权力，从而防止腐败。但是，遏制腐败的并非政党制度，而是有效的监督机制。相反的是，建立在金钱政治基础上的多党制，往往会导致竞选过程被大资本集团和财阀影响和操纵，政党和大财团形成一种利益交换关系，权钱交易成为一种公然的制度腐败；第二，认为多党制可以通过多党竞争、轮流执政来协调统治阶级内部的矛盾，防止权力的过度不平衡，从而保证政治和社会稳定。但是，没有良好的宪制框架和法治意识，多党制的竞争环境，将会使各政党走向碎片化和极端化，政党间的不正当竞争加剧，反而更容易导致各政党将党派利益置于国家利益之上。这无疑会激化社会矛盾，加剧冲突，并导致政局动荡、族群甚至国家和民族分裂；第三，未充分意识到多党制会导致政党和议会的短视行为。政党为了赢得选举，往往会迎合选民当前的短期利益，而多党竞争体制又强化了政党间的竞争，弱化了政党的利益整合和协调功能，使一些有利于国家长远利益和整体利益的改革方案无法出台。[①] 中国现行的政党制度则打破了西方政治理论中多党制和一党制的二分法。习近平总书记指出，中国共产党领导的多党合作和政治协商制度作为我国的一项基本政治制度，是中国共产党、中国人民和各民主党派、无党派人士的伟大政治创造，是从中国土壤中生长出来的新型政党制度。[②] 它能够真实、广泛、持久地代表和实现最广大人民的根本利益、全国各族各界的根本利益，有效避免了旧式政党制度代表少数人、少数利益集团的弊端；它把各个政党和无党派人士紧密团结起来、为着共同目标而奋斗，有效避免了一党缺乏监督和多党轮流坐庄、恶性

---

① 参见本书课题组编：《为什么不行——论西方"宪政民主"》，浙江工商大学出版社 2015 年版，第 70—71 页。

② 参见习近平：《坚持多党合作发展社会主义民主政治　为决胜全面建成小康社会而团结奋斗》，2018 年 3 月 4 日，见新华网 http://www.xinhuanet.com/politics/2018lh/2018-03/04/c_1122485786.htm。

竞争的弊端；它通过制度化、程序化、规范化的安排集中各种意见和建议、推动决策科学化民主化，有效避免了旧式政党制度囿于党派利益、阶级利益、区域和集团利益决策施政导致社会撕裂的弊端。① 这种符合我国国情的新型政党制度能够实现集中领导与广泛参与的统一、社会进步和国家稳定的统一、充满活力和富有效率的统一。

其次，党的领导是中国特色社会主义制度的最大优势。我国的国家制度和治理体系，既不照搬西方资本主义国家的模式，也不照抄其他社会主义国家的模式，而是立足我国基本国情，与我国的历史传承、文化传统和经济社会发展水平相适应的中国特色的国家制度和治理体系。党的领导构成我国国家制度和治理体系的最大优势。第一，中国共产党是我国国家制度和治理体系的设计者和完善者。毛泽东领导中国人民取得新民主主义革命的胜利，开展社会主义革命、进行社会主义改造，确立了社会主义基本制度，为当代中国一切发展进步奠定了前提和基础。邓小平开辟了中国特色社会主义道路及其理论体系，江泽民、胡锦涛等领导全国人民在这条正确道路上砥砺前行，不断发展和完善我国的国家制度和治理体系。党的十八大以来，以习近平同志为核心的党中央立足中国国情、统筹规划、加强顶层设计，深入推动新时代中国特色社会主义事业的实践创新、理论创新和制度创新，推进国家治理体系和治理能力现代化建设。② 目前，我国已经在政治、经济、文化、社会、生态文明建设方面形成较为成熟完善的体制机制，共同筑就"五位一体"中国特色社会主义总体布局。可以说，中国共产党既坚定制度自信，也注重深化改革，坚持和完善现有制度，不断坚持在实践基础上以理论创新推动制度创新，不断革除体制机制弊端，推动形成一套更完备、更稳定、更管用的治国理政制度体系。第二，中国共产党的价值理念嵌入中国特色社会主义制度

① 习近平：《坚持多党合作发展社会主义民主政治 为决胜全面建成小康社会而团结奋斗》，2018年3月4日，见新华网http://www.xinhuanet.com/politics/2018lh/2018-03/04/c_1122485786.htm。

② 参见龙兵：《论党的领导是中国特色社会主义制度的最大优势》，《湖南科技大学学报》（社会科学版）2016年第5期。

之中。价值是目标，制度是手段；目标可以不同，手段也可以多种多样；其最终的判断都是以手段对于目标的有效实现即实效为标准。而实现价值的方式和途径的具体表现形式即是一国的制度体系。但西方价值不等于"普世价值"。西方价值与我国社会主义核心价值观有着显著区别。在党的领导下，我国探索确立了一整套不同于资本主义国家的价值原则：比如社会主义平等是劳动人民共同占有生产资料、消灭阶级剥削和对立、消除两极分化、走共同富裕道路的平等；社会主义的自由，是马克思所讲的摆脱了阶级剥削与压迫的以"人的全面而自由的发展"为原则的自由；社会主义民主（人民民主）与资产阶级的个人主义民主有着根本区别。① 中国共产党以"全心全意为人民服务"为宗旨，以"立党为公、执政为民"为执政理念，以"富强民主文明和谐美丽的社会主义现代化强国"为奋斗目标。可以说，中国共产党的性质、宗旨、执政理念、奋斗目标与我国的社会主义核心价值观相互契合，社会主义核心价值观与我国的国家制度和治理体系相互匹配，相互之间有机结合，协调统一。因而，只有坚持党的领导，才能确保国家制度和治理体系中的价值理念得以真正实现。第三，中国共产党能够充分将中国特色社会主义制度优势转化为治理效能。西方制度在设计上，主张分权制衡，但正如弗朗西斯·福山所指出的："由于分权制衡的传统越来越严重和僵化，美国的政治制度日渐腐朽。在这种政党分歧尖锐的环境下，分权体制越来越无法代表大多数人的利益，而是给了利益集团和政治活动组织过度的话语权。"② 与西方制度相比，中国特色社会主义制度一个最为显著的优势就在于能够集中力量办大事。中国共产党是由具有高度觉悟性、纪律性和自我牺牲精神的党员组成的，是能够切实代表和团结人民群众的政党。在不同历史时期，中国共产党都具有极强的组织和动员能力，能够将人民群众聚集起来，调动他们的积极性、主动性和创造性，不断发挥中国特色社

① 参见《邓小平文选》第 2 卷，人民出版社 1994 年版，175 页。
② Francis Fukuyama, "America in Decay: The Sources of Political Dysfunction," *Foreign Affairs*, 2014（5）:5–26. 转引自龙兵：《论党的领导是中国特色社会主义制度的最大优势》，《湖南科技大学学报》（社会科学版）2016 年第 5 期。

会主义制度的整体效能，不断推进中国革命、建设和改革取得一个又一个的重大突破和重要胜利。

最后，党的领导构成我国法治理论的核心命题。话语的背后是理论，新的法治话语需要站住脚，就需要以理论为其基本内核提供必要支撑。理论的表征形式是话语，需要通过话语来交流、宣传、解释、说明，从而达到使人信服的目的。我们认为，党的领导构成中国特色社会主义法治理论的基石性和核心性问题。第一，宪法理论体系构成中国特色社会主义法治理论体系的基础，由于党的领导行为往往会产生宪法意义上的效果和影响，因而有关党的领导的理论必然是中国特色社会主义宪法理论最为基础也最为重要的内容之一。① 正如有学者所指出的："党政关系法治化与党的法治转型也一直是中国宪法科学的最根本问题，不仅因为'中国人民在中国共产党领导下'是中国宪法的根本，更因为这一领导机制作为实际起作用的执政权已经形成了中国党政体系运行的丰富的制度网络。"② 因此，对于中国共产党的定位、性质与功能，对于党的领导与党的执政的区分与联系，对于党的领导主体、客体、性质、内容，对于党的领导的行为界限、法律责任以及规范路径等，构成党的领导理论的重要组成部分，而党的领导理论构成中国特色社会主义宪法和法治理论的基石性问题。第二，我国法治话语体系应当由一系列根本、基石、具体话语，构成逻辑自洽、目标明确、层次清晰、结构科学、内容全面的体系，应当紧紧围绕中国特色社会主义法治实践，围绕党的领导、立法、行政、司法、守法等法治运行环节和具体社会问题而展开。

（二）坚持党的领导与中国特色社会主义法治相统一

如前所述，中国共产党在中国政治生活中具有领导党和执政党的双重地位，既拥有领导权，也拥有执政权。党的领导权性质为社会（政治）权力，与执掌的国家权力的属性存在差异。因此，为确保党的领导与中国特色社会

① 参见陈云良、蒋清华：《中国共产党领导权法理分析论纲》，《法制与社会发展》2015年第3期。
② 田飞龙：《法治国家进程中的政党法制》，《法学论坛》2015年第3期。

主义法治相统一，对党的领导权制度的改革与完善，应采取不同于国家权力属性的规范路径。

1.综合运用宪法与党内法规制度明确党的领导权

对于党的领导权，有学者认为，应当在《宪法》中予以明确规范；也有学者认为，应该参照西方国家的做法，制定和出台《政党法》予以约束。实际上，任何笼统化的处理方式以及脱离我国历史背景和实际国情的主张，都无助于问题的切实解决。党的十八届四中全会将完善的党内法规体系纳入中国特色社会主义法治体系之中，为党的领导与中国特色社会主义法治相统一提供了重要路径。

党的领导与党的执政有联系也有区别。党的领导构成党的执政的前提和基础，党的执政构成党的领导的主要表现形式。但是，党的领导的主体是党组织，通过引导、影响和宣传的方式予以实现，并不必然与国家权力相联系，也不必然以国家强制力为后盾；党的执政的主体是党员个人，"执政与国家权力具有内在的天然联系，构成了主体与工具之间的基本关系"①。因此，党的执政源于宪法的赋予和授权，奉行"法无授权即禁止"的原则，需要通过以宪法为核心的国法体系予以规范，这种规范基本转化为对国家权力的规范。但党的领导权则有所不同，基于"党建国家"的历史事实，党的领导来源于党始终代表中国人民的根本利益和现实利益而获得人民的信赖和支持。因此，对于党的领导权的规范我国采取如下几种方式。

其一，通过宪法确认"党的领导"地位。我国现行宪法在序言中有五处提及"党的领导"，强调中国共产党领导的历史事实和基本原则。我国宪法序言系统梳理了党领导人民进行革命、建设和改革的历史进程，确立了党的领导是历史和人民的选择。宪法总纲第一条规定我国的国体是"工人阶级领导的、以工农联盟为基础的人民民主专政的社会主义国家"，"工人阶级领导"实质上指的就是坚持中国共产党领导。2018 年宪法修改在第一条中明确规定"中国共产党领导是中国特色社会主义最本质的特征"，为党的领导

---

① 张明军：《领导与执政：依法治国需要厘清的两个概念》，《政治学研究》2015 年第 5 期。

提供了更加明确的宪法依据。

其二，党章规定了党必须在宪法和法律范围内活动。党章作为全体党员的总章程，是全党意志的集中体现。现行党章的总纲规定："党必须在宪法和法律的范围内活动。党必须保证国家的立法、司法、行政、监察机关，经济、文化组织和人民团体积极主动地、独立负责地、协调一致地工作。"前一句对党的领导做出消极限制，即现行宪法明确了国家立法权、司法权和行政权的行使主体，客观要求党的领导不可架空国家政权体系实行"以党治国"、"以党代政"。后一句为党的领导权提出了积极主动的规范要求，即要求党的领导权必须发挥总揽全局，协调各方的核心作用。

其三，通过若干基础性主干性党内法规具体明确党的领导权。在实践中，党的领导一般是通过发挥党委与党组的作用予以实现的，而党内法规制度则对党组织的活动和党员的行为进行实体和程序规范。《中央党内法规制定工作五年规划纲要（2013—2017 年)》将"宪法为上，党章为本"作为党内法规制定工作的基本要求之一，通过出台诸如党组工作条例、统一战线工作条例、地方党委工作条例等党内法规，完善党的领导和党的工作体制机制，进一步提高党的领导的水平。有学者建议，应当在党章中对党的领导权的具体内容、边界、行使的方式和程序等进行明确规定。① 针对此观点，我们认为，党的领导涉及内容多样，界限、程序和方式也不能一概而论，比如党领导立法和党保证司法两者的程序和界限就存在差异。因此，对于党的领导的规定还应当采取单行党内法规的方式进行具体规定。

2.畅通党群沟通渠道，扩大党的代表性

党的领导地位是历经千辛万苦才取得的。党的执政地位不是与生俱来的，也不是一劳永逸的。② 它们都需要追溯至一个本源性问题，即党的代表性问题，这是"三个代表"重要思想所解决的核心问题。

---

① 参见陈云良、蒋清华：《中国共产党领导权法理分析论纲》，《法制与社会发展》2015 年第 3 期。

② 参见《中国共产党第十六届中央委员会第四次全体会议公报》，《人民日报》2004 年 9 月 27 日。

党的阶级性和党的代表性是需要正本清源的概念问题。强调中国共产党代表"最广大人民群众的根本利益"非模糊其阶级属性。阶级性是政党的本质属性，代表性则是阶级性的外在表现。① 中国共产党之所以需要拥有广泛的代表性，其中一个很重要的原因就是中国共产党历史方位的转型，即由领导人民为夺取全国政权而奋斗的党，转变为领导人民掌握国家政权并长期执政的党；从受到外部封锁和实行计划经济条件下领导国家建设的党，成为对外开放和发展社会主义市场经济条件下领导国家建设的党。② 因此，中国共产党不仅要成为工人阶级利益的维护者，而且要成为全社会利益的协调者和代表者。

1945 年，毛泽东邀请黄炎培到延安参观，双方就"人亡政息的历史周期率"这一问题发表看法。毛泽东说道："我们已经找到了新路，我们能跳出这周期率。这条新路，就是民主。只有让人民来监督政府，政府才不敢松懈；只有人人起来负责，才不会人亡政息。"③1941 年邓小平在《党和抗日民主政权》中指出："'以党治国'的国民党遗毒，是麻痹党、腐化党、破坏党、使党脱离群众的最有效的办法"，"民主政治的好处，正在于它能够及时反映各阶级各方面的意见，使我们能够正确地细心地去考虑问题决定问题；它能够使我们从群众的表现中去测验我党的政策是否正确，是否为群众所了解所拥护……"。④1957 年，邓小平在《共产党要接受监督》里强调："在中国来说，谁有资格犯大错误？就是中国共产党。犯了错误影响也最大。因此，我们党应该特别警惕。宪法上规定了党的领导，党要领导得好，就要不断地克服主观主义、官僚主义、宗派主义，就要受监督，就要扩大党和国家的民主生活。"⑤2013 年，习近平总书记指出，"群众路线是我们党的生命线和根本

① 参见侯晋雄：《论党的阶级性与党的代表性》，《理论研究》2009 年第 1 期。
② 参见华学成：《论中国共产党治国理政的基本逻辑及其制度构成》，《政治与法律》2011 年第 7 期。
③ 黄炎培：《八十年来》，中国文史出版社 1982 年版，第 157 页。
④ 《邓小平文选》第 1 卷，人民出版社 1994 年版，第 12 页。
⑤ 《邓小平文选》第 1 卷，人民出版社 1994 年版，第 270 页。

工作路线","人心向背关系党的生死存亡",要不断克服"四大危险",反对"四风"问题。①

人民民主是社会主义的生命,党群关系反映中国政治生态的全貌。然而,随着改革开放的深入以及经济的迅猛发展,社会矛盾逐步凸显,阶级分化以及阶层固化现象较为严重,党群沟通渠道存在一系列的体制机制障碍。为此,党要切实履行"代表最广大人民群众的根本利益"的承诺,就要不断扩大社会主义民主,疏通党群沟通渠道,不断完善人民代表大会制度、中国共产党领导的多党合作和政治协商制度、民族区域自治制度以及基层群众自治制度,不断坚持群众路线的"逆向民主"形式。只有推进人民当家作主的逐步实现,才能更进一步保证中国共产党领导的正当性。

3. 加强党内外监督,保证党的先进性

习近平总书记强调:"权力是一把'双刃剑',在法治轨道上行使可以造福人民,在法律之外行使则必然祸害国家和人民。"② 权力导致腐败,绝对的权力导致绝对的腐败。因此,"我们要健全权力运行制约和监督体系,有权必有责,用权受监督,失职要问责,违法要追究,保证人民赋予的权力始终用来为人民谋利益"③。

党的十八大以来,以习近平同志为核心的党中央协调推进"四个全面"战略布局,充分发挥法治这一治国理政基本方式的作用,坚持依法治国和依规治党有机统一,强调党内监督和党外监督相结合,不断扎紧制度的笼子,确保有权不任性。就党内监督而言,以党的第十八届六中全会通过的《中国共产党党内监督条例》为标志,实现了管党治党走上一个新台阶。《党内监督条例》着眼解决监督主体分散、监督内容不聚焦、监督责任不够明晰、监督制度操作性不强、监督保障机制不完善等弊端和问题,通过明确责任、构建新型党内监督体系、实现党内监督全覆盖、健全细化监督制度等规范性安排,把党内监督严起来、实起来,不断激发党的凝聚力、战斗力,保证党的

① 参见《习近平谈治国理政》,外文出版社 2014 年版,第 365—372 页。
② 《习近平谈治国理政》第 2 卷,外文出版社 2017 年版,第 128 页。
③ 《十八大以来重要文献选编》(上),中央文献出版社 2014 年版,第 92 页。

先进性和纯洁性。

尽管党内监督在党和国家各种监督形式中是最为根本的，但如果不同其他国家机关监督、民主党派监督、群众监督、舆论监督等结合起来，就不能形成监督合力。这里存在的一个问题就是拥有监督权的人民代表大会是否有权监督领导党？①针对这一问题，学界也存在不同观点。但主流观点认为人大有权监督领导党。这种监督的性质为法律监督，而不包括工作监督，以区别于人大对"一府两院"的监督。同时，强调两者间的监督应当是相互的，即领导党基于执政监督权的需要可以监督人大，这种监督性质为权利监督和民主监督。

（三）健全党领导全面依法治国的制度和工作机制

在中国特色社会主义新时期，要坚持党对依法治国的领导，就必须加强和改进党对依法治国的领导。面对新形势新问题，尤其是全面深化依法治国实践的许多体制机制性问题的解决，有赖于进一步健全党领导全面依法治国的制度和工作机制。

1.中央全面依法治国委员会

2018年3月，中共中央印发《深化党和国家机构改革方案》，组建中央全面依法治国委员会。中央全面依法治国委员会作为中共中央决策议事协调机构，负责全面依法治国的顶层设计、总体布局、统筹协调、整体推进、督促落实。中央全面依法治国委员会的主要职责是，统筹协调全面依法治国工作，坚持依法治国、依法执政、依法行政共同推进，坚持法治国家、法治政府、法治社会一体建设，研究全面依法治国重大事项、重大问题，统筹推进科学立法、严格执法、公正司法、全民守法，协调推进中国特色社会主义法治体系和社会主义法治国家建设等。中央全面依法治国委员会办公室设在司法部。②

---

① 对于执政党，人大监督基本转化为对"一府两院"的监督，自不赘言。

② 参见《中共中央印发〈深化党和国家机构改革方案〉》，2018年3月21日，来源：http://politics.people.com.cn/n1/2018/0321/c1001-29881261.html

2018 年 3 月 28 日，中央全面依法治国委员会召开第一次会议。习近平总书记在会议上提出的"全面依法治国新理念新思想新战略"，可归纳为全面依法治国的十个"坚持"、一个"明确"。① 这十个"坚持"、一个"明确"，是对十八大以来全面依法治国重要经验的全面总结和理论升华，既有顶层设计，又体现具体举措，既有正确的认识论，又包含科学的方法论，是一个有机统一的完整体系。在中央全面深化改革委员会第一次会议上，习近平着重强调了"党的领导"，要求健全党领导全面依法治国的制度和工作机制，继续推进党的领导制度化、法治化，把党的领导贯彻到全面依法治国全过程和各方面。"把主要精力放在顶层设计上"、"统筹整合各方面资源和力量推进全面依法治国"、"把社会主义核心价值观贯穿立法、执法、司法、守法各环节"、"形成工作合力"、"压实地方落实全面依法治国的责任"、"加强对工作落实情况的指导督促、考核评价"……这些细致明确的要求，使全面依法治国真正发挥基础性、保障性作用，为全面建成小康社会、全面深化改革、全面从严治党"保驾护航"。②

2019 年 2 月 25 日，中央全面依法治国委员会召开第二次会议。会议审议通过了党领导全面依法治国工作要点、工作计划等一系列重要文件。在中央全面深化改革委员会第二次会议上，党中央进一步明确了法治建设规划，这是事关全面依法治国工作全局的重大谋划。会议提出发展要高质量，立法也要高质量，要以立法高质量发展保障和促进经济持续健康发展，要坚持法治国家、法治政府、法治社会一体建设，法治政府建设是重点任务，对法治国家、法治社会建设具有示范带动作用。会议还提出要

---

① 十个"坚持"、一个"明确"即坚持加强党对依法治国的领导，坚持人民主体地位，坚持中国特色社会主义法治道路，坚持建设中国特色社会主义法治体系，坚持依法治国、依法执政、依法行政共同推进，法治国家、法治政府、法治社会一体建设，坚持依宪治国、依宪执政，坚持全面推进科学立法、严格执法、公正司法、全民守法，坚持处理好全面依法治国的辩证关系，坚持建设德才兼备的高素质法治工作队伍，坚持抓住领导干部这个"关键少数"，明确了全面依法治国的指导思想、发展道路、工作布局、重点任务。

② 参见《中央全面依法治国委员会首次亮相有何看点?》，2018 年 8 月 24 日，来源：http://www.xinhuanet.com/politics/xxjxs/2018-08/24/c_1123325958.htm

规范重大行政决策程序，法治是最好的营商环境，要把平等保护贯彻到立法、执法、司法、守法等各个环节，依法平等保护各类市场主体产权和合法权益。

从 2017 年 10 月成立中央全面依法治国领导小组，到 2018 年 3 月组建的中国共产党中央全面依法治国委员会，这并非是单纯的机构升级。由一个中央决策议事协调机构性质的中央全面依法治国委员会负责全面依法治国的顶层设计、总体布局、统筹协调，高度突显党对依法治国的重视程度，也表明在坚持的同时，加强和改进党对依法治国领导的力度也在加大。正如有学者指出的，从司法改革到政法改革，不只是概念术语上的变化，而是改革内涵外延、格局图景的深刻变化。① 这一新机构的设立和有序运转，表明从司法改革开始的政法改革已经发展为健全党领导依法治国的制度和体制机制的全方位改革，更加彰显了中国法治改革的自主品格。

2.《中国共产党政法工作条例》

2018 年 12 月 27 日，中共中央政治局召开会议，审议《中国共产党政法工作条例》。《中国共产党政法工作条例》（以下简称《政法工作条例》）是充分发挥制度优势、推进全面依法治国、推动新时代政法工作现代化的客观需要。党的领导和社会主义法治是一致的，只有坚持党的领导，人民当家作主才能充分实现，国家和社会生活制度化、法治化才能有序推进。为此，必须规范党领导政法工作的体制机制。《政法工作条例》的出台，表明党对政法工作领导有了明确的规范，构成党依规治党和领导全面依法治国的制度和机制的主体。

《政法工作条例》作为政法领域第一部党内基本法规，聚焦"谁来领导"、"领导什么"、"如何领导"等重大问题，推动领导主体明晰化、领导权责清单化、领导方式制度化，是坚持和加强党对政法工作的基本遵循。②《政法工作条例》明确了政法工作的指导思想、主要任务、应遵循的原则。《政法

---

① 参见黄文艺：《新时代政法改革论纲》，《中国法学》2019 年第 4 期。
② 参见徐日丹：《陈一新在学习贯彻〈中国共产党政法工作条例〉视频会议上强调深刻领会〈条例〉精神　迅速掀起学习贯彻热潮》，《检察日报》2019 年 2 月 28 日。

工作条例》以党内法规的方式重申了党对政法工作的绝对领导，这是党管政法历史经验的制度性重塑。①《政法工作条例》明确政法工作是党和国家工作的重要组成部分，是党领导政法单位依法履行专政职能、管理职能、服务职能的重要方式和途径。规定了各级党委、政法委、政法各单位之间相互关系。党委政法委员会是党委领导和管理政法工作的职能部门，是实现党对政法工作领导的重要组织形式。政法单位是党领导下从事政法工作的专门力量，主要包括审判机关、检察机关、公安机关、国家安全机关、司法行政机关等单位。党委政法委要支持政法各单位依照宪法和法律独立负责、协调一致地开展工作。《政法工作条例》着眼政法工作新形势新任务，创新完善了统筹协调、基层组织建设、领导班子管理、干部队伍管理、督促检查、责任追究等一系列运行机制，为提高政法工作水平提供了有力抓手。②

《政法工作条例》的出台表明，加强和改进党对依法治国的领导不是一句空话，而是要坚持制度引领，构建党领导政法工作的科学机制。必须始终坚持和加强党领导政法工作的制度建设，认真贯彻落实《中国共产党政法工作条例》，坚持和完善请示、报告、决策、执行以及监督制约、督促检查、考评考核、督导整改、责任追究等系列制度，既为党领导政法工作立规矩、定方圆，又为党领导政法工作谋长远、固根本，提高党领导政法工作科学化、规范化水平。③ 以《政法工作条例》的出台为契机，还须进一步健全党领导全面依法治国的有关制度和体制机制，不断加强和改进党对依法治国的领导。

有学者指出，中国共产党不仅领导建立了各级政法机关，确立了马克思列宁主义的法律观，在这一过程中形成了以阶级、专政、国家安全、两类矛盾、社会治理等关键词在内的一整套政法话语体系。④ 这套政法话语具有鲜

① 参见于晓虹、杨惠：《党政体制重构视阈下政法工作推进逻辑的再审视——基于〈中国共产党政法工作条例〉的解读》，《学术月刊》2019 年第 11 期。

② 参见徐日丹：《陈一新在学习贯彻〈中国共产党政法工作条例〉视频会议上强调深刻领会〈条例〉精神 迅速掀起学习贯彻热潮》，《检察日报》2019 年 2 月 28 日。

③ 参见陈一新：《坚持制度引领，构建党领导政法工作的科学机制》，《机关党建》2019 年第 10 期。

④ 参见侯猛：《新中国政法话语的流变》，《学术月刊》2020 年第 2 期。

明的中国特色，但是与法治话语并无根本冲突，反而是在中国特定情境下发挥重要功能，是中国特色社会主义法治话语体系的重要组成部分。特别是提出将党内法规体系作为中国特色社会主义法治体系的重要组成部分，以《政法工作条例》这样的党内法规来加强和改进党对依法治国的领导。这是重大的理论突破和创新，这是完全不同于西方法治的话语表述，体现了中国共产党在法治话语上的独立自主和强大的创新意识。

（四）依法执政是依法治国的关键

在当代中国，党是最高政治领导力量。中国共产党是中国特色社会主义事业的领导核心，并且长期执政。因而，作为领导党和执政党的中国共产党依法执政，既是加强和改进党的领导方式，也关系到依法治国的实现，因而构成中国法治的核心命题。党的十六大报告在阐述发展社会主义民主政治中的"改革和完善党的领导方式和执政方式"这一任务时提出，要"坚持依法执政，实施党对国家和社会的领导"。[①]"依法执政"的提出，为新时期改革与完善党的领导方式与执政方式指明了正确道路。党的十六届四中全会《关于加强党的执政能力建设的决定》指出："依法执政是新的历史条件下党执政的一个基本方式。"[②] 党的十八届四中全会《决定》强调："依法执政是依法治国的关键"，要"把依法治国基本方略同依法执政基本方式统一起来"。[③]"依法治国、依法执政、依法行政共同推进"[④]，进一步彰显了依法执政的重要性。因而可以说，"依法执政"是中国共产党关于改革执政方式的思考所形成的最重要的概念之一。[⑤] 改善党的领导方式与执政方式，关键在于由主要依靠政策治国转变到主要依靠法律治国上来，即转变到依法执政上

---

① 《江泽民文选》第 3 卷，人民出版社 2006 年版，第 555 页。

② 《中共中央关于加强党的执政能力建设的决定》，《党建》2004 年第 10 期。

③ 《中共中央关于全面推进依法治国若干重大问题的决定》，《人民日报》2014 年 10 月 29 日。

④ 习近平：《在纪念现行宪法公布施行 30 周年大会上的讲话》，《人民日报》2012 年 12 月 5 日。

⑤ 参见张恒山：《共产党依法执政是依法治国的关键》，《理论与改革》2014 年第 6 期。

来。正因为党依法执政，依法治国才能跃上新台阶，中国特色社会主义法治才开创了新局面。

依法执政既是我们党长期以来的自觉要求，也是中国特色社会主义法治发展到一定阶段的必然选择。依法执政是中国共产党面对党的执政条件、任务和环境的深刻变化，适应建设法治国家的要求，党的领导方式和执政方式的新发展。① 在西方学界，依法执政并没有成为一个值得关注和研究的对象。"依法执政"这一话语是中国原创性的学术概念和法治话语，其源自社会主义建设初期党的领导人对党的执政与法律关系的思考，形成于社会主义建设新时期依法治国实践中对治党与治国关系的深入认识，完善于中国特色社会主义新时代以习近平同志为核心的党中央对无产阶级政党执政规律与中国特色社会主义法治发展规律的精准把握。社会主义建设初期，党在领导社会主义法制建设的过程中，教育和要求党员及党的干部遵守宪法和法律，要求将法律作为党员领导干部活动的依据。② 改革开放以来，随着法治理念日益深入人心，中国共产党顺应法治的时代潮流提出了依法执政的理念。③ 党的十六大提出的"依法执政"是对"党必须在宪法法律范围内活动"和"党员必须模范遵守宪法和法律"话语的进一步提炼、扩容和升级。④ 党的一切活动，包括执政活动都必须以宪法和法律为依据。"依法执政"这一话语明确

---

① 参见石泰峰、张恒山：《论中国共产党依法执政》，《中国社会科学》2013 年第 1 期。

② 刘少奇在关于 1954 年宪法草案的报告中指出："中国共产党是我们国家的领导核心。党的这种地位，决不应当使党员在国家生活中享有任何特殊的权利，只是使他们必须承担更大的责任。共产党党员必须在遵守宪法和一切其他法律中起模范作用。"《刘少奇选集》下卷，人民出版社 2004 年版，第 168 页。彭真在宪法制定后也强调说："我们过去办事依靠方针、政策、纲领，是完全对的，是适合实际情况的。目前我们已经颁布了宪法，如再按过去那样办事就不够了。必须加强法制，完备我们的法律，才能保障社会主义建设的顺利进行。"《彭真文选》，人民出版社 1991 年版，第 266—267 页。

③ 参见周叶中、李炳辉：《"依法执政"考辨》，《法学杂志》2013 年第 7 期。

④ 尽管"党依法执政"与"党必须在宪法和法律的范围内活动"在涵义上有所区别，但两者在逻辑上是从属关系而不是相互包容关系，即"党依法执政"的涵义比"党必须在宪法和法律的范围内活动"要窄，前者涵盖后者；因而强调党依法执政，无疑也强调了党章所规定的"党必须在宪法和法律的范围内活动"。参见周叶中、邓联繁：《论中国共产党依法执政之价值》，《武汉大学学报》（哲学社会科学版）2003 第 2 期。

了我国法治建设的重要保障，也指明了中国特色社会主义法治的核心。习近平总书记 2012 年 12 月 4 日在首都各界纪念现行宪法公布施行 30 周年大会上进一步指出，依法治国首先是依宪治国，依法执政关键是依宪执政。依法执政的本质即是依宪执政。①"依法"、"依宪"的本质是"法治"和"宪治"。也就是说，只有法律和宪法才是国家的统治者。依宪执政作为新时期中国共产党执政的新思维，既是中国共产党面对新时代、新任务和新情况的主动选择，也是历史的必然、时代的必然，体现了中国共产党对执政内容、执政经验和执政规律认识的不断深化。②

依法执政具有深刻的含义，其是对中国法治理念的深化。一般认为，依法执政指的是执政党依照宪法和法律确定的国家政权运作方式来掌握国家政权的执政方式。它要求执政党依据宪法和法律而非政策执政；要求执政党通过法定的国家政权组织形式执政，而非直接通过执政党组织的形式执政；要求执政党依据宪法和法律确定的国家权力运作方式执政，而不能以外在于国家权力运作方式的其他方式执政。③依法执政的主体应当是作为整体的中国共产党、党的中央委员会和地方各级委员会。④依法执政的四大基本要务，就是必须坚持党领导立法、保证执法、支持司法、带头守法。作为领导党和执政党的中国共产党依法执政，要求更加注重发挥法治在国家治理和社会管理中的重要作用，维护国家法制统一、尊严、权威，保证人民依法享有广泛权利和自由。同时，通过健全党领导全面依法治国的制度和工作机制，实现党领导立法、保证执法、支持司法、带头守法，这将促进法治中国建设迈入系统推进的新阶段。

中国共产党依法执政也是中国特色社会主义法治体系的中心环节。党的

---

① 参见邓联繁：《依宪执政——依法执政之实质》，《武汉大学学报》（哲学社会科学版）2005 年第 1 期。

② 参见周叶中：《依宪执政：中国共产党执政的新思维》，《人民法院报》2011 年 7 月 1 日。

③ 参见张晓燕：《依法执政：中国共产党执政方式的历史性跨越》，《中国党政干部论坛》2001 年第 9 期。

④ 参见李林：《当代中国的依法治国与依法执政》，《学术探索》2011 年第 2 期。

领导方式和领导能力的提升必将进一步加强党对全面依法治国的领导,加强依法治国的政治保障。组建中央全面依法治国委员会,是为加强党中央对法治中国建设的集中统一领导,健全党领导全面依法治国的制度和工作机制,更好落实全面依法治国基本方略。习近平总书记在中央全面依法治国委员会第一次会议上进一步强调:要健全党领导全面依法治国的制度和工作机制,继续推进党的领导制度化、法治化,把党的领导贯彻到全面依法治国全过程和各方面,为全面建成小康社会、全面深化改革、全面从严治党提供长期稳定的法治保障。因而围绕依法执政这一中心环节,可以从根本上提升依法治国水平。

依法执政决定着依法治国各个环节的成败。依法执政要求必须坚持党领导立法、保证执法、支持司法、带头守法,把依法治国基本方略同依法执政基本方式统一起来,把党总揽全局、协调各方同人大、政府、政协、审判机关、检察机关依法依章程履行职能、开展工作统一起来,把党领导人民制定和实施宪法法律同党坚持在宪法法律范围内活动统一起来。[①] 其一,在立法环节,党领导立法是科学制定与实现党的纲领的重要保障,有利于更好地将党和人民的意志通过法定程序上升为法律。其二,在执法环节,党保证执法有利于正确认识和处理政策与法律的关系,因而能够更好地保证严格执法。其三,在司法环节,党支持司法,要求党组织和党员尊重司法机关依法独立行使审判权。其四,在守法环节,党带头守法对于宪法法律权威的确立具有重大意义。占国家工作人员绝大多数的党员领导干部带头遵守法律,带头依法办事,对维护宪法法律权威和尊严至关重要。

在全面深化依法治国实践中,要坚持依法治国、依法执政、依法行政共同推进。在现代政党政治国家,没有依法治国就没有依法执政,没有依法执政也同样没有依法治国。依法执政是依法治国的构成部分、重要前提和内在要求。[②] 在当代中国,坚持依法治国,就必须坚持依法执政。党不依法执政,

---

① 参见《中共中央关于全面推进依法治国若干重大问题的决定》,《人民日报》2014年10月29日。

② 参见卓泽渊:《依法治国中的依法执政》,《上海行政学院学报》2010年第4期。

依法治国就是一句空话。这是因为：党是政治制度的核心，是国家和社会生活的领导者和组织者，党的执政地位决定了党依法执政对于依法治国具有决定性的制约作用；从党和社会的关系来看，党是先锋队，是整个社会的表率，党依法执政，全国人民就会学习和效仿，从而在全社会形成遵守法律、依法办事的风尚，为推动和促进依法治国创造良好的社会氛围。① 中国共产党这一最高政治权威也服从宪法法律权威，这就使得宪法和法律在我国政治生活中树立起最高的权威，依照宪法监督和规范执政党的执政活动，使宪法法律真正成为中国共产党治国理政的依据和准则，成为国家权力的运行规范和公民的生活规范。

二、"加强和改进党对依法治国的领导"的话语阐释

党的十八届四中全会指出，"党的领导是中国特色社会主义最本质的特征，是社会主义法治最根本的保证"②，"党的领导和社会主义法治是一致的，社会主义法治必须坚持党的领导，党的领导必须依靠社会主义法治"③。党的十九大强调："党政军民学，东南西北中，党是领导一切的。"④ 这些论断揭示了党的领导与社会主义法治的本质联系，反映了以习近平同志为核心的党中央对中国共产党执政规律、社会主义建设规律、人类社会发展规律认识的深化。"党的领导"不仅是我国法治话语体系的核心话语，而且是传播中国声音、讲好中国故事的关键词汇。⑤ 然而，实践中依旧存在着一些错误认识：一是鼓吹以搞多党轮流执政、"三权分立"、司法独立、军队国家化为核心的

---

① 参见周叶中、邓联繁：《论中国共产党依法执政之价值》，《武汉大学学报》（哲学社会科学版）2003 第 2 期。

② 《十八大以来重要文献选编》（中），中央文献出版社 2016 年版，第 157 页。

③ 《十八大以来重要文献选编》（中），中央文献出版社 2016 年版，第 158 页。

④ 习近平：《决胜全面建成小康社会　夺取新时代中国特色社会主义伟大胜利——在中国共产党第十九次全国代表大会上的报告》，人民出版社 2017 年版，第 20 页。

⑤ 参见丁俊萍：《党的领导是中国特色社会主义最本质特征和最大优势》，《红旗文稿》2017 年第 1 期。

所谓西方"宪政";二是认为党的领导违反了法治运行规律，影响了法治的权威性;三是主张依法治国会妨碍党的领导，要党的领导就不能搞法治，实质是推行"以党治国"。① 有鉴于此，本部分拟围绕以下几个问题展开论证:为什么党的领导构成我国法治话语体系的核心话语，如何运用法治思维和法治意识对党的领导话语进行阐释，党的领导在法治视角中应当是什么，以及通过怎样的制度安排保证在社会主义法治建设过程中坚持党的领导? 按照"为什么——是什么——怎么样"的逻辑关联，对这些问题进行初步梳理和必要澄清。

在西方的法政理论和实践中，一般讲党的"执政"，较少使用党的"领导"。而在中国语境中，党的领导这一提法出现的频次显然高于党的执政的提法。但是，长期以来，党的领导更多的是作为政治概念和政治话语在使用，因此有必要运用法治思维和法治意识对其进行一定的阐释。

其一，对党的"领导权"存在与否的争议。该争议试图将党的领导话语进行法学阐释，围绕党的"领导权"能否构成一个纯粹的法学术语，是否有一定的法理依据和实践基础而展开，并形成"否定说"和"肯定说"两种截然相反的观点。"否定说"认为宪法采用的是"党的领导"的提法而非"领导权"的提法，在没有宪法明文规定和明确授权的情况下，推定领导权的存在有违现代法治社会的基本遵循;将"党的领导"人为地转化为权力，会存在与立法权、行政权、司法权之间合理"配置权力"的问题。同时，"领导权"一说，是"官本位"权力思维的反映，是革命战争年代的习惯用语，不是和平建设时代特别是法治建设时代的法律与法学术语。②"肯定说"认为，阐明"领导权"是建设法治政党、落实依法治国、依宪治国的实践要求，因为依法治国、依宪治国的主体是党领导下的人民，它们是针对党的领导行为而言的，其实质上要求党的领导权纳入宪法和法律的轨道，党的领导行为要

---

① 参见汪火良:《论党的领导与社会主义法治一致性的逻辑实践》,《领导之友》2017年第13期。

② 参见石文龙:《对"领导权"一词的宪法学分析》,《云南大学学报》(法学版)2009年第4期。

法治化；领导权的主要内容包括：以修宪建议权、立法与国策建议权、宪法解释与审查建议权为核心的政治领导权；以政要提名权和执政监督权为核心的组织领导权；以理论宣传工作和思想政治工作为核心的思想领导权。①

其二，对党的"领导权"属性的争议。该争议在推定或默认党的"领导权"具有法学术语合理性和合法性基础上，讨论"领导权"的法律性质为何，形成"国家权力说"、"社会权力说"、"宪法权利说"以及"政治权威说"四种具有代表性的观点。"国家权力说"认为党的领导权是实在的权力之权，而不是权利之权；原因在于中国共产党的领导权不能放弃、不能由其他同类主体享有、不能通过自由竞争取得的属性特征与法律权利的一般规定不相匹配。②"社会权力说"认为权力有社会权力和国家权力的区别，中国共产党的领导权是一种社会影响力和支配力，并不具备以国家强制力和对社会的普遍约束力为特征；中国共产党的社会权力来源于"它所追求和倡导的人类崇高理想的吸引力，它的纲领、路线所体现的人民的意志与利益的政治引导力，它的党员为人民英勇牺牲奋斗的精神感召力，而在人民中享有巨大的威信，树立了普遍的社会权威"③。"宪法权利说"认为政党是公民集体行使权利、参与国家政治生活的组织方式，因此在理论分析时将政党纳入公民的范畴；政党的领导权是政党的政治权利，可视为公民政治权利的集合和延伸。"政治权威说"认为党的领导权是现代中国政治语境中的特有现象，严格说来，并不是一种真正的"权力"，而是一种"权威"；它是中国共产党在一定范围内因具备被认为最合理或最合法的特质而表现出来的威信和影响力。④

---

① 参见陈云良、蒋清华：《中国共产党领导权法理分析论纲》，《法制与社会发展》2015年第3期。

② 权利是一种主体选择自由，权利主体可以放弃；权利具有社会普遍性，即同类主体享有基本相同的权利；权利具有自由竞争的属性，如劳动权。参见匡克：《论法治国家与党的领导法治化》，《社会科学》1999年第7期。

③ 郭道晖：《权威、权力还是权利——对党与人大关系的法理思考》，《法学研究》1994年第1期。

④ 参见曹丰汉：《党的领导权、执政权与人大监督权的关系》，《中共山西省直机关党校学报》2010年第1期。

其三，对党的"领导权"规范路径的争议。该争议的共识性基础在于，法治的核心是控权，通过推定"领导权"应从幕后走向前台，因而采取一定的宪制规范进行宪法转化，将党的领导行为予以明确规定和规范。但是，由于对"领导权"的理解和认识不同，因而采取的规范路径也不尽相同，代表性的观点有"党主立宪说"、"立宪党导说"、"不成文宪法说"等。"党主立宪说"由刘大生首先提出，一般被认为是中国宪法学界较早进行主权规范化研究及设计的一种理论努力；① 它主张一种民主制度与党主制度相结合的混合政体，要求明确党权、党内民主法律化、明确各级人民代表大会的权限，完善共产党领导的多党合作制、分权制衡（党组织和人大共同行使国家权力）等基本内容。② "立宪党导说"由柯华庆首先提出，其主张在未来制定的新中国第五部宪法中明确规范中国共产党的领导，建立起宪法与党章二元并存的二元宪制结构，将其变为规范和显性的立宪党导制，作为与立宪君主制和立宪民主制并列的三大宪治结构之一。③ "不成文宪法说"由强世功首先提出，他认为我国宪法不仅包括 1982 年制定通过的宪法文本，还包括党章在内的实质宪法或"不成文宪法"；我国宪法表达了"党领导人民建设社会主义"这一基本政治原则，但关于"社会主义"的理解，党是如何领导国家和人民，党对宪法和法律的态度和立场等这些重要问题，在宪法文本中并没有做出明确规定，相反，这些规定我们却可以在《中国共产党章程》中找到，因而我们就此可以说，党章是我国宪法体系的有机组成部分。④

以上争议表明，中国共产党在中国政治体系中居于特殊地位，因而探索

---

① 参见田飞龙：《对中国宪法根本原则与"党主立宪"的初步阅读和比较》，《江苏警官学院学报》2008 年第 1 期。

② 参见刘大生：《试论"党主立宪制"——关于社会主义初级阶段合适政体之探讨》，《社会科学》1989 年第 7 期。

③ 采取单独一章的形式对中国共产党的具体权力、具体领导方式、党与人大的关系、党与政府的关系、党与政协的关系、党与审判机关的关系、党与检察机关的关系、党与教育部门的关系等等内容进行具体明确的规范。参见柯华庆、刘荣：《论立宪党导制》，2015 年 9 月 4 日，见爱思想网 http://www.aisixiang.com/data/92468.html。

④ 参见强世功：《党章与宪法：多元一体法治共和国的建构》，《文化纵横》2015 年第 4 期。

和思考党的领导行为法治化已成为中国法治建设的核心命题，党的领导的话语转化成功与否，将影响中国特色社会主义法治话语体系的建构。而党的领导权的属性界定以及规范路径也将成为一个具有鲜明中国特色的理论和实践问题。我们不能因为现行宪法和法律未对党的领导权做出直接而明确的规定，就无视和忽视党的领导在国家政治生活中的实际影响和重要作用（更何况现行宪法的第五次修改已在第一条明确规定"中国共产党领导是中国特色社会主义最本质的特征"）。问题的关键并非党的领导权是否存在，而是如何运用法学思维和法治意识对党的领导话语进行合理界定以及妥善的制度安排，确保党的领导与中国特色社会主义法治始终协调一致。正是基于这样的问题意识，我们认为，基于法学视角和法治意识思考党的领导话语尤为重要。

就党的"领导权"的属性界定而言，"国家权力说"按照非此即彼的思维方式对"领导权"进行探究，在考察领导权之权与权利之权不相匹配之后，即推定领导权为国家权力之权。但是，将"领导权"界定为国家权力，极容易造成党与国家机关在性质上的混同，因而肯定不妥。"宪法权利说"注意到了党的领导权并不必然以国家强制力以及普遍拘束力为保障的非国家权力之特性，但是，基于政府——公民的宪法范畴划分而将政党归为公民范畴的做法，则未考察中国共产党在我国政治生活中的特殊地位，因而存在偏颇之处。而且，基于现代政党政治的运行现状，一般认为现代宪法的基本主体已不再是政府——公民简单相对的两元范畴，而是包括了政党的政府——政党——公民的三元范畴。"政治权威说"，试图寻找权力——权利之外的第三条道路，然而政治权威的界说并非严格的法学思维，缺乏必要的规范路径，因而这种思考仅仅具有理论上的意义。相比较而言，"社会权力说"或者"政治权力说"可能是更加合适的主张：党的领导权是权力，这种权力并非国家权力而是社会（或者政治）权力，其来源于因中国共产党在中国政治生活中的突出地位和重要作用而享有的社会（政治）影响力和社会（政治）权威。法治客观上要求一切行为主体都受到法律约束，不允许有任何主体超越于宪法法律之外。那么接下来的一个问题便自然转化为对党的"领导权"是否应当规范，这种规范是会弱化还是会加强党的领导？应当由国家法律体系还是党内法规制度体系进行规范，两者间的关系应如何协调和厘清？

就党的"领导权"的规范路径而言，"党主立宪制"、"立宪党导制"和"不成文宪法说"在某种程度上都受到英国"宪政"史观和"宪政"制度的影响。在前两者的叙事结构中，试图将"中国共产党"比照英国的君主，在宪法主权规范结构中拟制一个集体性君主的存在。然而在我国，辛亥革命将传统封建社会的君主——臣民结构予以打破，彻底推翻了封建君主的统治，因而无论是思想意识还是历史实践，都没有所谓君主立宪的传统。"不成文宪法说"敏锐地观察到理解中国不仅要关注宪法文本，还要关注宪法文本之外对我国政治生活产生重大影响、拘束和支撑作用的"不成文宪法"。然而，将党章虽无宪法之名却行宪法之实的"实效主义"立场，源自"存在即合理"的理论预设，是以当前宪法政治的实践为逻辑起点，而非从客观事物历史发展的逻辑论证其必然性和必要性。同时，将党章强行纳入宪法体系，会使宪法与党章的关系被扭曲为包含与被包含的关系，会影响党内法规制度的体系完整性和相对独立性，会忽视党章与宪法两者在本质属性、约束对象、效力形式方面的差异性，也会造成党章和宪法之间关系的界定浑浊。① 因而，就党的领导权的规范路径而言，也是一个需要继续深入和合理探究的问题。

在当代中国，加强和改进党对全面依法治国的领导，是从我国本土实际出发的一个法治话语。这是一个完全不同于西方法治的特征和优势。不能以任何西方既有的理论模式和法治模式来解释中国共产党的领导与法治的关系。我们必须坚信，党的领导是中国特色社会主义最本质特征和最大优势，也是中国特色社会主义法治的根本保障。坚持党对全面依法治国的领导，也必须加强党对全面依法治国的领导，以党的领导制度和工作机制的完善推动党依法执政，以依法执政推动依法治国，坚持依法治国、依法执政、依法行政共同推进，坚持法治国家、法治政府、法治社会一体建设，推进国家治理体系和治理能力现代化。

---

① 参见周叶中、汤景业：《论宪法与党章的关系》，《中共中央党校学报》2017 年第 3 期。

第三节　建设中国特色社会主义法治体系

中国特色社会主义法治体系是中国特色社会主义制度的法律表现形式，二者具有内在一致性，统一于"中国特色社会主义"这一共同的政治规定和伟大实践。① 中国特色社会主义法治体系是中国特色社会主义制度体系的规范表达。② 因而，法治建设必须夯实法治体系这一基石。

建构法治体系是推进国家治理现代化的基础工程。习近平总书记在全面深化改革领导小组第二次会议上强调了法治在推进国家治理体系与治理能力现代化方面的重大作用，明确要求在法治轨道上深化改革，这里的法治轨道就是法治体系。③ 全面依法治国，就是将法治作为治国理政的基本方式，将国家和社会治理纳入制度化、规范化、程序化的轨道。在治国理政中，法治体系是一个至关重要的规范和制度系统。④ 完善和发展中国特色社会主义制度必然聚焦法治。法治是国家治理现代化的基本方式，中国特色社会主义法治体系是中国特色社会主义制度的重要组成部分，法治体系的完善程度决定着国家治理体系和治理能力现代化水平。同时，法治体系与依法执政密切联系，依法执政是法治体系的核心与灵魂。⑤ 法治体现在国家治理现代化的方方面面，必须将建设中国特色社会主义法治体系作为推进国家治理体系和治理能力现代化的重要杠杆。从实践层面讲，"中国特色社会主义法治体系"对深化全面依法治国具有纲举目张的重要意义。从理论层面讲，"中国特色社会主义法治体系"这一概念和命题，对法治理

---

① 参见王晨：《在全面依法治国实践中担当尽责沿着中国特色社会主义法治道路阔步前进》，《中国法学》2019 年第 6 期。

② 参见江必新：《怎样建设中国特色社会主义法治体系》，《光明日报》2014 年 11 月 1 日。

③ 参见李龙：《建构法治体系是推进国家治理现代化的基础工程》，《现代法学》2014 年第 3 期。

④ 参见姜涛、刘源：《中国"法治体系"蕴含的新要素》，《检察日报》2019 年 3 月 21 日。

⑤ 参见李龙：《建构法治体系是推进国家治理现代化的基础工程》，《现代法学》2014 年第 3 期。

论创新具有引领指导意义。①

一、"建设中国特色社会主义法治体系"的具体意涵

自党的十八大以来，法治体系成为国家治理领域的一个核心概念。党的十八大将法治确立为治国理政的基本方式。党的十八届四中全会提出全面推进依法治国总目标是建设中国特色社会主义法治体系，建设社会主义法治国家。习近平总书记深刻阐述了中国特色社会主义法治体系的科学内涵，即"在中国共产党领导下，坚持中国特色社会主义制度，贯彻中国特色社会主义法治理论，形成完备的法律规范体系、高效的法治实施体系、严密的法治监督体系、有力的法治保障体系，形成完善的党内法规体系"②。党的十九大报告把明确全面推进依法治国总目标纳入习近平新时代中国特色社会主义思想的"八个明确"。党的十九届四中全会决定将"坚持和完善中国特色社会主义法治体系，提高党依法治国、依法执政能力"作为新时代民主法治建设的重要任务，重申了党的十八届四中全会提出的全面依法治国总目标。

"法治体系"是习近平总书记汇聚全党智慧凝练出的具有原创性、时代性和标志性的法学范畴，是一个内涵丰富、深刻的最具代表性统领性的核心概念，也是习近平总书记全面依法治国新理念新思想新战略的重大理论创新。③ 从法律体系到法治体系，中国人民对于治道的探索和认识发生了根本性转变和提升。法治体系是"法的统治"在法律的价值层面、事实层面和形式层面的有机统一，社会主义法治体系是真正意义上的系统工程。④ 中国特

---

① 参见张文显：《在新的历史起点上推进中国特色法学体系构建》，《中国社会科学》2019年第10期。

② 《中共中央关于全面推进依法治国若干重大问题的决定》，人民出版社2014年版，第4页。

③ 参见张文显：《在新的历史起点上推进中国特色法学体系构建》，《中国社会科学》2019年第10期。

④ 参见魏治勋：《从法律体系到法治体系——论党的十八大对中国特色社会主义法治体系的基本建构》，《北京行政学院学报》2013年第1期。

色社会主义法治体系的进程，乃是一个从法律体系向法治体系的转型与变革过程，是一个相互融通、相互促进、不可分割的有机整体，是一场深刻的法治革命。这场法治革命凸显了建设中国特色社会主义法治体系的系统性、整体性与协同性。① 因而，以"建设中国特色社会主义法治体系"作为基石性概念，彰显了中国特色社会主义法治的创新性和全面性。

"建设中国特色社会主义法治体系"具有非常明确的意涵。中国特色社会主义法治体系包含五个子体系：完备的法律规范体系、高效的法治实施体系、严密的法治监督体系、有力的法治保障体系和完善的党内法规体系。每一个子体系都冠以一个修饰词："完备"的法律规范体系表明法律规范体系不仅要有而且要做到"有法可依"、"于法有据"，法律规范相互衔接和协调，实现法制统一；"高效"的法治实施体系表明法治实施必须"便民高效"、"有法必依"；"严密"的法治监督体系表明监督作为控权之网要"不留死角"；"完善"的党内法规体系表明党内法规体系作为中国特色社会主义法治体系的重要组成，也在不断完善之中，以依规治党推动依法治国。五大子体系是一个整体，共同推动着全面依法治国。

第一，形成完备的法律规范体系。2011 年 3 月，全国人大常委会宣告中国特色社会主义法律体系已经形成。在法律体系已经形成的背景下，还必须进一步完善法律，使其更加完备。党的十八届四中全会提出要加强重点领域立法。党的十九大提出我国社会主要矛盾发生变化。人民对法律的需求已经由"有法可依"转变为"良法善治"的追求。随着经济社会发展，人民对民主、法治、公平、正义、安全、环境的要求更高了，对社会主义市场经济法律制度、知识产权法律制度、数据隐私法律制度、财政税收法律制度、金融法律制度等有了新的需求，这些方面的法律也必须进一步完善，才能更好地满足人民对美好生活的向往。为此，还必须坚持党领导立法，推进民主立法、科学立法、依法立法，发挥人大在立法中的主导作用，消除部门利益法律化现象，克服地方保护主义，必须提高立法质量与效率。

---

① 参见姜涛、刘源：《中国"法治体系"蕴含的新要素》，《检察日报》2019 年 3 月 21 日。

第二，形成高效的法治实施体系。法治实施体系就是法律执行和法律适用的制度规范体系。法治的实施要求通过不偏不倚、不枉不纵的严格执法、公正司法，引导、规范和调整人们的行为。法律的生命力在于实施，法律的权威也在于实施。习近平总书记强调："如果有了法律而不实施、束之高阁，或者实施不力、做表面文章，那制定再多法律也无济于事。"因而必须重视法治实施，通过实施维持和提升法治的生命力。以"高效"来要求法治实施体系，要求法治实施不仅有效果，也要有效率。为此还必须完善我国的行政执法体制和深入推进司法体制改革。必须建设法治政府，推进依法行政，严格规范公正文明执法。要深化司法体制改革和完善司法权力运行机制，改革司法管理体制，优化司法职权配置，健全司法权力运行机制，建设公正高效权威的司法制度。

第三，形成严密的法治监督体系。马克思主义法学始终坚持权力制约原则，反对一切腐败，对公权力实行严格的法律监督，强调依法控权。① 依法规范权力、加强对权力运行的制约和监督，是全面推进依法治国的重要内容。我们党始终把对权力的制约和监督作为党和国家建设的重大问题来抓。虽然我国已经建立起由党内监督、人大监督、民主监督、行政监督、司法监督、审计监督、社会监督、舆论监督构成的较为严密的监督体系，但纪检、监察、审计、司法部门之间的协调配合不够，党内监督与国家监督、党的纪律检查与国家监察的衔接协调还有待提升，还未形成强大的监督合力，人大监督、民主监督、司法监督、舆论监督力度不够的，监督走形式，监督软化、监督有盲点等问题还在一些地方不同程度存在。为此还必须大力完善监督机制，通过制度化、规范化、程序化的机制，以监督制度的刚性约束增强监督力度，以监督制度的优化整合形成监督合力，以监督制度的协同提升监督实效，以更加有力有效的法律监督促进形成严密的法治监督体系。

第四，形成有力的法治保障体系。法治保障体系是由包括政治保障、制

---

① 参见李龙：《中国特色社会主义法治体系的理论基础、指导思想和基本构成》，《中国法学》2015 年第 5 期。

度保障、思想保障、组织保障、运行保障、人才保障和文化保障等方面的制度规范构成的体系。有力的法治保障体系，要求在立法、执法、司法和守法的全过程形成结构完整、机制健全、资源充分、富于成效的保障要素系统。① 党的领导是全面推进依法治国的坚强政治保障，中国特色社会主义制度是全面推进依法治国的牢固制度保障，必须坚持党的领导和不断完善中国特色社会主义制度，为法治体系提供政治保障和制度支撑。同时，必须进一步深化司法体制改革，推进省以下司法管理体制改革，建立与行政区划适当分离的司法管辖制度，确保司法机关依法独立公正行使审判权、检察权，加快建立符合职业特点的司法人员管理制度，科学合理确定法官、检察官员额，切实提供财政物质保障，建设高素质法治工作队伍。高素质法治工作队伍是全面推进依法治国的组织和人才保障，中国特色法治文化是全面推进依法治国的丰厚文化保障。② 必须坚持法治人才的培养和法治文化的培育。在中国特色社会主义新时代，人民群众对美好生活的愿望一定包含着对公平正义的愿望。③ 法治保障体系最终来说就是保障社会普遍的公平正义。没有公平正义，就不会有法治的有效保障，社会就不会有持久的和平安宁。

第五，形成完善的党内法规体系。党内法规既是管党治党的重要依据，也是中国特色社会主义法治体系的重要组成部分。坚持依规治党与依法治国统筹推进，因而就必须在完善国家法律体系的同时不断完善党内法规体系，实现党内法规同国家法律的衔接和协调。"党内法规既是管党治党的重要依据，也是建设社会主义法治国家的有力保障。"④ 因而将党内法规体系纳入中国特色社会主义法治体系，既是法治的中国特色的重要体现，又是全面推进依法治国在理论和实践上的重大突破。⑤ 目前，党内法规体系仍处于建设之中，坚持依规治党与依法治国统筹推进，坚持党内法规同国

① 参见付子堂：《形成有力的法治保障体系》，《求是》2015 年第 8 期。

② 参见付子堂：《形成有力的法治保障体系》，《求是》2015 年第 8 期。

③ 参见卓泽渊：《坚持和完善中国特色社会主义法治体系》，《学习时报》2020 年 2 月 19 日。

④ 《中共中央关于全面推进依法治国若干重大问题的决定》，《人民日报》2014 年 10 月 29 日。

⑤ 参见肖金明：《论党内法规体系的基本构成》，《中共中央党校学报》2016 年第 6 期。

家法律的衔接和协调。以"完善"来要求党内法规体系，意味着其必须具备一些形式上和实质上的标志：其必需覆盖党的建设和党的工作各个领域，适应管党治党的基本需要，基本的、主干的党内法规制定完毕，配套党内法规比较完备，党内法规体系内部总体科学和谐统一；实质上要符合我国的基本国情和实际情况，切合党的建设和党的工作实际需要。① 我们必须始终坚持依法治国与依规治党有机统一，以更加完善的党内法规体系推进全面依法治国。

法治体系并不是孤立的存在。法治体系的建设不可能就法治论法治，因为法治体系只是中国特色社会主义制度的一个子系统，它只能是在整个社会诸因素的制约中发挥作用，还必须与其他制度安排形成协调。建设中国特色社会主义法治体系必须坚持党的领导，加强和改进党对法治体系建设的领导是法治体系建设的根本保证。法治体系建设也包含诸多子系统的建设，法治体系的形成和完善必须统筹推进科学立法、严格执法、公正司法、全民守法各个环节，做好系统内部的协调。我们坚持依法治国和以德治国相结合，这就决定了在法治体系之外还需要发挥道德规范体系的作用。

二、"建设中国特色社会主义法治体系"的话语阐释

"建设中国特色社会主义法治体系"作为全面依法治国总目标，也是中国特色社会主义法治化语体系的基石话语之一，指明了中国特色社会主义法治相较于西方法治的明显特征，其为中国法治建设勾勒了宏伟蓝图、提供了总抓手，是对中国特色社会主义法治的科学描述，也是对中国特色社会主义法治建设经验的深刻总结。

（一）法治建设的宏伟蓝图和全面依法治国的总抓手

建设中国特色社会主义法治体系是全面依法治国的总目标，也是全面依

---

① 参见伊士国：《论形成完善的党内法规体系》，《学习与实践》2017 年第 7 期。

法治国的总抓手。① 中国特色社会主义法治体系是我们党提出的具有原创性、时代性的概念和理论之一。它的提出，对全面推进依法治国具有纲举目张的重大意义，使全面依法治国有了总目标和总抓手。② 党的十八大以来，紧紧围绕全面依法治国总目标，牢牢抓住"建设中国特色社会主义法治体系"这个总抓手，不断推进五大体系建设，将国家治理体系和治理能力现代化水平提升到新高度。

法治体系概念以其系统性、全面性表达了未来法治中国建设的宏伟目标。特别是这一概念所体现出的巨大包容性，把静态的法律规范内容和动态的法治运作过程结合起来，从而使法治成了党依法执政的抓手，为转变执政方式、实现国家和社会治理的现代化找到了现实路径。③"中国特色社会主义法治体系"这一话语所描绘的法治建设的宏伟蓝图，不同于西方法治所描绘的"三权分立"、"有限政府"、"司法独立"图景。中国法治体系所要求的不是这些形式上的机构设置和权力分配，而是实质上坚持科学立法、民主立法、依法立法的立法机关，严格执法的执法队伍，公正高效的司法队伍和全社会的守法氛围。"中国特色社会主义法治体系"明确了在中国现实国情下进行法治建设的顶层设计、重点任务和具体举措，并制定了时间表，与"两个一百年"奋斗目标一同构成人民对美好生活的向往。中国特色社会主义法治体系是正义的基石。"法治的根本目标是促进社会公平正义和增进人民福祉。立法是设计正义，执法是落实正义，守法是维护正义，司法是矫正和救济正义。"④ 相较于西方各种"法律中心主义"或"司法中心主义"的法治话语，"建设中国特色社会主义法治体系"话语更能代表当代中国法治建设的本质和目标追求。而西方的法治化语，虽然能给我们的法治建设提供一些启示和

---

① 参见王晨：《在全面依法治国实践中担当尽责沿着中国特色社会主义法治道路阔步前进》，《中国法学》2019 年第 6 期。

② 参见张文显：《统筹推进中国特色社会主义法治体系建设》，《人民日报》2017 年 8 月 14 日。

③ 参见陈金钊、宋保振：《法治体系及其意义阐释》，《山东社会科学》2015 年第 1 期。

④ 《法治强则国家强——访全国人大法律委员会副主任委员徐显明》，《人民日报》2014 年 2 月 28 日。

借鉴，但未能适应当代中国的社会转型、制度建构和体系性的创新，无法为中国法治提供理想图景。

"中国特色社会主义法治体系"的不断完善为法治建设提供了坚实基础。小智治事，大智治制。我们始终坚持以制度建设为中心，把法治体系尤其是依法治国的有关制度建设作为实现国家治理的重大战略任务，加快构建五大子体系，扎紧制度的笼子，以制度建设引领法治观念的落地生根。

（二）对中国特色社会主义法治道路的科学描述

以宪法为核心的中国特色社会主义法律体系向法治体系提升——由静态的制度体系向囊括立法、执法、司法、守法各环节的动态体系转变，虽是法"律"到法"治"的一字之变，却体现着全面推进依法治国的整体要求，意味着国家治理体系和治理能力的一次重大跃升。中国特色社会主义法治道路，就是以法治的方式推动国家治理体系和治理能力现代化。"中国之治"的本质是"制度之治"。法治体系的建设过程，就是实现依法治理各项制度的完善过程，也是实现国家治理法治化的过程。以"建设中国特色社会主义法治体系"作为基石话语，就是对这一过程的系统总结和科学描述。

法治是固根本、稳预期、利长远的重要保障。在中国，建设法治国家，"坚定不移走中国特色社会主义法治道路"，除了法治观念（法治理念）和法治原则之外，最重要的是为法治建设找到制度依托。国家治理现代化必然要求国家治理理念、治理体系、治理能力、治理方式的法治化。[①] 法治体系以及由此产生的法治观念、法治方式，标志着国家治理现代化水平。法治体系的现代化程度决定着法治观念、法治方式的现代化程度，由此决定着国家治理现代化水平。因而站在国家治理体系和治理能力现代化的高度，建设中国特色社会主义法治体系具有重大战略意义。中国特色社会主义法治道路的确立和发展，就是中国特色社会主义法治体系的发展过程。

之所以说"建设中国特色社会主义法治体系"是对中国特色社会主义法

---

① 参见卓泽渊：《国家治理现代化的法治解读》，《现代法学》2020年第1期。

治道路的科学描述，是因为其不仅是对已走过的道路的客观描述，而且是以系统思维推动法治建设。系统思维是从系统与要素的关系上把握事物的关联性、整体性的一种思维方式。中国特色社会主义法治体系是法治诸要素、结构、功能、过程内在协调统一的有机综合体。① 法治体系是指法治要素组成的一个完整的体系，每一个法治要素在其中都有特定的功能和作用，法治要素之间具有特定的结构，且这一结构是科学合理效能最优的。党的十八大以来，以习近平同志为核心的党中央不仅运用系统思维提出统筹推进"五位一体"总体布局、协调推进"四个全面"战略布局，而且强调以系统思维谋划和推动法治建设，增强法治建设的系统性、整体性和协同性，统筹谋划法治建设的各个方面、各个层次、各个要素，注重推动各项改革措施相互促进、良性互动、协调配合。"建设中国特色社会主义法治体系"就是站在系统与要素的高度，关注法治各要素的关联性、整体性。这体现在许多方面。第一，将法治体系建设放在全面深化依法治国全局中，重视加强系统谋划和顶层设计。第二，把握法治与社会发展的关联性，重视加强系统部署。第三，把握好法治各子体系之间的协调性，重视加强系统推进。第四，把握好法治建设的集成性，重视发挥法治体系的整体效应。深入理解和阐发"法治体系"理念或话语的关键在于，不能将其等同于静态的法律体系的简单升级，而必须将其放到中国特色社会主义制度体系和国家治理体系治理能力现代化的大背景中。这样就能发现，以建设中国特色社会主义法治体系为总抓手的中国特色社会主义法治道路，是带动中国特色社会主义制度体系完善和推动国家治理体系和治理能力现代化的必然选择。

在如何描述我国法治道路的问题上，我们排除西方法治理论和法治道路的干扰，坚持法治道路的自觉建构和法治话语的自主性。中国特色社会主义法治体系是社会主义法治国家的自觉建构。特色形成于解决问题的实践，中国特色社会主义法治体系既是法治的一般理论与中国法治实践特殊问题的结合，更是对社会主义法治国家的自觉建构。这种法治建设的自觉

---

① 参见江必新：《怎样建设中国特色社会主义法治体系》，《光明日报》2014 年 11 月 1 日。

性，能够使我们避免将资本主义与法治捆绑在一起，防范西方范式陷阱，更好地立足中国国情创建本土化法治发展道路的实践，针对需求回应问题面向未来的法治探索。① 因而我们可以说，正是由于自主性的法治道路和法治话语，才能够更加符合我国客观实际，才是科学的描述，才能形成科学的法治话语。

（三）对中国特色社会主义法治建设经验的深刻总结

西学东渐以来，中国向西方学习经历了引进西方"器物"到"制度"再到"思想"的三个阶段。就法治方面而言，中国在"器物"层面上引进了法院等设施，在"思想"层面引进了西方法治思想，但很长一段时间在制度层面建树不多，因而法治一直未能取得成效。直到新中国成立，在社会主义建设初期，我们才真正开始法治制度方面的建设。但是在一段时间内曾受"法律工具主义"和"法律虚无主义"的影响，将法律作为办事的工具，未能树立现代法治的观念，也未能重视法治制度的建设。改革开放以来，在加强民主法制建设的过程中，"还是制度靠得住"的观念深入人心，民主必须法律化、制度化，制度管长远、管根本。在中国特色社会主义法治建设中，不仅法律体系在逐步完善，而且立法、执法、司法、守法各个环节的制度安排也都趋于成熟。正是各方面制度的完善，才使得我们意识到法治确实优于其他治理方式，法治不仅是一种治理方式，更可以成为一种生活方式。只有法治体系完善了，法治观念才会深入人心，法治原则才能得到贯彻落实。中国特色社会主义法治经历了由法制到法治再到法治体系的升级，每一次升级都是对中国特色社会主义法治道路建设经验的总结和运用。

治国必依法律，法律必成体系，法律必须实施，法律的实施要靠监督也要靠公民自觉守法，而法律的制定、实施、监督和遵守必须依靠法治体系。法律的实施之所以必须依靠法治体系，是因为我们处于一个系统中，法治本

---

① 参见江必新：《怎样建设中国特色社会主义法治体系》，《光明日报》2014 年 11 月 1 日。

身构成这个大系统的一个子系统，而法治系统又是由若干子系统构成。系统具有整体性、层次性、开放性、发展性等基本特征。①

重视法治体系作为一个系统的整体性、层次性、开放性和发展性，是对中国特色社会主义法治建设正反两方面经验的总结。此前法治建设很少注重其系统性，或者仅仅注意到民主与法制的关系，因而法治建设成效有限。党的十八大以来，以系统思维推进法治建设，明确提出"法治体系"，不断强化法治体系的整体性、层次性、开放性，因而法治建设取得重大突破和显著成效。

其一，系统的整体性是指系统由若干要素组成，各个要素一旦组成整体的系统，就具有独立要素所不具有的性质和功能。法治建设也必须强调法治建设是一个整体，强调法治各要素的相互关联、相互制约的关系。系统的整体性原理，就是要求在系统和要素、整体和部分的对立统一之中把握系统的整体性。② 以往法治建设只重视法律规范体系，对立法的科学性、执法的严格程度和司法公正等关注不够，所以导致法律虽然越来越多，但治理的实际效果并不随之增加。此外，法制系统也处于社会大系统之中。制度设计得再缜密，也会导致"法令滋彰，盗贼多有"，这是法律规范体系与法治实施体系、监督体系、保障体系以及其他社会规范体系没有相互结合的结果。

其二，系统的层次性是指组成系统的诸要素的自身差异和其在系统中的等级差异，从而使系统表现出等级秩序，形成系统层级。高层级的系统是由低层级的系统构成，前者制约着后者，但后者又具有一定的独立性。法治体系包含五个子体系，每一子体系各自又包含若干子体系。例如法律规范体系就包含法律、行政法规、地方性法规等规范，而法律体系包含宪法相关法、民法商法、行政法、经济法、社会法、刑法、诉讼与非诉讼程序法等多个法律部门，每一法律部门内部又有若干层次。同时我们也必须看到，法治体系

---

① 参见魏宏森、曾国屏：《系统论——系统科学哲学》，清华大学出版社1995年版，第201页。

② 参见魏宏森、曾国屏：《系统论——系统科学哲学》，清华大学出版社1995年版，第201页。

也是中国特色社会主义制度体系的一个子体系。每一部法律的完善，都推动着这一法律部门和中国特色社会主义法律体系的完善，也推动着中国特色社会主义法治体系的完善，成为实现国家治理体系和治理能力现代化的重要步伐。

其三，系统的开放性是指系统具有不断与外界环境进行交换的性质和功能。系统的开放性是其得以存在和发展并维持相对稳定的条件。① 中国特色社会主义法治体系也是一个开放的体系。"中国特色社会主义法治尽管自成体系，但并不是一个封闭的、孤立的体系，而是一个开放的、动态的体系，是国家治理体系的重要组成部分。建设中国特色社会主义法治体系，全面推进依法治国，并不是最终的目的，其目的是要在中国法治建设领域通过改革和完善实现国家治理方面的总体效应和总体效果。"② 以往的法治都关注国家层面的法治建设，并不关注政党内部的治理。而中国共产党则基于自身执政的特殊性，将党内法规体系纳入法治体系之内，将国家的依法治理与政党的依规治理有机结合起来。将执政党的党内法规纳入中国特色社会主义法治体系，表明中国特色社会主义法治体系具有极大的开放性。对于当代中国来说，依法治国关键是依法执政，依宪治国关键是依宪执政。若将执政党的治理排除在法治体系之外，显然会使法治体系脱离权力运行的现实，有可能"网漏于吞舟之鱼"，使最重要的权力逃脱制度笼子的束缚。同时，中国特色社会主义法治体系也关注社会治理，关注以往被视为"民间法"、"软法"的市民公约、乡规民约、行业规章、团体规章等。因而，只有保持中国特色社会主义法治体系的开放性，将执政党治理和社会治理的好的经验做法上升为规范，纳入国家治理体系范围内，法治体系才能够有生机和活力，才能够保证国家和社会都符合"规则之治"的本质要求。

其四，系统的开放性决定了系统具有发展性。系统处于不断的演化之

---

① 参见魏宏森、曾国屏：《系统论——系统科学哲学》，清华大学出版社 1995 年版，第 224 页。

② 江必新：《怎样建设中国特色社会主义法治体系》，《光明日报》2014 年 11 月 1 日。

中。系统的发展取决于系统各要素的协同配合。当系统的要素之间协同配合时，可以使系统整体功能最优，甚至可以产生新的功能。提出"法治体系"的目的还是为了整合法治要素和法治资源，调动一切能够促进法治建设的制度因素、物的因素和人的因素，实现资源的最优配置和系统功能的最优发挥。新中国七十多年法治建设的经验，都是为了更好地指导我们优化法治体系内部结构，使法治体系在优化和演化的方向不断发展，从而推动中国特色社会主义法治。20世纪80、90年代重视立法，而对执法重视不足。到了21世纪初，加强法治政府建设和严格执法成为共识。而在"法治社会"提出之后，守法的问题成为更为关注的问题，因而又加强普法，提倡坚持依法治国和以德治国相结合，强调法治和德治两手抓、两手都要硬，要在道德教育中突出法治内涵。而在中国特色社会主义新时代，我们认识到党的领导是中国特色社会主义最本质的特征，因而又在立法、执法、司法、守法之外，将党内法规体系纳入法治体系，坚持依法治国与依规治党统筹推进、一体建设。这些都是法治建设历史经验的总结，也是对治国理政规律和法治体系建设规律的深刻把握。

"建设中国特色社会主义法治体系"这一话语也意识到法治思维和法治方式的重要性。法治体系在形式上应当展现为这样一种治理模式：宪法与法律成为社会的最高权威和终极权威，成为任何组织和个人行为的唯一合法有效的判准。将这一形式标准具体化，则是社会主体普遍以"法治思维"思考所有的政治、社会、经济问题，以"法治方式"处理所有的社会问题和社会矛盾。① 建设中国特色社会主义法治体系只是法治建设的基础性工程，还必须以法治体系的建设带动法治思维的培养和法治方式的完善。

---

① 参见魏治勋：《从法律体系到法治体系——论党的十八大对中国特色社会主义法治体系的基本建构》，《北京行政学院学报》2013年第1期。

第十章　中国特色社会主义法治话语体系之立法话语

"立法是为国家立规矩、为社会定方圆的神圣工作。"① 立法在法治中处于基础性地位，立法话语是法治话语体系的重要组成部分。中国特色社会主义法治话语体系最突出的特点之一，就是对良法的不懈追求。"立善法于天下，则天下治；立善法于一国，则一国治。"② 良法之治是中国人两千多年来的理想追求。中国特色社会主义法治不是"以法而治"，而是"良法善治"。立良法，方能谋善治，良法是善治之前提。"形成完备的法律规范体系"是全面推进依法治国的基础前提，而科学的立法体制机制则是生产"良法"产品的必要条件。③

中国特色社会主义立法话语形成于改革背景下的立法实践。新中国成立以来，尤其是改革开放以来，党带领人民完善社会主义法律制度，探索形成了一套具有中国特色的立法话语。它是新中国立法实践的产物，是对立法理念、制度和经验的高度浓缩和总结。立法话语包含关于我国立法制度的客观描述、立法原则的准确表达，以及关于立法与改革辩证关系的精确阐释。中国特色社会主义立法话语，贯彻了马列主义、毛泽东思想、中国特色社会主义理论体系中关于社会主义法制建设的经典论述和重大判断，秉承了中国古代政治智慧中立法为民和良法善治的思想精髓，吸收借鉴了西方资本主义国

---

① 习近平：《加快建设社会主义法治国家》，《求是》2015 年第 1 期。
② 《王安石集》，河南大学出版社 2016 年版，第 162 页。
③ 参见李克杰：《"人大主导立法"的时代意蕴与法治价值》，《长白学刊》2016 年第 5 期。

家的一些立法原则、制度和技术。

中国特色社会主义立法话语包含十分丰富的内涵，可以概括为：以立法方式作为宪法实施的主要方式，坚持社会主义立法理念和立法原则，坚持民主立法、科学立法、依法立法，不断完善中国特色社会主义法律体系，坚持立法和改革相协调，最终完善中国特色社会主义法治体系。

第一节　我国宪法与立法

宪法在立法活动乃至整个法治建设中处于核心地位，发挥统帅作用：宪法是制定法律的基础和根据，是立法活动的指导和遵循；宪法的实施成效很大程度上决定了法治的实现程度；通过宪法构建起来的宪法制度是法治的有力保障。党的十八届三中全会指出，"宪法是保证党和国家兴旺发达、长治久安的根本法，具有最高权威"，明确指出了中国特色社会主义宪法的独特地位、维护宪法权威的主要途径以及宪法实施和监督的必要性。① 党的十九大报告提出："加强宪法实施和监督，推进合宪性审查工作，维护宪法权威。"② 加强宪法实施和监督是新时代法治建设的重要任务之一。因而，关于宪法的制定、完善和实施的实践，在我国法治话语建设中占有重要地位。

一、宪法的地位和作用

宪法是国家的根本大法，是国家长治久安、民族团结、经济发展、社会进步的根本保障，是最高立法依据和最高行为准则，在我国具有独特的地位和作用。中国特色社会主义法治学习借鉴了美国的"宪政"法治，强调宪法在法治中的关键性作用，注重通过发挥宪法维护稳定的政治秩序、

---

① 《十八大以来重要文献选编》（上），中央文献出版社 2014 年版，第 529 页。
② 习近平：《决胜全面建成小康社会　夺取新时代中国特色社会主义伟大胜利——在中国共产党第十九次全国代表大会上的报告》，人民出版社 2017 年版，第 38 页。

保障基本人权、发扬社会主义民主的作用，进而巩固社会主义法治。同时，我国法治话语更加强调发挥宪法的根本法作用，强调宪法是立法的最高依据和最高行为准则，强调必须维护宪法的至上权威。这具有鲜明的中国特色。

二、立法的合宪性原则

宪法是立法的最高依据和最高行为准则。宪法在法律体系中居于统帅地位，宪法的根本法地位决定了宪法在立法活动中，是立法的最高依据和最高行为准则。我国现行宪法第五条规定"一切法律、行政法规和地方性法规都不得同宪法相抵触"。不得同宪法相抵触，不仅仅是指任何法律、法规都不得与宪法字面上的含义相抵触，还包括不得与宪法的原则和精神相违背。宪法为普通法律的制定设定了立法原则，也为其提供了立法渊源。① 从宪法所规定的内容即"国家根本制度和根本任务"中可以引申出，宪法"为国家一切法度之根源"②，是普通法律制定的基础与根据。③ 宪法作为法律体系的统帅、具有根本法的地位和指导立法的作用，在我国立法话语中集中体现为立法的合宪性原则。立法的合宪性原则要求立法机关必须依据宪法立法，任何立法活动都不得与宪法相抵触。立法的合宪性原则可以为立法提供判断法律法规是否有效的标准，可以理顺立法体制，明确立法权限，保证法律体系的统一性，也有利于维护社会主义法制的统一和尊严。④ 该原则在立法话语中

---

① "在宪法中通常都规定了一国的立法原则，使立法机关在日常立法活动时有所遵循；同时又只能规定立法原则，而不能代替普通立法。"参见吴家麟：《宪法学》，群众出版社1983年版，第22页。

② 梁启超：《梁启超政论选》，新华出版社1994年版，第26页。

③ "正因为宪法规定国家的根本制度和根本任务等涉及国家全局的根本问题，它便成为其他法律的立法依据，便成为法律的法律，便取得国家根本法地位。"参见许崇德：《中国宪法》，中国人民大学出版社1996年版，第22页。

④ 参见翟国强：《依宪治国：理念、制度与实践》，中国政法大学出版社2016年版，第143—144页。

起着至关重要的作用，是我国坚持依宪治国的体现，也是民主立法、科学立法和依法立法的前提。

第二节　民主立法

习近平总书记指出，"推进科学立法、民主立法，是提高立法质量的根本途径"，"民主立法的核心在于为了人民、依靠人民。要完善科学立法、民主立法机制，创新公众参与立法方式，广泛听取各方面意见和建议"①。习近平总书记这段论述为民主立法明确了要求，指明了具体路径。我国法律要全面反映客观规律和人民意愿，解决实际问题，提高法律的针对性、可操作性，实现法律的"良善"，就必须深入贯彻民主立法原则。

"为谁立法"、"谁来立法"涉及的是立法的民主性；"如何立法"、"立怎样的法"涉及的是立法的科学性；"立法的依据为何"、"是否严格遵循依据立法"涉及的是立法的合法性。中国特色社会主义立法原则系统地解决了"为谁立法"、"谁来立法"、"如何立法"、"立怎样的法"、"立法的依据为何"、"是否严格遵循依据立法"等立法根本问题。通过对这些问题的回答，为我国立法工作提供了可靠指导，展现了其根本性质和鲜明特征。

民主立法是当代立法的重要理念和本质要求，是人民当家作主地位在立法中的反映。坚持民主立法可以公正分配社会资源，理性化解社会群体的矛盾冲突，提升立法主体的广泛性、立法程序的合法性、立法实体的人民性，② 对于保障公民行使管理国家的权利，提高立法质量，进而实现公平正义和维护社会和谐稳定，都具有重要意义。为贯彻立法的民主性，针对"为谁立法"、"谁来立法"这两个问题，中国特色社会主义法治给出的回答是"为全体人民立法"、"依靠人民来立法"。

---

① 《十八大以来重要文献选编》（中），中央文献出版社 2016 年版，第 149 页。
② 参见冯祥武：《民主立法是立法与社会资源分配的理性路径》，《东方法学》2010 年第 4 期。

一、为谁立法

"为谁立法"是立法的根本问题。是为少部分人立法，还是为所有人立法？中国特色社会主义法治对这个问题的回答是为全体人民立法。中国自古就有为民立法的思想。"法非从天下，非从地出，发于人间，合乎人心而已。"① 良法必然是合乎人民根本利益的，也必须依靠人民内心的真实声音来提供指引。"立法面向人民"和"立法为了人民"② 是有机统一的。"人民是依法治国的主体和源泉"，"使法律为人民所掌握、所遵守、所运用"。③ 坚持人民主体地位是我国国体和政体的本质要求，也是全面推进依法治国的基本原则。为实现立法的民主性，中国特色社会主义法治对立法提出如下几方面的要求。

其一，立法体现人民意志。法律必须是人民意志的自觉表现。④ 在社会主义民主下，法律并不是立法者的主观意志，而仅仅是立法者所代表的人民意志的体现，即人民通过立法者表述法律而已。民主立法的价值取向与整个社会普遍的公正价值保持高度契合。

其二，立法捍卫人民权益。"人民权益要靠法律保障"⑤，立法工作要正确把握最广大人民的根本利益、现阶段群众的共同利益、不同群体特殊利益之间的关系，正确反映和科学统筹兼顾不同方面群众的利益，着力解决人民群众最关心、最直接和最现实的利益问题。⑥ 如果立法不能捍卫人民利益，

---

① 《四部备要·子部·慎子·逸文》，中华书局据守山阁本校刊，第 8 页。

② 在论述立法工作时，彭真有一个极为重要的观点，这就是："立法要考虑到农民、工人……立法时脑子里要有农民、工人，要有十亿人民，要面向他们，为了他们。"参见彭真：《论新中国的政法工作》，中央文献出版社 1993 年版，第 268 页。

③ 《十八大以来重要文献选编》（中），中央文献出版社 2016 年版，第 158 页。

④ "当然，只有当法律是人民意志的自觉表现，因而是同人民的意志一起产生并由人民的意志所创立的时候，才会有确实的把握，正确而毫无成见地确定某种伦理关系的存在已不再符合其本质的那些条件，做到既符合科学所达到的水平，又符合社会上已形成的观点"。《马克思恩格斯全集》第 1 卷，人民出版社 1995 年版，第 349 页。

⑤ 《十八大以来重要文献选编》（中），中央文献出版社 2016 年版，第 172 页。

⑥ 吴邦国：《在形成中国特色社会主义法律体系座谈会上的讲话》，《中国人大》2011 年第 2 期。

不能解决人民的利益问题，那就是立法欺骗并背离了人民。

其三，立法以人为本，尊重和保障人权，实现人的全面发展。马克思主义学说以实现人的自由而全面发展为目标。在社会主义社会中人是最重要、最根本、最值得关注的。① 在立法工作中，我们始终坚持把人放在第一位，把捍卫人的尊严、保障公民权利、实现人民利益和发展放在首位，以保障人民基本生活为最低目标，以尊重和保障人权、实现人的发展为高级目标。

二、谁来立法

"谁来立法"？是由少部分从事专业的立法专家来立法，或者由代表人民的代议机关代表来立法，还是由人民亲自来立法？中国特色社会主义法治对这个问题的回答是，由代表人民的人大代表依靠人民来立法。在我国，立法的直接主体是立法机关，间接主体是广大人民群众，即广大人民群众通过立法机关来立法。依靠人民立法是为人民立法的根本要求和具体表现。而立法之所以要依靠人民，是因为只有依靠广大人民群众，立法才能做到集思广益，群策群力，提高立法质量。而且只有依靠人民立法，才能实现立法为了人民，体现人民主体地位，体现人民意志，捍卫人民利益，实现我国社会主义立法的根本目的。如果立法不依靠人民，那么为人民立法就不过是一句空话。

法者天下之公器，立法乃天下人之公事。立法既是立法机关的专门职责，也是广大人民群众的公共事务。立法与行政的最大不同在于，立法是一项立法机关与人民的共同事业，需要集中民意和民智，广泛协商，以克服代议制的弊端。在代议制下，立法只能是立法机关和少数人的事务。在社会现实复杂多样、利益多元的今天，仅仅依靠立法机关已经越来越难以充分反

---

① "以人为本，即意味着要以实现人的全面发展为目标，从人民群众的根本利益出发谋发展、促发展；意味着从价值观的高度提出，我们生活的这个世界上，与神、与物相比，人是最重要、最根本、最值得关注的。"《以人为本的科学内涵》，参见人民网：http://theory.people.com.cn/GB/40557/130316/130317/7600245.html。

映人民各种不同的利益要求。"现代立法极具技术。"① 立法的技术性要求立法专业化，但又要避免专业化导致的垄断：一方面由专业人员起草和制定法律，是现代立法的趋势；另一方面也需要立法机关代表人民做出真正的判断和决策，避免立法专家形成少数人的垄断。

为实现人大代表依靠人民来立法，促进立法的民主性与专业性相统一，立法的质量与效率相统一，中国特色社会主义法治对立法提出如下几方面的要求。

其一，必须完善民主立法机制，以民主的方式开展立法工作。党的十八届三中全会公报指出："完善人大工作机制，通过座谈、听证、评估、公布法律草案等扩大公民有序参与立法途径，通过询问、质询、特定问题调查、备案审查等积极回应社会关切。"② 立法主体、程序、内容都应当体现人民意志，发扬社会主义民主，坚持立法公开，保障人民通过多种途径参与立法活动。③

其二，加强立法工作组织协调，统一思想，凝聚共识。推进民主立法，就要通过立法过程中的民主参与，汇集和反映民意，使各种观点交汇，各种利益交锋。通过广泛的探讨，最终使思想、观点和利益统一到制定的法律中来，"坚持把立法的过程作为统一思想、寻找并凝聚共识的过程"④。"我们的法律主要是靠广大干部、群众自觉地积极地遵守和执行的，在制定法律时取得多数人意见的一致，就更容易顺利实施。"⑤ 只有通过民主立法统一思想、凝聚共识，通过主动弘扬主流意识形态和价值观念，充分发挥立法引导各社会群体对立法的合理期待的作用，才能够增强公民的守法精神，推进法律的遵守和实施。因而必须加强立法工作的组织协调，总揽全局、协调各方，增强团结一切力量的能力和凝聚各方智识的能力。

---

① ［英］詹宁斯：《英国议会》，蓬勃译，商务印书馆 1959 年版，第 489 页。

② 《十八大以来重要文献选编》（上），中央文献出版社 2014 年版，第 527 页。

③ 参见冯玉军：《立法参与的制度设计与实施效果评估》，《河北法学》2018 年第 3 期。

④ 冯玉军：《完善以宪法为核心的中国特色社会主义法律体系——习近平立法思想述论》，《法学杂志》2016 年第 5 期。

⑤ 彭真：《论新中国的政法工作》，中央文献出版社 1993 年版，第 397 页。

其三，坚持立法公开原则，在立法的起草阶段要广泛听取人民群众意见，坚持"开门立法"，不断提高立法的公开性。作为对所有人都具有强制约束力的法律，只有最大程度地代表最广大人民群众的根本利益，才能算得上是一部"良法"。没有立法的公开性，就不会有立法的民主性，更不会有立法的科学性。为了防止人民代表发生蜕变，背离所代表的人民，保证立法能够始终站在人民的立场，保证人民在行使选举权之后还是国家的主人，就要求立法机关的立法应当具有最大限度的公开性。① 立法公开是立法民主的重要保障。

第三节　科学立法

科学立法与民主立法是统一的。为人民立法，必须要坚持科学立法，必须使法具有可操作性。而要实现立法的科学化，也离不开民主的立法程序。科学立法和民主立法的最终目的，就是要做到法律反映客观规律和反映人民意志的统一。习近平总书记指出："人民群众对立法的期盼，已经不是有没有，而是好不好、管用不管用、能不能解决实际问题。"② 科学立法就是要解决现实中存在的立法脱离实际、立法滞后、质量较低、缺乏实效等导致法律不管用、不能解决实际问题的症结所在。

一、如何立法

"如何立法"，针对的是立法的方式，是立法中的关键问题。中国特色社会主义法治对这个问题的回答是从实际出发，尊重客观规律进行立法。科学立法的核心在于尊重和体现客观规律。法的本质要求"立法者应该把自己看

---

① 参见李林：《立法理论与制度》，中国法制出版社 2005 年版，第 63 页。

② 《习近平关于全面依法治国论述摘编》，中央文献出版社 2015 年版，第 43 页。

作是一个自然科学家。他不是在创造法律，也不是在发明法律，而仅仅是在表述法律……"① 我们对"如何立法"这个问题的回答就是"立法尊重客观规律"。具体来说就是立法必须做到如下几点。

其一，立法要从实际出发。坚持一切从实际出发，是辩证唯物主义的根本要求。它要求我们在认识世界和改造世界的活动中，做到使主观符合客观。根据客观存在的事实决定我们的主观思想和行动，从客观存在的情况出发分析、解决问题。在我国，立法必须从中国国情出发，突出中国特色、实践特色、时代特色。② 从实际出发，具体到立法工作中就要做到：把实践中的经验上升为法律；重视调查研究，了解实际情况；因地制宜，注重地方差异；以国情为基础，适当进行法律移植。

其二，立法要遵循和反映经济和社会发展规律。遵循自然规律、社会发展规律和人自由而全面发展的规律来进行立法，是马克思主义法学思想的基本原则。尊重客观经济规律，按经济规律办事，这是我国经济建设长期的经验总结。这一点也必须在立法中予以贯彻。随着社会主义现代化建设的客观发展进程，经济和社会发展规律的重要性越来越凸显。人类经济社会发展有其内在规律性，经济规律是首要规律，而且是客观的，不以人的意志为转移的，人们只能发现和利用它们。③ 尤其是在经济和社会领域以及地方立法中，必须遵循客观经济规律。因此，我们必须充分认识社会主义经济和社会发展规律，不断提高运用客观规律的自觉性，坚持按经济规律办事，按照社会发展规律推进社会主义法治建设。

其三，立法要尊重社会历史发展规律。同自然规律一样，社会历史发展也有其自身的客观规律。"法律制定者如果对那些促进非正式合作的社会条件缺乏眼力，他们就可能造就一个法律更多但秩序更少的世界。"④ 所以，

---

① 《马克思恩格斯全集》第 1 卷，人民出版社 1995 年版，第 346 页。

② 参见习近平：《加快建设社会主义法治国家》，《求是》2015 年第 1 期。

③ 参见关怀：《经济立法必须体现客观经济规律的要求》，《法学杂志》1980 年第 2 期。

④ ［美］罗伯特·C. 埃里克森：《无需法律的秩序——邻人如何解决纠纷》，苏力译，中国政法大学出版社 2003 年版，第 354 页。

"当我们企望通过立法来塑造我们所理想的那种秩序的时候，我们应当怀着崇敬的心情，去考证那些发生在远离法制世界中默默起着作用的非政府规则之所以发生效力的根由，以便使我们的立法对社会秩序的构建具有更多的助益，而不是相反"①。因此，必须充分认识社会历史发展规律，不断提高运用客观社会历史发展规律的自觉性，坚持按照社会历史发展规律立法，立顺应社会历史发展趋势的法，通过立法加快社会历史向着好的方向发展。

其四，立法还应尊重立法规律。只有尊重立法自身的规律，才能抓住提高立法质量这个关键，让每一部法律都能行得通、立得住、真管用，"使每一部法律都成为精品"。立法不在多，贵在精，不在"大而全"，而应"少而精"、"备而不繁"，不在漂亮花哨，而在简约有致。立法机关尤其是地方立法机关应当将社会有效需求和法律的实际运行效果，作为是否启动立法程序的首要标准，将注意力集中到本地区或本部门的实际需要上。立法应做到现实性与适度超前性的统一。要认清立法的局限性和立法权力的边界，不能出现什么问题就想到要立一部法，要更多地综合运用多种手段。立法还必须遵循改革的规律，权力运行与权利行使的规律，惩罚与引导的规律，法律与道德互动的规律。总之，"立法就是在矛盾的焦点上划杠杠"，立法者必须遵循诸多立法规律，才能够平衡利益冲突，科学有效地实现立法目的。

二、立怎样的法

"立怎样的法"，针对的是立法的导向，直接关系到立法的表现形式。"立怎样的法"，是立抽象的法、纸面上的法、象征性的法，还是立有针对性的、具有操作性的法、管用的法？中国特色社会主义法治对这个问题的回答是立具有针对性、可操作性的法，立立得住、行得通、切实管用的法。推进科学立法的目的是增强立法工作的协调性、及时性、系统性，增强法律的可执行性和可操作性，使已经制定出来的法律法规、规章条例立得住、行得通、切

---

① 江国华：《立法：理想与变革》，山东人民出版社 2007 年版，第 8 页。

实管用。①

　　加强立法的科学性，做到科学立法，立管用的良法，具体来说就是立法要做到如下几点。

　　其一，增强法律系统的协调性。立法的科学性要求不断增强法律规范的逻辑自洽性、价值连贯性、体系衔接性和实施的有效性。② 另外，不仅要注重法律系统的内部协调性，还要注意法律系统与其他社会规范之间的外在协调性。坚持法治与德治并重，要特别注意实现法律与社会道德的协调性。提高立法质量的一个方面就是避免过度将道德规范法律化，而要保持法律规范与道德规范之间的适当张力，从而实现二者功能的互补。③ 另外，坚持依法治国与依规治党统筹推进，必须实现国家法律与党内法规相衔接。

　　其二，增强法律的针对性。问题是时代的口号，立法也就是要解决时代的问题，尤其是在全面深化改革的关键时期，立法坚持问题导向，直指要害。突出问题导向，是习近平总书记治国理政的重要方法论，也是科学立法、完善中国特色社会主义法律体系的内在要求。这一方法和要求体现在法律制定和修改过程中，只有瞄着问题来、对着问题去，立法才能有的放矢、精准施策。法律体系的建设和完善，要善于抓住主要矛盾，直指突出问题，不求大求全，成熟一个出台一个，避免空对空，才能做到务实、有效、管用，使所立之法具有现实针对性和生命力。

　　其三，增强法律的可操作性。法律的生命在于执行，没有可执行性的法律是没有生命的。法律的可操作性是提高法律执行力的重要基础。提高法律有效性的前提，是要在立法过程中注重将良法的实质性要求落实为可操作的程序性规定。一部法律立得住，就是说这部法律是合乎规范的、科学的立法。对于法律而言，规范化是科学化的基础，科学化是规范化的提升，两者

---

　　① 参见冯玉军：《完善以宪法为核心的中国特色社会主义法律体系——习近平立法思想述论》，《法学杂志》2016 年第 5 期。

　　② 参见冯玉军：《完善以宪法为核心的中国特色社会主义法律体系——习近平立法思想述论》，《法学杂志》2016 年第 5 期。

　　③ 参见马怀德：《立法民主化科学化的具体途径》，《学习时报》2014 年 9 月 29 日。

有机统一是提升法律可操作性的必然路径。

其四，完善立法体制是提高立法质量的关键，是推动立法科学化的系统性工程。就目前来说，立法体制不完善主要体现为立法程序和立法机制的不完善。全面深化改革对立法提出了许多更高的新要求。因此，必须大力推进立法程序和立法机制的创新，来应对这些新的挑战。完善立法程序，具体来说就是加强立法的统筹，科学制定立法规划和工作计划，完善代表制和立法程序，完善法律案的审议，完善公众参与程序和立法评估程序。

第四节　依法立法

"依据什么立法"、"按照什么程序立法"涉及的是立法的权限问题和程序问题，也涉及法制统一问题。党的十九大报告将"依法立法"与"科学立法"、"民主立法"并列为立法原则，将一直以来我们所坚持的"依法立法"原则予以正式确认，使其上升到更高的高度，用以指导新时代的立法工作。

"依法立法"是一个有中国特色的法治话语。其并非无源之水，而是紧随时代逐步发展演变而提炼概括出来的，[①] 具有其产生的历史背景和现实需要。理解这一话语应注意以下三个方面。其一，必须结合党的十九大报告所做出的"新时代我国社会主要矛盾是人民日益增长的美好生活需要和不平衡不充分的发展之间的矛盾"的重要论断，新时代要满足人民日益增长的对良法的需要，就必须坚持"依法立法"。其二，必须结合《立法法》第四条关于依法立法的要求：立法应当依照法定的权限和程序，从国家整体利益出发，维护社会主义法制的统一和尊严。其三，必须将"推进科学立法、民主立法、依法立法，以良法促进发展、保障善治"视为一个手段和目的高度一致的整体要求。

"依法立法"是一个总体性的原则，要提升法律的良善性，必须明确立

---

① 参见陈俊：《依法立法的理念与制度设计》，《政治与法律》2018 年第 12 期。

法的依据、程序和价值追求，将其转化为具有可操作性的制度要求。第一，坚持依法立法的前提在于坚持中国特色社会主义立法体制。中国特色社会主义立法体制不同于任何国家的立法体制，具有鲜明的中国特色。国家形式即政体和国家结构形式直接决定着一国立法体制。由于我国国家机构不是建立在"三权分立"基础上的，因而我国的立法体制不同于实行"三权分立"的西方国家。我国的多级立法权体制，既不同于联邦制国家，也不同于一般的单一制国家。从立法权限划分的角度看，我国是中央统一领导和一定程度的分权的，多级并存、多类结合的立法权划分体制。最高国家权力机关及其常设机关统一领导，国务院行使较大的权力，地方行使一定的权力，是我国立法体制的突出特点。① 实践证明，这样一个立法体制是符合我国国情的。中国特色社会主义立法体制的独特之处还在于坚持党对立法工作的领导，人大及其常委会在立法中发挥主导作用，政府立法和地方立法构成立法体制的必要补充，而立法权下放到设区的市更是中国完善立法体制的最新实践。第二，必须完整认识依法立法中的"法"。依法立法包含着三个要素：价值要素是国家整体利益至上，形式要素是依照法定权限和程序，实质要素是维护法制统一和尊严。② 在社会主义条件下，人民的福祉是最高的法，维护和增进国家整体利益是立法目的之所在。依法立法中的"法"既包括实在法即国家法律的规定，也包括观念的法即人民的公平正义观念和公共利益。第三，必须准确认识依法立法的核心要求。坚持依法立法，核心在于严格依照法定权限和程序行使立法权，完善立法体制机制，优化立法职权配置，维护国家法制统一。③

为实现依法立法，保证立法的程序正当性和法律的统一性，中国特色社会主义法治对立法提出如下几个方面的具体要求。

其一，按照法定权限立法。按照法定权限立法是坚持中国特色社会主义

---

① 参见周旺生：《立法学》，法律出版社 2004 年版，第 149 页。

② 参见李店标：《依法立法与法治黑龙江建设》，《黑龙江社会科学》2018 年第 6 期。

③ 参见李飞：《立法法与全国人大常委会的立法工作》，2008 年 5 月 30 日，见中国人大网 http://www.npc.gov.cn/npc/xinwen/2018-06/29/content_2057107.htm。

立法体制的基本要求，也是依法治国原则的内在要求。我国现行宪法和《立法法》等有关法律对立法权限的划分已做出了规定。《宪法》第58条、第100条，《中华人民共和国地方各级人民代表大会和地方各级人民政府组织法》第7条对立法权限做出了总的划分，《立法法》则专门划分了不同层级和种类的立法权，对立法权限做了系统的规定。总的划分与专门性规定相结合，基本确定了中国特色社会主义立法权限，构成了中国特色社会主义立法体制的框架。中国特色社会主义处于发展中，坚持中国特色社会主义立法体制还必须不断完善立法体制。对此，党的十八届四中全会提出："明确立法权力边界，从体制机制和工作程序上有效防止部门利益和地方保护主义法律化。"①

其二，按照法定程序立法。按照法定程序立法是国家治理程序化的重要体现，也是法治的必然要求，因为"正是程序决定了法治与恣意的人治之间的基本区别"②。按照法定程序立法是保证所立之法是良法的前提，程序不法的法律必定是恶法。我国的立法程序广泛借鉴了法治发达国家的立法，但也具有鲜明的中国特色。根据立法法和有关法律的规定，全国人大及其常委会制定法律的程序，一般包括法律案的提出、法律案的审议、法律案的表决、法律的公布四个阶段。按照立法程序立法，还必须不断完善立法程序。对此，党的十八届四中全会提出，"加强和改进政府立法制度建设，完善行政法规、规章制定程序"③，"完善法律草案表决程序，对重要条款可以单独表决"④。

其三，从国家整体利益出发。人民的利益是最高的法律。立法必须从整体利益和国家利益而不是从局部或者个别部门、地方利益出发，才能实现立法目的。目前我国立法工作中部门化倾向、地方保护主义倾向和争权诿责现象较为突出。立法的部门化倾向不仅会导致立法目的无法实现，而

---

① 《十八大以来重要文献选编》（中），中央文献出版社2016年版，第161页。

② Justice William O. Douglas's Comment in Joint Anti-Fascist Refugee Comm. v. Mcgrath, see United States Supreme Court Reports（95 Law.Ed.Oct.1950 Term），The Lawyers Cooperative Publishing Company，1951，P858. 转引自季卫东：《程序比较论》，《比较法研究》1993年第1期。

③ 《十八大以来重要文献选编》（中），中央文献出版社2016年版，第161页。

④ 《十八大以来重要文献选编》（中），中央文献出版社2016年版，第162页。

且破坏社会主义法制统一,有违社会主义法治原则,严重损害人民群众利益。"一些地方利用法规实行地方保护主义,对全国形成统一开放、竞争有序的市场秩序造成障碍,损害国家法治统一。"①党的十八大以来尤其是党的十八届四中全会以来,我国不断完善立法体制,通过强化立法过程中的国家整体利益以防止部门利益和地方保护主义法律化。2017年12月28日全国人大常委会办公厅发布《关于立法中涉及的重大利益调整论证咨询的工作规范》、《关于争议较大的重要立法事项引入第三方评估的工作规范》。两个工作规范旨在健全立法起草、论证、咨询、评估、协调、审议等工作机制,使得立法更加注重整体利益,并为公开和公正进行利益调整奠定了制度规范。

其四,维护社会主义法制的统一和尊严。法制统一是政令统一的前提,是国家统一的重要基石,也是协调发展的重要保障。在我国这样一个十四多亿人口,地域辽阔,民族众多,国情复杂的大国进行法治建设,就必须考虑到法律的统一性问题。社会主义法制统一是社会主义法治建设的基础,而社会主义法制的尊严也直接决定着法律是否被重视,能否得到贯彻执行。维护社会主义法制统一是解决制约持续健康发展的种种问题,克服部门保护主义和地方保护主义的客观要求,也是实行依法治国,建设社会主义法治国家的必然要求和坚持我国宪法所明确规定的法律面前人人平等原则的内在要求。从立法上讲法制统一,要求一切法律规范都不得与宪法相抵触,下位法不得与上位法相抵触,同位阶的法之间相协调。法律尊严与社会主义法制的统一密切相关。全国各族人民、一切国家机关和武装力量、各政党和各社会团体、各企业事业组织都负有维护宪法法律尊严的职责。而立法机关履行这一职责的方式就是在立法中一方面保证所立之法不与宪法以及上位法相抵触,另一方面对一切违反宪法和法律的行为予以追究。以往地方各级发布的"红头文件"过多过滥,不仅有越权滥权的嫌疑,而且致使国家法律公信力和执行力大打折扣。党的十八届四中全会明确提出"禁止地方制发带有立法性质

---

① 《十八大以来重要文献选编》(中),中央文献出版社2016年版,第149页。

的文件"①，以此维护社会主义法制的统一和尊严。

其五，开展合宪性审查和合法性审查。"备案审查和合宪性审查就是要通过制度的及时纠错，使受害人的合法利益获得及时、有效的保护和救济。"②但建立什么样的合宪性审查制度，则必须深入考察这一制度所服务的法律制度体系和社会情况。由于中国特色社会主义法律体系与西方各国法律体系存在较大差异，我国的人民代表大会制度又不同于西方政治制度，因而我国立足于中国特色社会主义法律体系和人大自身的特征，建立了符合我国国情和中国特色社会主义法治建设需要的合宪性审查制度。近年来，全国人大常委会履行宪法法律监督职责，落实备案审查衔接联动机制，制定备案审查工作规程；建立备案审查工作情况报告制度，建立全国统一的备案审查信息平台，健全备案审查制度，实现有件必备、有备必审、有错必纠。③为完善人民代表大会制度下的中国特色社会主义合宪性审查制度，党的十九大明确提出要"加强宪法实施和监督，推进合宪性审查工作，维护宪法权威"④。2018年3月中共中央印发的关于《深化党和国家机构改革方案》将全国人大法律委员会更名为全国人大"宪法和法律委员会"，这对推进我国的合宪性审查工作和保证我国宪法监督制度的实效性，进而保证宪法法律在新时代的全面实施具有重要意义。

第五节　不断完善中国特色社会主义立法体制

作为上层建筑的法律，取决于经济社会发展水平，并随着政治、经济、

---

① 《十八大以来重要文献选编》（中），中央文献出版社2016年版，第160页。

② 胡锦光：《夯实全面有效实施宪法的制度保障》，《人民日报》2018年4月11日。

③ 参见李飞：《立法法与全国人大常委会的立法工作》，2008年5月30日，见中国人大网 http://www.npc.gov.cn/npc/xinwen/2018-06/29/content_2057107.htm。

④ 习近平：《决胜全面建成小康社会　夺取新时代中国特色社会主义伟大胜利——在中国共产党第十九次全国代表大会上的报告》，人民出版社2017年版，第38页。

文化和社会发展的变化而发展变化。立法体制也要与时俱进。没有永远完善的立法体制。中国特色社会主义立法体制本身就不是一个静态的体制，而是坚持与时俱进，时刻与改革发展实际相符合、不断完善的体制。在"四个全面"战略布局协调推进的背景下，不断完善立法体制机制，既是改革发展的需要，也是为更好实现"良法善治"这一治理目标奠定基础。因此，必须从以下几方面完善中国特色社会主义立法体制。

一、加强党对立法工作的领导

党的领导和中国特色社会主义法治是内在统一的，完善立法体制机制首先必须坚持和加强党对立法工作的领导。《立法法》将坚持党的领导作为立法应遵循的基本原则，① 要求立法工作必须坚持正确的政治方向，在指导思想、路线方针、基本理论层面坚持党的领导，使党的主张通过法定程序成为国家意志，保证党的路线方针政策得到贯彻落实。党对立法工作的领导主要是政治领导、组织领导和思想领导，而并不是要取代具体的立法工作，因而不会形成对立法的不当干预。无数事实证明，党的领导是社会主义法治最根本的保证。《中共中央关于加强党领导立法工作的意见》提出："把党的领导贯彻到立法工作全过程，确保立法反映党和国家事业发展要求、体现社会主义核心价值观、回应人民群众关切期待，实现良法善治。"

加强党的领导有利于进一步提升立法的民主性、科学性和合法性。法律的制定过程是党领导立法机关把党和人民的意志转化为国家意志，将党的路线方针政策贯彻到国家法律之中，进而保证党的意志和政策能够在国家层面得到贯彻和执行的过程。② 中国共产党能始终代表民意，并依靠自身与人民群众的血肉联系，通过"从群众中来，到群众中去"的群众路线和调研方式

---

① 《立法法》第三条："立法应当遵循宪法的基本原则，以经济建设为中心，坚持社会主义道路、坚持人民民主专政、坚持中国共产党的领导、坚持马克思列宁主义毛泽东思想邓小平理论，坚持改革开放。"

② 参见冯玉军：《法治中国的发展阶段和模式特征》，《社会治理法治前沿年刊》2015 年。

充分掌握民意，密切联系群众，时刻与最广大人民的利益保持一致。将党的路线方针政策和重大决策部署贯彻落实到立法中，通过法制化程序的转换，进而上升为所有社会成员普遍遵守的行为规范和活动准则。这是党领导立法的巨大优越性。由于党员具有先进性，在立法程序中能够充分发挥民主作风，使立法能充分反映民意，保证立法程序的严格运行。党领导立法，也表明党对各项立法工作的重视，因而会得到社会各方力量的大力支持，并更加专注于提高立法质量。通过党的号召调动起来的专家、学者以及人民群众的群策群力，致力于提高立法的民主性、科学性和合法性。

加强党的领导有利于增强法制统一和法律权威。一个强大而且在思想和行动上高度统一的党，是我们国家统一和团结的象征，也是法制统一和法律具有高度权威的保证。党的内部团结一致，也能够带动全社会加强凝聚力和向心力。党领导立法，能够团结社会各种力量凝聚在党的周围，形成强大的社会共识。具体来说，由于党的统一领导，在立法过程中，部门利益和地方利益将受到遏制。由于党总揽全局、协调各方，立法各参与主体就能够协调一致，发挥各自的作用。

完善党的领导要落实到党对立法工作中重大问题决策的程序上来。2016年，党中央出台《中共中央关于加强党领导立法工作的意见》，为党领导立法工作提供了科学指导和明确规范。一方面，必须明确党对立法工作的领导是宏观领导，重点放在立法规划和立法计划的编制方面，各级党委应当提出意见和建议，把握立法全局，贯彻党的意志，实现党的主张。① 另一方面必须完善党领导立法工作的程序，凡是涉及重大体制和重大政策调整的立法工作，必须报党中央讨论决定，相关重大问题由全国人大常委会党组向党中央报告。

在深化党和国家机构改革过程中，为加强党中央对法治中国建设的集中统一领导，成立了中央全面依法治国委员会。这是加强党对包括立法在内的法治工作的领导的新的组织方式与工作机制，目的是通过党中央的最高权威

---

① 参见马怀德：《立法民主化科学化的具体途径》，《学习时报》2014年9月29日。

冲破中国社会转型和变革历史过程中形成的各种利益藩篱的羁绊，保障法治建设各项改革部署与重大政策措施落实落地。①

总之，坚持党对法治建设尤其是立法工作的领导，就必须把党的领导贯穿到立法工作的全过程，坚决贯彻落实党中央、国务院的各项重大决策部署，切实把握好立法的正确政治方向。

二、发挥人大在立法工作中的主导作用

人大主导立法是新形势下加强和改进我国立法工作的重要举措。它有利于坚持和完善人民代表大会制度。通过发挥人大制度优势，可以防止和解决立法受部门利益影响、立法项目被动接受、立法权威受干扰等问题，因此是提升立法的民主性、科学性和合法性，形成良法善治的重要保证。

人大代表代表人民，人大主导立法才能做到立法为民。立法权是规则制定权，事关公民的权利义务，事关国家权力的横向与纵向分配，因而必须牢牢掌握在人民的代表手中，进而间接掌握在人民手中。人大主导立法能够保证立法权牢牢掌握在人民手中，体现人民主体地位，并真正做到立法为民。在我国，人大代表与人民有着天然的密切联系；人大所处的地位，使人大更容易得到人民群众的信赖，人民的意见更容易通过人大代表被吸纳到国家决策之中；人大的组织体系和运行方式，使人大能够听到更多更广泛的公众声音，特别是基层群众的声音。② 因此，坚持人大主导立法，更有利于人民参与立法，更有利于把人民群众的意见吸收到立法中去，真正做到立法为民、问计于民。

人大主导立法是提高立法民主性、科学性和合法性，提高立法质量的根本途径。在社会主义条件下，提高立法民主性、科学性和合法性的根本，在于人民的积极参与和意愿的充分表达。而实现这种参与和表达最为关键的，

---

① 参见周叶中、汤景业：《关于深化依法治国实践的思考》，《法学杂志》2017 年第 12 期。

② 参见丁祖年：《健全人大主导立法体制机制研究》，《法治研究》2016 年第 2 期。

就是要保障参与和表达渠道的畅通，不被其他团体利益所阻碍。人大代表除了人民的利益外没有自己的利益，人大主导立法，可以防止立法部门化，减少部门"私货夹带"。① 从这个角度来说，人大主导，各方参与，是提高立法质量的重要途径。党委领导、人大主导、政府依托、各方参与的科学立法工作新格局的确立，标志着我国立法工作站在了新的起点上。这一新的工作格局，对实现科学立法、民主立法、依法立法，提高立法质量具有十分重要的意义。各方参与是为民立法、民主立法的体现和必然要求。人大主导立法仅指立法议题不能完全按照政府或政府部门的步调亦步亦趋而已，② 并不是排除政府部门和社会各方参与的可能。恰恰相反，充分发挥人大及其常委会在立法过程中的主导作用，也必须通过立法活动来联络各方，广泛凝聚共识。人大所处的地位和所负的职责，决定了人大集聚了由各种不同利益所组成的全体人民利益，因而在法律上能够代表全体人民，更有动力、更有条件做到既公正公平又科学合理地协调处理好社会各方的各种关系。人大在立法活动中，能够站在客观全面的立场听取各方意见，冷静、理性、公正地分析和权衡各种利益关系，从而做出符合客观规律和实际需要的立法决策。③ 因此，推进人大主导立法，更有利于发挥人大的职能和优势，实现科学立法、民主立法、依法立法。

为此，还需要进一步健全人大主导立法工作的体制机制。改革开放以来，尤其是党的十八大以来，我国一直在积极探索健全人大主导立法工作的体制机制。按照党的十八届四中全会的要求，全国人大及其常委会加强对立法工作的组织协调，牢牢把握立项、起草、审议等关键环节的主导作用。"建立由全国人大相关专门委员会、全国人大常委会法制工作委员会组织有关部门参与

---

① 立法中出现部门利益倾向这一问题，根本原因并非由于政府行使了立法起草权，而是在于人大未能在审议中有效行使否决权以剔除部门利益。因此，人大在立法中发挥主导作用，应当主要体现在充分运用立法审议权，允许各利益群体进行充分表达和碰撞，并能代表最大多数人利益进行抉择，从中发现并剔除部门利益。

② 参见秦前红：《人大主导立法不能过于理想化》，《人大研究》2017 年第 2 期。

③ 参见丁祖年：《健全人大主导立法体制机制研究》，《法治研究》2016 年第 2 期。

起草综合性、全局性、基础性等重要法律草案制度。增加有法治实践经验的专职常委比例。依法建立健全专门委员会、工作委员会立法专家顾问制度。"①

三、加强和改进政府立法制度建设

人大作为立法机关根据宪法制定大量法律规范，形成中国特色社会主义法律体系。但这只是中国特色社会主义立法体制的一部分。还需要发挥行政机关以及地方立法机关在立法中的作用。《中共中央关于全面推进依法治国若干重大问题的决定》指出，"加强和改进政府立法制度建设"，并对政府立法工作提出明确要求。这充分说明政府立法工作在法治建设全局中的重要性。新时代加强和改进政府立法工作，必须充分发挥政府立法的优势，坚持民主立法、科学立法和依法立法相结合，用法治方式促进经济社会协调发展，实现立法的民主性与专业性、技术性相结合。

政府立法是现代立法体制的重要组成部分。国务院行使行政法规制定权，充分利用行政机关自身的优势积极创造条件及时保障公民权利，促进经济社会发展。政府立法相比于司法机关维护公民权利的消极被动性和国家立法机关立法的滞后性和高成本，具有明显优势，因而具有不可或缺的重要性。另外，行政法规将宪法和法律规定的政府职责进一步具体化、行政法规化，不仅使国务院各职能部门有规可依，而且使地方各级政府有规可依，有利于统一和规范行政权的行使，防止行政权滥用，从而也实现对公民权利的保障。

政府立法有利于提高立法效率和立法的专业性。随着现代法治的发展，尤其是现代经济社会发展对经济等领域产生大量立法需求。自19世纪末以来，由在专业性方面具有天然优势的政府起草立法已成为世界趋势。就我国而言，政府立法具有专业性强、效率高、简便易行、成本相对较低的优势，可以极大地减轻人大的立法负担。总体说来，我国关于国务院立法权的规定

---

① 《十八大以来重要文献选编》（中），中央文献出版社2016年版，第161页。

张弛有度、收放自如，既有一定的自主性和灵活性，又能保证行政立法在宪法和法律范围内进行。这样就既坚持了放权与控权的辩证统一，符合通过政府制定行政法规全面贯彻宪法、法律的目的，又有利于更好地执行人民意志，捍卫人民利益。

四、赋予设区的市地方立法权

随着经济社会发展，地方立法的重要性日渐凸显。党的十八大以来，以习近平同志为核心的党中央高度重视地方立法工作，积极推动地方立法主体扩容。党的十八届四中全会《决定》提出："明确地方立法权限和范围，依法赋予设区的市地方立法权。"2015年《立法法》修订体现了这一精神。

在中央统一领导下，加强地方立法工作有利于充分发挥地方的主动性、积极性。地方立法权的大小决定着地方自主管理权的大小。《宪法》第99条、第107条分别规定了地方各级人大及其常委会和地方政府在管理地方事务方面的权力。这些权力具有自治的一般特点。无论是在适用对象还是在利益表达层面，地方立法都是针对本地方居民和本地方事务。至少在功能意义上，地方立法可以被认为是地方自主的一种形态；而地方立法权是这种地方自主权的一部分。①地方立法权不断扩大，是地方经济社会发展对立法需求扩张的反映，也表明我国地方政权机关的主动性、积极性有了更大发挥的空间。

赋予设区的市地方立法权是我国立法体制的最新发展。我国多层次的立法体制运行以来，并未受到太多质疑，在实践中也表现良好，并成为具有一定地方实践基础的成功经验，因而本次立法权扩张也可视为对这一经验的推广。改革开放以来，我国地方制度不断完善，地方自我管理、治理能力得到较大提升。而一些地方先行先试的经验，能为中央立法打下较好基础，因而赋予地方更大立法权完全是客观实际所必要的。可以说，赋予

---

① 参见李少文：《地方立法权扩张的合宪性与宪法发展》，《华东政法大学学报》2016年第2期。

设区的市地方立法权，是改革开放以来扩张地方立法权的又一重大尝试，是充分发挥地方主动性、积极性的最新举措。该举措体现了现行宪法的改革和试验精神，也契合实现国家治理体系和治理能力现代化的目标，是具有创造性的制度选择。

赋予设区的市立法权是对地方立法"授权"和"限权"的结合。一方面，从较大的市到设区的市，新修订的《立法法》对地方立法主体进行充分扩容，向地方下放更多的立法权；另一方面，对于下放的地方立法权又明确了其权限和范围，亦即进行必要的限制，比如根据规定，设区的市主要是针对"城乡建设与管理、环境保护、历史文化保护"等方面的事项制定地方性法规。这种对地方立法授权不搞"一刀切"的方式，能够充分适应各方面的复杂情况，审时度势，当宽则宽，当严则严，从而充分发挥中央和地方立法机关的"两个积极性"。①

当然，还需要进一步完善中央和地方立法权限划分，规范地方立法权的行使。立法权限划分是立法体制的核心内容。对立法权限进行划分，明确立法权力边界，目的是为了科学合理地确定立法事项的范围和归属，明确各立法主体在立法体制中的地位及相互关系，以及各自制定的法律文件的效力等级。因而，为完善中国特色社会主义立法体制，还要进一步明确地方立法权限，使这种立法权既充分又不过度，既能增强地方管理能力，促进本地区经济和社会事业发展，又能确保中央方针政策和国家法律、行政法规在本地区有效实施。

五、通过立法推进公民权利保障的法治化

人权必须通过法律来保障。宪法是人权的根本保障书，以宪法为核心的国家法律体系就是为保障人权而存在的。我国现行宪法向世人庄严宣示了中

---

① 参见冯玉军：《完善以宪法为核心的中国特色社会主义法律体系——习近平立法思想述论》，《法学杂志》2016年第5期。

国尊重和保障人权的决心。通过立法推进公民权利保障的法治化具体说来就是以下几个方面的要求。

其一，立法尊重和保障人权。党的十九大报告提出："加强人权法治保障，保证人民依法享有广泛权利和自由。"充分尊重、保障和实现人权，是依法治国、建设法治中国的重要内容。① 加强公民权利保障立法，也是完善中国特色社会主义法律体系的重点领域。

其二，健全权利救济渠道和方式。离开完善的权利救济渠道而谈权利保障实际上就是空谈。因此必须规范和指导公民正当行使权利，并赋予公民相应的法律救济渠道。法治社会追求的公正是具体的、现实的和相对的公正，是有法律依据并能得到法律程序保障救济的公正。在法治社会中，任何人都不应当抽象地主张公正，不应当脱离法律规则去追求公正，更不应当以破坏法治秩序的方式或者损害他人权利的方式去寻求公正的实现。② 但是如果没有健全的权利救济渠道和方式，要人民不以非法的方式来寻求正义，那也是不现实的。除了以国家强制力堵住寻求权利救济的非法渠道，还必须疏通和拓宽寻求权利救济的合法渠道。

其三，通过立法让人民群众感受到公平正义。公平正义是中国特色社会主义的内在要求。立法是公平正义的第一道关口，司法是公平正义的最后一道关口，两道关口对于人民在公平正义方面的感受都至关重要。公平正义是社会主义法治的核心价值追求。立法必须着眼于创造更加公平正义的社会环境，不断克服各种有违公平正义的现象，使法治发展成果更多更公平惠及全体人民。"促进社会公平正义、人民福祉为出发点和落脚点"③，"要把促进社会公平正义、增进人民福祉作为一面镜子"④，加紧建设对保障社会公平正义具有重大作用的制度。

其四，通过立法实现民主政治法制化。党的十八届四中全会《决定》指

---

① 参见李林：《推进法制改革建设法治中国》，《社会科学战线》2014年第11期。
② 参见李林：《推进法制改革建设法治中国》，《社会科学战线》2014年第11期。
③ 《十八大以来重要文献选编》（上），中央文献出版社2014年版，第552页。
④ 《十八大以来重要文献选编》（上），中央文献出版社2014年版，第553页。

出："制度化、规范化、程序化是社会主义民主政治的根本保障。"①而实现这一目标的根本路径是加强立法工作，提高立法质量，使国家治理成为现代法治治理。

第六节　实现立法与改革相衔接

法治与改革是当今中国的两大主题。与西方许多国家在法治确立、政治制度变革和经济社会发展存在时间上的先后之别不同，目前中国既处在改革攻坚期和深水区的历史新阶段，又处在推进全国依法治国的关键时期，因而法律制度还处于变动之中，立法与改革的矛盾还比较突出。因此，我们要着力处理好改革与法治的关系。而不断凝练和充分运用中国特色社会主义立法话语，有利于更好地指导立法实践，不断完善中国特色社会主义法律体系，使改革与立法更好地衔接，从而不断推动通过符合中国实际的良法来实现善治。

一、改革和法治的关系

改革和法治是辩证统一的。"改革是中国的第二次革命"②，改革是"一场伟大的试验"③。在西方看来，改革与法治是根本矛盾的。这是基于西方自身立场对中国根深蒂固的偏见。实际上，在中国，坚持的是法治改革观，④改革是渐进的，法治具有一定的灵活性、妥协性、包容性，深化改革与健全

---

① 《十八大以来重要文献选编》（中），中央文献出版社 2016 年版，第 163 页。
② 《邓小平文选》第 3 卷，人民出版社 1993 年版，第 113 页。
③ 《邓小平文选》第 3 卷，人民出版社 1993 年版，第 156 页。
④ 法治改革观是指用现代法治作为目标确定改革的目标，以法治方式促进推动改革。参见陈金钊："法治改革观"及其意义——十八大以来法治思维的重大变化，《法学评论》2014 年第 6 期。

法治不仅不矛盾，而且是辩证统一的，是"破"和"立"、"动"与"静"的辩证统一。回顾我国四十多年来的改革和法治建设进程，法治与改革始终处于一种既对立又统一的关系。一方面，法治与改革在一定意义上存在着对立。因为从内在张力角度看，坚持改革，就是要改变束缚生产力发展的传统体制，突破不适应形势需要的法律规则。也就是，以特点是"定"的法律法规去适应特点是"变"的改革要求，因而其难度可想而知。① 另一方面，法治与改革又是相统一的。从所处的历史背景和时代特征来看，改革与法治共存于中国特色社会主义建设的伟大实践，实际上是互相促进的，"以法治来凝聚改革共识，以法治引领和规范改革行为，以法治降低改革的成本和风险，以法治巩固改革成果"②。当然改革不能永远处于变动之中，必须具有一定的稳定性。法治本身也并非总是静态的，也包含动态变化过程，因而要求以法律的变化来提高法治水平。这与动态的改革过程是可以并行的，必须统筹推进。

改革和法治相辅相成、相互促进，③ 共同服务于大局，如车之两轮，必须同步并行在全面建设中国特色社会主义轨道上。在中国特色社会主义法治话语体系中，改革与法治是辩证统一的。一方面，形成中国特色社会主义法律体系，是改革开放和现代化建设顺利进行的内在要求，以丰富的实践为基础，"改革向前发展的每一步，都极大地促进了法律制度的优化创新，造就了一支从外部约束权力膨胀的经济力量"④；另一方面，改革为法治建设提供了丰富的实践基础、内在需求和动力，法治为深化改革提供制度保障。为巩固改革的成果，要把成熟的改革成果和成功经验及时进行总结提升，以法律的形式固定下来。通过改革解决法律规定中不合理之处，以增强规范性，保证公开性，为落实改革要求提供法制保障。

---

① 参见冯玉军：《让改革与法治良性互动》，《人民日报》2014 年 11 月 11 日。

② 石佑启：《我国行政体制改革法治化研究》，《法学评论》2014 年第 6 期。

③ 参见习近平：《加快建设社会主义法治国家》，《求是》2015 年第 1 期。

④ 习近平：《加快建设社会主义法治国家》，《求是》2015 年第 1 期。

二、立法和改革相衔接

"建设中国特色社会主义，实现国家治理现代化，根本途径在于改革，用老办法应对新情况新问题，或者用零打碎敲的方式修修补补，是解决不了这些突出问题的。"① 不破不立。要从根本上实现国家治理现代化，就必须依靠改革，使立法与改革决策相衔接，做到重大改革于法有据、立法主动适应改革和经济社会发展需要。具体路径如下：实践证明行之有效的，要及时上升为法律；实践条件还不成熟、需要先行先试的，要按照法定程序做出授权；对不适应改革要求的法律法规，要及时修改和废止。法律修改要紧跟改革的步伐。在推进改革的同时伴随着大量的立法活动，以充分发挥立法对改革的引领和保障作用。随着中国特色社会主义法律体系的形成，我国已根本扭转"无法可依"的状态，国家治理已经进入到"法制化"轨道。

其一，重大改革必须于法有据。习近平总书记强调，凡属重大改革都要于法有据。我国改革进入了攻坚期和深水区，历史发展方位的转变需要观念也因之转变。在改革开放初期的改革以"实践"为导向而非法治，长期依靠"摸着石头过河"和"猫论"，鼓励地方解放思想，大胆进行探索，打破法律和现有体制的框架。但是，这种"改革先行、法治附随"、"法治服务于改革"的思维，极大地损害了法律权威和尊严，导致"有法不依、执法不严、违法不究现象比较严重"，部分领导干部法治意识欠缺。改革和法治"谁服务谁"取决于社会需求的迫切性。为了使改革持续、全面推进下去，必须采取符合法治的方式进行改革，即立法先行，改革附随。② 因而，重大改革"于法有据"的提出具有历史必然性。

"于法有据"要求重大改革不仅要符合法律条文的规定，也不得违背法律价值、法律原则、法律精神、法律程序等。"于法有据"包含两个方面的要求：消极方面要求不得在宪法和基本法律规定尚未进行修改的情况下强行

---

① 习近平：《加快建设社会主义法治国家》，《求是》2015 年第 1 期。

② 参见陈金钊：《"法治改革观"及其意义——十八大以来法治思维的重大变化》，《法学评论》2014 年第 6 期。

违反现有法律规定启动改革措施；积极方面要求抓紧修改或废止构成改革制度障碍的现行法律规则。另外实现"于法有据"也必须遵循一定程序。"于法有据"也并不是绝对的。"于法有据"的目的在于促进改革，而非束缚改革。"改革要于法有据，但也不能因为现行法律规定就不敢越雷池一步，那是无法推进改革的。正所谓'苟利于民不必法古，苟周于事不必循旧'。需要推进的改革，将来可以先修改法律规定再推进。"① 需要坚持辩证法，充分理解"于法有据"正反两个方面的要求及其限度，结合具体情况进行具体分析和判断。

其二，改革成果要经过法定程序予以确认。改革必须经过立法的渠道来推动，改革造成的不稳定性必须经由法律的稳定性予以弥补，改革的成果必须上升到法律的高度获得保障。改革的"变"最终也需要通过法治的"定"才能固定下来。改革并不是永远的变动，而是在变动中将好的做法固定下来；法治也不是永远的不变，必须将既定的不好的做法修改过来予以革新。成功的改革举措能够维护人民的利益，改革成果也只有上升为法律，转化为全体人民的意志，才能更加稳固地保障人民利益。

其三，改革实践是对立法的探索，立法是对改革实践的巩固。改革是立法的动力，立法是对改革实践成果的巩固。凡是以立法形式推进改革、改革事项于法有据的，都能比较顺利地推行改革措施，比较圆满地实现改革意图，最终取得较好的社会效果，并为进一步改革打下良好基础。② 我国改革开放以来法制体系的完善和法治的重大进步，无不都是对实践经验的确认和巩固。实践没有止境，新事物新现象不断产生，法律空白和漏洞总会层出不穷，立法也就没有止境。但凡实践有新的要求，法律制度就需要与时俱进。中国特色社会主义法治建设妥善处理了法律稳定性和改革变动性的关系。既巩固了法治，又为全面深化改革提供了空间。法律在"立、改、废"不断循环往复、螺旋式上升的动态过程中，对经济与社会发展起到引领和推动作

---

① 习近平：《加快建设社会主义法治国家》，《求是》2015年第1期。

② 参见肖凤城：《"良法是善治之前提"——纵论推进法治与推进改革之间的关系》，《解放军报》2014年10月27日。

用。① 因而我们需要用辩证的观点看待改革和法治尤其是立法的关系，坚持法治改革观，坚持在法治下的改革，以改革促进法治，在改革中完善中国特色社会主义法律体系，通过立法来巩固改革成果。

三、以法治思维和法治方式引领改革

法治尤其是立法对改革具有引领和推动作用。改革必须在法治轨道上推进，也要求以法治思维来指引，以法治方式来推动。党的十八大报告指出，"法治是治国理政的基本方式"②，要"提高领导干部运用法治思维和法治方式深化改革、推动发展、化解矛盾、维护稳定能力"③。

法治思维和法治方式相互联系但又有所区分。法治思维是一种严格遵守法律规定的理念、精神、原则，是与人治思维根本对立的思维。人治思维下强调权力至上、领导至上，维护个人权威、捍卫长官利益，法治思维则强调法律至上、公民权利至上，维护法律权威、捍卫个人权利。改革开放首先是解放思想，更新观念，需要将人们的观念尤其是广大领导干部的思维模式由传统的人治思维和权力思维引导到法治思维和权利思维上来。另外，在法治思维指引下采取的依法而为的方式方法，必然是法治方式。"各级领导干部想问题、作决策、办事情，必须时刻牢记人民授权和职权法定，必须严格遵循法律规则和法律程序，必须切实保护人民和尊重保护人权，必须始终坚持法律面前人人平等，必须自觉接受法律的监督和承担法律责任。"④ 法乃善良与公正的艺术。法也是公正解决矛盾、化解冲突的工具。改革中的许多矛盾，用传统的强制方式和道德说教方式无法解决。如果不用法治方式去化解，不仅会加剧违法行为，有损法律权威，而且会使矛盾积聚，不利于改革

---

① 参见付子堂、陈建华：《运用法治思维和法治方式推动全面深化改革》，《红旗文稿》2013 年第 23 期。

② 《十八大以来重要文献选编》（上），中央文献出版社 2014 年版，第 22 页。

③ 《十八大以来重要文献选编》（上），中央文献出版社 2014 年版，第 23 页。

④ 《十八大报告辅导读本》，人民出版社 2012 年版，第 221 页。

的进行。

　　法治思维和法治方式的广泛运用会促进法治建设有效进行，反过来法治实践的改善会营造更加浓厚的法治氛围，引导人们更加自觉地强化法治思维、运用法治方式。就深入推进改革和法治相协调来说，首先要广泛形成法治思维，用法治思维来指导改革，牢固树立规则意识；其次要落实法治方式，将法治方式运用到改革的具体决策中来。

第十一章　中国特色社会主义法治话语体系之执法话语

徒法不足以自行，将法规范转化为法秩序，离不开政府依法行政。法治建设的要旨是公权力的依法行使，关键在于建设法治政府。但与西方国家的渐进式法治政府建设道路不同，我国由于"党的先进性、政府的人民性和建设实践的紧迫性"，在党的领导下走的是一条"自上而下政府主动推进和自下而上人民广泛参与相结合"的跨越式法治政府建设道路。[①] 党的十八大提出，"法治是治国理政的基本方式"，确定了到2020年全面建成小康社会的重要目标之一是"法治政府基本建成"[②]。经过五年的法治建设，我国"民主法治建设迈出重大步伐"[③]。

当前我国正在全面深化依法治国实践，加快建设法治政府，不断丰富和创新我国的行政法治话语。为确立行政法治话语在行政法治实践中的话语权威，有必要进一步凝练、阐释行政法治话语的内涵、来源及其优势。法治政府建设的核心在于依法行政，关键表现在行政权力依法运行，因此下文将以行政权力为主要对象，以依法行政为主轴，分别从依法行政的首要前提（职权法定）、依法行政的效能基础（行政决策）、依法行政的关键所在（严格执法）、依法行政的重要保障（监督与制约）四个方面对我国行政法治话语进

[①]　贾凌民等课题组：《法治政府建设有关问题研究》，《中国行政管理》2012年第4期。

[②]　《十八大以来重要文献选编》（上），中央文献出版社2014年版，第14页。

[③]　习近平：《决胜全面建成小康社会　夺取新时代中国特色社会主义伟大胜利——在中国共产党第十九次全国代表大会上的报告》，人民出版社2017年版，第4页。

行重点阐述。

第一节　依法行政是法治政府建设的核心要义

党的十九大报告提出："建设法治政府，推进依法行政，严格规范公正文明执法。"① 可以说，依法行政是法治政府建设的核心要义。

一、"法治政府"的提出

2004 年 3 月，国务院发布的《全面推进依法行政实施纲要》较早提出了"法治政府"概念，要求"全面推进依法行政，经过十年左右坚持不懈的努力，基本实现建设法治政府的目标"，并对建设目标、道路和内容进行具体阐述，可以说这"是我国行政法治建设的基本方略"②。自党的十八大报告提出到 2020 年"法治政府基本建成"以来，在政府官方文件、党和国家领导人重要讲话中，"法治政府"出现的频次较以往明显增多。中共中央、国务院印发的《法治政府建设实施纲要（2015 － 2020 年）》从六个方面对法治政府进行了描述："到 2020 年基本建成职能科学、权责法定、执法严明、公开公正、廉洁高效、守法诚信的法治政府。"《关于全面推进依法治国若干重大问题的决定》对此进行了重申。至此，我国法治政府的表述在官方层面得到了统一，被正式确定为"职能科学、权责法定、执法严明、公正公开、廉洁高效、守法诚信"。

法治政府这六个方面的概括，具有鲜明的实践性。"职能科学"回应了当前存在的政社不分、政企不分以及政府职能错位、越位、缺位等职能乱

---

① 习近平：《决胜全面建成小康社会　夺取新时代中国特色社会主义伟大胜利——在中国共产党第十九次全国代表大会上的报告》，人民出版社 2017 年版，第 39 页。

② 韩春晖：《从"行政国家"到"法治政府"？——我国行政法治中的国家形象研究》，《中国法学》2010 年第 6 期。

象，要求政府应当科学合理地设定职能，正确处理好政府和市场的关系、政府和社会的关系、政府内部的关系（包括纵向的上下级政府关系和横向的政府部门间关系）；"权责法定"回应当前存在的权责不清、权责不统一、有权无责、滥权不追责等权力乱象，要求用法律明确规定政府的职权和职责，为政府职权划定边界，要求政府履行法定职责；"执法严明"回应实践中有法不依、执法不严、违法不究等执法问题，要求政府执法做到"严格、规范、公正、文明"；"公正公开"回应政府行政不公开、不公正的问题，要求政府在行政过程中做到公正、公开，达到法律对政府行政行为的程序和实体要求；"廉洁高效"回应行政过程中官员贪污、受贿和不作为、迟作为、效率低下等问题，要求政府机关和官员在行政过程中不贪污腐败，不谋私利，清清白白为官，积极履行职责，提高工作效率，方便和服务行政相对人；"守法诚信"回应现实中一些政府及官员不守法律、不讲信用，利用手中职权侵害行政相对人合法权益等问题，要求政府及官员严格遵循法律的规定、原则和精神，善意对待行政相对人，保护他们的信赖利益。

我国"法治政府"的内涵来源于我国当前的行政法治实践，并通过中国特色社会主义法治精神和原理对实践中的问题加以提炼和指导解决，具有很强的问题针对性。进一步说，与西方"法治政府"的话语相比，我国"法治政府"有着许多新的话语内涵，更具有现实意义，有助于描述、解释、宣传我国的行政法治实践，以及预测和指导我国的法治政府建设进程。

二、依法行政是建设法治政府的核心

政府作为法律的执行机关，要切实维护法律权威，必须依法行政。《法治政府建设实施纲要（2015—2020 年）》在制定目的中指出，要"深入推进依法行政，加快建设法治政府，如期实现法治政府基本建成的奋斗目标"。对于法治政府建设来说，依法行政是核心工作，同时也是最基础、最迫切的要求。

"依法行政"最初是简单作为"合法行政"来理解的。随着我国行政法治实践的发展和行政法理论的不断完善，现代"行政法治"理念日益深入人心。所谓现代"行政法治"理念，指的是将政府工作全部纳入法治轨道，按照现代法治理念、原则、精神依法行政。它是传统依法行政的时代升华，是法治原则在行政领域的要求和反映。从政府角度来说，由于政府定位转变，因而在政府和法律的关系上，由最初简单侧重法律工具价值的管理论发展到了如今的多元论。多元论包括了侧重法律对政府公权力控制功效的控权论、强调行政机关与相对人各自权利义务在总体上应当保持平衡的平衡论、①政府最主要的职能是服务的服务论，②以及政府法治论③等。这就逐步走上了规范公权力行使、保障公民合法权益、提供公共服务的现代化法治政府道路。从社会公民角度来说，随着社会主义市场经济的发展，社会力量不断发展壮大，公民的权利意识和法治观念日益觉醒。为切实保障公民合法权益不受行政权力侵害，人们参与公共事务管理的热情日益高涨，对政府行政的法治要求越来越高，政府不光要严格执行法律，还要求执行的必须是良法，要求执法方式规范公正文明，并实现法律效果和社会效果相统一等等。随着现代行政法治理念的广泛确立，依法行政也不断被赋予更多的内涵。有学者认为依法行政是行政法治原则对行政主体要求的概括，"具体可分解为行政合法性原则、行政合理性原则和行政应急性原则"④。更进一步，有学者基于依法行政的内涵外延考究，认为这种提法存在局限性，主张用"法治行政"取代"依法行政"。⑤关于依法行政的具体内涵，学者们观点不一、侧重角度各异，但目前对依法行政的基本内涵已经形成较为普遍的共识：即依法行政

---

① 参见罗豪才：《现代行政法的理论基础——论行政机关与相对人一方的权利义务平衡》，《中国法学》1993年第1期。

② 服务论在国内最早由应松年教授提出，认为现代行政法的核心是服务，行政法的理论基础应该是服务论。

③ 政府法治论由杨海坤教授在《行政法的理论基础——政府法治论》一文中提出，认为政府由法律产生、政府依法律管理、政府由法律控制（支配）、政府行为负法律责任、政府与人民（公民）的法律关系逐步实现平等化。

④ 罗豪才、湛中乐主编：《行政法学》，北京大学出版社2006年版，第24页。

⑤ 参见杨宝国：《从"依法行政"提升到"法治行政"——依法行政的理念升华》，《人民政协报》2012年10月29日。

是现代政治文明的重要标志，是依法治国的重要组成，本质是依法对行政权力进行规范和约束。依法行政，就是指行政机关依法取得和行使权力，并承担相应法律后果，其关键在于法定职责必须为，法无授权不可为。这是现代法治原则对政府行政管理工作提出的基本要求。

自 1997 年党的十五大报告提出"一切政府机关都必须依法行政"以来，党中央和国务院将依法行政视为实施依法治国基本方略、推进法治政府建设的有力抓手，着力推动依法行政工作并取得显著成绩。2004 年国务院发布《全面推进依法行政实施纲要》，首次系统规定了依法行政的基本要求，即合法行政、合理行政、程序正当、高效便民、诚实守信、权责统一。[①] 这六项基本要求契合了现代"行政法治"理念的内涵，与法治政府"职能科学、权责法定、执法严明、公开公正、廉洁高效、守法诚信"紧密衔接，后来也作为行政法的基本原则被我国部分行政法学科的教材所吸收。[②] 故而，建设法治政府，核心在于依法行政。

三、法治政府建设路径遵循"两个坚持"

党的十九大报告明确指出："坚持依法治国、依法执政、依法行政共同推进，坚持法治国家、法治政府、法治社会一体建设。"（以下简称"两个坚持"）这段论述是对我国法治实践的深刻总结。"两个坚持"吸取了此前我国"法治国家建设缺基础、法治政府建设无动力、法治社会建设受忽略"[③] 的教训，一改长期以来依法行政单独推进、法治政府单独建设的不当做法。"两个坚持"强调依法行政与依法治国、依法执政的整体性，加大政府与国家、社会在法治建设上的协调性，增强了我国法治建设整体上的顶层设计、统筹

[①] 参见《国务院关于印发全面推进依法行政实施纲要的通知》，《人民调解》2004 年第 6 期。

[②] 参见牛余凤、韦宝平编：《行政法学》，中国政法大学出版社 2011 年版，第 29—35 页；徐进琳编：《行政法与行政诉讼法学》，上海大学出版社 2010 年版，第 37—41 页。

[③] 莫于川：《坚持依宪治国与推进法治一体化建设》，《中国特色社会主义研究》2014 年第 6 期。

推进和协调发展。

在西方法治话语中，"市民社会"是一个重要概念，其强调人的人身自由、经济自由和权利多元化。市民社会被默认为一个重视契约、具有法治精神和权利意识的社会。从西方国家发展历史来看，"市民阶级的兴起和市民社会的成长构成了法治的社会基础，市民社会无论在起源上还是在逻辑上都具有先于和高于政治国家的优先地位……从而确立了以公民权利为目标指向的法治国家的政府体制"①。因此，西方国家的法治发展得益于其较高的社会自治水平和社会与政府相分离的状况。

市民社会理论在当代西方受到诸多批评，已无法解释当代西方实践。就算市民社会理论依然没有过时，那么其也并非可以无条件地适用，其适用也存在着地域和文化的限制。长期以来，我们国家和社会的关系并非处于二元分离状态，在过去计划经济体制影响下，社会与国家甚至达到了高度统一，政府负有发展经济、提供公共服务、治理社会、维护社会稳定等大量职能。政府作为行政权力的行使者，其在国家、社会生活中并非孤立存在，法治政府与法治国家、法治社会之间，依法行政与依法治国、依法执政之间，都存在着密切联系。"建设法治政府需要从更加广阔的视野进行整体设计，需要从立法、执法、司法、守法等多个维度共同推进。"② 从这点上说，政府与社会的法治化及法治政府和法治社会建设不可能分开进行。因此，我国法治政府建设遵循的"两个坚持"，在西方国家看来就难以理解。

就依法行政而言，首先，完善的法律体系是前提，良好的法律会有效制约政府权力的滥用，促进政府严格按照法律的规定行使权力；其次，强有力的司法监督是保障，其对于纠正违法行政行为、保障公民合法权益具有重要意义；最后，公民守法是动力，公民法治观念和法治意识的提高，会促进公民有效参与政府的行政管理活动，对政府依法行政形成倒逼力量，同时公民

---

① 张帅：《美国政府治道变革的原因与进路探析》，《山东大学学报》（哲学社会科学版）2008 年第 2 期。

② 姚锐敏：《加快建设法治政府的途径与机制研究》，《中州学刊》2015 年第 1 期。

守法会降低政府依法行政的阻力。

此外，政府依法行政离不开依法治国和依法执政的共同推进。一方面，依法行政是依法治国基本方略的基本组成。"依法治国"曾被概括为"有法可依、有法必依、执法必严、违法必究"，新时期提出了新的"十六字方针"，即"科学立法、严格执法、公正司法、全民守法"，全面勾勒了法治中国的理想图景。依法行政离不开良好的法治环境，其推进过程更不是政府单方面权力运行机制的变革。另一方面，依法执政是依法行政的基础和前提。在我国，党的领导贯穿于国家政治生活的各方面和全过程。法治建设实践充分证明，党的领导是社会主义法治最根本的保证。处于领导核心地位的中国共产党，只有依法执政，自觉遵守宪法和法律，做到"领导立法、保证执法、支持司法、带头守法"，政府才可以真正做到依法行政。综上所述，"两个坚持"之间有着十分密切的逻辑关联，不可将法治政府建设脱离于法治社会建设，法治社会建设也不可能脱离于法治政府建设。从我国法治政府建设的进程来看，"过去相当长的一段时间我们并没有清楚地认识到这一点，自觉不自觉地将法治政府建设简单等同于推进依法行政，试图通过依法行政的'单兵独进'来实现建设法治政府的目标，结果并未达到预期的效果"①。法治政府建设路径遵循"两个坚持"，正是对以往法治政府建设不足的克服，也将全方位推进中国法治建设。

坚持依法治国、依法执政、依法行政共同推进，坚持法治国家、法治政府、法治社会一体建设，体现了我国法治建设的整体性、系统性、协调性。将依法行政与法治政府建设放在整个法治建设全局中，避免了"单兵独进"的片面性，能够使法治政府建设获得整体推动力和更好的法治环境。"两个坚持"正是我国继依法治国基本方略提出之后，在法治建设方针上的重大创新，是对我国过去法治政府建设经验的总结与升华。"两个坚持"与西方法治政府建设模式存在显著不同，可以说是我国法治建设中最具本土性特征的标志性法治话语。

---

① 姚锐敏：《加快建设法治政府的途径与机制研究》，《中州学刊》2015 年第 1 期。

第二节　职权法定是依法行政之首要前提

为深入推进依法行政，《关于全面推进依法治国若干重大问题的决定》指出："完善行政组织和行政程序法律制度，推进机构、职能、权限、程序、责任法定化。"其核心要旨是"职权法定"。职权法定是依法行政的首要前提。

一、职权法定的内涵

从字面来理解，职权法定是指政府职能和权力来源于法律的明文授予，实质是通过法律对政府行政权力的运行过程进行规范，包括行政机关的创设要有法律规定，行政权力的范围、大小、行使方式等要有法律规定，行政过程必须遵循"法定职责必须为，法无授权不可为"原则等，要将政府的全部工作纳入法治轨道，要"推进机构、职能、权限、程序、责任法定化，推进各级政府事权规范化、法律化"①。职权法定原则是依法行政的基本原则之一。②职权法定就是行政权力及其运行模式的法定化。与职权法定原则内涵相关联的是法律保留原则，即政府的行政活动必须有法律依据，必须取得法律授权，否则不得为之，故而法律保留原则为政府的权力活动划定了区域。另外，从行政权力运行模式的角度来说，职权法定是指以权力为核心的政府职能、权力、责任的统一化和法定化，有着更丰富的内涵。要实现职权法定，具体需要做到以下几个方面。

其一，政府职能科学化和职能法定化。政府的权力应与其职能相统一，并且有明确的法律规定。一方面，政府是人民利益的代表者和捍卫者，通过其职能的履行最大化地实现人民利益，因此政府的职能设置必须科学才能完成这一使命。"每一次政府职能的重大调整都是特定历史时期经济、政治、

---

① 习近平：《加快建设社会主义法治国家》，《求是》2015 年第 1 期。
② 参见孟大川：《职权法定原则的内涵、意义与要求》，《探索》2001 年第 5 期。

文化环境变化的结果。"① 当前我国法治政府建设中强调"职能科学",也是基于当前我国政治、经济、文化等特定条件下的"科学"。另一方面,行政权力是政府履行职能的重要手段。在行政管理过程中,政府需要配备与职能相应的行政权力,行政权力不足,则政府职权难以得到有效履行,行政权力过剩,则有被滥用的风险。

其二,职权运行法定化。依法行政要求行政权力的运行严格遵循法律规定,法律在最大限度内减少行政权力的自由裁量空间,将行政权力关进制度的笼子里,因此职权法定还要求行政权力运行过程法定化。首先是行政主体法定化。其次是权限法定化。最后是程序法定化。要确保行政权力在行使过程中严格按照法律程序的规定,"在其(行政程序)约束之下,行政行为可以更大可能地接近公正"②。正是程序法定决定了依法行政与恣意行政之间的区别。

其三,职责法定化。职权法定化与职责法定化对应权力与义务两个不同的范畴。但是在权责相统一原则下,职权法定化与职责法定化有着紧密联系。职权法定化是职责法定化的前提和基础,职责法定化是职权法定化的延伸和保障,两者构成法治政府所要求的"权责法定"。在法律授予政府行政权力时要遵循权责相统一原则,"有权必有责、权责要对等、滥权必追责"。政府在行政过程中如果缺失法律明确的责任规定,那么政府滥用权力的行为将会逃脱法律的制裁,行政权将会成为"脱缰野马"脱离法治轨道,肆意侵害公民的合法权益。因此职权法定化必然要求相应的职责法定化,职责法定是问责追责的前提。通过对责任的追究,形成对权力行使者的震慑,以确保行政权力依法行使。

职权法定强调政府权力来源于宪法法律的授予,这是现代法治政府的重要特征。在不同国家,职权法定的内涵与要求基本一致,只是在法定化程度、法定化方式、法定化进程等方面存在差异。西方法治思想中控权意识强

---

① 石杰琳:《中西方政府体制比较研究》,人民出版社 2011 年版,第 128—131 页。
② 罗豪才、湛中乐主编:《行政法学》,北京大学出版社 2016 年版,第 33 页。

烈，导致西方职权法定化程度高，规定十分具体和严密，并且为政府职权行使设置了大量具体的行政程序，政府的行政自由裁量权十分有限。因此西方法治政府可以说是严格意义的有限政府。从职权法定化整体实现程度来说，毫无疑问，西方国家的政府在职权法定化上走在了我国政府建设的前面，不仅权力有法律的明确授予，而且专门制定一系列关于权力运行的具体法律。比如1889年西班牙就制定了《行政程序法》，它是"以法典形式出现的第一部行政程序法"①；1946年美国国会通过了《联邦行政程序法》，被视为"美国与世界行政法治史上的里程碑"②。而我国关于行政程序的法律规定散见于《行政处罚法》、《行政强制法》等单行法律之中，至今尚未制定出一部全国通行的行政程序法典。③ 此外，我国法律对政府权力的规定过于宽泛、原则，不如西方对政府权力规定得具体、细致。当然，职权法定是法治政府建设的必然趋势。尽管我国目前法治政府在职权法定上还有很多方面有待改进，但西方那种严格意义、注重形式、控权色彩浓厚的职权法定是否适合我国国情，仍有待商榷。毕竟我国奉行大政府理念，政府职能的全部履行，需要强有力的行政权力作为保证。这是改革开放以来我国政治、经济、文化等建设取得显著成就的宝贵经验。可以肯定的是，目前我国法治政府建设，将职权法定作为一项重要内容，以渐进式改革方式不断规范、约束行政权力，在限制权力滥用和保证职能有效履行两方面进行平衡，是符合我国法治政府建设实际情况的。

二、法治政府的逻辑起点：职权法定

如前所述，职权法定是指政府职权要有明确的法律规定。"职权法定"

---

① 罗豪才、湛中乐主编：《行政法学》，北京大学出版社2016年版，第321页。

② 张千帆等：《比较行政法——体系、制度与过程》，法律出版社2008年版，第334页。

③ 我国行政程序立法法典化概况参见姜明安：《一代公法学人憧憬的"梦"——我为什么热衷于行政程序法典立法》，《北京日报》2015年10月19日；《人民视点：学者毛寿龙谈行政程序法纳入立法规划》，2006年2月16日，见http://opinion.people.com.cn/GB/52655/4113034.html。

已成为世界各国政府权力产生的基本原则。法治政府就是其权力置于宪法法律之下，接受宪法法律规范和约束的政府。

职权法定是法治政府的重要特征。现代行政法治理论认为，建设法治政府的目的是通过法治方式规范公权力行使，进而保障公民权利。公权力中的行政权力最具有扩张性，因而必须首先防范政府公权力，提防其滥用，从而保障公民权利。孟德斯鸠曾说过，一切有权力的人都容易滥用权力，这是万古不易的一条经验。有权力的人们使用权力一直到遇有界限的地方才休止。[①] 权力要有界限，否则就可能出现以权谋私的贪污腐败问题，而权力界限划定的基础就是职权法定。职权法定通过法律的外在约束，将行政权力的权限、程序、作用方式等严格用法律条文确定下来，公之于众，通过人民的参与监督来确保政府依法用权。

职权未能法定是当前我国行政领域诸多问题产生的根源。尽管我国法治政府建设整体来说有较大进展，但离"到 2020 年基本建成职能科学、权责法定、执法严明、公开公正、廉洁高效、守法诚信的法治政府"目标还有一定差距。当前行政领域中出现的诸多问题，从根源上来说是因为未能有效实现"职权法定"，政府权力受到法律规范和约束不够，职能、权力、责任不统一。因而必须坚持以职权法定为逻辑起点推进法治政府建设。

三、职权法定中的职能理念："有为下的有限"

政府权力是政府实现其职能的手段。与西方政府相比，我国所主张的政府职权法定具有鲜明的本土性。这种差异，从根本上来说取决于中西方国家对"有限政府"和"有为政府"职能理念的认识差异。所谓有限政府，是"在权力、行为方式、职能和规模上都受到宪法和法律严格约束和限制的政府"，其主张法的统治与三权分立，强调国家与社会的区分与对立；而有为政府是指政府要承担广泛的社会职能，包括对经济的干预，要为促进

---

① ［法］孟德斯鸠：《论法的精神》（上册），张雁深译，商务印书馆 1961 年版，第 154 页。

社会公平和保障福利而积极作为。① 有限政府和有为政府是两种侧重点不同的政府理念：前者强调政府的职能权限要由法律所限制，政府依法而行，职能有限，是一种"小政府"；后者强调政府承担广泛的公共职能和享有相应的行政权力，并要积极作为以促进社会整体利益的最大化，是一种"大政府"。有限政府与有为政府概念背后有着丰富的思想文化支撑，并且具有各自的理论基础和理论效用。目前在大多数国家，对政府职能的改造都在朝着将"有限政府"与"有为政府"相结合的方向进行。有学者提出"有限有为政府"概念，主张一方面要警惕政府的"恶性"，加强权力的规范和制约以避免权力的越界和滥用，另一方面要挖掘和利用政府可能的"善性"，充分发挥政府的积极作用以更好造福于社会公众。② 只有将有为政府与有限政府相结合，相互弥补"市场失灵"和"政府失灵"的缺陷，才可以实现"善治政府"。

如果说西方政府的职能理念是"有限下的有为"，即以有限政府为主体，在有限政府基础上塑造有为政府，那么我国政府的职能理念则是"有为下的有限"，即以有为政府为主体，在有为政府的基础上建设有限政府。结合国情进一步分析，有限政府的"主要职责是维护和提供公共服务"，这是一种"控权论"，适用于国家经济结构处于稳定时期；但当前我国仍处于发展、转型时期，基础设施、营商环境、法律、制度等整体水平都有待提高，③ 政府应当讲究一种"平衡论"④，更需要积极作为，承担较之西方发达国家政府更为广泛的公共职能，才能为实现我国经济发展、政治清明、文化昌盛、社会

---

① 参见蒋永甫、谢舜：《有限政府、有为政府与有效政府——近代以来西方国家政府理念的演变》，《学习与探索》2008 年第 5 期。

② 参见石佑启：《论有限有为政府的法治维度及其实现路径》，《南京社会科学》2013 年第 11 期。

③ 参见林毅夫：《论有为政府和有限政府——答田国强教授》，《第一财经日报》2016 年 11 月 7 日。

④ "平衡论"主张要尽可能在行政主体的权力和行政相对人的权利之间寻求一种平衡，兼顾公共利益和个人利益，以建立和维护民主与效率相统一、协调的法的秩序，有效回应了管理论和控权论的不足。参见何永红：《现代行政法》，浙江大学出版社 2014 年版，第 37 页。

公正、生态良好做出贡献。如果我们盲目照搬西方严格意义上的"职权法定",这不仅会束缚我国政府能动性优势的发挥,还可能由于过度约束导致政府"良性违法"的现象,造成法治与发展的紧张关系,进而损害法律权威。因此,在职权法定原则的落实中,必须遵循"有为下的有限",而不是单纯追求"有限"或者"有为"。这才是符合我国国情和社会主义法治政府建设要求的路径选择。

四、职权法定化的目标:把权力关进制度的笼子里

当前,我们肩负的改革发展稳定任务和面临的矛盾风险挑战都前所未有,"时代要求政府既要做社会发展的推动者,又要做自我发展的推动者"[①]。政府职权法定化,实质上就是把政府的权力关进制度的笼子里。政府主导推进职权法定,这本身就是一个自我革命的过程。近些年来在"依法行政"目标指导下,政府主要通过以下路径推进政府职权法定化。

其一,简政放权:职权法定化的基础。我国政府"管的太宽,管得太多"一直以来饱受诟病,这也是我国政府职权未法定的主要体现。过去政府进行过多次"简政"改革,但都逃不脱"精简—膨胀—再精简—再膨胀"的循环怪圈,其原因在于"机构精简与转变政府职能的分离",而此次简政放权正是"简政"与"放权"的紧密结合。[②]党的十八大以来,政府坚持"简政放权、放管结合、优化服务"改革理念,一方面明确自己"应该管"、"必须管"的事项,纠正了过去"政府包办一切"的理念,明确了提供公共产品和公共服务的职能本位;同时厘清政府内部职能关系,比如中央与地方政府之间的职能划分,政府内部各职能部门之间的职能分工等。另一方面,政府将"不属于"、"不应该是"自己的职能、权力下放、外放,"把公民、组织

---

① 贾海薇、周志忍:《论政府自我革命的理论依据、变革路径与设计原则——基于依法行政的视角》,《行政论坛》2016年第5期。

② 参见胡宗仁:《政府职能转变视角下的简政放权探析》,《江苏行政学院学报》2015年第3期。

自己可以决定的权力放还个人、组织；把基层自治组织和社会组织，包括行业组织、中介组织等能够自律的权力放给基层自治组织和社会组织"①。最典型的就是近些年国务院不断取消和下放一批批行政审批项目。在职能科学基础上，政府进一步以制度化、规范化方式将政府职能确定下来，推进政府职能、职权的相关改革，同时统筹推进政府机构、编制改革。总之，政府简政放权并非易事，"是否放权、谁来放权、放权的类别和数量等内容的确定，不应受到某些部门利益的左右，也不应受到某个决策者个人偏好的影响"②，而应由法律规定，根本上则由人民利益所决定，这是职权法定原则的内在要求。

其二，完善"三张清单"制度。党的十八大以来，政府积极推进"三张清单"制度，"三张清单"即"权力清单"、"负面清单"、"责任清单"。"权力清单"详细列举政府依法享有的权力，"负面清单"详细列举政府禁止行使的权力，"责任清单"详细列举政府应当承担的责任及追责情形。"三张清单"明确了政府的权力与责任，彼此间相互配合，为政府公权力运行设置了清晰边界，促进政府进一步简政放权和依法行政。严格遵循"三张清单"的规定是推进政府职权法定与依法行政的重要抓手。从实践来看，2014 年开始，从中央到地方的各级政府及工作部门都在抓紧梳理自身的职权与职责，按照"清权、减权、制权、晒权"四个环节进行清理，将政府的职权与职责从长期分散化的诸种法定方式中进行梳理整合，从而进一步规范权力的行使。

第三节　行政决策是依法行政之效能基础

所谓"良法善治"，具体到行政过程来说，行政决策就是政府在实现"善

---

① 应松年：《简政放权的法治之路》，《行政管理改革》2016 年第 1 期。
② 胡宗仁：《政府职能转变视角下的简政放权探析》，《江苏行政学院学报》2015 年第 3 期。

治"过程中所要遵循的实质意义上的"法"。因为行政决策往往是政府进行行政管理活动的起点，是政府施政行为的纲领和依据，决定着政府能在多大范围、多大程度上，维护和增进人民的福祉。只有科学的行政决策才能促进人民整体利益最大化，为法治政府、依法行政赢得合法性基础。目前我国政府行政决策整体质量水平相对较高，这点可由改革开放四十多年取得的显著成就得到证明。但必须看到，过去我国在行政过程中对行政决策的法治约束不足，行政决策一定程度上还存在不合法、不合理的问题。当前我国建设法治政府，需要从依法行政层面更加重视行政决策，将行政决策与依法行政结合起来，这样更能确保政府始终做出最能实现人民利益的行政决策。同时，这种行政决策的目标也决定了我国行政决策更加具有全局性、战略性和科学性。

一、行政决策的内涵

一般而言，行政决策是行政主体为了实现特定行政效能而决定相应行政方案的选择过程。在目前的地方规章中，行政决策的主要类型为"规划与计划类；决算与财政资金安排类；投资项目、建设项目与资源开发利用、国有资产处置类；收费标准与政府定价、政府指导价类；拆迁征地补偿类；民生事项类；法律法规及上级政策配套实施细则、实施意见；与此同时排除了应急决策类、人事任免类等"①。此外，根据决策内容的重要性，行政决策被划分为重大行政决策和一般行政决策；根据决策周期长短，行政决策被划分为日常行政决策和行政规划（各种规划、计划类）。其中行政规划尤其是五年规划是我国政府能够从长远角度思考、促进国家和人民整体利益最大化的有力保证。虽然过去规划手段在战后的社会主义国家和资本主义国家都曾一度使用过，但"中国是唯一将规划手段沿用至今的国家"。经过

---

① 马怀德主编：《全面推进依法行政的法律问题研究》，中国法制出版社 2014 年版，第137 页。

调整和改革，目前已经实现了从经济指令计划到综合治理规划的转型，形成了以五年规划为统领的"四级四类"规划体系，①并发挥着"战略引导、政治动员、目标考核"等功能。②张维为在谈到中国崛起的原因时认为，"中国政治制度的战略规划和实施能力大概是世界上最强的"，并且通过广泛的民主协商保证政府能够从国家和人民的整体和长远利益角度进行考虑和决策，因此"中国宏观决策的合法性和可行性总体上高于许多西方国家的决策"。③

《法治政府建设实施纲要（2015—2020 年）》将法治政府建设任务之一确定为"推进行政决策科学化、民主化、法治化"，这有助于进一步提升我国政府的行政决策水平和能力。当前政府正在深入推进依法行政，行政决策在政府行政中的地位和作用，决定了政府依法行政的效能基础是行政决策的科学性、民主性、合法性。科学决策侧重理性计量的方式，"具有技术上的可行性，并不一定就意味着社会大多数人的认可和支持"，尤其在当前社会利益多样、利益主体多元的情形下，如果忽略公民的民主参与和偏好表达，即容易形成政府与社会公众的认知冲突；民主决策虽然能够最大化地考虑社会公众的不同利益诉求，但在协调不同利益诉求时往往会加大决策形成的难度，降低行政决策的效能和效率；依法决策有助于将社会各种力量纳入制度机制中进行利益分配和调节，保证决策秩序稳定和促进公平正义实现，是科学决策、民主决策的法治保障，但其法律机制建立基础却在于决策的科学和民主。④可见，科学决策、民主决策、依法决策三者各有侧重、相互补充而又不可相互替代，在做出有效行政决策过程中，只有实现三者协调，才能确保行政决策促进政府依法行政效能的最大化。

---

① "四级四类"规划体系是指按行政层级划分的国家级规划、省区市级规划、地市级规划、区县级规划；按功能类别分为的总体规划、专项规划、区域规划、主体功能区规划。

② 参见许晓龙：《作为治理工具的规划：内涵、缘起与路径》，《东南学术》2017 年第 2 期。

③ 参见张维为：《"中国模式"成功的制度原因》，《人民日报》2014 年 9 月 22 日。

④ 参见马建川：《提高行政决策科学化民主化法治化水平》，《人民日报》2013 年 8 月 22 日。

二、行政决策以"三统一"原则为指导

《关于全面推进依法治国若干重大问题的决定》指出,全面推进依法治国,必须"坚持党的领导、人民当家作主、依法治国有机统一"①。以习近平同志为核心的党中央将法治"三统一"原则视为我国法治建设的一条基本经验。坚持党的领导是根本。坚持党的领导就是要支持人民当家作主和实施好依法治国基本方略。这是我国法治建设中最鲜明的中国特色,也是我国法治建设取得成效的保证。

行政决策权是我国政府行政权中的核心部分,做好行政决策同样需要坚持法治"三统一"原则。"三统一"原则要求协调党的政策、行政决策、依法行政之间的关系,兼顾行政决策科学性、民主性、合法性。坚持党的领导和人民当家作主,是行政决策不偏离中国特色社会主义道路根本方向,确保始终符合党和国家、人民根本利益的基础,是行政决策科学性、民主性的前提。而依法治国要求行政决策依法进行,依程序进行,将政府的行政决策工作纳入法治轨道,为坚持党的领导和人民当家作主提供保障。当前我国行政决策模式以"三统一"原则为指导,确保了我国行政决策能反映国家和人民的整体利益,达到效能最大化,是改革开放以来我国各项建设取得显著成就的决策保证。

坚持党的领导,贯彻落实党的决策主张,是我国行政决策的根本要求。世界上大部分政党都声称自己代表人民的利益。在西方政党理论看来,社会上有不同的利益集团和群体,每个群体都应有自己的利益代表组织即政党,政党通过选票进入议会、政府等国家机关来表达和维护自己的利益诉求。西方国家的政党更准确地说应该是"部分利益党"。西方政治体制下的多党竞争尽管在表面上有助于各方实现利益均衡,但无论是哪一"部分利益党"上台,其代表的利益群体都十分有限,国家和人民的利益也因此很难得到统合,因为"他们大都不对自己民族的整体利益承担终极责任"②。中国共产党

---

① 《十八大以来重要文献选编》(中),中央文献出版社 2016 年版,第 157 页。

② 张维为:《中国政治制度的独特优势》,《光明日报》2014 年 8 月 25 日。

在我国是长期执政党，始终代表着国家和人民的整体利益。因此中国共产党在做出任何决策时，都会充分考虑诸多复杂因素，具有更强的包容性，是一种"整体利益党"。更进一步说，中国共产党作为中国特色社会主义事业的领导核心，其做出的任何重大决策都从国家和人民的整体利益、长远利益出发。党的领导下的行政机关在其决策过程要经过全党范围内的"民主和集中"，即民主基础上的集中和集中指导下的民主相结合，坚持"从群众中来，到群众中去"。同时"以政治协商协调一元与多元，以政治协商化解分歧，增进沟通和交流，以政治协商来建构共同的价值体系"①。可以说，在党的决策形成过程中存在着广泛的民主参与，从而确保党的决策真正代表国家和人民的整体利益、长远利益。在行政决策中，坚持党的领导，就能保证决策的民主性和科学性。

在我国，党的执政和领导地位决定了党的决策是整个决策体系的核心。甚至我国的行政决策从某种程度上说与人大决策一样，都是人民意志和党的决策的"具体执行"。党做出决策部署后，通过法定程序转化为国家意志，再交由各级政府去具体实施。从民主角度来说，在党的决策形成过程中，充分实现了人民当家作主，党的决策是国家和人民整体利益的根本体现；政府在对党的决策做进一步细化完善的过程中，通过一定的行政决策程序再次确保决策的科学性、民主性。因此，政府在坚持党的领导下进行行政决策，决策的根本方向、原则不会变动，这就保证了决策质量，保证了政府行政决策的执行效率。这一点是有别于西方政府做出决策后提交议会进行激烈辩论讨论，或者以行政命令形式实施后再接受司法机关合法合宪性审查的做法。与西方国家决策模式相比，我国的行政决策是一种"谋定而后动"的大智慧决策模式，将科学论证、民主参与等环节尽量控制在行政决策做出之前，一旦行政决策做出后，各级政府便根据行政决策部署集中力量去贯彻实施，因而在落实行政决策中充分体现党"总揽全局、协

---

① 肖存良：《政党制度与中国协商民主研究——基于政权组织形式的视角》，《南京社会科学》2013 年第 2 期。

调各方"的领导作用。

当然，坚持党的领导并不意味着政府完全丧失行政决策的主体地位。党的决策一般是根本性、原则性和较为抽象的，且不能作为国家意志的正式代表，更不能对公民的权益产生直接影响，因此说党的决策更多是提出一种"执行要求"，而政府正是这种要求的践行者。在将党的决策转化为政府的行政决策中，政府是实际的行政决策者，在行政管理活动中具有话语权威。为实现党的决策要求，政府有权依法独立做出相应的决策部署。同样，政府在具体的行政决策中，需要严格遵循相应的决策程序，保障社会公众、专家学者等的民主参与渠道畅通，保证在党的决策向行政决策转化过程中，决策不偏离根本性方向原则，而朝更有利于国家和人民整体利益实现的目标迈进。

三、行政决策法治化

行政决策法治化是建设法治政府、深入推进依法行政的内在要求和必然举措。现代行政法学是以概念为基础的，形成了以行政主体、行政行为、行政程序、行政监督和救济为线索的行政法学知识体系。其中行政行为是核心，也是整个行政法学关注的重点。虽然我国政府行政决策是以"三统一"原则为指导，但由于行政决策具有一般和重大之分，决策主体具有综合部门和职能部门、中央和地方之分，因而政府在行政决策过程中的慎重程度存在区别。有时一些行政决策会受到部门利益、地方利益等"部分利益群体"的影响，如缺乏相应的监督制约，政府做出具体的行政决策极有可能有损人民的整体利益，等等。为尽量减少行政决策被"部分利益群体"所影响，有必要推进行政决策的法治化，引入专家论证、民主参与等程序。

中国特色社会主义法律体系虽已建立，① 但目前我国尚未出台关于行

---

① 2011 年，全国人大常委会委员长吴邦国宣布："中国特色社会主义法律体系已经形成，国家经济建设、政治建设、文化建设、社会建设以及生态文明建设的各个方面实现有法可依。"

政决策的专门性法律法规。行政决策法治化最重要的是行政决策程序的制度化。2008年湖南省人民政府率先发布《湖南省行政程序规定》，其第三章便对行政决策程序做出较为明确、具体的规定。从各个地方的立法情况和中央文件来看，行政决策法治化首先还是重大行政决策的法治化。比如《关于全面推进依法治国若干重大问题的决定》指出，"把公众参与、专家论证、风险评估、合法性审查、集体讨论决定确定为重大行政决策法定程序"，"建立行政机关内部重大决策合法性审查机制"，"保证法律顾问在制定重大行政决策、推进依法行政中发挥积极作用"，"建立重大决策终身责任追究制度及责任倒查机制"等。虽然行政决策理应需要建立一套完备的法律程序，将所有的行政决策都纳入其中，但考虑到我国行政决策面临的现实情况，当前法治政府建设主要还是以重大行政决策为推进行政决策法治化的抓手。至于何为"重大行政决策"，目前尚无定论。结合行政实践来看，重大行政决策"一般是指具有全局性、长期性、综合性等特点的事项，或涉及决策相对人较多，成本或金额较大，对公共利益或公民权利义务影响较深刻等的事项，也即具有宏观性、基础性和全局性的事项，属于区域内的重要事项"①。重大行政决策正是因为其所决策事项重大，更需要法律对此决策程序做出明确规定，以保证决策尽可能科学、民主、合法，故而《关于全面推进依法治国若干重大问题的决定》明确要求把公众参与、专家论证、风险评估、合法性审查、集体讨论决定这五项环节，确定为重大行政决策的法定程序。

推进行政决策法治化，落脚点在于行政决策相关法律的健全。我国行政决策所依据的"法"具有较广泛的内容，按照制定主体可以划分为三个层面：第一个层面是权力机关制定的法规范，比如法律、地方性法规。第二个层面是政府内部制定的行政决策规范，包括部门规章、地方政府规章和规范性文件。第三个层面是由党组织制定的党内规范，包括党内法规和党内规范性文件。虽然党内规范约束的是党内决策，但实际上党内决策与行政决策具有相

---

① 解志勇：《程序法定是重大行政决策的"安全锁"》，《光明日报》2014年11月4日。

当程度的重合性。坚持"三统一"，在行政决策中必须坚持党的领导，因而行政决策要遵从党的决策。因此从这个意义上说，党内决策法治化，也有助于推动行政决策的法治化。另外，党内法规制度体系是中国特色社会主义法治体系的重要组成部分，这是我国法治建设的鲜明特色。党内法规制度对政府党组、党员发挥强有力的约束作用，有助于党员领导干部尊法守法，推动依法进行决策。综上所述，我国推进行政决策法治化，所依据的法规范来源远远丰富于西方由立法机关制定的"法律"。而且我国三个不同层次主体制定的法规范各有优点和不足，不能相互替代。只有将三者结合起来，互为补充、相互促进，才能真正将行政决策纳入正确合理的法治轨道，推动行政决策更好地实现国家和人民的根本利益。

第四节　严格执法是依法行政之关键所在

深入推进依法行政，建设法治政府，关键在于政府要严格执法。但同时要注意的是，我国长期是一个"熟人社会"，人情也是执法中时常被考虑的重要因素。在人情社会，执法不能罔顾人情，但如果严格执法却缺乏对于行政相对人的人情关怀，不能辅之以适当的执法方式，不能晓之以理、动之以情，最后将难以避免暴力冲突。在中国，严格执法必须辅之以人文关怀和柔性执法，通过将法律与人情和道德相结合，兼顾执法的社会效果。这便是为什么当前我国在国家治理中要坚持"依法治国与以德治国相结合"的原因所在。国情文化差异导致执法重点和执法观念有所不同。在我国，法治政府要依法行政，关键是做到严格执法，重点是执法严格、规范、公正、文明。

一、严格执法的内涵：严格、规范、公正、文明

随着现代公共服务事务的增多，政府的行政权力愈加庞大，权力影响愈

加广泛，呈现行政权力扩张的趋势。"行政权行使的主动性和扩张性，是行政权与社会发展之必然。"① 伴随着行政权扩张的趋势，法律的规范意义更加突显。如果政府不能做到严格执法，法律便失去了对政府权力的有效约束，后果将不堪设想。"天下之事，不难于立法，而难于法之必行。"② 从现实来看，在当前我国建设法治政府、深入推进依法行政过程中，有法可依已初步实现，而执法不严问题十分突出。"有法不依、执法不严、违法不究现象比较严重，执法体制权责脱节、多头执法、选择性执法现象仍然存在，执法司法不规范、不严格、不透明、不文明现象较为突出，群众对执法司法不公和腐败问题反映强烈。"③ 执法不严极易侵害公民的合法权益，而且严重损害政府的执法公信力。在《关于全面推进依法治国若干重大问题的决定》中，严格执法与科学立法、公正司法、全民守法是并列提出的，足见严格执法对于推进依法行政、建设法治政府的特殊意义。

"严格执法"是指政府按照法治理念、原则和精神严格执行法律法规，依法遵循程序规定，在执法自由裁量范围内遵循合理性原则，法定职权必须为，法无授权不可为，以切实保障公民的合法权益。相比较而言，我国政府在行政执法实践中有相对较大的行政裁量空间，需要结合执法的具体实际情况选择执法方式，最终实现法律要求的公平正义。更进一步说，《关于全面推进依法治国若干重大问题的决定》对政府的行政执法活动，强调要"坚持严格规范公正文明执法"，也就是说，"严格、规范、公正、文明"构成我国"严格执法"的四个内在要求，具有鲜明的本土话语特色。所谓执法严格，是指政府及执法人员严格贯彻法律法规的规定，以法律为准绳进行公共事务管理，其特点是重视行为的合法性（首要的是满足执法形式上的合法性要求）和执法的法律效果。所谓执法规范，是指政府及执法人员必须遵循一定的职业规范，达到法律法规对执法的规范要求，满足人民群众对执法的规范期

---

① 林莉红：《行政权与司法权关系定位之我见——以行政诉讼为视角》，《现代法学》第 22 卷第 2 期。

② 《张居正奏疏集》（上），潘林编注，华东师范大学出版社 2014 年版，第 232 页。

③ 《十八大以来重要文献选编》（中），中央文献出版社 2016 年版，第 156 页。

待，实现执法现代化，其特点是侧重保障执法过程中的程序正义和执法队伍管理的规范化，尤其是要求明确执法职权、流程、机构、岗位和责任，做到权责相一致。所谓执法公正，是指政府及执法人员在执法过程中刚正不阿、不偏不倚，执法结果公平、合理，其强调一种实质意义上的行政法治，以实现形式正义与实体正义、过程正义与结果正义、法律效果与社会效果相统一的执法状态。所谓执法文明，与执法野蛮、执法粗暴相对，是指政府及执法人员在执法中坚持以人为本、执政为民的执法理念，以便利行政相对人和让相对人乐于接受的方式实现执法目的，其强调执法过程要以人民为中心、采取人性化执法方式以及重视执法结果的教育预防功能。

　　严格执法作为中国特色社会主义法治话语，具有十分丰富的内涵，体现了法治话语的本土特色。严格执法形成于当前我国的行政执法实践，体现了鲜明的问题导向。习近平总书记指出："推进严格执法，重点是解决执法不规范、不严格、不透明、不文明以及不作为、乱作为等突出问题。"[①] 推进严格执法，重点是坚持执法严格规范公正文明：第一，"执法严格"的提出是为了解决执法实践中法律虚无主义倾向，要求做到"有法必依、执法必严、违法必究"，以保证政令统一、令行禁止和社会有序；第二，"执法规范"的提出是为了回应实践中较为普遍的执法不规范问题，尤其是"重实体、轻程序"现象，要求建立完善执法程序制度、在执法中严格遵循执法程序规定、全面落实行政执法责任制以及实现行政执法队伍的现代化；第三，"执法公正"是为了解决实践中大量存在的执法不公问题，要求执法人员在执法中坚决排除非执法考量因素的干扰，坚持法律面前人人平等，依法保证执法过程公开，完善监督机制，重视比例原则在执法过程中的运用，实现法律效果和社会效果的有机统一；第四，"执法文明"的提出是回应实践中较为突出的执法不文明现象，要求政府及执法人员依法灵活选择执法方式，推行人性化执法、柔性执法，切实考虑相对人的合理诉求，耐心做好细致的说服教育工作，以理服人，以情动人，从根本上纠正和预防违法现象。

---

① 习近平：《加快建设社会主义法治国家》，《求是》2015 年第 1 期。

二、严格、规范、公正、文明执法的内在逻辑

执法严格、执法规范、执法公正、执法文明是从四个维度，对政府"严格执法"提出的具体要求。坚持严格执法，就是在依法行政过程中，坚持以执法严格为首要前提，以执法规范为内在要求，以执法公正为价值追求，以执法文明显现人文关怀。

（一）执法严格是依法行政的首要前提

依法行政奉行"法律至上"，法律的严格执行是依法行政的首要前提。

首先，从现代行政法治理念的要求看，执法严格最为基础。在现代行政法治观念中，判定一个行政行为的效力，不仅要看是否符合法律规定，更要看是否符合行政目的，是否符合伦理规则。[1] 随着合理性标准越来越受到人们的重视，因而在 2014 年我国行政诉讼法修改中，增加了"明显不当"作为司法机关对行政行为合理性的审查根据。从这点来说，执法严格更加侧重执法形式层面的合法性，是依法行政最基础的要求。如果执法严格无法保障，那必然违背法律的规定与精神，[2] 依法行政也将无从谈起。

其次，从难易程度来看，做到执法严格最容易。执法规范、执法公正、执法文明的效果取决于执法人员的综合素质，尤其是执法人员对法治精神、价值的理解判断，因而对执法人员的素质提出了更高的要求。相比较而言，执法严格主要是做到"有法必依、执法必严、违法必究"，执法依据是客观、具体、明确的。此外，当前我国社会法治氛围较过去有了明显改善，立法质量和水平显著提高，在依法行政中做到执法严格较为容易。

最后，从执法效果来看，执法严格更容易产生"立竿见影"的执法效果，通过纠正当下执法不严的突出问题，可以有效改善执法环境，树立执法权威。

---

① 参见江必新：《行政行为效力判断之基准与准则》，《法学评论》2009 年第 5 期。

② 这里有一个前提是：执行的法律是良法。

（二）执法规范是依法行政的内在要求

执法规范要求执法主体、执法行为、执法目的符合规范，其与依法行政中权责统一、程序正当、高效便民的要求相契合。可以说，依法行政的推进过程其实正是行政执法不断走向规范化的过程。

首先，从执法主体来说，执法规范反映了权责统一的内部管理要求。权责统一是执法规范在执法主体内部管理上的重要反映，也是现代行政法治发展规律的要求。权责统一要求有权必有责、用权受监督、滥权必追责。这是对行政机关全面履行职责的制度保证，也倒逼执法者进行自我约束和审慎用权。

其次，从执法行为来说，执法规范体现在程序正当的价值追求中。在传统执法实践中，"重实体，轻程序"现象广泛存在。其中"程序合法的要求最易于受到误解、忽视或虚置"①，很多基层执法人员认为严格遵守程序会影响执法效率。因此，"许多损害、侵犯群众利益的突出问题，往往是不按程序办事或程序不规范造成的"②。经验教训证明，执法程序在执法过程中对规范行政权力起着不可或缺的作用。程序法治是现代行政法治发展的重要趋势，以程序正义为核心，依法行政往往要求行政执法行为必须做到主体合法、内容合法、程序合法。执法规范化的过程，便是贯彻程序正当价值追求、执法行为程序化的过程。

最后，从执法目的来说，执法规范还提出了高效便民的执法效果要求。随着服务型政府目标的确立，行政执法不仅仅单纯追求法律法规的执行，更致力于实现高效便民。虽然执法规范化导致执法程序增多，但执法规范所着力构建的执法程序，是规范执法权力所必要的程序。通过程序安排实现行政执法人员与行政相对人的良性互动，可以有效减少执法权力对公民权益的侵害，增强行政决定做出后的可接受性。因此，执法规范看似因增加执法程序而影响效率，实则减少执法行为的副作用而增强高效便民的执法效果。

---

① 莫于川：《通过完善行政执法程序法制实现严格规范公正文明执法》，《行政法学研究》2014年第1期。

② 温家宝：《在全国依法行政工作会议上的讲话》，《人民日报》2010年9月20日。

（三）执法公正是依法行政的价值追求

在法治政府建设过程中，执法公正是依法行政的价值追求。

首先，从法的价值来说，实现法的公正价值是行政机关依法行政的重要目的。公正始终是法追求的最重要价值。法律正是通过其规范性调整社会关系，以保障和促进社会公平正义。政府作为法律的执行者和捍卫者，执法公正既是行政执法人员必须遵循的行为准则，同时也是其必须努力追求的价值目标。

其次，从人权保障来说，确保公民得到公正对待是行政机关依法行政的重要追求。公民更有权要求获得公平正义的执法环境和执法对待。因为执法与公民利益直接相关，执法将不同程度地涉及调查、取证、听证、行政处罚、行政强制等措施，执法不公会更易侵害公民的合法权益，引发更多的诉讼争端。我国宪法明确规定"国家尊重和保障人权"，因而行政机关必须进一步通过公正执法来加强人权保障。

最后，从行政职责来说，促进社会公平正义是行政机关依法行政的价值目标。一直以来，行政机关承担维护社会和谐稳定、促进经济健康发展的职责，始终贯穿着"促进社会公平正义"的价值追求。社会的和谐稳定来自公平正义的社会环境。当前，我国正处于全面深化改革的攻坚期和深水区，"影响社会和谐稳定的因素大量存在，因劳资纠纷、医患纠纷、环境污染、征地拆迁等问题引发的矛盾多发局面短期内难以根本扭转，对行政执法机关发挥职能作用、促进社会公平正义提出了更高要求"①。

因此，行政机关在依法行政过程中，尤其是在行使自由裁量权时，要严格坚持执法公正这一价值追求，秉持公平、正义的原则，杜绝"选择性执法"、"倾向性执法"，以促进社会公平正义，提升执法机关的公信力。

（四）执法文明是依法行政的人文显现

如果"执法过程中缺少对于行政相对人人格尊严的维护，也缺乏相应的

---

① 郭声琨：《坚持严格规范公正文明执法》，《人民日报》2014 年 11 月 13 日。

人文关怀，这无疑有违现代行政法治的理念"①。执法文明是依法行政的人文显现，体现着现代国家法治文明的更高境界。

首先，从执法理念来说，依法行政要求做到执法文明、以人为本。服务型政府强调要以人为本、执法为民，通过优质的公共服务更好地满足人民群众的需要。

其次，从执法过程来说，随着我国法治建设深入推进和公民法治意识日益提升，依法行政要求做到执法文明、良性互动。

最后，从执法效果来说，依法行政要求做到执法文明、善治和谐。当前我国强调在国家治理中要坚持依法治国和以德治国相结合，着力将社会主义核心价值观融入社会主义法治建设中。② 这正是对法治和德治在治国理政中地位作用的深刻把握。社会发展和文明进步要求依法行政不再是单纯意义上的严格执行法律和纠正违法行为，更重要的是实现国家和社会善治和谐，即执法只是一种手段，重在对群众的法治教育和引导，实现全民守法和社会和谐，这才是治本之策。因此，发挥道德在法治中的作用，要求执法活动文明，执法人员必须强化服务意识，充分谅解群众疾苦，做到文明、礼貌、耐心、周到，执法方式动之以情、晓之以理，切实化解矛盾，从而获得群众发自内心的理解和支持。在这样的文明执法过程中，法治和德治共同作用，相得益彰，执法人员和群众之间互相关怀谅解，自然实现了国家和社会善治和谐的执法效果。

三、严格执法的"基因"来源

从政府贯彻实施法律、维护法律权威的职责来说，我国与大多数西方国家并无区别，都强调在执法过程中要严格按照法律规定执法，但所采取的执法方式、途径等有所不同。在西方国家看来，法律已经对执法过程中

---

① 马怀德主编：《全面推进依法行政的法律问题研究》，中国法制出版社2014年版，第211页。

② 参见《扎实推进社会主义核心价值观融入法治建设》，《人民日报》2017年4月14日。

的处理程序、处理方式、处理结果等做了非常精细、具体的规定，不需要政府再做过多价值判断，"行政权的范围仅限于根据法律来使用行政权力，因为基本的价值已经由立法制定的法律确立，行政就仅仅是以实施为取向的"①。从这点来说，西方政府只要做到严格执法便意味着实现了法律所蕴含的正义。与西方政府"严格执法"单纯强调对法律的严格执行不同，我国"严格执法"的内涵显得更为丰富，要求执法人员在依法行政过程中，应同时做到以执法严格为首要前提、执法规范为内在要求、执法公正为价值追求、执法文明为人文显现。如果说执法严格、执法规范、执法公正、执法文明是我国"严格执法"的本土表达，那么其基因来源则主要是三个方面。

（一）继承德法互补、情法两平的中华法律文化

我国严格执法不仅强调法律的执行，同时还兼顾道德、人情，体现法、理、情的有机统一。当前我国强调坚持依法治国与以德治国相结合，正是在现代法治理念基础上，"既重视发挥法律的规范作用，又重视发挥道德的教化作用，实现法律和道德相辅相成、法治和德治相得益彰"②。我国"严格执法"不仅要求做到执法严格、执法规范，还要做到执法公正和执法文明，其中后两者更多的来源于执法者的职业道德。另一方面，情法两平是我国古代的司法价值取向，是指既按照法律的规定，同时也能顺应人情、情理，强调"情"、"法"、"理"三者有机统一。法律是第一位的，但我国地域广袤、人口众多、国情复杂，法律规定不可能做到面面俱到，在法律规定不明确之时便需要兼顾情理；同时"在司法中'准理''原情'，可以减轻推行法律的阻力，可以赢得社会的认同，产生了提高法律权威的积极影响，因此成为一项传统"③。我国古代的情法两平理念在现代国家治理中可以转化为"法律效果

---

① 张帅：《美国政府治道变革的原因与进路探析》，《山东大学学报》（哲学社会科学版）2008 年第 2 期。
② 习近平：《加快建设社会主义法治国家》，《求是》2015 年第 1 期。
③ 张晋藩：《中华民族的法律传统与史鉴价值》，《国家行政学院学报》2014 年第 5 期。

与社会效果相统一"。在执法过程中，做到"有法必依、执法必严、违法必究"很容易，但是法律效果与社会效果往往不可兼得，片面追求法律效果而忽视社会效果，并不一定会提升公民的整体法律意识。

（二）借鉴西方国家行政程序制度

人们对法律程序的价值认识不到位，导致我国行政执法实践中一直忽略行政程序，普遍存在"重实体、轻程序"问题，依法行政、严格执法更多的是执行法律的实体规定，行政程序违法现象严重，这无疑不利于法治建设。而目前"执法规范"的提出，可以说对执法提出了程序正义的要求。现代行政法治认为，正义有两种：一种是实体正义，另一种是程序正义。其中程序具有规范公权力行使、保障实体正义实现的功能，故而程序正义具有独立于实体正义之外的价值。程序正义在行政过程中体现为完善的行政程序。完整意义上的现代行政程序制度，起源于二战后的美国。1946年，美国根据宪法中的"正当法律程序"条款，制定《联邦行政程序法》，建立了具有规范公权力性质的行政程序制度。其中最为典型的是行政公开制度。美国通过制定《联邦行政程序法》建立行政程序制度后，"在世界范围内产生了重大影响，带动形成了世界历史上行政程序立法的第二次高潮"。此后行政程序制度和司法审查制度被并称为"美国依法行政的两大保障"①。随着我国法治政府建设的推进，执法程序制度逐渐向规范公权力行使的方向发展，最终体现在严格执法的"执法规范"要求之中。

（三）适应我国复杂的行政执法实践

我国严格执法的丰富内涵和多方面要求，说到底是适应我国复杂行政执法实践的需要。

首先，立法是有限的，政府单纯意义上的严格执行法律规定，无法满足

---

① 袁曙宏、赵永伟：《西方国家依法行政比较研究——兼论对我国依法行政的启示》，《中国法学》2000年第5期。

其职能履行的需要。一直以来,我国政府秉持"大政府"理念,承担了大量公共职能,在社会事务复杂化和分工精细化趋势下,立法更无法为政府的执法活动做出具体详细的规定,因而需要更多的授权,行政权扩张也就成为必然趋势。"行政法不再是单纯对权力进行控制的'控权法',不再将行政权力视作洪水猛兽,而是将权力的行使视为实现行政目标及公共利益的必要手段。"① 单纯的严格执法并不能有效指导和衡量政府的行政效能,需要对政府的执法活动提出更加具体、更贴近实质行政法治的要求。因此,我国提出执法严格、执法规范、执法公正和执法文明四个维度的执法要求,是对传统的"有法必依、执法必严、违法必究"方针的升级,也更符合现代行政法治的发展趋势。

其次,执法为民的理念要求执法活动在法律规定范围内充分考虑人民群众的切身感受。全心全意为人民服务是中国共产党的宗旨。在党的领导下,我国政府在执法工作中必须秉持执法为民的理念。习近平总书记指出:"涉及群众的问题,要准确把握社会心态和群众情绪,充分考虑执法对象的切身感受,规范执法言行,推行人性化执法、柔性执法、阳光执法,不要搞粗暴执法、'委托执法'那一套。但是,不论怎么做,对违法行为一定要严格尺度、依法处理。"② 执法严格固然是首要前提,但同时也要注意以群众更乐于接受的方式,实现执法的法律和社会双重效果的统一,真正做到以人为本和以人民为中心。较于西方国家严格执法而言,我国执法规范、执法公正、执法文明的要求,更加强调对人民权益的全面保障,充分体现了执法为民的执法理念。

最后,我国复杂的执法环境对执法活动提出了更高要求。西方大多数国家严格奉行"法律至上"甚至法律中心主义,若公民的行为违法,执法人员就会依法严肃打击制裁,无须考虑其他因素;但在我国不同,市场经济就是法治经济,和谐社会就是法治社会。社会和谐稳定既是当前经济繁荣国家富

---

① 谭宗泽、杨靖文:《面向行政的行政法及其展开》,《南京社会科学》2017年第1期。
② 《十八大以来重要文献选编》(上),中央文献出版社2014年版,第722页。

强的保障，同时也是人民生活幸福的体现。因此，政府需要从法律和社会效果的整体层面进行执法，维护社会的和谐稳定。现实来看，"我国是一个人治传统很深、经济文化发展水平不高、法制观念淡薄的国家，要实现这一任务（依法行政），无疑具有更大的难度，需要更长的期限"①。实践中面对一些违法现象，有时相对人甚至并不知道其行为的违法性，因此执法人员在严格执法的同时，有必要采用晓之以理、动之以情的说理方式以及文明友善的执法态度，以获得更好的执法效果。这点在我国法律中都有所体现：1996年出台的《行政处罚法》第5条强调"处罚与教育相结合"；2012年实施的《行政强制法》第6条规定，"实施行政强制，应当坚持教育与强制相结合"，其中"教育"的位置被提前，②使得执法更有人文关怀，更能彰显执法为民理念。只有将执法与人情相结合，同时做到执法严格规范公正文明，才能真正适应我国社会公众对执法的心理期待。

第五节　监督与制约是依法行政之坚实保障

习近平总书记指出："权力不论大小，只要不受制约和监督，都可能被滥用。"③当前我国建设法治政府，深入推进依法行政，其目的之一是规范行政权力的运行，"将权力关进制度的笼子里"，做到"有权不可任性"。建设法治政府，一方面强调依法行政并不可靠，另一方面必须高度重视对行政权力的监督和制约。经过多年法治建设的实践探索，我国逐步形成了具有中国特色的权力监督与制约模式。尤其自党的十八大以来，这种权力监督与制约模式不断完善、强化且规范化。党的十九大报告提出，要健全党和国家监督

---

① 袁曙宏、赵永伟：《西方国家依法行政比较研究——兼论对我国依法行政的启示》，《中国法学》2000年第5期。

② 参见莫于川：《通过完善行政执法程序法制实现严格规范公正文明执法》，《行政法学研究》2014年第1期。

③ 《习近平关于全面从严治党论述摘编》，中央文献出版社2016年版，第201页。

体系，深化国家监察体制改革。① 这将有力保障我国法治政府建设和依法行政深入推进。

一、西方分权制衡理论在我国的有限适用

阿克顿勋爵曾说过："权力导致腐败，绝对的权力导致绝对的腐败。"这句话表明西方国家对权力的不信任和防范心态。在他们看来，"人性恶"，尤其是"理性经济人"具有逐利的天性，若缺乏有效制约和监督，权力就会被滥用，公民权利就不可避免地遭受侵害。孟德斯鸠在《论法的精神》中曾指出："想要组成一个宽和的政府，就必须整合各种权力，加以规范和控制，使之发挥作用，并给其中的一个权力添加分量，使之能与另一种权力相抗衡。"② 由此孟德斯鸠主张将国家权力按照立法权、行政权、司法权的划分进行"分立"，并通过立法权、司法权来制约行政权。纵观西方国家，无论是以"三权分立"为原则的美国，还是实行议会内阁制的英国、德国，抑或法国的半总统半议会制，其政治体制的核心都是分权制衡制度。通过国家权力的彼此分立、相互制衡，并借助多党竞争、公开选举、司法独立等方式，建立以保障公民权利为价值取向的资本主义"宪政"制度体系。而且，西方国家为了防止政府滥用行政权力而侵害公民权利，形成了一系列与西方资本主义制度相适应的权力制衡机制。

从横向来说，行政权力受到立法权、司法权的制约。一方面，法治政府要求依法行政、严格执法，立法机关制约行政权的方式主要是制定法律，其中最重要的是制定行政程序法。另一方面，在司法独立下，司法机关通过司法审查制约行政权。在西方国家，一般是司法机关享有宪法解释权，无论是普通法院，还是专门建立的行政法院、联邦宪法法院，都可以对行政权进行强有力的司法审查，而且其结果具有终局性。因此，司法机关为控制行政权

---

① 参见习近平：《决胜全面建成小康社会　夺取新时代中国特色社会主义伟大胜利——在中国共产党第十九次全国代表大会上的报告》，人民出版社 2017 年版，第 67—68 页。

② ［法］孟德斯鸠：《论法的精神》（上卷），许明龙译，商务印书馆 2016 年版，第 79 页。

力滥用和保障公民权利发挥着重要功能，而且近年来伴随着行政权力的扩张趋势，司法审查的力度也在不断强化。

从纵向来说，中央与地方政府分工较为清晰，且相互制约。在西方国家，虽然央地关系有联邦分权模式(如美国、德国)、单一集权模式(如法国)和单一分权模式（如英国）之分，但总体来说，西方国家的地方政府一般都拥有较大的自治权，其与中央政府的权力界限由法律明确规定。在央地依法分权体制下，中央与地方都不得越位，否则另一方有权依法采取诉讼手段对抗另一方。

更完整的分权体现在政府的内外部关系中。从政府内部来说，对行政权进行分权与制衡，一方面按照决策权、执行权、监督权的划分，将这三种类型的行政权交给相应的机构去执行，比如英国成立执行局，"其享有充分的人事权、管理权和财政资源支配权"①。另一方面，为防止"政党分赃"，大多数西方国家建立了现代文官制度，其核心是"职务分类、政治中立、公平竞争、功绩制、职业保障等原则"②，通过将行政公职人员分为政务官和事务官，"两类官员在录入、考核、晋升等方面遵循不同原则，两者互不隶属，在行政系统就形成了政务官和事务官之间的相互监督"③。

从西方实践来看，分权制衡制为西方政府依法行政提供了保证。权力的高度分化和法定化，有效控制了政府权力的行使，使行政权滥用的可能性大大降低。即使行政权被滥用也能通过权力监督、司法审查等方式及时得到纠正，从而最大化地保障了公民权利。从制约行政权力、保障公民权利的角度来说，西方国家的确有一些经验值得我国借鉴。比如提高政府工作的公开性，加强社会监督，将行政权力在政府内部进行职能分工等。但同时，分权制衡制的关键是权力间的相互牵制、相互制约，"奉行的是不同权力主体之

---

① 杜运巧、郑曙村：《中西方"行政三分制"改革比较》，《行政管理改革》2011年第3期。

② 袁曙宏、赵永伟：《西方国家依法行政比较研究——兼论对我国依法行政的启示》，《中国法学》2000年第5期。

③ 黄卫平、梁玉柱：《辨析西方国家如何"把权力关进制度的笼子里"》，《党政研究》2015年第3期。

间是一种具有平等地位的相互制约和相互竞争的关系"①：一方面，西方国家通过分权制衡有效实现对行政权力的控制；另一方面，"权力之间的过多牵制确实能带来扯皮、推诿现象，导致议而不决而影响决策效率"②，影响西方政府的行政效率，能动性不足，难以真正有效保障人民利益。分权制衡制正是基于西方资本主义市场经济下对权力的不信任心态，而且适合于经济发展到一定程度之后的社会。但显然，这种模式对自古以来高度信任政府并对其寄予厚望，而且正处于发展中国家的中国来说，并不足取。因此，我国长期以来建立的都是"大政府"，政府的能动作为和领导有力是国家繁荣富强、人民权利得以实现的重要保证。所以，我们需要辩证对待西方国家的分权制衡理论，对基于不同国情基础之上的理论和制度需要慎重借鉴。

二、民主集中制下我国行政权力的制约模式

西方国家强调通过分权制衡控制权力，而我国全面推进依法治国，其目的不仅在于控权，更重要的是通过规范权力行使，更好地促进我国政治、经济、文化等各项事业的发展进步。与西方"个人本位"的权利观不同，我国的"权利意识带有明显的集体主义色彩，即权利并非个人对抗国家的武器，而是个人在国家这个结构中能够实现的利益"③。基于此，我国建立了以民主集中制为核心的政治制度。各级人民代表大会是国家权力机关，其他国家机关都由其产生、对其负责、受其监督。根据民主集中制原则，我国权力结构是一种国家权力集中统一下的分工模式。比如坚持中国共产党领导的多党合作和政治协商等民主制度；在人民代表大会之下的行政机关、监察机关、司法机关分工合作；在中央政府统一领导下，特别行政区、民族自治区、各省

---

① 郑智航：《中国特色社会主义法律监督理论的主旨与内核》，《法制与社会发展》2014 年第 6 期。

② 王翠芳：《西方权力制约监督的机制与启发借鉴》，《齐鲁学刊》2011 年第 3 期。

③ 郑智航：《中国特色社会主义法律监督理论的主旨与内核》，《法制与社会发展》2014 年第 6 期。

区市的地方政府进行地方治理，等等。民主集中制既保证了政治上以民主为基础，又能以一种相对集中的方式确保政府在事关国家整体利益事项上具有很强的组织动员和实施能力，能够"集中力量办大事"。这也是我国能在短时间内取得显著成就、有信心实现中国梦的坚强保证。但同时，权力高度集中不可避免地会增加权力受控的难度，使权力滥用的可能性增强。

民主集中制原则的确立，决定了我国与西方分权制衡制的权力制约模式存在着根本不同。我国民主集中制在政治实践中的表现之一，就是政府行政权力较为集中，能动性强，但却容易导致行政权力的滥用。然而，这并不是该制度的固有缺陷，而是"民主"的要求贯彻不足。民主集中制是民主基础上的集中，但如果行政权力的配置、运行过程缺乏民主参与，缺乏法治保障，那么这种权力的集中与人治、专制无异。因此，我国民主集中制原则下的行政权力虽然集中，但同时更重视民主和法治的制约。只有将民主与集中相结合，才是我国法治政府所追求的行政权力的真正运行状态。

三、完善有效的行政权力监督体系

为了让政府能高效"做事"，并及时纠正和防止政府对权力的滥用，必须完善行政权力监督体系。习近平总书记指出："要加强党内监督、人大监督、民主监督、行政监督、司法监督、审计监督、社会监督、舆论监督，努力形成科学有效的权力运行和监督体系，增强监督合力和实效。"① 党的十八大以来，习近平总书记多次强调："有权必有责、有责要担当、用权受监督、失责必追究。"为此，通过完善监督体系，强化对行政权力行使过程的监督，为规范行政权力行使和纠正权力滥用发挥了重要作用。因此，党的十九大报告明确提出"健全党和国家监督体系"的任务。

在我国行政权力的监督体系中，党内监督是最有力、同时也最有本土特色的重要监督方式。在西方国家，政党内部一般缺乏严密的组织机构体系，

① 习近平：《加快建设社会主义法治国家》，《求是》2015年第1期。

其对行政权力运行的监督是通过对本党党员的监督来实现，即通过"党政一体化"来加强对权力行使的监督。① 但不同国家党内监督的力度参差不齐。比如美国政党纪律松散，西欧各国政党的纪律则相对较为严格，但都没有中国共产党党内监督这样权威高效，也没有如中国共产党一样构建起严密的党内监督法规体系。尽管中国共产党并非国家机关，但其对政府的权力进行监督，却有着天然的正当性和必要性。这主要通过以下几个方面实现：一是政府内部大量设置党组织，政府工作人员大多是共产党员，中国共产党通过对党组织和党员提出高标准、严要求，从而有效监督预防政府权力的滥用；二是通过"党管干部"原则，中国共产党对党员公务员进行监督管理。党的十九大报告提出，要"构建党统一指挥、全面覆盖、权威高效的监督体系，把党内监督同国家机关监督、民主监督、司法监督、群众监督、舆论监督贯通起来，增强监督合力"②。近年来进行的国家监察体制改革，将"人民政府的监察厅（局）、预防腐败局及人民检察院查处贪污贿赂、失职渎职以及预防职务犯罪等部门的相关职能整合至监察委员会"③，组建国家、省、市、县监察委员会，同党的纪律检查机关合署办公，实现对所有行使公权力的公职人员监察全覆盖，在监督政府依法行政方面发挥着重要的监督功能。另外，社会监督和舆论监督同样是我国监督体系中的重要内容。

　　构建科学完善的行政权力监督体系，离不开周密有力的监督保障举措。除前文所说的简政放权、职权法定和制定"三张清单"以外，最重要的是推进政府的行政公开，建设阳光政府。"阳光是最好的防腐剂"。我国自20世纪80年代便开始在地方探索行政公开制度。比如"两公开、一监督"（即公开办事制度、公开办事结果、接受群众监督）、"三公开"（即政务公开、村务公开、厂务公开）。政务公开法治化最为标志性的事件，是2008年5月《中

---

① 参见王翠芳：《西方权力制约监督的机制与启发借鉴》，《齐鲁学刊》2011年第3期。

② 习近平：《决胜全面建成小康社会　夺取新时代中国特色社会主义伟大胜利——在中国共产党第十九次全国代表大会上的报告》，人民出版社2017年版，第68页。

③ 《全国人大常委会关于在北京市、山西省、浙江省开展国家监察体制改革试点工作的决定》，《中国人大》2017年第1期。

华人民共和国政府信息公开条例》的颁布实施。该《条例》推动了政府的政务公开走上制度化、法治化道路。"从公开的原则、内容和方式看，与世界上大多数国家比较，我国已走在前列，但在具体事实上还需要不断完善和深入推进。"① 依托该《条例》，各级政府无论是主动公开还是被动公开（依申请公开或者经过行政复议、行政诉讼而公开），其政务信息公开程度较过去都有了显著提高，从而保障了公民的知情权、参与权、表达权、监督权。《关于全面推进依法治国若干重大问题的决定》强调，要全面推进政务公开，坚持以公开为常态、不公开为例外原则，并围绕行政权力运行过程的公开化明确提出了多项重要举措，为有效实现"行政权力在阳光下行使"奠定了坚实基础。

---

① 石国亮：《国外政府信息公开探索与借鉴》，中国言实出版社 2011 年版，总序第 3 页。

第十二章　中国特色社会主义法治话语体系之司法话语

在中国特色社会主义法治国家建设中，我们不断探索中国特色社会主义司法制度建设，努力提升司法理念和司法工作水平，不断发展壮大司法工作队伍，并提炼出具有鲜明中国特色的司法话语。为实现司法公正，坚持将提升司法公信力作为法治建设的重点；同时我国正在进行的深化司法体制改革，是全面推进依法治国的重要工程；法治中国和司法文明则是在总结我国法治建设历程和世界各国法治经验的基础上所提出的法治目标。

第一节　提升司法公信力，促进社会公平正义

习近平总书记强调："全面依法治国，必须紧紧围绕保障和促进社会公平正义来进行。"① 维护公平正义，离不开司法这一关键环节。加强法治建设，必须强调推进公正司法，通过司法体制改革，扫除制约司法公正的关键性因素，净化司法环境，提升司法公正性和公信力。目前中国的司法公信力仍有不足，这严重制约了司法公正和促进公平正义的实现。为此，在法治建设进程中，我们提倡以司法公信力的提升为重点，形成独特的司法话语。

---

① 《习近平谈治国理政》第 2 卷，外文出版社 2017 年版，第 129 页。

一、司法公信力的内涵与价值

司法公信力是社会成员对司法公正性的认同和服从，是树立司法权威的前提和保证，构成司法的核心和灵魂。可以说，提高司法公信力是维护司法权威、保障社会公正的关键路径。司法公信力既体现在体制上，即整个司法体制被信赖和尊崇、司法程序的良好运行可以期待、司法判决能得到主动落实；又展现为全社会尊法、学法、守法、信法的法治氛围，社会大众的司法信仰得以树立及巩固。

法治社会的一个明显标识，就是民众对法治的高度信任。这种信任在一定程度上即是司法公信力的体现。法律信仰是公民对法的信赖、尊重和服从，是公民发自内心深处对法的认同与推崇。美国法学家伯尔曼认为："确保遵从规则的因素如信任、公正、可靠性和归属感，远较强制力更为重要。法律只在受到信任，并且因而并不要求强力制裁的时候，才是有效的；依法统治者无须处处都仰赖警察。"①伯尔曼点明了对法的敬畏和依赖对于法治的重大影响。法律由抽象的规则化作民众的主动行为，由外力强加的约束演变成民众自发的认可和接受，由被动进阶为主动，无一不是法律信仰在逐渐生根发芽的效果。②司法作为一种主要的法律实践活动，民众之于法律在抽象层面的信仰落脚于现实而形成的重要成果之一就是司法公信力，这是法律信仰的固有涵义。司法是保障民众合法权益的最后武器，而且是一道强有力的武器。司法公信力则是司法公正的源头。

党的十八大将"司法公信力不断提高"视作全面建成小康社会的衡量标准，将"保证公正司法，提高司法公信力"作为全面推动依法治国的关键，将"司法公信力明显提高"作为现代化国家"各方面制度更加成熟更加定型、国家治理体系和治理能力现代化取得重大进展"的关键导向。③这是深化对

---

① ［美］哈罗德·J.伯尔曼：《法律与宗教》，梁治平译，三联书店1991年版，第43页。

② 参见叶传星：《法律信仰的内在悖论》，《国家检察官学院学报》2004年第3期。

③ 参见张文显：《习近平法治思想研究（下）——习近平全面依法治国的核心观点》，《法制与社会发展》2016年第4期。

司法规律认识的必然举措。因此，应当坚持以提高司法公信力为根本尺度，坚持符合国情和遵循司法规律相结合，以问题为导向，坚定不移深化司法体制改革，不断促进社会公平正义。而且，判断司法改革成功与否，关键即看改革是否提升了司法公信力。

二、提升司法公信力的要求和举措

长期以来，我国一直致力于提升司法公信力，将其作为衡量司法公正的重要指标。民众对司法不信任，表明司法公信力不足。如果从个别怀疑蔓延至群体强烈质疑，最终导致全社会的司法信任危机，其后果将不堪设想。司法公信力不足的原因主要有：司法不公，司法腐败，司法权未能依法独立行使，司法的公众参与不足。因此，围绕这些方面的原因，为提高司法公信力必须贯彻下列要求和举措。

（一）公正司法

司法公正既包括程序上规范又包括实体结果公正。"正义不仅要实现，而且要以看得见的方式实现。"① 实体公正是民众最终期待的结果，但同等重要的程序规范也应是司法机关的追求。提升司法公信力，最根本的是通过依法公正审判来达到。在司法实践中，秉持公正是全面依法治国的本质要求和落脚点。司法作为民众寻求正义的手段，可以说是保护公民权利的最终屏障。犯罪受到处罚，受害者得到赔偿，这就是人民心中朴素的正义观，也是公正司法要凸显的涵义。法律的作用是解决问题、矛盾和冲突。一旦司法不能为民众提供应有的保护，司法的公信力就很难建立。

一方面，严格贯彻落实宪法法律规定，通过深化司法体制改革，确保司法机关依法独立行使司法权。这里说的独立公正司法与西方法治话语中的

---

① ［英］丹宁：《法律的正当程序》，李克强、杨百揆、刘庸安译，法律出版社2015年版，第134页。

"司法独立"并非同一概念。我国的独立公正司法是"司法机关独立行使司法权，不受行政机关、人民团体和个人的干预"①。这是我国宪法明文规定的重要原则。而在西方国家主张的"司法独立"中，司法机关独立行使司法权，这里的"独立"是完全、彻底的独立：在政治意义上，司法机关不接受任何党派的领导，也就是没有党派性；在权力行使上，司法机关无需对代议机关负责，而是自我负责。但实际上由于法官个人都有政党和政治观点倾向，这种抽象的"独立"往往在现实中受到严峻考验，是过于理想化的期待。相比之下，我国的独立司法，前提是在党的绝对领导下的独立公正司法，同时必须破除地方党委和行政机关对司法工作的不当干涉，对干预司法、插手具体案件的领导干部依法进行记录和追责。我国政法工作无疑必须坚持党的绝对领导，但党又必须在宪法和法律范围内活动，各级党组织和个人不得干预司法。同时，各级党组织都必须坚定支持和保证司法机关依法独立行使审判权、检察权，使它们在体制上和实际工作中不受行政机关、社会团体和个人的干涉，实现司法的公正、廉洁和高效，并确立起司法权行使和案件裁判上的权威。

另一方面，必须从法官这一关键环节着手保障裁判公正。一是提高法官职业道德素养，规范法官自由裁量权。在进一步完善相关司法解释以减少其模糊性、提高法律的可操作性与加强法律之间的衔接、减少法律漏洞以防止司法恣意和法官专断基础上，以强化法官的法治理念为基本前提，提升法官的职业道德和职业伦理，固牢法官的公平正义观，确保法官的修养与品质能符合这一职业身份。二是大力加强法官的专业能力训练。这既包括法官们对法律基础理论知识的掌握和对新发布的法律条文的运用，还包括法官的实际裁判能力。必须将司法自由裁量权控制在必要限度内，规范并促使法官正确行使自由裁量权，减少法官在审判中的司法不公行为，有效防止司法腐败，防范冤假错案发生，实现公平正义。

---

① 《中华人民共和国宪法》第 126 条："人民法院依照法律规定独立行使审判权，不受行政机关、社会团体和个人的干涉"；第 131 条："人民检察院依照法律规定独立行使检察权，不受行政机关、社会团体和个人的干涉"。

（二）廉洁司法

"不受曰廉，不污曰洁。"[1] 在中国传统政治文化涉及公权力行使的司法程序中，"廉洁"文化有着源远流长的历史。尽管预防司法腐败可通过加大对司法人员的廉洁教育，提高司法工作人员的职业道德和自我约束，让司法工作人员不想腐，但解决司法腐败问题的关键还是要通过构建机制，既积极"打预防针"以提高免疫能力，更有严厉的惩罚机制追究责任。只有二者相统一才能有效解决司法腐败。具体说来有以下几点：一是建立一套有效的外在约束机制，让司法工作人员不能腐。通过制度为权力划定界限，让权力无法越界、不敢越界、不想越界，使司法机关及其工作人员在行使权力时自觉严格依法，实现司法权力不越轨，最终司法行为得以规范。二是惩治司法腐败。完善现有追责机制，对司法腐败犯罪予以最大程度的打击，让司法工作人员不敢腐。必须完善对于司法的监督，健全执法过错、违纪违法担责等制度，对司法工作人员的司法行为予以严格监督。只有内外兼顾方能从根本上祛除司法腐败，方能实现廉洁司法，提高司法公信力，从而实现社会公平正义。

（三）阳光司法

"阳光是最好的防腐剂。权力运行不见阳光，或有选择地见阳光，公信力就无法树立。"[2] 这说明司法的权威与公信力取决于其透明度。民众对于事关切身利益的案件，更有迫切知情的需要。要坚持以公开促公正、以透明保廉洁。公开透明是司法廉洁的重要保障。为此必须构建开放、动态、透明、便民的阳光司法机制。"要增强主动公开、主动接受监督的意识，完善机制、创新方式、畅通渠道，依法及时公开执法司法依据、程序、流程、结果和裁判文书。"[3] 程序公正是结果公正的前提和条件，通过公开以解决民众对审判

---

① 《楚辞》中有"朕幼清以廉洁兮"之诗，王逸在《楚辞章句》中将其注释为"不受曰廉，不污曰洁"。参见（汉）王逸撰：《楚辞章句》，黄灵庚点校，上海古籍出版社 2017 年版，第 202—203 页。

② 《十八大以来重要文献选编》（上），中央文献出版社 2014 年版，第 720 页。

③ 《十八大以来重要文献选编》（上），中央文献出版社 2014 年版，第 720 页。

过程的任何存疑、质疑，让民众确信审判过程的合法、规范，从而相信裁判结果的公正、合法。另外，程序公正的核心内容即是程序的公开透明。只有把权力暴露在阳光下，让人民群众亲眼所见、亲身感受，人民群众才能积极参与到司法活动中，才能更有效地监督司法活动的整个过程，以达到阳光司法的要求。

"推进审判公开、检务公开、警务公开、狱务公开，依法及时公开执法司法依据、程序、流程、结果和生效法律文书，加强法律文书释法说理，建立生效法律文书统一上网和公开查询制度。"① 最高人民法院明确提出了对于公开的具体要求，从公、检、法三机关的各项职能、各项程序入手，通过促进司法信息化，深化司法公开，让司法的整个过程都有迹可循。

（四）民主司法

我国是人民民主专政的社会主义国家。人民民主专政的本质体现在司法领域就是民主司法，即人民能够广泛参与司法活动。民主司法构成中国特色社会主义民主政治制度的一个重要部分。民众参与司法的程度，直接反映出民主与法治的发展情况。民主司法的基本要求就是民众能参与司法，进一步要求是司法活动能集民智、敬民意。这同样能促进裁判的公正性与合理性。人民陪审员制度、司法调解制度、司法听证制度、人民监督员制度等，都是我国司法领域为实现人民民主而进行的努力和探索。但这些制度还须进一步完善。就人民陪审员制度的完善来说，主要是调整"精英化"的现状，即将选任普及到各个层次的公民，同时增加各法院人民陪审员的名额。一般说来，人民陪审员拥有相对丰富的生活经验和对公序良俗的直接感受，合议庭对这些因素的合理吸纳，有助于对案件的更深理解和分析，从而提高裁判的说服力。在人民监督员制度方面，要让人民监督员制度走向程序化和规范化，以法律确立人民监督员制度的具体内容，从而更好地发挥该制度的优

---

① 《最高人民法院关于深化司法公开、促进司法公正情况的报告》，2016 年 11 月 9 日，见 http://www.court.gov.cn/zixun-xiangqing-30161.html。

势。民主司法要结合新时代背景，借助信息网络提升民众对于司法的参与热情，让参与司法实践成为全民生活的日常活动。这既能间接对民众进行法治教育，又能提高司法权威，体现了中国特色社会主义司法对人这一法治主体的重视，体现了中国特色社会主义司法话语的鲜明特征。

（五）司法为民

司法为民要求司法机关及其工作人员通过严格运用法律实现包括弱者在内的法律主体的平等、自由、公平、正义等价值追求，让司法服务于社会现实发展生活和人民群众的实际生活。公平的前提是坚持法律面前人人平等，即不考虑不相关因素，在适用法律上皆为平等。因此，必须认真对待民众的合法诉求，对于民众的诉求依法一视同仁。努力让每一位公民都能通过诉讼维护自己的合法权益，保证"有侵害必得到救济"。对于冤假错案，更要以零容忍的决心和态度予以防范，严格落实罪刑法定、疑罪从无、证据裁判等原则要求，在每一个司法程序中切实维护好公民权益。在涉诉信访上，要杜绝对抗姿态，通过积极作为化解信访危机，为民众提供更多司法救助解决办法。

司法为民要求司法机关"通过热情服务，切实解决好老百姓打官司难问题，特别是要加大对困难群众维护合法权益的法律援助"①。法律援助是国家建立的服务民众的制度，目的是通过给无法获得正常法律服务的公民提供帮助，从而保护公民权益。从目前的实际情况来看，法律援助的对象亟待拓展，援助的效果亟待改善。因此，要从法律援助的观念、途径入手，实现法律援助申请快捷化、审查简便化、服务零距离，以不断提高法律援助工作的规范化、制度化、法治化水平，从而真正有效发挥法律援助制度的作用。司法为民要求在司法领域实践"群众路线"，急民众实际生活中民之所需、想民之所想、解民之所困，用贴近民众的工作方法给予其司法帮助。由于传统伦理道德在中国民间占据着重要地位，因此司法工作者应注重结合民间深厚

---

① 《习近平谈治国理政》，外文出版社 2014 年版，第 145 页。

的传统人文根基，让司法公正具有人情味，让法律不是冰冷的条文，而要能够体现人文关怀。

总而言之，司法为民既是我国国家政权的本质要求，也是中国特色社会主义司法制度必须贯彻的基本原则。只有坚持司法为民，切实解决民众在司法实践中的困难，才能让人民群众感受到司法力量，体会到司法的人性化与便利性，从而增强司法公信力，提高司法在民众心中的威信，最终促进社会公平正义的实现。

第二节　深化司法体制改革，全面推进依法治国

深化司法体制改革，是实现司法的根本价值取向即公平正义的必然要求，是全面依法治国的关键所在。评价中国的司法制度，必然要将其置于中国的语境和背景之下，即应将能不能解决中国民众的矛盾纠纷作为判断制度优劣的标准。改革开放四十年多来，我国司法制度不断完善，但也出现一些践踏司法尊严、侵蚀司法权威的现象。深化司法体制改革，杜绝司法不公、司法腐败，就是构建中国特色社会主义法治体系，落实司法为民的必然要求。从实践来看，我国目前的司法制度基本适应国情和民众需要，但随着时代的进步和人民对司法要求的提高，现行司法制度在很多方面也表现出诸多不足。因此，深化司法体制改革，进一步完善我国司法制度，对于实现"公正司法"具有深远意义。但深化我国司法体制改革，必须始终坚持党的领导，坚守司法为民的本质要求，既立足中国基本国情，又时刻遵循司法规律，从现实问题出发，寻求最优解决方案，不断促进社会公平正义。

一、改革司法管理体制

司法管理体制的改革必须以保障司法权力能依法独立公正地行使为目

标。这既是深化司法体制改革的重大举措，是加快推进社会主义法治建设的迫切需要，也是让人民群众在每一个司法案件中都能感受到公平正义的必然要求。司法如何运行取决于管理体制的建构，因此让司法权高效运行的根本途径就是解决管理体制的弊病。党的十八届四中全会提出，"改革司法机关人财物管理体制，探索实行法院、检察院司法行政事务管理权和审判权、检察权相分离，最高人民法院设立巡回法庭，审理跨行政区域重大行政和民商事案件；探索设立跨行政区划的人民法院和人民检察院，办理跨地区案件"①，"健全公安机关、检察机关、审判机关、司法行政机关各司其职，侦查权、检察权、审判权、执行权相互配合、相互制约的体制机制"②。这一系列举措将进一步优化司法管理体制。

（一）跨行政区划人民法院、人民检察院的建立

党的十八届四中全会提出"探索设立跨行政区划的人民法院、人民检察院"③，并随即展开试点。这是司法制度的一次创新，有助于保证司法权独立公正行使和司法公信力的提升。

随着社会主义市场经济的不断发展，跨行政区划案件大量涌现，此类案件标的通常较大，自然会引起相关地域党政机关领导的瞩目，也随之出现"利用职权和关系插手案件处理，造成相关诉讼出现'主客场'现象"④，司法"地方保护主义"不断加剧。地方党政机关领导对案件的干预，不仅不利于保护非本地当事人的权利，而且也是对司法公信力的践踏，更是对社会公平正义的严重破坏。针对本行政区划人民法院、检察院由于经费及部分人事任命等，与本行政区划政府有密切联系的情况，成立跨行政区划的人民法院、检察院，可以在很大程度上阻隔行政区划因素对法院和检察院依法独立行使职权的干扰，尤其是在审理行政案件、重大民商事案件、环境保护案件

---

① 《十八大以来重要文献选编》（中），中央文献出版社 2016 年版，第 169 页。
② 《十八大以来重要文献选编》（中），中央文献出版社 2016 年版，第 168 页。
③ 《十八大以来重要文献选编》（中），中央文献出版社 2016 年版，第 169 页。
④ 《十八大以来重要文献选编》（中），中央文献出版社 2016 年版，第 153 页。

和食品安全案件时，跨行政区划的人民法院、检察院有助于杜绝地方保护主义的干扰，防止出现诉讼"主客场"现象。

跨行政区划人民法院能较好地避免党政机关对案件的不当插手，从而减少司法干预，有利于司法机关依法独立行使职权。在以往的实际情况中，地方党政机关领导之所以敢不当插手司法案件的处理，正是由于法院的人权、财权、事权掌握在地方党政机关手里。跨区划法院的设立，很好地切断了这一联系。但这只能解决跨行政区划引发的这一类问题。若要从根源上解决地方党政机关对司法案件的不当干涉，必须解决司法机关人、财、事的归属问题。当然，跨行政区划法院的积极影响值得肯定，作为现行司法改革全面深入的一种尝试，其对保障跨行政区划案件的公正裁判具有重要价值。

我国是一个人口众多、疆域广袤的大国，由于历史、地理的原因导致在许多方面不同地区间的差距较为悬殊。从现实情况来看，各行政区划司法机关的案件数额差距较大，相应配备的司法资源同样也差距较远。设立跨行政区划人民法院、检察院，可以按照方便当事人诉讼，合理配置司法资源的原则，建立与行政区划适当分离的司法管辖制度。跨行政区划人民法院"有利于构建普通案件在行政区划法院审理、特殊案件在跨行政区划法院审理的诉讼格局"①，间接对诉讼资源的适当分布产生积极效果，从而进一步体现司法为民的本质要求。

（二）最高人民法院巡回法庭的设立

经济社会的发展、互联网时代的到来导致社会关系繁杂，各利益主体之间的冲突也相应增多，基层法院和中级人民法院案件压力不断增大。然而，由于社会民众普遍存在"信上不信下"的心理，很多案件在基层、中级人民法院难以得到有效解决，当事人不断向上寻求救济渠道。这就导致案件压力进一步向高级人民法院乃至最高人民法院传递。在此情况下，一方面，当事

---

① 《十八大以来重要文献选编》（中），中央文献出版社2016年版，第153页。

人很难都能如愿获得最高人民法院的有效关注，从而在一定程度上导致首都地区社会不稳定因素增多；另一方面，最高人民法院疲于应付地方各类案件的审判及人员上访，其除审判职能以外的案件监督指导职能，将难以充分发挥。最高人民法院巡回法庭（以下简称巡回法庭）的设立，一是让最高审判机关更加贴近人民群众，体现了司法为民的宗旨；二是能减少位于首都的最高人民法院的压力；三是使最高人民法院能更方便深入实地了解案件真实情况，从而快速审理案件，提高审判效率。

同时，最高人民法院设立巡回法庭也有助于破除地方党政机关对案件的干涉，让审判权、执行权适当分离。这也是司法体制改革的重要探索。巡回法庭既能更好地指导、监督地方各级人民法院的工作，又能减少来自地方党政机关的干扰，因此能有效发挥维护司法公正的作用。跨行政区划人民法院主要是解决省以内的跨区划案件，最高人民法院巡回法庭解决的则是跨省案件。可以说，跨行政区划法院与最高人民法院巡回法庭相结合，将能共同致力于消除司法"地方保护主义"。

巡回法庭的设立也有利于公正司法和司法为民。一方面，巡回法庭的裁判事实上就是最高人民法院的裁判。传统的各级法院通常受到该级法院对应区划的制约，巡回法庭的设立是最高人民法院从自身出发做出的改革尝试。通过摆脱行政区划的约束，保证下面各级法院能独立公正裁判，从而完成审判职能的优化，并能以更高水准指导下级法院，提升地方各级法院的公信力。另一方面，巡回法庭拉近了最高人民法院与人民群众的距离，成为家门口的最高审判权威，能让广大民众深切感受到司法权威与司法便民是可以兼得的。

过去民众习惯于通过信访解决问题。在全面推进依法治国的背景下，法治必将成为解决社会纠纷的首要途径。设立巡回法庭，实际上就是将部分社会不安定的因素消灭在省以下。这既是社会平稳运行的需要，也是法治社会的必要途径。出于社会整体利益的考虑，巡回法庭必须秉承最高人民法院的行为准则和工作规范，尽量依靠法治处理好各地方的利益纠纷，避免成为政治的工具。因此，巡回法庭在处理案件时，必须与地方党政机关和司法机关保持良好的分工协作关系，以保证最高人民法院的权威在地方的树立。此外，巡回法庭审理的案件为下级法院类似案件的处理树立典范，作为其审判的参考依据，对地方产生一定的指导作用，有利于国家的司法统一。

（三）省以下地方法院、检察院人财物统一管理

在跨行政区划人民法院与最高人民法院巡回法庭设立之前，"地方保护主义"是影响司法公正的主要因素之一。这其中更为深层次的原因则是地方党政机关掌握着本级司法机关的人财物。经济无法独立，"人格"自然无法独立，司法权的运行就有可能受地方的干涉。司法权是中央事权，司法权的统一运行是国家权力统一的象征。但实际上各级司法机关都容易沦为地方党政机关的"附庸"，其根本原因就是受人财物的制约。"考虑到全国法官、检察官数量大，统一收归中央一级管理和保障，在现阶段难以做到，这次改革主要推动建立省以下法院和检察院法官、检察官编制统一管理制度，法官、检察官由省提名和管理并按法定程序任免的机制，探索由省级财政统筹地方各级法院、检察院的经费。"① 在这一背景下，推进省以下地方人民法院、检察院人财物统一管理，对于各地方司法机关有非常重要的意义。

省级统管实际上是一个过渡。尽管现在全国统管具有相当大的挑战，但归根结底，司法权应不断实现中央统一。改革措施实施以后，省级司法机关将承担更多的监督职责。当然，该制度的实施不能脱离法律和原有制度框架，司法权作为国家权力理应受人大的监督。因此，即便独立于地方政权，但不能将人大的监督排除出去，否则就从根本上违反了司法权的本质。②

---

① 《习近平总书记关于全面依法治国论述摘编》，中央文献出版社 2015 年版，第 78 页。

② 参见谢小剑：《省以下地方法院、检察院人财物统一管理制度研究》，《理论与改革》2015 年第 1 期。

（四）干预司法行为的防范与问责机制

尽管司法权依法独立行使是一项重要的宪法规定，① 但要从制度上彻底解决干预司法行为，还是要着眼于建立相应的防范与问责机制。现实中党政机关领导干部对司法案件的不当干预较为普遍，为此必须针对干预司法现象滋生的原因和制度性缺陷，来完善体制机制以防范和惩治干预司法行为。

为何党政领导干部能通过直接或间接方式影响司法裁判？没有强有力的责任追究机制应该是问题的关键所在。因此，继党中央提出"建立领导干部干预司法活动、插手具体案件处理的记录、通报和责任追究制度"② 之后，中央出台了《领导干部干预司法活动、插手具体案件处理的记录、通报和责任追究规定》和《司法机关内部人员过问案件的记录和责任追究规定》等。这些规定既是对全面推进依法治国的回应，也将党政领导干部干预司法纳入严格的责任追究体系之中，以致力于有效打击司法腐败的不良风气。两个规定为权力划定了不可逾越的界线，也通过严密的制度设计规范权力的运行。

"建立违反法定程序干扰司法机关独立办案的备案登记、相关信息公开披露、责任人员问责制度等不当干预司法问责机制；对非法干预司法机关特别是人民法院依法独立办案的，适时向社会公开披露信息，对造成严重后果的进行问责。"③ 当然，问责的最终落实需要强有力的制度保障。责任追究只是一种事后惩治手段，我们最终的目的是要杜绝这种现象。因此，预防才是最关键的。也就是说，应力求标本兼治。而预防最根本的在于，让领导干部有清醒的法治观和明晰的权责观，不敢也不愿越界，再辅以通过制度保障其

---

① 参见《中华人民共和国宪法》第 126 条："人民法院依照法律规定独立行使审判权，不受行政机关、社会团体和个人的干涉"；第 131 条："人民检察院依照法律规定独立行使检察权，不受行政机关、社会团体和个人的干涉"。

② 《十八大以来重要文献选编》（中），中央文献出版社 2016 年版，第 168 页。

③ 《领导干部干预司法活动、插手具体案件处理的记录、通报和责任追究规定》，2015 年 3 月 31 日，见 http://politics.people.com.cn/n/2015/0331/c1001-26774155.html；《司法机关内部人员过问案件的记录和责任追究规定》，2015 年 3 月 31 日，见人民网，http://dangjian.people.com.cn/n/2015/0331/c117092-26776258.html。

不能越界。

二、优化司法职权配置

党的十八届四中全会提出："优化司法职权配置。健全公安机关、检察机关、审判机关、司法行政机关各司其职，侦查权、检察权、审判权、执行权相互配合、相互制约的体制机制。"① 优化司法职权配置，深入把握了司法权运行规律的精髓，是司法体制改革继续深入推进的关键所在。

优化和规范司法权力的配置和运行必须坚持以下几点：一是以宪法为根本遵循。我国宪法明确规定了司法职权的配置，人民法院是国家的审判机关，人民检察院是国家的法律监督机关，人民法院、人民检察院和公安机关办理刑事案件，应当分工负责，互相配合，互相制约。② 必须把握的底线是，进行体制改革是对原有模式的优化提升，而不是改弦更张。二是要符合司法的核心精神。优化司法职权配置要与司法的内在发展方向相一致，即要契合现代司法之理念、方向、灵魂，因此要明确现有模式的利弊，才能对症下药，完善现有模式，激发司法活力。三是明确各机关权力的定位。唯有在各机关先履行好自己职责的基础上，才能有效进行相互合作。

（一）公安机关、检察机关、审判机关、司法行政机关职能及其相互关系

司法是定分止争的利器，有着保障社会稳定秩序的重大功能。在以往的实践中，四机关之间出于维稳目的而过于注重彼此之间的合作，但相互制约监督不够。原因在于：一是各机关的价值追求在某种程度上是高度吻合的；二是各机关在彼此合作中的根本利益可以最大化，三是各机关之间

---

① 《十八大以来重要文献选编》（中），中央文献出版社 2016 年版，第 168 页。

② 参见《中华人民共和国宪法》第 123 条："中华人民共和国人民法院是国家的审判机关"；第 129 条："中华人民共和国人民检察院是国家的法律监督机关"；第 135 条："人民法院、人民检察院和公安机关办理刑事案件，应当分工负责，互相配合，互相制约，以保证准确有效地执行法律"。

的职能、权力、责任分布不合理。检察机关监督公安机关的主要途径为：审查批准逮捕以及审查起诉，这对公安机关权力行使基本上起不到约束限制的实质性作用。与此形成鲜明对比的是，法院较容易受到检察院的掣肘，而法院对检察院的约束和限制则较为有限。而公安机关的主要领导往往身兼地方政权领导的班子成员，所以实际地位较高，造成公检法三机关之间权力对比的失衡。实际工作中，两司法机关的权力行使往往还受到其他机关的较多限制。而检察机关监督行政权力的运行，也仅限于职务犯罪等方面，这远远满足不了现实情况的需要。检察机关应加强对此两类现象的监督：一旦察觉权力越界与权力的消极懈怠，就应当立即履行相应职责，要求该机关改变不当行为或采取适当行为。因此，督促起诉制度、检察建议制度的大力推进就十分必要。

"司法职权理想的配置是能够最大限度地发挥司法权力的功能……审判权应当是司法权力中的核心权力，科学、合理的司法职权配置应当以审判权为中心。"[1] 审判中心主义是现代法治国家公认的司法基本准则，也是我国司法改革的基本方向。它强调的是审判程序处于整个诉讼过程中的中心位置，其内在机理在于分权制约理论和无罪推定原则，其最主要的价值追求是树立司法权威和保障人权。审判中心主义对于树立司法权威和推进司法改革具有深远意义。审判中心主义目的在于引导和制约侦查和起诉程序，以树立审判权威，并不否认侦查、起诉程序的基础地位、独立价值和重要作用。[2] 审判中心主义是为了树立审判的中心地位和发挥其决定作用，革新我国的司法职权配置，从原本饱受诟病的侦查中心主义诉讼构造，过渡到科学、合理的审判中心主义诉讼构造，对于司法公正起着决定性作用。[3] 优化司法职权配置既包括优化三种权力之间的相互关系，也包括对每项权力内部上下级的职责

---

① 吴高庆、董琪：《司法权力运行机制：理想、现实与未来》，《中共浙江省委党校学报》2014年第9期。

② 参见许克军：《审判中心主义与刑事诉讼构造革新》，《河南科技大学学报》（社会科学版）2015年第12期。

③ 参见许克军：《审判中心主义与刑事诉讼构造革新》，《河南科技大学学报》（社会科学版）2015年第12期。

优化。对三机关相互关系的定位，要尊重三机关在各自权力范围内的相互独立，各司其职。① 因而这一改革趋势必将整体提升我国司法体制的合理性、科学性，进而进一步保证司法公正。

现实生活中，司法机关对于普通老百姓来说似乎显得神秘莫测，门难进，人民群众不愿进、不想进，也就更加对这一机关的职能职责缺乏了解。而一些影视文学作品中所反映的司法不公现象加深了人们的感受。司法行政机关肩负着法制宣传、法律服务和法律保障等职能，可以充分发挥预防民间纠纷、化解社会矛盾、引导群众合理诉求、保障人民合法权益、维护社会公平公正的作用，在中国特色社会主义法治建设中发挥着不容忽视的作用。② 司法行政机关在司法过程中发挥着与公安机关、检察机关、审判机关的协调作用：通过人民调解制度有效降低诉讼率，减轻审判机关的案件压力；在司法诉讼中提供法律援助，推进诉讼程序的有序进行；对特殊人群进行管理、对社会公众进行法治宣传，协同公安机关进行治安管理维护，促进和谐法治社会的建设等。此外，司法行政机关在招录高素质法治人才，保证法治人才的高门槛标准、可靠性、权威性，加强法治服务队伍建设方面发挥着重要作用，为建设法治社会把好"人才关"，并为法治建设提供坚实可靠的法治建设储备力量。

（二）监察职权与司法职权优化

国家监察体制改革进一步优化了国家监察机关与其他司法机关的职权衔接。"监察委员会"的职权，来自监察机关、预防腐败局及人民检察院查处贪污贿赂、失职渎职以及预防职务犯罪等部门相关职权的整合，③ 并因而形

---

① 参见吴高庆、董琪：《司法权力运行机制：理想、现实与未来》，《中共浙江省委党校学报》2014 年第 5 期。

② 参见肖晗：《司法体制改革中司法行政机关的地位和作用应受重视——以长沙市司法行政机关为例》，《行政与法》2014 年第 8 期。

③ 参见《全国人大常委会关于在北京市、山西省、浙江省开展国家监察体制改革试点工作的决定》（2016 年 12 月 25 日第十二届全国人民代表大会常务委员会第二十五次会议通过），2016 年 12 月 26 日，见中国人大网 http://fanfu.people.com.cn/n1/2016/1226/c64371-28975554.html。

成一项新的权力——国家监察机关的监察权。国家监察体制改革，改变了原来的国家权力格局，监察权与行政权、检察权、审判权共同构成新的权力体系。而由于现有监察职权中的部分内容来源于检察机关的职权，因此有必要对监察职权与司法职权之间的关系进行分析。在新形势下，法治反腐必然需要国家监察委员会的监察职权与法院的审判职权、检察院的监督职权之间，通过有效合作、彼此约束和限制，达成一个新的权力工作体系。

国家监察职能整合了检察机关反贪污贿赂、反渎职侵权和职务犯罪预防三项职能，① 因此，检察机关要完成以上三项职能的移交，包括班子队伍的转隶等，而其依法检察监督的对象则增加了新的监察委员会。监察委员会负责调查国家机关工作人员的不当行使权力行为以及实施组织处分，检察院负责违纪违法者的批准逮捕以及提起公诉，法院负责最后的裁判。司法权与监察权之间同样是互相监督的关系。监察权、检察权、审判权都应在法律框架内行使，因而必须明确各自的权力界限。也就是说，虽然三者间相互协调衔接、互相配合，但却是各自分开单独行使各自的职权。"只有明确各自的职权和职责，相互之间不越位、不错位、不缺位，国家监察委员会、检察院和法院才能够在相对独立的制度环境中发挥各自的功能，监察职权与司法职权才能协同并进加快法治社会建设。"② 由于没有监督的权力容易出轨越界，故监察权、检察权、审判权的合作要点应当是彼此之间的监督与制约。

三、健全司法权力运行机制

合理运行的司法权力机制才能保证各机关正常发挥职权。《中共中央关于全面推进依法治国若干重大问题的决定》，对如何健全司法权力运行机制做出了明确部署。

---

① 参见《全国人大常委会关于在北京市、山西省、浙江省开展国家监察体制改革试点工作的决定（2016 年 12 月 25 日第十二届全国人民代表大会常务委员会第二十五次会议通过）》，2016 年 12 月 26 日，见中国人大网 http://fanfu.people.com.cn/n1/2016/1226/c64371-28975554.html。

② 江国华、彭超：《国家监察立法的六个基本问题》，《江汉论坛》2017 年第 2 期。

（一）依法独立公正行使司法权

要实现司法权的独立公正行使，就要从根源入手解决问题。当前的主要问题是个别地方党政机关领导干部对司法案件的不当干预，因而要从各地方党政机关及其工作人员这里建立和健全相关制度。制度是最好的"预防针"。"建立领导干部干预司法活动、插手具体案件处理的记录、通报和责任追究制度"①，就有了制度保障责任追究，就明确划定了红线，领导干部对自己的行为就会更加审慎，明白哪些可以为、哪些不可为。此外，在司法工作中坚持党的绝对领导，这是司法保证正确政治方向的前提。但必须明确的是，党对司法工作的领导方式主要是思想、政治、组织领导。党领导司法工作主要是为司法机关提供支持、指导和方向指引，给予支持政策和干部人才的选拔、培训，而不是干预具体案件的裁判。同样的，必须明确各级人大对司法机关的监督也是宏观的，而不是干预具体的个案。

（二）以审判为中心的诉讼制度改革

党的十八届四中全会提出："推进以审判为中心的诉讼制度改革。充分发挥审判特别是庭审的作用，是确保案件处理质量和司法公正的重要环节。"②而现实中，一些地方的侦查机关并没有将"侦查主导的诉讼程序"的观念纠正过来。侦查机关的失职直接导致案件在审判阶段的不顺畅。这主要是因为侦查机关没有意识到审判程序的重要性。"以审判为中心的诉讼制度改革，目的是促使办案人员树立办案必须经得起法律检验的理念，确保侦查、审查起诉的案件事实证据经得起法律检验，保证庭审在查明事实、认定证据、保护诉权、公正裁判中发挥决定性作用。"③侦查机关尽职履责关键在于侦查人员的观念改变。因此，必须从侦查人员的观念培育着手。这项改革就是要改变传统的"侦查为主导"的理念，使法庭审判回归本来的核心位置，从而促进司法公正。以审判为中心是利用审判的终局裁判形成一种倒逼

---

① 《十八大以来重要文献选编》（中），中央文献出版社2016年版，第168页。
② 《十八大以来重要文献选编》（中），中央文献出版社2016年版，第154页。
③ 《十八大以来重要文献选编》（中），中央文献出版社2016年版，第154页。

机制，让侦查机关、检察机关在案件侦查、起诉环节就带着审判的标准去行动，严格依法规范侦查和起诉活动，既要从源头上防止案件"带病"进入审判程序，又能及时制止和纠正违法行为。只有从源头上防范刑讯逼供和非法取证，方能有效落实罪刑法定、疑罪从无、非法证据排除等法律原则和制度，确保有罪的人受到应有制裁、无罪的人不受追究，最终为防范冤假错案提供有力支撑。

法庭审判是审判程序的关键。"以庭审为中心"要求实现庭审的实质化。比如在刑事诉讼法庭上，合议庭认真调查、分析案件，查明案件情况，对案件形成初步判断，经由质证弄清案件事实、辩论充分有效，全面落实直接言词、辩论原则，最终做出公正透明的裁判。尤其是在庭审过程中，法官严格以法律为准绳，有效落实被告人的辩护权，从而有助于通过庭审查明案件事实，维护被告人的合法权益，避免冤假错案。

以审判为中心，可以从多个方面着手。首先，要彻底纠正侦查为主导的理念，树立全部诉讼制度和活动都围绕着审判启动开展的观念。为此必须扭转长期以来侦查权过大而审判权虚弱的局面，加强审判权对侦查权的合理制约，最重要的是发挥非法证据排除制度的功能。其次，坚决矫正案卷中心主义。审判中心主义力求改变当前法官对案卷笔录的依赖，切实发挥庭审的应有功效。庭审不再是简单地对案卷笔录进行宣读和确认，而是要求法官通过观察庭审对抗过程，亲自判断证据、查明事实、做出裁判。所有证据都要在法庭上经过双方举证、质证，这意味着必须落实证人、鉴定人出庭制度，并充分运用各种证据规则做出最终裁判。最后，必须更新人们的诉讼程序观念，打破侦查、起诉、审判如同"做菜、端菜、吃菜"递进流程的三机关一起办案的刻板印象，建立三个流程独立进行、相互制约的科学诉讼程序观念。

以审判为中心的诉讼制度改革，对法官庭审驾驭能力、裁判文书说理和运用证据能力，提出了许多更新更高的要求，也对检察机关审查起诉、出庭支持公诉提出更高更严的标准。为此，必须提升司法工作人员的整体素质和业务水平；必须完善法官、检察官招录、遴选机制，优化司法队伍的整体结构；优化法官、检察官教育体系，注重提升法治工作队伍的职业精神、专业素养以及德行品质，培养一支职业化、专业化、风清气正的司法队伍。

四、完善人权司法保障制度

人权是保持人的尊严必不可少的权利。因此在诉讼过程中，首先，当事人和其他诉讼参与人的基本权利应予保障。其次，有效落实罪刑法定、疑罪从无、非法证据排除等法律原则，加强对侦查手段的司法监督，健全诉讼程序规范。再次，切实从多角度解决执行难问题。最后，对当事人诉讼权利以外其他权利的保障，更能凸显对人权的保障力度。

尊重和保障人权是我国宪法明确规定的原则，也是全面依法治国背景下的基本法治原则。人权的司法保障主要包括：一是所有人的权利都应当是保障对象，尤其是进入诉讼程序的被追诉人；二是被害人的权利保障应当从精神上、实质上获得保护，执行程序的顺利落实对被害人权利的最终实落至关重要；三是罪犯必须得到该有的刑罚，维护了社会稳定就是对民众权利的保障。保障被追诉人的权利是刑事司法人权保障的重心所在，但同时也不能忽视被害人的权利保障。人权司法保障制度的完善是我国法治建设的重要环节所在。党的十八大以来，司法领域的改革对于法治社会建设的重要性更为突出。司法作为解决和化解社会矛盾、处理纠纷的基本救济手段，与公民的各项权益密切相关。将以人为本作为司法改革出发点，让公民在每一个司法案件中都能感受到公平正义，使每一个老百姓在司法改革中都能受益。国家司法救助体系的建立、法律援助制度的完善等，以及它们之间的互相衔接和联动，构成我国人权司法保障制度体系，为全面落实我国宪法确定的尊重与保障人权的规定提供现实路径。

（一）诉讼权利保障制度与救济制度

在深化司法改革过程中，为保障当事人的起诉权，建立了立案登记制，新增加的公益诉讼制度、第三人撤销诉讼两项重大诉讼制度，也更好地保障了公民的诉讼权利。另外，通过完善从起诉到审判各环节的权利保障，进一步增强了对当事人诉权的司法保障和程序要求。相关司法解释还规定，依法保护和规范当事人一审、二审、再审各个阶段的申请撤诉行为；增加规定反诉构成的要件；明确规定因重复起诉不予受理的判断标准；对当事人在诉讼中变更或者增加诉讼请求做出细化规定；细化规定第三人撤销之诉、案外人申请再审之诉、执行异议之诉案件、当事人申请再审案件的适用条件、审理程序、审理方式以及救济途径等，以防止有关救济程序制度之间重复交叉，为当事人实现诉讼救济提供明确的途径指引，以切实保障其权利实现。

被害人的诉讼权利保障也是尤为重要的，应充分保障被害人的诉权与辩护权。被害人是诉讼当事人，其与案件有着直接利害关系。而要切实保障被害人全面、详细了解案件，在程序上按规定告知是首要的。而且，完善对被害人权利的保障，不仅指保障其基本的起诉权，而且也应保障其不服判决后的上诉权与申诉权。同时，法庭审理时，被害人也应有询问证人的权利，还有最关键的对被告人的责问权、意见陈述权、情感表达权等，此外就是必要的求偿权。"从辩护律师在侦查阶段介入诉讼的目的来看，辩护律师是为犯罪嫌疑人、被告人提供法律帮助并为审查起诉阶段和审判阶段的辩护做准备，而辩护律师享有调查取证权，是全面收集证据、了解案情的前提，是提供有效辩护的重要保障。"① 新刑事诉讼法将律师的辩护身份明确提前到侦查阶段，此外，关于辩护权的内容也明显得到充实。在刑事诉讼中，辩护律师的权利是否得到保障与保障人权息息相关，因此应该充分保障刑事诉讼中律师辩护的权利。司法机关应转变传统的诉讼理念，加大力度保障辩护律师的会见权、在场权和调查权。

"切实解决执行难，制定强制执行法，规范查封、扣押、冻结、处理涉案财物的司法程序。"② 同时对经上述程序处理的财物进行妥善管理，以保障当事人的合法财产权利。完善对被害人的司法救济制度，对不按时合规履行

---

① 陈光中：《应当如何完善人权刑事司法保障》，《法制与社会发展》2014 年第 1 期。
② 《十八大以来重要文献选编》（中），中央文献出版社 2016 年版，第 171 页。

补偿或赔偿义务的根据轻重程度进行信用惩罚，以国家强制力迫使被执行人主动及时补偿或赔偿被害人，以弥补其因案件所受到的损害。

（二）冤错案件预防与纠正

刑事诉讼法明确规定了"未经人民法院依法判决，对任何人都不得确定有罪"①的基本原则，也强调"不得强迫任何人证实自己有罪"②，"公诉案件中被告人有罪的举证责任由人民检察院承担"③等等证明规则，严格规定了"案件事实清楚，证据确实、充分"的证明标准以及疑罪从无等相关制度。这些原则制度充分体现了刑事诉讼法的作为人权保障的"小宪法"本质，贯彻了宪法规定的人权保障原则。

罪刑法定原则为保障公民的基本人权提供了切实保障。法律规定中的犯罪行为，在司法实践中一定要仔细、审慎地调查、分析案件基本情况，对犯罪的主观、客观、主体、客体等方面予以清晰确定，才不会造成无辜者受冤、错判、误判的结果。一旦发现法律规定出现相较于现实情况的漏洞，就应当主动利用司法解释来规范司法裁判。刑事诉讼中，公诉机关对犯罪嫌疑人的犯罪事实不清，证据不确实、充分，不应当追究刑事责任的，应当做出不起诉决定；④同样，对于无充分证据证明被告人有罪的，审判机关"应当作出证据不足、指控的犯罪不能成立的无罪判决"⑤。我国确立非法证据排除

---

① 《中华人民共和国刑事诉讼法》第12条："未经人民法院依法判决，对任何人都不得确定有罪。"

② 《中华人民共和国刑事诉讼法》第50条："审判人员、检察人员、侦查人员必须依照法定程序，收集能够证实犯罪嫌疑人、被告人有罪或者无罪、犯罪情节轻重的各种证据。严禁刑讯逼供和以威胁、引诱、欺骗以及其他非法方法收集证据，不得强迫任何人证实自己有罪。"

③ 《中华人民共和国刑事诉讼法》第49条："公诉案件中被告人有罪的举证责任由人民检察院承担，自诉案件中被告人有罪的举证责任由自诉人承担。"

④ 参见《中华人民共和国刑事诉讼法》第173条："犯罪嫌疑人没有犯罪事实，或者有本法第十五条规定的情形之一的，人民检察院应当作出不起诉决定。"

⑤ 《中华人民共和国刑事诉讼法》第195条第3款："在被告人最后陈述后，审判长宣布休庭，合议庭进行评议，根据已经查明的事实、证据和有关的法律规定，分别作出以下判决：……（三）证据不足，不能认定被告人有罪的，应当作出证据不足、指控的犯罪不能成立的无罪判决。"

规则，包括对通过刑讯逼供等非法手段取得的言词证据的绝对排除、对以非法方式取得的实物证据的相对排除，以及明确举证责任和证明标准等，都是从制度上遏制刑讯逼供和其他非法收集证据的行为。通过否定侦查机关非法调查取证的行为，能促使侦查机关严格依照程序进行诉讼活动，使违法取证行为得到彻底纠正，从而防止冤假错案的发生。初看之下，非法证据排除在一定程度上不利于案件真相的查明，但确立非法证据排除规则，有利于保障诉讼参与人的权利。而且实体公正与程序公正的平衡，体现了由重视打击犯罪，到既重视打击犯罪又重视保护人权的理念转变。

（三）健全司法救助制度

司法救助制度是国家对涉法、涉诉困难群众关怀和保护的重要体现，是国家尊重保障人权、维护社会公平正义的重要方式。国家通过统一立法的形式规范司法救助，在总结司法实践经验基础上进行司法救助制度保障。这既是对宪法"尊重和保障人权"的回应，也是我国人权保障发展的必然趋势。通过制度保障，实现了对中国传统政治文化中"仁政思想"的批判继承。司法救助在保护弱者、追求实质公平的同时，体现了司法的人文关怀，为保障人权、促进社会和谐稳定发挥了积极作用。

在诉讼中，审判机关针对无法正常履行缴费义务的当事人，通过采取一定的灵活措施，让有权益保障需要的民众不因经济原因而被拦在司法大门之外，进而确保这部分人能得到司法救助。此外，由于从裁判到执行有一个过程，当被害人或胜诉方等在生活上有紧急需要而无法等到执行完成时，国家可以在这种紧要关头成为物质上的临时代付者。上述司法救助制度上的具体措施，既保障了公民的诉讼权利，又维护了诉讼当事人应获得的合法权益。《关于建立完善国家司法救助制度的意见（试行）》和《最高人民法院关于加强和规范人民法院国家司法救助工作的意见》，均对司法救助制度进行了详细规定。在我国，刑事司法救助已经体系化和规范化。对被告人因经济困难或者其他原因实行刑事司法救助方式，主要是通过人民法院指定辩护人为其提供辩护来实现，被告人为盲聋哑、未成年人及可能被判处死刑的，人民法院应当为其指定辩护人。民事诉讼法中也有关于司法救助性质的规定，比如关于追索特定费用的先予执行规定，①证据收集困难的司法救助规定②等等。当然，我国法律对司法救助的规定还有待于加强和完善，尤其是现有救助制度在实践中还应得到更加有力的落实。因为司法救助工作的落实，不仅是人权保障理念的凸显，也为法治社会建设提供更多的驱动力。

（四）完善法律援助制度

法律援助制度是我国司法制度的重要组成部分，是实现社会稳定发展、体现法律公平正义的必要国家行为。强化法律援助制度有利于实现对人权的保护。通过扩大法律援助面，拓宽申请资格等方式，能够增强这一制度的实用性；进一步明确这一制度的申请资格、范围、责任，则能使法律援助实现长效化，落到实处。完善法律援助，是司法为民的体现。习近平总书记强调："要坚持司法为民，改进司法工作作风，通过热情服务，切实解决好老百姓打官司难问题。特别是要加大对困难群众维护合法权益的法律援助，加快解决有些地方没有律师和欠发达地区律师资源不足的问题。"③公正司法的一个前提条件就是，公民在有司法需求的时候，不会受到资金和律师资源短缺的阻绊。法律援助最终要体现的就是公正。因此，参与法律援助的组织、机构和人员必须明确这一制度的深刻内涵，在具体工作中尽职尽责，保障公民的权利。"必须立足基本国情，积极探索法律援助工作发展规律，创新工作理念、工作机制和方式方法，实现法律援助申请快捷化、审查简便化、服务零距离，不断提高法律援助工作规范化、制度化、法治化水平。"④这些要

---

① 参见《中华人民共和国民事诉讼法》第106条："人民法院对下列案件，根据当事人的申请，可以裁定先予执行：（一）追索赡养费、扶养费、抚育费、抚恤金、医疗费用的；（二）追索劳动报酬的；（三）因情况紧急需要先予执行的。"

② 参见《中华人民共和国民事诉讼法》第64条第2款："当事人及其诉讼代理人因客观原因不能自行收集的证据，或者人民法院认为审理案件需要的证据，人民法院应当调查收集。"

③ 《习近平关于全面依法治国论述摘编》，中央文献出版社2015年版，第68页。

④ 《关于完善法律援助制度的意见》，2015年6月29日，见 http://politics.people.com.cn/n/2015/0629/c1001-27226537.html。

求体现的都是司法为民的本质，让社会弱势群体的合法权益得到法律的平等对待，让人民得到实质上的尊严，从而缓解司法诉讼中的群众负面情绪，保障社会安定有序。法律援助不仅仅是提供法律帮助，还要注重对被帮助人的情绪引导和精神抚慰。法律援助必须同司法救助等其他制度协调配合，才能促进社会公正的实现。

（五）涉法涉诉信访处理法治化

法律的定分止争功能得到实现，必须首先避免法律的缺位，使法律成为解决社会矛盾的主要方式。这又以人民内心信法、主动用法为前提。一旦缺乏对于法律的信赖，遇到问题首先不是诉诸法律，而是习惯性地依靠非法律途径处理问题，那么长此以往，对法律的信仰也就无从建立。2014年3月《关于依法处理涉法涉诉信访问题的意见》出台，将涉法涉诉信访问题纳入法治轨道；紧接着2014年10月《关于建立涉法涉诉信访事项导入法律程序工作机制的意见》、《关于建立涉法涉诉信访执法错误纠正和瑕疵补正机制的指导意见》、《关于健全涉法涉诉信访依法终结制度的实施意见》等配套文件相继出台，大大推动了涉法涉诉信访的法治化进程。把涉法涉诉信访问题纳入法治轨道解决，实现从过分依赖行政手段化解涉法涉诉信访问题，向依法按程序处理涉法涉诉信访转变，事实上就是对司法解决纠纷功能的回归，是司法最终原则的体现。

信访制度作为我国治理体系的重要组成部分具有独特优势，符合我国国情和发展要求。但一些地方基层存在"信访不信法"现象，不少人迷信"上"的权威，而认为正常的诉讼阶段不过是走过场，认为信访比诉讼有效。这不仅严重影响司法的威严，而且会导致更多民众放弃司法救济途径。如此恶性循环导致影响社会稳定的群体性事件时有发生。此类社会治理危机无疑暴露了国家治理能力的衰弱。因此，实施涉法涉诉信访处理的法治化，是化解当前涉法涉诉信访难题的必要手段。通过涉法涉诉信访处理的法治化，增强司法权威和提高司法公信力，逐步把公众的权利救济引进法治轨道和司法途径予以解决，最终实现国家治理现代化目标。①

"落实终审和诉讼终结制度，实行诉访分离，保障当事人依法行使申诉权利。"② 这是涉法涉诉信访工作改革的基本原则、基本要求、基本途径和基本方向。将涉法涉诉信访案件以法治方式解决，是对法治中国建设的回应。实行诉讼与信访分离制度，诉讼与信访分开，意味着诉讼机关与信访工作机关要划清职权、不能越界、不能推诿。涉法涉诉信访除了与诉讼分开，还需与传统信访体制剥离。遇到民众的涉诉涉法信访，各机关要主动告知民众转向政法机关寻求帮助。一旦该信访事项转入司法程序，政法机关即应认真审慎地分辨处理：如果案件还在诉讼过程中，则继续按照诉讼阶段处理完；如果案件已经走完诉讼程序，还可以走申诉等救济途径，则要告知当事人另寻救济途径；如果经过了所有其他救济手段，对相关部门所做的处理决定仍然不服，则告知走行政诉讼途径。③ 对于以上的分别处理方式，要及时依法对当事人公开，才符合信访制度的设置初衷。信访诉求的处理须有终结机制，处理程序要做到公正公开，处理结果要兼顾实体公正与程序公正。改革涉法涉诉信访工作机制，最终是要为法治社会与和谐社会服务。因此，要让该制度在实际工作中切实发挥效果，就需要各部门及其工作人员的共同努力。

第三节　推进司法文明建设，实现法治中国梦

法治是现代文明的重要标志，是现代社会发展的制度结晶。司法文明体现了法治文明和政治文明的程度，是现代法治国家的司法理念、司法制度和司法文化的集中表征，司法文明建设反映了国家治理的现代化进程。司法文明的进步是深化司法体制改革的重要目标。

---

① 参见程琥：《司法最终原则与涉法涉诉信访问题法治化解决》，《人民司法》2015 年第 5 期。

② 《十八大以来重要文献选编》（中），中央文献出版社 2016 年版，第 171 页。

③ 参见何国强：《论涉法涉诉信访治理的法治化》，《政法学刊》2015 年第 12 期。

一、司法文明的理论内涵与时代特征

文明是与人类社会发展进步紧密相关的，反映了积极良好的社会发展状态。司法文明是人类物质、精神和政治等文明成果在司法活动中的体现，其与现代社会实际相适应，对现代社会发展有促进作用，与法治建设目标相吻合。司法作为治理国家、实现正义、调谐关系、保障人权的最终手段，国家法律运作状态和程序体现的文明，自然而然构成司法文明的重要环节。司法文明是由现代司法机关在长期处理各类案件过程中创造的法律文化及其各种表现形式的总和，体现为司法理念、制度、文化的文明水平，是一种法治文明。司法文明是国家司法体制维护公平正义和保障人权的先进性程度。它能反映司法在发挥维护公平正义根本功能和实现保障人权基本价值方面的先进性。

司法从产生至今，从传统到现代的蜕变即产生了司法文明理论。司法能够通过国家强制力的保障实施来调和社会秩序、处理人与人之间的法律关系，最终维持社会健康有序运行。司法文明这一概念的提出，将司法上升到一种文明的高度予以重视和建设，揭示了司法制度的基本取向和发展规律。司法作为维护社会公平正义的最后一道防线，其内在文明性决定了法治社会的可持续性。推进现代司法文明建设，就是以"公平正义"为根本价值取向，围绕深化司法体制改革包括司法权力体系内部的优化配置等，进一步使中国特色社会主义司法体制权责清晰、有效配合、互相制约、稳健运行，"努力让人民群众在每一个司法案件中都能感受到公平正义"①，为全面依法治国提供高效优质的司法保障，最终促进社会和谐稳定发展。

二、司法文明理念

人们对法治的信仰源自心理层面对法律的信仰，即法治理念与法治精

---

① 《十八大以来重要文献选编》（上），中央文献出版社 2014 年版，第 91 页。

神。科学的司法理念是正确理解法治精髓、公正司法的关键，并将成为推进司法文明建设的重要推动力量。作为指导司法制度和规范司法实践的观念基础，司法理念直接反映司法文明的水平，并制约着司法体制发展路径的选择与方向。司法文明理念孕育和滋养着法治社会，培育着全社会的司法信仰，通过引导司法活动中的行为，提高司法权威并营造和谐的法治社会氛围。中国传统司法文化中有以"礼治"为指导的德主刑辅、明德慎罚的教化与刑罚相结合理念；有"民惟邦本"的以人为本理念；有"以和为贵"的无讼理念。传统的司法理念作为法律文化的根源，其内在的文化意蕴反映了中国特色的法律心理、法律观念与法律精神。因此，在建设现代司法文明理念的过程中，我们要坚持继承与批判相结合的态度，对优秀的传统司法理念加以总结、升华，结合现代法治社会实际，对传统司法理念加以创新发展，使其具有现实价值，从而构建中国特色社会主义司法理念。

革新司法理念与现代司法的本质相契合，也是深化司法体制改革的内在追求。在法治全球化的今天，我们国家的司法理念在遵循人类法治文明发展规律的前提下，立足中国国情与实际，创建了具有中国特色的社会主义司法文明理念。

（一）人权理念

尊重和保障人权，是中国宪法的基本原则。司法作为维护社会公正的最后防线，其宗旨就是保障人权。司法是捍卫和救济公民权利的最终利器，高效有力的司法体制成为人权保障的法治底线。现代司法文明应将对人的全面关怀贯彻于司法的全过程，包括对人的生命财产的保障、对人格尊严的尊重、对人获得幸福的保证，发挥司法的人道主义精神。在当今中国，人权更应体现为对人性的关爱。司法活动应表现出对人的尊重、善待、关怀与理解人。在行使司法权的过程中，恪守以人为本理念，坚持法律面前人人平等，将目光聚焦于诉讼当事人，把每一个诉讼参与人，真正作为有人格、有尊严、有价值的个体来对待，充分保障诉讼参与人应有的诉讼权利，让司法带给老百姓的感受，不是冰冷的一纸文书，而是对当事人生存与生活的关切，对当事人现实命运与前途的关注。让司法在具有深厚人文关怀的文明理念指导下，真正体现法治社会的精神内涵。

（二）公正理念

公平正义是衡量国家社会文明发展的标准，是人类文明的标志之一。公正一直是人类社会孜孜以求的理想目标。公正的含义包括公平、平等、正当、正义等。公正作为调节人与人之间社会关系的准则，是人人希望得到平等对待的心理需求，也是建设和谐社会的必要条件。法律乃公平正义的化身，人们对法律寄托以期望。而法律实现社会公平正义的主要途径就是依靠司法。司法制度从诞生至今，公正便是其基本内在价值，公正理念普遍被认为是司法与生俱来的精神。公正是行使司法权的首要标准。权利平等、合法合理、程序正当都是公正理念对司法的要求。司法裁判是根据正义原则做出的，司法审判权存在的目的，便是平衡社会关系，实现公允的社会状态。诉讼参与人选择诉讼即是希望通过公正严明的法律程序，得到一个公正的裁判结果，当事人合法的权益也只能通过公正对待才能获得。司法公正理念是法治社会的应有之义。在一个民主文明的整体社会环境中，司法越能彰显出它的价值。因此，正确的司法理念是建设中国特色社会主义法治国家不可或缺的基础。法律保障人民的合法权益，而法律也通过其公正司法的过程和结果树立权威。公正司法与司法权威两者之间相互依存、相互促进。只有公正司法才能提升司法在人民心中的公信力，才能培育公民心中的法治信仰。

司法公正是社会公正最重要的组成部分，同时司法公正的实现也会保障和促进社会全面公正。公正是法治的底线，"司法公正对社会公正具有重要引领作用，司法不公对社会公正具有致命破坏作用"①。因此，需要保障司法权的依法独立公正行使，通过司法机关和其他相关机关各在其位、各尽其职，使侦查权、检察权、审判权、执行权彼此合作、彼此约束。在诉讼实践中，"坚持以事实为根据、以法律为准绳，让事实认定符合客观真相、办案

---

① 《十八大以来重要文献选编》（中），中央文献出版社 2016 年版，第 168 页。

结果符合实体公正、办案过程符合程序公正"①。如此，既是对司法价值的践行，也是保障司法公正的途径。

三、司法文明的具体表现

司法文明作为社会主义法治文明的核心部分，其主要体现在，加强人权司法保障、提升司法公信力、强化司法工作人员职业道德建设等。司法文明建设通过采取各方面具体的措施，为法治中国建设提供了有力的支撑。

第一，加强人权司法保障。这主要包括保障诉讼当事人和其他参与人的基本权利；落实终审和诉讼终结制度，实行诉访分离，依法保障当事人进行申诉等相关权利；依法解决执行难等方面的内容。

第二，提升司法公信力。这主要包括加大司法公开力度，让人民群众洞悉司法、全程跟进诉讼过程、全面掌握司法权力的运行状况；加强对诉讼过程的监督；推进严格司法等诸多方面。对此，前文已进行过阐述。

第三，司法工作人员职业道德建设。党的十八届四中全会指出："全面推进依法治国，必须大力提高司法工作人员思想政治素质、业务工作能力、职业道德水准，着力建设一支忠于党、忠于国家、忠于人民、忠于法律的社会主义法治工作队伍，为加快建设社会主义法治国家提供强有力的组织和人才保障。"② 高素质的司法工作队伍是建设法治国家和法治社会的中坚力量。公正文明司法要求司法工作人员具有求真务实、理性平和、廉洁公道、善良诚信的品质。良好品质的形成，仰仗于司法人员内心对真善美的追求和对公平正义的坚定信仰。司法工作人员正确行使司法权，不仅要依靠扎实的专业知识素养，更重要的是要有敬畏法律的良知，不滥用权力，不恣意裁判。《法官职业道德建设准则》要求法官"忠诚司法事业、保证司法公正、确保司法廉洁、支持司法为民、维护司法形象"③。《检察官职业道德基本准则》要求

① 《十八大以来重要文献选编》（中），中央文献出版社2016年版，第169—170页。
② 《十八大以来重要文献选编》（中），中央文献出版社2016年版，第174页。
③ 《中华人民共和国法官职业道德建设准则》第2条。

检察官"忠诚、公正、清廉、文明"①。法官、检察官等司法工作人员具备较高的职业化程度和良好的职业素养，是司法文明的本质要求。高度职业化的司法工作人员要求具备优秀的道德品质和高尚的司法操守，以及高度的责任感和社会担当。司法职业化是司法文明的重要标志和必然结果。全面提高司法工作人员的职业道德以及完善司法工作人员职业保障制度是公正司法的当务之急。

　　培养高素质的司法工作队伍，要把"思想政治建设摆在首位，加强理想信念教育，深入开展社会主义核心价值观和社会主义法治理念教育，坚持党的事业、人民利益、宪法法律至上"②，着力建设司法机关各级领导班子，选拔善于运用法治思维和法治方式推动工作的人员至领导队伍中。"完善法律职业准入制度，健全国家统一法律职业资格考试制度，建立法律职业人员统一职前培训制度"，"推进法治专门队伍正规化、专业化、职业化，提高职业素养和专业水平"。③ 以专业考试选拔专业人才充实法治建设后备军，既是对法治尊严的维护，也是对人民负责，更是建设法治国家和法治社会的必要条件。严格规范司法工作人员的选拔和晋升制度，既能激发司法人员的专业精神，积极向上，更加严格地要求自己，也对专业能力的提升大有裨益，以全方位提升法治专门队伍的整体水平。

---

① 《检察官职业道德基本准则》第 2 条。
② 《十八大以来重要文献选编》（中），中央文献出版社 2016 年版，第 174—175 页。
③ 《十八大以来重要文献选编》（中），中央文献出版社 2016 年版，第 175 页。

第十三章　中国特色社会主义法治话语体系
之守法话语

　　守法话语是中国特色社会主义法治话语体系的重要组成部分。坚持将守法作为法治的重要环节，一直是党的政治报告明确强调的。党的十五大提出"法律面前人人平等，任何人、任何组织都没有超越法律的特权"，党的十六大和十七大报告鼓励党员干部要带头守法，党的十八大报告明确提出在"社会主义法治理念"的指引下增强守法意识，党的十八届四中全会决定进一步提出"法律的权威源自人民的内心拥护和真诚信仰"，"增强全社会厉行法治的积极性和主动性，形成守法光荣、违法可耻的社会氛围，使全体人民都成为社会主义法治的忠实崇尚者、自觉遵守者、坚定捍卫者"。尤其是，党的十八届四中全会提出，要增强全民法治观念，推进法治社会建设。这一重要论断为我们自觉遵守法律，维护法律权威，形成全民守法的法治氛围，提供了重要指导。因此，本部分将通过对增强全民法治观念，推进法治社会话语理论内涵的解读，明确增强全民法治观念，推进法治社会建设的难点，并在此基础上，阐明守法话语在中国特色社会主义法治话语体系中的重要地位和作用。

第一节　增强全民法治观念，推进法治社会建设的理论意涵

　　在明晰法治社会内涵的基础上，考察其与增强全民法治观念之间的关

系，是解读该话语首先需要做的工作。可以说，增强全民法治观念和推进法治社会建设紧密相连：增强全民法治观念是法治社会建设的前提，而法治社会建设也将有力促进全民法治观念的增强。

一、法治社会的意涵

一切法律之中最重要的法律，既不是铭刻在大理石上，也不是刻在铜表上，而是铭刻在公民的内心里，来自人民内心的确认、衷心拥护和真诚信仰。我们一直强调法治来源于人民，法治依靠人民，法治为了人民。这就要求我们必须重视人民的法治观念，必须弘扬社会主义法治精神，培育社会主义法治文化，努力形成守法光荣、违法可耻的社会氛围。在中国特色社会主义新时代，党和国家高度重视增强全民法治观念，推进法治社会建设。因此，何为"法治社会"是需要明确的一个前提性概念。关于如何认识"法治社会"，学界有几种代表性观点。

其一，将西方"市民社会"的理论模型在我国进行简单套用。该理论观点基于求同的思维定式，认为随着我国改革开放的逐步推进以及国民经济的高速发展，也会出现一个类似于西方的市民社会。市民社会能够保持独立自主，自我管理，并且能够对政治国家产生有效制约，产生自下而上的变革力量，推动政治体制改革。① 针对该类观点，也有学者提出过相反的意见和看法，基于我国同西方国家不同的社会背景、历史发展、现实条件，认为我国属于后起的现代化国家，其内部实际上是异质化的社会结构，并不具有内部理性的条件，而需要外部动力予以促成。②

其二，将法治国家与法治社会进行比对分析，以法治国家为参照物，揭示法治社会的内涵和特质。比如蔡定剑就认为我国之前实际上是靠政策治理国家，是政策社会，是一种人治治理方式；我们今天提倡依法治国，就是要

---

① 代表观点参见马长山：《法治进路中的"民间治理"》，法律出版社 2006 年版，第 15 页。

② 参见方朝晖：《对 90 年代市民社会研究的一个反思》，《天津社会科学》1999 年第 10 期。

实现治国方略的转变。① 不难看出，这仍然是国家社会一体化思维的延续。因为将法治社会替换成法治国家的概念，仍然沿袭的是国家—社会二元对立的理想和假设。有学者认为，法治社会和法治国家二元并存，是一体之两面。② 另有学者认为法治国家内在地包含法治社会和法治政府，法治国家是最为广义的概念。③

其三，基于普遍性和特殊性相结合的思维方式，既注重法治的普通性又注重我国的特殊性，对法治社会进行探究。有学者认为，我国的法治社会建设"是对人情社会的反思重构和对公共理性的培育与提升，有助于弥合转型中国的社会共识。法治社会具有法治的融贯性和社会的共治性两大特质"④。

以上各种观点，基于不同思维方式和视角，对法治社会的理论意涵有着自己独到的理解，应该说在一定理论视阈内具有其合理性。我们在综合以上学者观点的基础上，认为法治社会具有如下意涵：其一，法治社会的"法"应当做广义解释。"法"不仅包括依靠国家强制力的国家法律，而且包括中国共产党党内法规，以及各种市民公约、团体章程、乡规民约、行业规章，以充分发挥各种社会规范在社会治理中的积极作用。其二，法治社会并非与法治国家构成严格的包含和种属关系，而具有独立于法治国家的一面。具体说来，一方面需要公权力的介入，另一方面也需要支持各类社会主体自我约束、自我管理，保证一定的自主、独立和自治空间。其三，法治社会的建设目的，是为了厉行法律权威，依法保障人民利益，通过法治手段来整合社会，防止社会的断层和分裂。

---

① 参见蔡定剑：《从政策社会到法治社会——兼论政策对法制建设的消极影响》，《中外法学》1999 年第 2 期。

② 参见卓泽渊：《法治国家论》，法律出版社 2008 年版，第 54—56 页。

③ 参见姜明安：《论法治国家、法治政府、法治社会建设的相互关系》，《法学杂志》2013年第 6 期。

④ 江必新：《法治社会建设论纲》，《中国社会科学》2014 年第 1 期。

二、增强全民法治观念与法治社会建设的关系

法治社会建设与增强全民法治观念具有紧密的联系。可以说，增强全民法治观念是法治社会建设的前提，而法治社会建设也会有助于全民法治观念之养成和提升，两者之间相互依赖，相互促进。

一方面，增强全民法治观念是法治社会建设的前提。法律必须被信仰，否则形同虚设。增强全民法治观念需要从尊法、学法、守法、用法四个方面入手。首先，要求全体社会成员，尤其是党员领导干部这一关键少数必须尊敬法律，崇尚法治，敬畏法律权威。不仅要培养自身的法治思维和法治方式，摒弃人治方式，而且要尊法、信法，将法律内化为内心信仰，转化为日常行为规范。其次，要求全体社会成员自觉学法，懂法。学习法律不仅要领会法条意涵，而且要能透过法律条文，体悟其背后蕴含的法治精神和法律文化。要求党员领导干部不仅要认真学法，将宪法法律列入党委中心组学习内容，而且要求将法治教育纳入国民教育体系，从小抓起，从青少年抓起，在中小学增设法治知识课程。再次，要求全体社会成员自觉守法。牢固树立有权必有责，用权受监督的理念，要求领导干部将带头尊法守法作为树立法治意识的关键。同时增强全社会厉行法治的积极性和主动性，形成守法光荣、违法可耻的社会氛围。最后，要求全体社会成员自觉用法。不仅要增强法治的道德底蕴，弘扬中华优秀传统文化，而且要引导和支持人民理性表达自己的合法诉求，运用法律武器维护自身的合法权利和利益。①

另一方面，法治社会建设将有力促进全民法治观念的养成。法治社会的形成，对于法治政府建设、法治国家建设、社会转型、法治升级等方面，都有着重要的促进作用，也同样会促进社会民众、公职人员以及领导干部这个"关键少数"法治观念的增强。首先，法治社会有利于法治政府建设。法

---

① 参见乌洗尘：《法治社会建设是全面推进依法治国的重要支撑》，《新长征》2015 年第 5 期。

治社会要求独立、自主、自治、自我约束和自我管理领域的成熟，该社会领域能够对政府公共权力形成有效制约；也需要健全依法维权和化解矛盾机制，建立健全利益表达机制、救济救助机制、畅通群众利益协调、权益保障渠道、社会矛盾预警机制等等，将权力关进制度的笼子里。其次，法治社会有利于法治国家建设。法治国家并不等同于只注重立法数量的立法国家，还必须关注立法的具体实施效果，否则就是法律中心主义和形式主义。因此，法治社会的建立，在社会层面形成崇尚法治、尊崇法律的社会氛围，有利于国家立法的实施，从而有利于法治国家建设。再次，法治社会建设也有利于我国社会结构的成功转型。我国传统社会结构呈现一种如费孝通所言的"差序格局"，即是以自我为中心，以人情关系为媒介而形成的社会网络。这种社会结构所带来的问题就是容易在制度面前讲妥协，在法治面前讲人情，导致以生活逻辑对抗制度逻辑，从而削减正式制度的理性权威。法治社会建设就是要改变以往一些不合理的传统和民情以及习惯法，在全社会树立法治权威，使人民从内心确认法律信仰，形成良好的法治氛围和法治文化，进而推动社会结构的现代化转型。最后，法治社会建设有利于中国法治升级。社会空间应当保持一部分独立于国家的自治和自我空间，以避免成为国家的附庸。法治社会建设，不仅可以促进全民法治意识的形成和培养，激发民众广泛的政治参与意识，加强对国家公权力的监督，而且可以通过自我管理形式的公约、民约、行规等等，弥补国家法律调整范围的不足，深入国家法治无法触及之处，形成国家和社会良性互动的局面，促进中国法治的升级和转型。

第二节　增强全民法治观念，推动法治社会建设的难点

如前所述，增强全民法治观念和推动法治社会建设两者联系紧密。但在实践层面，却存在一些阻碍法治社会建设的障碍性因素，主要有：法治文化缺失影响全民法治观念的树立；阶层分化和阶层固化影响法治资源的

平衡和充分发展；依法维权、化解纠纷机制不健全影响人民现实利益的维护。

一、法治文化缺失影响全民法治观念树立

文化是一个民族的精神内核。政治文化影响着政治制度安排。尽管党和国家高度重视建设社会主义法治文化，但是文化的延续性和潜移默化性长期存在，改变旧文化非一日之功。苏共的特权思想以及我国封建社会的官本位文化影响依旧存在。这对我国法治社会建设无疑产生着消极影响。因此，我们必须加强社会主义法治文化建设，形成风清气正的政治生态。

就苏共的特权思想而言，苏共长期强调官员对于民众的强迫命令和优势地位，而不是平等协商，往往对民众的一些利益诉求、合理建议采取置若罔闻的态度，从而造成与民众之间的嫌隙和隔阂。苏共这种文化思维方式对中国共产党也曾产生过重要影响。虽然我们强调坚持马克思主义的指导地位，强调人民群众是历史的创造者，要求强化与人民群众的血肉联系，但在实践中，总会有一些党员同志割裂党性和人民性之间的统一关系。他们片面理解中国共产党的先进性，以为自己高人一等，常常忘记自己行使的实际上是党和人民赋予的权力，忘记了人民的利益才是最大的利益，并用手中的权力为自己谋取私利，在人民群众中产生极其不好的影响，从而影响民众的法治热情和法治意识的培育。

就封建社会的官本位文化而言，其实质是封建社会遗留下来的官民等级观念。尽管随着经济的快速发展和改革开放的不断深入，我国公民的法治意识和法律素养有了很大提高，但官本位文化仍然有着重要影响。一方面，一些普通民众对权力往往表现出崇拜和胆怯的双重心理。这种心理不仅容易产生服从心理，而且容易导致人们对政治的疏远和冷漠，并因而消解其政治参与热情。因此，在其个人利益被侵害的情形下，往往选择忍气吞声，不断退让，不敢合理表达自己的利益诉求。这样造成的结果，往往是个人利益受到

进一步侵害，在没有合适渠道进行协调沟通、利益表达的情形下，则会导致群体性事件，破坏社会安定团结和正常秩序，影响法治社会的建设成效。另一方面，一些官员往往会认为自己受过精英教育，具有战略眼光和丰富的从政经验，因而将人民群众当作客体，违背了"人民主体地位"的要求，忽略与人民群众之间的血肉联系，独断之风盛行，这对于法治文化的培育和建设也会产生极坏的影响。

二、阶层分化和阶层固化影响法治资源的平衡和充分发展

党的十九大报告指出，我国社会的主要矛盾已经转变为人民日益增长的美好生活需要和不平衡不充分发展之间的矛盾。对于法治社会建设而言，我国法治社会建设需要平衡的是人民日益增长的法治资源需求与不平衡不充分发展之间的矛盾。而这种不平衡和不充分发展，是由高速经济发展带来的阶层分化和阶层固化造成的。

所谓社会阶层分化，是指随着我国社会主义市场经济的快速发展，社会经历着由传统农业社会向工业社会的急剧转型，以及伴随着我国快速发展的城市化进程，使原有的社会阶层流动性增加，其内部不断进行分化重组，形成复杂多元的社会阶层。所谓社会阶层固化，是指"阶层地位的先赋性因素越来越强、自致性因素减弱。尤其表现为社会中经济资源、政治资源和文化资源等主要资源集中于社会特定人群中，这些人群垄断了社会各种资源，而其他阶层被排除在外"①。

就阶层分化而言，主要出现以下变化：首先，农民阶级内部分化为农民工、私营企业主、乡镇企业管理者、个体工商户、农村管理者；其次，工人阶级内部分化为产业雇佣工人、工厂经营者、知识分子等等；再次，知识分子阶层分化为企业管理者阶层、从事学术研究和文化传播的专家学者、专业

---

① 曹义恒、胡建兰：《中国当前阶层固化趋势及其对党群关系的影响》，《马克思主义与现实》2015 年第 1 期。

技术人员、从事行政管理的知识分子以及学生群体等等；最后，是社会新阶层的兴起，他们一般是自由职业者，以知识分子为主，受过良好教育，受西方法治思想影响较多，具有较强的西方自由主义倾向，具有强烈的维权意识和法律意识，有着较强的政治参与意识和参与热情。

就阶层固化而言，随着改革开放向纵深发展，我国的政治精英、经济精英与文化精英高度耦合，使社会的经济、文化和教育资源更多地被他们所掌握，而普通民众拥有的社会资源日益匮乏，发展机会越来越少。① 对一些精英阶层而言，他们享有更充分的发展自由和法治保障；而对一些普通民众而言，法治资源则相对匮乏，且由于自身知识水平和社会交往受限，往往缺少维权意识和维权渠道。

社会阶层的固化和分化，给法治社会建设提出巨大挑战。比如由于社会阶层的固化和分化，利益呈现多元化和碎片化趋势，各阶层之间存在的不平等等各种因素，导致我国出现贫富差距、东西部差距、城乡差距、社会分工差距等等。这些都加大了通过法治方式整合社会、保证公平正义的难度。此外，不同阶层法治素养差异较为明显；部分占据优势地位的群体存在的以非法治方式获取短期竞争优势的情形，往往产生不好的示范效应，影响全民法治观念的形成，不利于法治社会建设。

三、依法维权和化解纠纷机制不健全影响对人民现实利益的维护

依法维权和化解纠纷机制，对于维护人民的合法利益具有重要影响。党的十八届四中全会突出强调，要建立健全对维护群众利益具有重大作用的制度体系，保障合理合法诉求可以得到合理合法的结果。王岐山同志曾提出过"广义政府"的概念。在中国历史传统中，"政府"历来是广义的，承担着无

---

① 参见曹义恒、胡建兰：《中国当前阶层固化趋势及其对党群关系的影响》，《马克思主义与现实》2015年第1期。

限责任。党的机关、人大机关、行政机关、政协机关以及法院和检察院，在广大群众眼里都是政府。① 这些机构在维护人民群众利益表达、协调沟通、权益保障方面，都发挥着重要作用。但就目前而言，依旧存在一些体制机制障碍，阻碍着依法维权和纠纷化解。

（一）人民代表大会制度和政治协商制度作用的发挥还须加强

人民代表大会制度是我国的根本政治制度，中国共产党领导的多党合作和政治协商制度是我国的基本政治制度之一，它们既是保障和维护我国广大人民群众利益的重要制度，也是党和国家与广大人民群众进行沟通协商和利益表达的重要渠道。但由于其在实际运作过程中还存在一些问题，影响了其制度势能的发挥，进而影响到广大人民群众利益的保障和维护，也影响了法治社会建设。

首先，"两会"制度的非常态化，导致利益表达不及时。由于"两会"一般是一年召开一次，尽管在开会期间能很好地反映民众的利益诉求，但是其开会时间短，且开会周期长，在闭会期间，其民主性的制度优势就很难充分发挥出来。

其次，人大代表和政协委员与广大民众沟通不够，没有很好地深入群众，更加谈不上融入群众，因而其应有的代表和协商作用发挥不充分。从工作方式上看，他们一般是通过座谈以及媒体、网络等手段，了解民众的利益诉求，很少真正深入群众生活，较少采取走访等形式与人民群众当面进行沟通，导致一些议案和建议不接地气。人大代表是选民选举产生的，理应对选民负责，但实际上人大代表很少向选民报告人大会议精神；政协委员是以界别为单位推举产生的，也应该向其代表的界别负责，但实际上政协委员也很少向其代表的界别报告政协会议精神。

最后，两会提出的议案、提案和建议对于问题的解决作用还比较有限，

---

① 《"老市长"王岐山昨天在北京团说了啥?》，2017 年 3 月 7 日，见中国网 http://www.china.com.cn/lianghui/news/2017-03/07/content_40421290.htm。

周期长，也影响了对人民群众合法利益的维护。诸多问题无法反映到两会，而且反映的问题过多又导致工作任务繁重，问题长时间不能得到解决。在受理和办理之间仍然存在很长的距离。尽管一些利益诉求和利益表达能够进入到两会渠道，但往往由于各种因素，无法进入决策视野，导致一些问题慢慢积压到非常严重的时候才能得以解决。

（二）信访制度有待进一步健全

信访制度作为党和人民政府与人民群众加强联系沟通的重要途径，无疑发挥着利益表达功能。广大人民群众通过书信、电子邮件、走访、电话、传真等多种参与形式，将自身的利益诉求反映到党政机关直至中央。但由于信访制度在过去的实际运行过程中，常常依赖党政干部的个人意志，而没有被彻底纳入法治化轨道，导致一些诉求得不到合理合法的解决。

首先，信访制度作用的发挥常常取决于各级领导干部和接访人员的主观能动性。一般而言，如果党政领导干部重视接访工作，愿意倾听民间诉求，那么信访制度就能发挥出应有的作用。反之，则会对社情民意置若罔闻，难以发挥其该有的制度作用。

其次，《信访条例》缺乏实施保障机制，导致一些制度性规定流于形式。虽然国务院出台的《信访条例》明确规定了信访的原则、信访的受理、办理和督办等程序性规定，但实践中，信访工作部门在依法处理信访问题时依旧存在诸多障碍，使该规定未能得到很好落实。

最后，信访工作还存在一定的程序性障碍。比如信息传递环节较多，导致信息失真、效率低下。虽然对信访事项的时效法律有明确规定，但由于办事机构的拖延，往往导致很多信访事件逾期都未办理；解决过程缺乏协商，往往以各种理由相互推诿，或者说几句官方套话，或者敷衍了事；在信访接待中，一些地方的党政干部充当黑恶势力的保护伞，民众的声音难以上传。

（三）党组织的联系渠道尚需进一步加强

中国共产党是中国工人阶级、中华民族和中国人民的先锋队，是代表和实现最广大人民群众根本利益的政党。保持和人民群众的血肉联系是我们党的优良传统，坚持从群众中来、到群众中去是我们党的优良作风。习近平总书记特别强调，基层党组织是我们的战斗堡垒，是我们党全部工作和战斗力的基础，它的政治功能要充分发挥。但实践中，一些基层党组织存在的问题，不仅影响党和国家的形象，影响党和人民群众之间的血肉联系，而且影响法治社会的形成。

首先，个别党员干部割裂党性和人民性之间的关系，与民众缺乏沟通。有的党员干部认为只要坚持"四个意识"就可万事大吉，眼光只对上不对下，片面理解党性和人民性之间的关系。实际上党性和人民性具有高度统一性。中国共产党是人民中的先进力量，必须始终坚持以人民为中心，以人民为主体，将人民的利益和人民对于美好幸福生活的追求作为一切工作的出发点和落脚点。但由于个别党员干部没有坚持党性和人民性的统一性，因此疏远了与民众之间的联系。

其次，一些地方基层党组织涣散，党内民主生活缺乏，难以有效维护民众合法利益。习近平总书记多次强调："麻绳最容易从细处断。越是情况复杂、基础薄弱的地方，越要健全党的组织、做好党的工作，确保全覆盖，固本强基，防止'木桶效应'。"由于一些地区基层党组织涣散，党员流动性大，一些非公有制经济组织和社会组织党建工作还比较薄弱，一些党组织虽然也召开民主生活会，但是或者次数较少，或者氛围较为尴尬，党员不敢自由言论，难以反映社情民意、维护民众利益。

最后，一些基层党组织服务群众意识不够、办事能力不强，未能将为民办实事、好事作为工作的基本出发点和落脚点。一些基层党组织片面理解和机械执行上级的方针政策，没有很好地结合本地区的实际情况和现实特点，导致一些决策无法落地；有的基层党组织编造虚假信息，欺上瞒下，为追求政绩做"两面人"。

第三节　增强全民法治观念，推进法治社会建设

针对以上增强全民法治观念、推进法治社会建设的难点，我们认为可以从以下三个方面入手。

一、培育社会主义法治文化，弘扬社会主义法治精神

习近平总书记在《之江新语》中强调："法治精神是法治的灵魂。人们没有法治精神、社会没有法治风尚，法治只能是无本之木、无根之花、无源之水。"① 法治文化是法治精神的突出表现形式，而法治精神是法治文化的内在核心。这正是法国思想家卢梭所说的"慢慢诞生的风尚"，以及"最后成那穿顶上的不可动摇的拱心石"②。

首先，坚持以人民为中心。坚持人民是历史的创造者，是决定党和国家前途命运的根本力量。必须坚持人民主体地位，坚持立党为公、执政为民，践行全心全意为人民服务的根本宗旨，自觉把人民的利益摆在首位，把人民对美好生活的向往作为奋斗目标。坚持法治来源于人民，法治事业依靠人民，以及法治为了人民。

其次，要培养公民的法治意识和法治思维。建立健全普法宣传教育机制，加强社会诚信建设，健全公民和组织守法信用记录，完善失信惩戒机制，使得尊法学法守法用法护法成为人民的自觉认同和自觉行动。另一方面，强化公民的维权意识，让公民认识到宪法规定的基本权利是不可剥夺的，公民在法律范围内享有充分的自由和权利，要学会用法律的武器保障自己的权益，捍卫自己的利益。

最后，培育先进的政党文化，以提高党员的思想道德境界、素质能力、

---

① 习近平：《之江新语》，浙江人民出版社 2007 年版，第 205 页。
② ［法］卢梭：《社会契约论》，何兆武译，商务印书馆 2005 年版，第 70 页。

民主意识、为民服务观念，建立风清气正的政治生态。王韶兴在《政党政治论》一书中认为，政党文化的功能主要是指"政党文化通过政党政治实践对政党发展以及社会环境整合所发挥的作用"①。一方面，所有的党员同志都必须坚持党性和人民性的统一，坚持民本、坚守民心，加强与人民群众的沟通，保持与人民群众之间的血肉联系；另一方面，努力加强政治生态建设。"一个地方要实现政通人和、安定有序，必须有良好政治生态"，"政治生态是检验我们管党治党是否有力的重要标尺"。"政治生态好，人心就顺、正气就足，干事创业的外在条件和内在动力就更加完备，才能凝心聚力；政治生态不好，就会人心涣散、弊病丛生，滋生权欲熏心、阳奉阴违、结党营私、团团伙伙、拉帮结派等一系列问题，不但侵蚀党的思想道德基础，对经济持续发展、社会安定有序都有不小的损害"。②

二、推进依法治理，平衡法治资源

党的十八届四中全会强调："坚持系统治理、依法治理、综合治理、源头治理，提高社会治理法治化水平。"要深入开展多层次多形式的法治创建活动，强化社会主体的自我管理和自我约束。

一方面，必须完善法治资源配置，推动公共服务均等化。针对城乡差距、东西差距、群体差异，要妥善化解阶层阶级矛盾，避免社会主体分化成强势群体和弱势群体的对立，推动义务教育资源、公共卫生和基本医疗、公共文化、生态保护和公益性基础设施均等化配置，增强党组织在广大群众中的领导核心地位，关注民生，提升公共服务资源的配置水平。

另一方面，促进公共决策的广泛参与，推进人才选拔的公开竞争。一方面，要加强党务信息和政府信息的公开，解决广大民众信息不对称的困境，充分发掘工青妇等社会团体在聚合和传递社会各阶层利益诉求上的政治功

---

① 王韶兴：《政党政治论》，山东人民出版社 2011 年版，第 323 页。
② 《以良好政治生态实现政通人和——学习贯彻习近平总书记两会重要讲话系列评论》，《经济日报》2017 年 3 月 22 日。

能，发挥人民团体和社会组织在社会建设中的积极作用，特别是其聚合阶层诉求的作用，满足人民群众特别是社会弱势群体表达自身基本权利和利益诉求的意愿。另一方面，制定公开的人才选拔标准，强化人才流动体制机制建设，打破诸如地区、家庭等方面就业歧视和不公平现象的发生，真正做到人尽其才，杜绝暗箱操作。

三、健全依法维权和化解纠纷机制，切实保证民众的合理合法诉求

"两会"机制、党组织机制以及信访机制，都是维护群众利益的重要制度和机制，都有利于人民群众的正当利益表达、协商沟通和权益保障。因此，需要切实健全这些制度和机制，保障人民群众与党组织的正常沟通交流；提升民众的法治意识和维权意识，打造厉行法治的良好社会氛围，形成崇尚法治的社会风气，促进我国社会的成功转型，全面构建法治社会。

就"两会"机制而言，可以从以下几方面予以完善：一是创新工作方式，加强两会代表与人民群众之间的联系。可以通过设立电子邮箱、微博、民意网站的形式，加强与人民群众之间的联系；可以通过走访群众、深入视察以及专题调研等形式，加强与人民群众之间的沟通，知民众之所需，急民众之所急。二是加强法治建设，通过完善《代表法》，制定《两会代表联系群众守则》等方式，推进政治协商制度的法治化进程，克服制度机制的缺陷，从而充分发挥出制度势能。

就信访制度而言，一是要求信访工作人员秉持公正严明、崇尚法治、一视同仁、不偏不倚的法治精神，按照是非曲直公平公正处理涉访事件。二是创新信访形式，领导干部要积极下访，要变群众上访为领导下访，转变思想观念，创新工作思路，充分发扬民主，体察民情。三是保障人民群众的信访权利，禁止任何形式的打压和限制。变相的打压和限制只会积累矛盾，引发更为严重的群体性事件。

就党组织制度而言，一是要加强基层党组织建设，充分发挥其战斗堡垒

作用，强化党员的为民意识，深入群众，了解社情民意，积极与民众沟通协商。二是要加强党支部建设，推进"两学一做"学习教育和"不忘初心，牢记使命"主题教育学习常态化制度化。扩大基层党组织覆盖面，着力解决一些基层党组织弱化、虚化、边缘化的问题。三是严格党组织生活制度，充分发扬党内民主，落实"三会一课"制度，坚持民主评议党员制度，开展丰富多彩的党内民主活动。四是坚持党性和人民性的统一。全体党员都要牢固树立政治意识、大局意识、核心意识、看齐意识，同时将为民办实事、为民做好事作为一切工作的出发点和落脚点。①

---

① 参见《基层党组织要突出政治功能》，《光明日报》2018 年 2 月 22 日。

第十四章　中国特色社会主义法治话语体系的资源属性

中国特色社会主义法治话语体系具有明显的资源属性。这种资源属性本质上源自法治的文化资源属性。我国走的是"自主推进型"法治建设道路，因而有着较大的法治资源需求。但同时，我们的"自主推进型"法治话语还面临着内在的质疑和外来法治话语的威胁，法治话语体系必须要转化为话语实践中的法治话语权。要形成法治话语权，法治话语体系必须充分运用，这以充分认识我国法治话语体系的资源属性为前提。

第一节　对中国特色社会主义法治话语的资源属性关注不足

构建中国特色社会主义法治话语体系事关我国法治话语权的掌握和法治建设的有效推进，但我们一直对中国特色社会主义法治话语具有的资源属性认识不足、探讨缺失。1970年，米歇尔·福柯提出"话语即权力"。这就深刻揭示了话语的权力属性。张维为指出："没有自己的强势话语，就没有定力和担当，就无法捍卫中国的核心利益，甚至会在很多问题上不知所措。"①

---

① 张维为：《中国超越：一个"文明型国家"的光荣与梦想》，上海人民出版社2016年版，第134页。

随着我国逐渐走进世界舞台的中心，我们对构建符合我国国情的法治话语体系，并牢牢掌握法治建设话语主导权的需求就愈加迫切。自 2012 年顾培东提出"构建中国法治话语体系"的命题后，近年来学界关于法治话语的本土性反思有了明显进展。尤其是党的十八届四中全会的召开，引发一系列关于中国特色社会主义法治理论、法治体系、法治道路的广泛探讨。从目前来看，尽管一方面我国强调要提高国家文化软实力、加强国家意识形态安全和加快构建学科话语体系，但另一方面，我国在构建法治话语体系方面却尚未取得重大突破。比如"法治话语体系有哪些基本构成"等实质性问题依旧没有得到解决。与其他话语体系建设（如思想政治教育话语体系）相比，法治话语体系建设整体进程比较缓慢。究其原因，是由于人们（包括政府）对构建中国特色社会主义法治话语体系仍然重视不够，而根本原因在于人们对中国特色社会主义法治话语体系的资源属性这一基础理论问题，尚缺乏准确、全面的认识。中国特色社会主义法治话语体系具有何种资源属性，其资源属性与其他文化资源等相比较有何独特和重要之处？这些问题得不到明确回答，将直接影响人们对构建法治话语体系的重视程度，因而无法统一共识和凝聚力量，最终可能导致法治建设步伐缓慢甚至偏离方向。

一方面，必须认识到法治话语权是国家软实力的重要内容，应予以高度重视。近年来，国家在提升文化软实力基础上日益重视国际话语权建设。党的十八届三中全会明确指出："扩大对外文化交流，加强国际传播能力和对外话语体系建设，推动中华文化走向世界。"[①] 在国家强调国际话语权建设的过程中，我国各个领域的话语权意识空前高涨。除法治话语权外，还有"思想政治教育话语权"、"网络文化话语权"、"文学话语权"、"电影话语权"、"传播话语权"等等。这些话语权的提升，很大程度上有赖于国家的重视和大力推动。例如汉语言国际影响力的提升，很大程度上就依赖于国家的大力支持。如果没有国家资金、政策的大力扶持，"孔子学院"估计很难在世界范围内得到广泛建立。面对各种各样的话语权提升需求，张志洲曾呼吁："中

---

① 《十八大以来重要文献选编》（上），中央文献出版社 2014 年版，第 535 页。

国增强国际话语权要分清本与末、主与次的关系,从国家层面制定国际话语权战略,明确战略目标、路径和重点",着重"增强国际政治话语权"[①]。张维为认为"政治话语是软实力的核心"[②]。我们之所以大力强调构建法治话语体系,是因为如果不及时揭开蒙在法治话语体系上的"面纱",深刻揭示法治话语权在国家倡导的话语权体系中的重要性,厘清法治话语相对于其他话语的独特性,那么法治话语体系建设就很难得到应有的重视,这无论是对法治话语体系建设,还是对国家总体话语体系建设,都极为不利。

另一方面,我国走的"自主推进型"法治建设进路,内在地要求充分认识中国特色社会主义法治话语的资源属性。我国正处于法治进路的转型过程中,正"从偏重于学习和借鉴西方法律制度和理论的追仿型进路转向以适应中国国情、解决中国实际问题为目标的自主型进路"[③]。《关于全面推进依法治国若干重大问题的决定》全面勾勒的法治中国图景及其实现路径,正是我国走"自主推进型"法治进路的标志性成果。从目前的法治实践来看,我国已经积累了丰富的法治资源,既继承中华民族优秀的法律传统,又借鉴其他国家先进的法治思想和法治经验,更有改革开放四十年多来我国法治建设实践中积累的大量心得体会。可以说,这些丰富的法治资源为我国走好"自主推进型"法治进路奠定了坚实基础,为构建中国特色社会主义法治理论和法治话语体系提供了丰富素材。与此同时,我国走"自主推进型"法治进路,必须冲破西方法治话语的禁锢,坚决抵制西方法治话语中的资本主义意识形态因素。因此,构建中国特色社会主义法治话语体系不仅可行,更是必须。只有构建起符合中国核心利益的法治话语体系,并用以指导全面依法治国实践,促使我们始终保持足够的定力和担当,才能最大限度地发挥法治作为治国理政基本方式的功能和作用,从而切实推进国家治理体系和治理能力现代

---

① 毛莉:《把发展优势转化为话语优势——访北京外国语大学国际关系学院教授张志洲》,《中国社会科学报》2017年2月14日。

② 张维为:《中国超越:一个"文明型国家"的光荣与梦想》,上海人民出版社2016年版,第137页。

③ 顾培东:《中国法治的自主型进路》,《法学研究》2010年第1期。

化。因此，走"自主推进型"法治进路的基础，必须科学认识法治话语体系的资源属性，并充分开发各方面的法治资源，从而构建完善的中国特色社会主义法治话语体系，充分运用中国特色社会主义法治话语体系，在法治领域发出"中国声音"。

第二节　中国特色社会主义法治话语的根源：法治文化资源

所谓"法治文化资源"，有时也被称为"法治资源"。从构词来看，其是"法治"、"文化"、"资源"三种属性的结合。进一步说，就法治属性来看，法治文化资源排除了与法治（法律）理念、精神、传统无关的文化资源，比如戏剧文化资源、茶文化资源等；就文化属性来看，法治文化资源是指侧重满足人们精神需求、具有广泛传播影响力的法治资源，以区别于自然资源；就资源属性来看，法治文化资源是一种可持续开发和利用、能够促进国家文化软实力提升的力量源泉。从"文化资源"的视角来看，法治文化资源则是一种以"法治"为内容的文化资源，一方面符合文化资源"精神性、民族性、群体性、共享性、递增性、可持续性"① 等一般性特点，另一方面体现法治色彩和法治发展规律。此外，有学者认为，法治文化资源是"在一国法治的生成过程中法治的生成来源"，包括"一国的立法、司法、行政、民众的支持、国外法治的借鉴、历史文化传统的影响等等"。②

法治文化资源有很多种分类。比如按照地域来源可分为本土法治资源和外来法治资源；按照时间可分为历史法治资源和现实法治资源；按照存在形态可分为制度法治资源和理论法治资源；按照来源可分为正式法治资源和非正式法治资源等等。尽管这些分类的指向各不相同，但都说明一个事实，即

---

① 赵东：《资源内涵的新拓展：历史文化资源》，《人文杂志》2014 年第 4 期。
② 陈运生：《法治资源利用的辩证维度——兼与苏力教授商榷》，《学海》2004 年第 3 期。

法治资源是丰富多样的。我国有着十分丰富的法治文化资源。在过去我国"追仿型"法治建设进程中，主要是靠移植外国法治文化资源，先是几乎全盘接受苏联式的法律理论，后来又不加反思地拥抱西方以新自由主义为主导的法治理论。①20世纪90年代，针对"追仿型"法治进路频频暴露出的法治建设问题，苏力提出了法治"本土资源论"。在苏力看来，我国拥有大量有影响力的法治本土资源，并且"本土资源并非只存在于历史中，当代人的社会实践中已经形成或正在萌芽发展的各种非正式的制度是更重要的本土资源"，比如一些习惯法、民间法等，这些都是我国法治建设不可忽视的法治资源。苏力等人倡导"中国的法治之路必须注重利用中国本土的资源，注重中国法律文化的传统和实际"②。苏力提出的"本土资源论"引发人们对本土法治资源的重视和思考，尤其是对中国法治文化资源利用问题的关注和反思，在学界产生广泛而深远的影响。

法治文化资源与其他文化（儒家文化、戏剧文化等）资源虽然都属于一种软资源，但基于法治文化资源的"法治"属性，两者具有根本上的差异。

首先，法治文化资源更具包容性。一般来说，资源具有价值性。"文化能否成为资源是有具体要求的，不能达到特定要求的文化形态不会成为资源。"③ 而其中一个重要要求即文化必须是先进的。只有先进的、优秀的文化，才能满足人们的精神文化需求，符合时代发展，才具有资源的可开发性。对法治文化资源来说，法治具有实践性，因此应以能否指导法治建设作为其价值衡量标准。先进的法治思想、理论和经验等固然是法治文化资源的主体部分，但一些背离法治理念的负面文化也是法治文化资源的一部分，比如"文革"期间法律虚无主义造成的惨痛教训，就能更加坚定我们在法治建设中"要法治，不要人治"的信念。

其次，法治文化资源具有突出的政治性。绝大多数文化资源与政治关系

---

① 参见顾培东：《当代中国法治话语体系的构建》，《法学研究》2012年第3期。

② 苏力：《变法，法治建设及其本土资源》，《中外法学》1995年第5期。

③ 檀文茹、徐静珍：《论文化资源及其功能》，《河北师范大学学报》（教育科学版）2009年第2期。

并不紧密，对政治的依存性不强。但法治文化资源不同。一方面，法律作为一种社会冲突解决和利益平衡、整合机制，必然依附于一定的政治权力，与一国政治制度紧密联系；而且法治意味着"良法善治"，更是以现代民主政治为基础，"政治是法治赖以生存和发展的前提，同时，法治的推进始终离不开政治制度"①。另一方面，法治文化资源与国家意识形态安全息息相关。基于不同政治制度和意识形态，形成不同的法治文化样态。法治文化资源反映特定国家的意识形态，并且当前的"意识形态差异成为社会主义法与其他类型法之间的根本界限"②。最后，法治文化资源对于国家和社会来说影响更加全面和深远。法治文化具有很强的实践指向性和规范性。它不仅可以满足人们对法治的精神需求，更重要的是，可以对人们的生产生活和国家的政治经济等各项事业，产生重大而广泛的影响。法治涉及的是关涉国家治理全局的制度。邓小平曾说过："制度好可以使坏人无法任意横行，制度不好可以使好人无法充分做好事，甚至会走向反面。"③

因此，充分开发利用法治文化资源，以更好服务于国家政治经济建设大局，便显得格外重要。诚如习近平总书记所言："经验和教训使我们党深刻认识到，法治是治国理政不可或缺的重要手段。法治兴则国家兴，法治衰则国家衰。"④法治资源的开发利用在一定程度上决定着法治兴衰乃至国家兴衰。

当前我国正着力提升国家文化软实力，法治文化资源基于其法治的特殊属性，可以说是国家文化软实力的重要来源。然而，一方面，我国有着丰富的法治文化资源。比如深厚的中华传统法律文化，可供借鉴参考的外国法治文化，以及我国法治建设实践中不断积累的丰富法治经验；另一方面，我国对法治文化资源开发利用的水平和程度还较低，尚未形成成熟的法治资源利用机制，还不能适应我国走"自主推进型"法治进路和提升法治文化软实力

---

① 李龙、陈阳：《论法治的政治性》，《法学评论》2010年第6期。
② 顾培东：《当代中国法治话语体系的构建》，《法学研究》2012年第3期。
③ 《邓小平文选》第2卷，人民出版社1994年版，第333页。
④ 《习近平总书记关于全面依法治国论述摘编》，中央文献出版社2015年版，第8页。

的迫切需要。因此，如何全方位、多层次地开发利用我国的法治文化资源，是一项摆在我国全面依法治国进程中迫切而艰巨的任务。

第三节　中国特色社会主义法治话语体系的资源属性特征

成熟的理论体系需要转化为成熟的话语体系。话语体系是检验理论体系成熟与否的重要标志。而构建法治话语体系是开发利用法治文化资源的重要举措。中国特色社会主义法治话语体系本身带有鲜明的资源属性。这是对其进行开发和利用的前提。

一、构建中国特色社会主义法治话语体系：一种重要的法治文化资源开发方式

资源具有价值性。但其价值往往是在资源得到开发利用并服务于人们的过程中才实现的。如果资源不能得到开发利用，则其价值始终处于一种"休眠"状态。法治文化资源亦是如此。只有通过适当的开发利用，才能够将资源潜力转化为我国法治建设的强大动力。我国构建中国特色社会主义法治话语体系，正是开发和利用法治文化资源的重要方式。

构建中国特色社会主义法治话语体系之所以重要，是因为在现代社会科学中，话语"成为认识、分析与批判社会现实的重要工具，尤其是成了第三世界国家知识分子反抗西方话语霸权的有力武器"①。法治话语体系从根本上来说反映的是法治话语权，即"是以话语为载体的权力样式，或者说是权力的话语体现"②，其背后始终与国家利益相关联。在法治话语中，"包含一些

---

① 朱振：《中国特色社会主义法治话语体系的自觉建构》，《法制与社会发展》2013 年第 1 期。

② 毛莉：《把发展优势转化为话语优势——访北京外国语大学国际关系学院教授张志洲》，《中国社会科学报》2017 年 2 月 14 日。

实质性的内容，它们是与一个特定社会的政治、经济和文化制度联系在一起的，在这些方面，各国的法治话语体系就存在着竞争性，都要为各自的政治、经济和文化制度进行辩护"①。可以说，法治话语体系是一国政治、经济和文化制度的综合产物，同时更是该国进行自我辩护的话语基础。运用法治话语进行对话、交流与竞争，实质上还是国与国之间法治话语权的竞争，是不同法治制度之间的竞争。一国的法治话语体系不具备或者不完善，自然便会丧失为自身法治制度辩护的资格。西方自由主义法治话语长期被作为认知和评判我国法治现实的基准和依据，但"无论从人类法治发展的历史事实，还是从中国法治建设的实际要求看，自由主义法治理论都是一种不足为信的意识形态"②。在"西强我弱"的法治话语格局下，我国法治建设现实常处于"挨骂"的被动局面。因此，我们必须努力构建中国特色社会主义法治话语体系。

我国构建法治话语体系坚持"一体多元"的路径，即对多种法治文化资源进行"去粗取精"的学理化总结，是法治理论逐渐深入成熟的高级阶段，因而必然是一个"出色的法治话语体系"③。从我国构建法治话语体系所依赖的法治文化资源的来源说，既有"古为今用"继承中华传统法律文化中的精华，也有"洋为中用"批判借鉴西方国家先进的法治理论、思想，更有"因地制宜"探索、总结我国法治建设实践中有益的法治经验。从法治文化资源开发利用的方式来说，应当将各种法治文化资源置于我国政治、经济、文化和社会客观发展实际，以及我国所处的社会主义初级阶段这一基本国情之中，以当代中国这一特定时空辩证看待各种法治文化资源。尤其是面对"法治资源内耗"④现象，要善于选择更加有利于我国法治建设的法治文化资源，

---

① 朱振：《加快构建中国特色法治话语体系》，《中国大学教学》2017年第5期。
② 顾培东：《当代中国法治话语体系的构建》，《法学研究》2012年第3期。
③ 程金华：《中国法治话语体系的重要基础：出色的法治体系》，《人民论坛》2015年第1期。
④ 所谓"法治资源内耗"是指不同法治资源间因冲突、排斥或张力关系而使其效用相互抵消的现象，这种现象发生的根本原因在于法治资源间关系的对立性，是法治资源间相互排斥、互相对立的结果。参见陈运生：《法治资源利用的辩证维度——兼与苏力教授商榷》，《学海》2004年第3期。

以增强中国特色社会主义法治话语体系对我国国情的解释力和适应性。

二、中国特色社会主义法治话语体系：经过初加工的法治文化资源

从来源上说，法治话语体系是元法治文化资源开发利用后的话语体现。单纯的法治文化资源，往往处于一种零散分布状态。比如古代传统法律文化分散存在于历史文化典籍中；其他国家的法治思想、理论往往与特定政治经济体制相联系，并不能直接移植；一些习惯、民间法等法治文化资源尽管在非正式场合发挥着规范调整社会关系的作用，但却并非正式制度；各类法律以制度形式存在，一些法治思想、理论还未成为普遍共识等等。随着社会主义法治的自主性意识不断提高，这种分散化的法治文化资源所能发挥的作用越来越有限。而构建中国特色社会主义法治话语体系，正是对这些分散的法治文化资源进行整合、使之系统化，从而进一步开发这些法治文化资源的潜在价值。

在法治话语体系构建过程中，不同来源的法治文化资源之间理应形成一个共生共存的状态。但在整合过程之初，可能会有一些内在张力，产生法治资源的内耗现象，因此"我们必须要对各种资源的重要性做出判断并形成一般性规则，只利用对法治化较为重要的法治资源，停止利用和予以保留相对较次要并与较重要的法治资源相内耗的法治资源"[1]。在我国法治建设实践中，来自西方的法治文化资源，有时并不一定符合我国国情，并不一定能发挥积极作用，因此需要通过传统法治文化资源进行"纠偏"。例如"人性善"预设纠正"性恶论"、义务承担思想纠正权利实现的扭曲性、集体本位主义纠正个人本位主义、实质正义观纠正过度形式正义追求等。[2] 经过法治文化资源整合利用构建的中国特色社会主义法治话语体系，更能解释、预测、指

---

[1]　陈运生：《法治资源利用的辩证维度——兼与苏力教授商榷》，《学海》2004 年第 3 期。

[2]　参见李春明：《传统法律文化中的"纠偏性"法治资源及其作用机制构建》，《山东大学学报》（哲学社会科学版）2017 年第 4 期。

导我国的法治实践，更好推进我国法治建设。从这点来说，作为元法治文化资源的开发成果，中国特色社会主义法治话语体系，经过整合和体系化加工过程，提升了元法治文化资源固有的价值效用。

从价值发挥来说，中国特色社会主义法治话语体系是一个经过初加工的法治文化资源，仍然具有资源属性。它不仅可以直接作为解释和预测我国法治建设的话语工具，参与到与西方法治话语体系的竞争之中，还有更大的价值和功用。为实现更大的法治价值，它在指导和引领我国法治进程中，往往需要再进行某种程度的转化。比如，"坚持依法治国与以德治国相结合"就是一个具有鲜明中国特色的重要法治话语。它无疑可以解释我国法治进程中频繁出现的法律和道德协调问题。但要实现我国法治与德治相结合的"善治"状态，光靠宣传远远不够，更重要的是将其话语意涵融入其他形式载体之中，例如治理规则、行为准则等。通过这种转化，中国特色社会主义法治话语体系的价值将得到进一步提升。因此，从整个法治文化资源开发链来看，我国构建的法治话语体系也只是一个初加工的成果，其法治文化资源的属性还有待进一步提升，还可以进行深度加工。

因此，必须认识到对法治资源进行加工的必要性。一方面，中国特色社会主义法治话语体系作为法治文化成果在我国法治建设中发挥着价值功能；另一方面，"法治的不同资源之间存在着一定的动态联系，是互相作用、互相渗透、互相转化的"①。中国特色社会主义法治话语体系并不是一成不变的。通过对外界保持开放、互动而不断丰富、更新自身的法治话语，同时通过转化为其他法治文化成果而实现更多的法治价值。这种双重属性适应了法治话语体系可持续发展的需要。

三、基于资源属性的中国特色社会主义法治话语体系的特点

作为经过初加工的法治文化资源，我国法治话语体系的资源属性具有以

---

① 陈运生：《法治资源利用的辩证维度——兼与苏力教授商榷》，《学海》2004年第3期。

下特点。

第一，法治先进性。中国特色社会主义法治话语体系是结合我国法治建设国情，对各种法治文化资源经过选择性吸收才得以形成的，是中国特色社会主义法治理论成熟的集中体现。而且其较为系统地勾勒了法治中国的图景样式，为我国社会主义法治建设指明前进方向，因而具有法治先进性。正是其具有法治先进性，所以才可打破"西强我弱"的法治话语格局，从根本上改变西方自由主义法治话语主导我国法治建设的局面。

第二，民族性和共享性。中国特色社会主义法治话语体系同时具有民族性和共享性。一方面，孟德斯鸠说过："法律应该量身定做，仅仅适用于特定的国家；倘若一个国家的法律适用于另一个国家，那是罕见的巧合。"① 虽然中国特色社会主义法治话语体系汲取的法治文化资源来源丰富，但它最基本、最核心的内容仍然是本民族的，是基于我国特定政治经济社会文化条件的产物。另一方面，我国法治话语体系也具有一定的共享性。其中一些法治话语即是世界各国共享的法治理念、法治观念和对法治规律的普遍认识，是人类共同的法治文明成果，代表着人类共同的智慧，因而能被世界各国所普遍适用。

第三，内容综合性、影响广泛性。法治是治国理政的基本方式。作为法治理论的高级形态和话语表达，我国法治话语体系适应我国政治、经济、文化、社会等各个方面的特定结构，其话语内容具有综合性；同时，它通过指导国家立法、执法、司法、守法工作，影响国家整体层面的法治进程，因而对国家和社会产生着广泛的影响。

第四，可再生性、递增发展性。中国特色社会主义法治话语体系是一种可再生性资源。它根源于丰富的法治文化资源。一旦形成即可以源源不断地进行使用，不会枯竭。另外，它还具有递增发展性特点。在法治话语体系存在期间，它与体系外部环境不断发生交互作用，并随着外部环境的发展而不断丰富、更新自身。因此，无论是它的体系内容，还是体系价值，都是不断

---

① ［法］孟德斯鸠:《论法的精神》（上卷），许明龙译，商务印书馆2016年版，第15页。

递增发展的。

第五，体系性。法治话语体系与法治话语的区别，不是法治话语量的多少，而是法治话语体系具有体系性。这种体系性实质上是一种逻辑自洽性。随着"自主推进型"法治进路的确定，原本零散的法治话语，逐渐形成点线面相结合的整体结构，形成一定的层级，具有体系性。我国构建法治话语体系，正是为了弥补法治话语间逻辑自洽的不足。法治话语的体系性有助于系统提升法治话语的价值功能。

第十五章 中国特色社会主义法治话语体系的功能探讨

所谓功能,是由事物内部结构属性决定的、具有相对独立性的效能。功能的发挥是事物自身价值得以实现的重要方式。充分探讨法治话语体系的功能,是其功能更好发挥的前提,也可以更好地实现构建法治话语体系的价值,为中国特色社会主义法治建设提供更多理论指导。

第一节 树立正确的法治话语体系功能观

目前学界对法治话语体系的功能认识不一。从法治话语体系现有的研究来看,大部分学者主要是以争夺"法治话语权"为旗帜和口号,通过对西方法治话语进行解构和证伪,进而提出我国构建法治话语体系的必要性,而对中国特色社会主义法治话语体系的功能、意义,远未进行全面而深入的探讨。在有关法治话语体系功能的认识上,顾培东曾在一次专访中对记者提出的"提升中国在世界法治体系中的引领和领导地位"的说法进行过纠正。他认为,构建法治话语体系是"实在地推进或指导中国法治建设,解决中国的问题,保持在中国法治建设中的话语权。……对于其他国家是有很强的示范意义和启示意义的"①。这实际上反映了在"中国崛起"背景下,人们对构建

---

① 林平、张慧超:《构建中国法治话语体系赢得法治中国建设主导权——专访四川大学法学院顾培东教授》,《人民法治》2015 年第 1 期。

中国特色社会主义法治话语体系功能的认识，存在误解和混乱这一事实。朱振认为，中国特色社会主义法治话语体系"不但具有建设性的作用，对内发挥着法治话语的引领力，而且具有批判性的功能，对外在国际上争夺中国法治话语权"①。可以说，这种对功能内外有别的分析方式，有一定可取之处。但其对功能的总结并不全面科学。比如"引领"（或者"建设"）功能说法过于宽泛，而法治话语权原本应该是国内法治建设的话语主导权，若强调对外在国际上争夺话语权，则又似乎回到前面记者所提到的功能认识。实际上，构建法治话语体系的必要性论证与功能意义的探讨，都是认识和构建法治话语体系的基本前提。对此，目前我国学界的相关认识，仍有待进一步深入和统一。

功能观即是对功能的某种认识。虽然中国特色社会主义法治话语体系的功能，由其自身的内在属性所决定。但在不同的功能观下，功能的发挥会存在差异。正确的功能观，有助于人们深入了解中国特色社会主义法治话语体系及其功能，有助于功能价值的更好实现；反过来，功能观会对这种法治话语体系的构建过程产生影响，进而形成特定的功能结构。因此，我国在构建法治话语体系过程中，必须树立正确的功能观。从现实来说，目前人们对中国特色社会主义法治话语体系的功能，认识比较模糊宽泛，甚至存在一定误解。比如一谈到中国特色社会主义法治话语体系的功能时，很多人可能会说"争夺法治话语权"。不可否认，争夺法治话语权是构建法治话语体系的初衷之一，但这并不能等同于其全部功能。而且"争夺法治话语权"主要是在法治话语体系发挥功能的过程中逐渐实现的。此外，"争夺法治话语权"还隐藏着一个重要问题：即争夺的到底是国内法治建设话语权，还是世界范围的法治话语权？从目前来看，这两种观点都在一定范围内存在。尤其是伴随着"中国崛起"，一些狂热民族主义者认为，我国构建法治话语体系的目标，就是争夺世界范围的法治话语权，"提升中国在世界法治体系中的引领和领导地位"。因而对于法治话语体系的功能，我们必须进行深入思考和冷静分析。

① 朱振：《加快构建中国特色法治话语体系》，《中国大学教学》2017 年第 5 期。

第二节　"为我所用、和平共享"的法治话语体系功能观

所谓正确的法治话语体系功能观，不仅必须适应其内在资源属性，同时应契合中华优秀传统法律文化、当代中国发展情景和发展规划。因此我们认为，必须在理性把握法治建设基本规律和我国法治长远利益基础上，提出法治话语体系功能观。基于这一考虑，我们尝试提出"为我所用、和平共享"的中国特色社会主义法治话语体系功能观。在这种功能观中，"为我所用"是基础和根本，强调中国特色社会主义法治话语体系的功能服务对象；"和平共享"是目的和保障，侧重中国特色社会主义法治话语体系在传播交流中的融通性、互补性，两者在逻辑上具有统一性。

所谓"为我所用"，它要求中国特色社会主义法治话语体系必须坚持为我国法治建设服务。首先，必须明确我国构建法治话语体系的第一位目的，并不是为了给世界法治理论贡献中国智慧，展现我国法治的软实力，而是切实解决当下我国因法治话语体系长期欠缺所带来的一系列法治建设问题。随着我国日益走近世界舞台的中央，中国特色社会主义法治话语体系可能会在某种程度上具有世界意义，但这只是附带产生的结果，我们必须使其回归到服务中国法治建设这一初衷上来。其次，当前我国法治建设面临的法治话语需求非常大，迫切需要中国特色社会主义法治话语体系发挥其强大话语功能。一方面，我国已经产生不少经过实践充分检验、符合我国根本利益和特殊国情的法治建设经验，比如"坚持党的领导"、"坚持依法治国与以德治国相结合"等，尽管它们在西方法治话语体系下都被作为批判对象。另一方面，当前我国需要广泛凝聚法治共识和法治力量，以加快推进法治建设。但如果对西方法治话语亦步亦趋，肯定将难以实现。只有构建符合我国法治道路和法治建设实际的法治话语体系，并充分发挥其功能，才能实现这种凝聚、整合的目的。最后，中国特色社会主义法治话语体系是为解决我国法治问题而构建的。其价值的实现离不开我国法治建设，脱离了我国法治建设，那就将是"无源之水"、"无本之木"。同时，中国特色社会主义法治话语体系，只

有不断适应我国法治建设实践、解决法治建设中的问题，才可以不断更新和丰富、发展，从而保持其持久生命力。因此，我们构建中国特色社会主义法治话语体系，进而充分发挥其功能，不能脱离"为我所用"的根本立场。

所谓"和平共享"，是指中国特色社会主义法治话语体系功能的发挥，要坚持和平性、共享性。如前所述，中国特色社会主义法治话语体系具有民族性和共享性。这决定了它可以广泛传播与相互交流。但同时又存在一定限度，必然有一些法治话语不适用于其他国家的法治建设。这是各国不同国情的特殊性使然。从这个意义上来说，"争夺法治话语权"只能是争夺我国法治建设的话语权（这是"为我所用"的必然要求），绝不可能是争夺世界范围的法治话语权。我国是热爱和平、尊重他国的友好之邦，从不谋求任何霸主地位，尊重不同国家基于自己国情的选择，不干涉他国的发展道路。坚持走和平发展道路，决定了我国会充分尊重其他国家，不会像美国那样走"国强必霸"的道路。因此，坚守法治建设话语权是我国法治建设不断向前发展的必然。而选择"和平共享"的法治话语发展路径，则是我国坚持走和平发展道路的必然要求。至于世界范围内的法治话语权，我们完全可以以"和平共享"理念去进行友好传播交流，以避免与其他法治话语产生激烈竞争和冲突。这是推动构建人类命运共同体的必然要求。另外，我们也可从美国的做法中吸取教训。自冷战后，美国充当法治"传教士"，强行推销其所谓的"普世价值"和话语体系。这不仅加重了其自身负担，而且也引起第三世界国家知识分子的抗拒。因此，在中国特色社会主义法治话语体系功能观中，"和平共享"有着重要的时代价值和警醒意义。

第三节　中国特色社会主义法治话语体系的基本功能

在坚持"为我所用，和平共享"的功能观，积极回应当前我国法治建设话语需求的原则下，中国特色社会主义法治话语体系的功能，主要包括解释中国法治现实、预测中国法治发展、塑造中国法治自信和宣传中国法治道路。

一、解释中国法治现实

话语根源于现实，是人们对世界的认知理解和主观表达。"话语既表征我们的心智又通过我们的心智表征社会。"① 因此话语最基本的功能是解释功能。我国构建法治话语体系，就是为了更好地解释中国现实。过去一段时间我国的法治建设主要是追仿西方法治。党的十八大以来，我国法治建设呈现出一种"顶层设计＋探索前进"相结合的自主创新局面。尤其是党的十八届四中全会，全面总结并系统描绘了法治中国的宏伟蓝图。因此，在坚持走中国特色社会主义法治道路过程中，我们需要通过中国特色社会主义法治话语体系，不断解释和总结中国法治建设现实，为推动我国法治建设提供动力。

经过长期的积极探索和实践检验，我国积累了很多虽不同于西方法治理论，但却有利于我国法治建设向前发展的好做法和好经验。这些宝贵的做法和经验，为我国取得历史性成就提供了坚实保障。然而，这些法治方面的做法和经验，并不能用西方法治话语体系的逻辑来解释。在西方法治话语体系中，它们非但得不到解释，而且还受到广泛质疑。比如"坚持中国共产党的领导"、"坚持依法治国与以德治国相结合"等等。而中国特色社会主义法治话语体系构建不足，将导致对这些法治建设经验难以从理论上进行有效解释和澄清，在长期缺乏说服力和公信力的情况下，我们就极有可能因为不自信而放弃这些好做法和好经验，这无疑将使我国法治建设蒙受巨大损失。"话语一方面建构了主体性，并生产合法性，当主体认识到这种权力支配关系时就要产生反抗，有了自主意识就要建立自己的话语；另一方面，新话语的产生本身又建构了另一种主体性，生产了另一种合法性和权力支配关系。"② 因此可以说，中国特色社会主义法治话语体系是我国法治建设的一种正当性

---

① 辛斌：《批评话语分析中的认知话语分析》，《外语与外语教学》2012 年第 4 期。

② 朱振：《中国特色社会主义法治话语体系的自觉建构》，《法制与社会发展》2013 年第 1 期。

说明。

新中国早期的法治建设受苏联法制理论影响，尤其是部门法理论体系基本上因袭自苏联，导致我国法学学科体系中的二级学科划分完全遵循苏联那一套。在这种部门法相互割据的情形下，很多学者固守自己的学科领域，耕耘着自己的一亩三分地，"井水不犯河水"。虽然这种学科划分方式有利于部门法理论研究更加深入和专业，但同时也导致各部门法之间的藩篱越来越高。随着社会的不断发展，越来越多的事物呈现出多样化、综合化、复杂化特点，"诸如'中国法'①生成的历史坐标，观念因素，政党、国家、政府的责任与组织建设，地方经验，路径选择等任一问题，并不严格地属于哪个具体的部门法，但是又都是中国法治建设不可或缺的重要内容"②。因此，基于部门法视角的法治观察和阐释，只能窥到全豹之一斑，只能见得法治建设冰山之一角，而碎片化的解释，必然导致解释力不足。甚至"当下中国许多重大现实问题，部门法基础理论集体'失语'，因为都会认为超越了自身的研究范畴，不需要保持过多关注"③。所以，部门法理论的局限性日益凸显。故而从整体意义上增强话语解释力具有重要意义。而在现实生活中，我们也会发现相应的对策：对某一问题召开专家论证会，邀请与之相关的部门法学者共同展开探讨；学者们跨越部门法藩篱，进行跨学科学术研究的情形越来越多；法律交叉学科日渐兴起，以整合弥补学科间的知识缝隙；法律条文的部门法属性日渐淡化等等。从增强话语解释力来说，我国构建的法治话语体系，立基于整体意义上的中国特色社会主义法治理论，将通过更为规范的文本、言语范式解释中国的法治现实，弥补现行法律文本、法律语言在解释中国法治现实过程中存在的缺陷，同时更为有效地向社会传递法律的基本内涵以及法治的价值立场。

---

① "中国法"概念从整体角度来谈中国特色社会主义法治，而不是仅仅局限于民法、刑法等部门法的研究。

② 石文龙：《论中国法治的话语体系建设——"中国法"的提出、含义与特征》，《金陵法律评论》2013年第2期。

③ 王群：《立场与策略：当今中国法治话语体系的建构》，《理论导刊》2016年第2期。

二、预测中国法治发展

法治是不断向前发展的，因而必须对中国法治建设做出动态解释，并预测法治中国的发展趋势。法治话语体系需要在发挥解释中国法治现实功能的基础上，准确把握中国法治发展的脉动，预测中国法治发展趋势，这可以从两个方面来理解。

一方面，中国特色社会主义法治话语可以通过对法律的指导，实现对中国未来法治发展的预测。法治话语体系和法律制度都具有预测功能，但两者具有明显的区分。法律由抽象规则构成，它规定的权利和义务具有确定性。人们通过法律来预测自己和他人之间应该如何行为，并且预见到行为在法律上的后果。[①] 而法治话语体系是法治思想、理论、知识、文化甚至语言及思维的总体概括，尤其集中体现为法治理论与知识体系，[②] 因此法治话语并非用于预测微观上的个人行为，而是用来从宏观上把握国家法治发展方向，作为国家立法工作的基本遵循，从而规约法治发展的进程。因此，人们可以借助法治话语体系来更好地理解法律制度的内涵，预测法律制度的走向，进而实现自己对未来的某种预测。法治话语体系若强调"法律要有权威，要增强制度的稳定性"，那么人们借此就可以理解法律权威之重要，以及它与法律稳定性之间的联系，从而预测未来法律制度发展的特点。

另一方面，中国特色社会主义法治话语可以通过引领作用来实现对中国法治发展的预测。构建法治话语体系必须注重对实践经验的总结和创新。也就是，在解释中国法治现实过程中，必须对国家法治建设取得的好经验、积累的好做法进行归纳提炼，以法治话语体系形式将它们上升到理论高度和实践指引，并使之不断体系化，同时通过法治话语的传播，为我国未来法治的发展提供基本遵循和动力，从而确保国家法治建设事业向前健康发展。因此，人们通过中国特色社会主义法治话语体系，可以大体预测中国法治、以

---

① 参见李龙主编：《法理学》，人民法院出版社、中国社会科学出版社 2003 年版，第 54 页。

② 参见顾培东：《当代中国法治话语体系的构建》，《法学研究》2012 年第 3 期。

至于整个中国发展的方向。举例来说，坚持中国共产党的领导是我国各项事业取得成功的根本保证，"改革开放成功的根本原因是在中国共产党领导下坚持和发展了中国特色社会主义，其中最关键的因素在于党的正确领导"①。虽然坚持中国共产党的领导，长期因西方法治话语的影响受到种种误解，但它却是中国特色社会主义法治话语体系的核心话语，发挥着支柱性作用。因此，通过坚持中国特色社会主义法治话语体系，强调"坚持党的领导、人民当家作主、依法治国有机统一"，人们即可以预测，在法治中国建设过程中，坚持党的领导不会有丝毫动摇。也可以预见随着法治话语体系的不断发展完善，在长期执政条件下，中国共产党会妥善处理民主与集中的矛盾，会全力避免走向法治的对立面——人治，还会预测未来全面从严治党和党内法规制度建设，不仅不会弱化，反而会不断强化。

三、塑造中国法治自信

改革开放以来，在党的领导下，我国社会主义法治建设取得了历史性成就。"中国特色社会主义法律体系已经形成，法治政府建设稳步推进，司法体制不断完善，全社会法治观念明显增强。"② 在如此显著的成就面前，仍有一些人对中国特色社会主义法治建设没有信心，迷恋西方自由主义法治话语，对自身成就视而不见，对本国法治话语充耳不闻。因此，我们构建中国特色社会主义法治话语体系，还肩负着塑造中国法治自信的使命。

一方面，我国法治话语体系通过拉近法治现实与理论的距离，减少人们对我国法治建设的质疑。从人们对我国法治国家建设不自信的原因来看，关键在于我国法治话语体系的缺失。用西方法治话语体系来解释我国的法治现实，必然"水土不服"，解释力不足。因为基于西方法治话语体系逻辑来认同我国法治国家建设现实，是完全不可能的。既然我国坚持走中国特色社会

---

① 尤玉军、王春玺：《改革开放成功的关键在于中国共产党的正确领导》，《思想理论教育导刊》2017 年第 5 期。

② 《十八大以来重要文献选编》（中），中央文献出版社 2016 年版，第 156 页。

主义法治道路，那么其法治国家建设现实必然与西方法治话语体系之间存在本质区别。而恰恰是这种区别，往往会导致人们对我国法治建设现实状况的质疑和不自信。那么，是不是我们的实践错了？不是。是拿错了评判实践的尺子。因为拿西方法治话语体系逻辑来评判我国法治实践，无疑是一种郑人买履"宁信度，无自信"的心理在作祟。因此，构建具有说服力和公信力的中国特色社会主义法治话语体系是当务之急。通过法治话语体系为我国法治现实提供准确公正的话语支撑，从而拉近法治理论与法治现实的距离，逐渐减少人们对我国法治建设的质疑。

另一方面，通过对法治建设成效的总结，可以不断增强人们对中国特色社会主义法治国家建设的认同感和高度自信。对目前我国法治国家建设树立自信、保持定力，关键是法治建设实践能让人民群众有更多的获得感、幸福感和安全感。为此，构建法治话语体系不仅要准确解释中国法治现实，巩固法治建设取得的好经验、积累的好做法，还要不断增强法治话语体系本身的科学性、前瞻性，为我国法治国家建设提供科学的方向引领和理论指导。通过法治话语的广泛传播，凝聚人们的法治共识，凝聚法治建设的动力。只有通过法治话语体系与法治实践的良性互动，才能推动我国法治建设实践取得实质性成效，才能让人们在法治建设的成就感中，增强对中国特色社会主义法治的认同感，塑造中国法治版的"四个自信"。

四、宣传中国法治道路

一个国家的法治话语体系是该国特定政治、经济、文化等方面的综合体现。中国特色社会主义法治话语体系的共享性特点，表现为在坚持"和平共享"理念进行传播与交流的同时，还发挥着宣传中国法治道路的功能。当然，宣传包括对内和对外两个方面，此处主要指对外宣传中国法治道路。

一方面，通过我国法治话语体系宣传中国法治道路，有助于提升我国的软实力，在国际法律秩序中维护我国的国家利益。国家综合国力由硬实力和软实力两部分组成。西方发达国家在这两种实力方面都占有先天优势。由西方发达国家主导的国际法秩序，体现的是西方法治文化和西方价值观。虽然我国目前经济建设等取得巨大成就，但总体上，我国的软实力还比较薄弱。"与西方国家相比，我国软实力的不足使得中国难以从观念的维度有效地影响国际法"[①]，国际话语权也长期掌握在西方发达国家手中。也就是说，单纯经济方面硬实力的增长，难以改变我国长期所处的"被动"、"挨骂"境况。因而，中国特色社会主义法治话语体系，有助于打破西方法治话语体系长期垄断的霸权地位。通过法治话语的传播交流，可以深入、广泛地宣传中国法治道路，改变以往西方法治话语主导下，国际社会对我国的固有偏见和歧视，有助于改善我国在国际上作为一个法治国家的形象，增强我国对国际法治的影响，切实维护我国的国家利益。

另一方面，通过我国法治话语体系宣传中国法治道路，为世界法治建设贡献中国智慧。长期以来，在世界范围内，西方法治理论被认为具有先天优势。加之西方发达国家强势的国际地位为此提供实力支持，西方法治话语或多或少经由人们的法治理想潜入法治信仰层面，并最终在世界范围内奠定了其霸权地位。但是，从西方国家的人口规模、疆域国土、历史文化等因素来看，西方国家都不具有广泛的世界代表性。西方国家具有特殊性，其法治是基于基督教文化、市民社会和资本主义生产力而产生的法治类型。基于这些特定国情建立和发展起来的法治理论，在多样化的世界文明中并不能作为法治理论的唯一代表，因而不能为不具有这些特殊性的国家所适用。这便是西方法治理论不具有普适性价值的根本原因所在。"自由主义法治理论与西方国家特定的政治建构密切相关"[②]，西方法治必然受西方政治制度和文化的制约和影响。我国是一个"文明型国家"。中国作为一个超大型现代国家也具有一个延绵数千年的古老文明的独特性，形成了区别于西方文明的独特的制度、模式、理念。张维为对此总结出八个特征："四超"（即超大型的人口规模、超广阔的疆域国土、超悠久的历史传统、超深厚的文化积淀）和"四

---

①　徐崇利：《软硬实力与中国对国际法的影响》，《现代法学》2012 年第 1 期。

②　林平、张慧超：《构建中国法治话语体系赢得法治中国建设主导权——专访四川大学法学院顾培东教授》，《人民法治》2015 年第 1 期。

特"（即独特的语言、独特的政治、独特的社会、独特的经济）。① 可以说，"四超"和"四特"决定了我国在世界文明中是一种独特的存在。而且，我国是社会主义国家，坚持中国共产党领导，实行人民代表大会制度，还有中国共产党领导的多党合作和政治协商制度、民族区域自治制度、"一国两制"等等，具有许多异于西方资本主义国家的国家治理和法治建设的制度和经验。当今世界各国面临着很多共性问题，如维护主权、社会治理、可持续发展等，而法治是解决这些共性问题的主要途径和方式。"中国崛起"的实践充分证明，中国特色社会主义法治道路是在中国具体历史条件下建设法治国家唯一正确的道路。由于法治话语是世界各国交流治国理政经验的主要话语，因此我们通过构建法治话语体系来宣传中国法治道路，将不仅能向世界各国讲述法治国家建设的"中国故事"，而且能为人类法治文明注入中国元素，为世界其他国家贡献来自"文明型国家"的法治智慧。

综上所述，在坚持"为我所用、和平共享"功能观基础上，解释中国法治现实、预测中国法治发展、塑造中国法治自信和宣传中国法治道路，构成中国特色社会主义法治话语体系的四大功能。从四大功能的内在逻辑来看，它们之间虽有部分交叉，但各有其针对性：解释功能针对当下，预测功能针对未来，塑造功能侧重国内，宣传功能侧重国际；并且四大功能层层递进：解释功能是基础，预测功能是发展，塑造功能是延伸，宣传功能是升华。中国特色社会主义法治话语体系如能有效发挥这四大功能，将必然实现促进我国法治国家建设、争夺法治建设话语权、提升国家法治文化软实力等相应目标。

---

① 参见张维为：《中国震撼：一个"文明型国家"的崛起》，上海人民出版社2016年版，第64—78页。

第十六章　中国特色社会主义法治话语体系的传播分析

在全面推进依法治国过程中，我们要讲好中国法治故事，牢牢掌握我国法治建设话语权，就不仅要构建具有"中国特色、中国风格、中国气派"的法治话语体系，还要加强法治话语的传播。"优秀文化必须经过有效传播，才能充分发挥其影响力和吸引力，从而转化为国家的'软实力'。"① 法治话语作为优秀法治文化的体现，同样必须经过有效传播才能充分发挥其影响力。有效的法治话语传播是实现法治话语功能与价值的必要前提和重要保障。对于正走近世界舞台中心的中国来说，加强法治话语传播建设，讲好中国法治故事，是当前的一项重大任务。

第一节　中国特色社会主义法治话语传播的重要意义

"话语的缺失便是声音的缺席。""西强我弱"法治话语格局的形成，一方面原因在于我国法治话语体系还不完善；另一方面则是因为我国的法治话语传播不足，即"有话说不出"。从传播角度来说，声音的缺席往往即导致主体缺席。因此，我们必须重视法治话语传播在中国特色社会主义法治话语

---

① 潘源：《消除软实力"软肋"，传播"中国梦"愿景——论软实力建设中文化传播力的提升策略》，《民族艺术研究》2013 年第 6 期。

建设中的战略意义。

一、有效树立法治话语权威，指导和促进中国法治建设

实际上，法治话语的较量，背后实质是法治建设主导权的较量。福柯曾在《话语的秩序》中提出"话语即权力"的命题，从而揭示了话语的权力本质。可以说，话语权"是以话语为载体的权力样式，或者说是权力的话语体现"①，话语始终与利益相关联。长期以来，西方国家依托其强大的综合实力，不断向其他国家输出资本主义意识形态、思想和文化，"特别是作为近代学科发展产物的各种西方术语，亦随之四处扩散，形成了覆盖全世界的'西方话语霸权'"②。其中以自由主义法治理论为主导的西方法治理论，描绘了一个"极度完美的法治图景"③，加之西方国家一直有意识地通过各种传播方式，扭曲、压制、唱衰中国本土法治话语，导致人们习惯性地将外来的西方法治话语，作为建设中国法治的理想图景和评价中国法治现实的标准依据。而中国本土的法治话语却在法治建设中公信力不足，甚至成为被批判的对象。比如我们将规范执政党活动的党内法规，纳入中国特色社会主义法治体系，从而充分体现中国特色社会主义法治的特色和优势，但却遭到一些学者盲目从西方法治思想和理论出发进行批判，认为我国应当通过制定"政党法"来规范政党行为。这就严重忽视了中西方国情和政治制度的差异。当前，我国法治建设正从"追仿型"向"自主推进型"进路转变。④ 在这一转变过程中，我们必须牢牢掌握法治建设中的话语权，尽力消除长期以来西方对我国法治建设的误解、偏见，破除国人对西方法治话语的"迷信"，从而科学

---

① 毛莉：《把发展优势转化为话语优势——访北京外国语大学国际关系学院教授张志洲》，《中国社会科学报》2017年2月14日。

② 陈正良、周婕、李包庚：《国际话语权本质析论——兼论中国在提升国际话语权上的应有作为》，《浙江社会科学》2014年第7期。

③ 顾培东：《当代中国法治话语体系的构建》，《法学研究》2012年第3期。

④ 参见顾培东：《中国法治的自主型进路》，《法学研究》2010年第1期。

有效地指导我国法治实践。为此，我们不仅需要构建具有强大说服力的法治话语体系，还应加强法治话语的传播力度、优化传播方式。尤其是在与西方法治话语竞争的过程中，传播效果将是中国特色社会主义法治话语能否得到人们认同的关键，也将决定中国能在多大程度和多大范围保持法治建设的话语权。

二、广泛凝聚法治共识，塑造中国法治的"四个自信"

按照最一般的理解，传播就是传递。在传播过程中传递的是信息。而按照信息论提出者香农的定义，"信息就是不确定性的消除"。通过信息的传播，人们获得了更多的确定性。法治话语的传播，也就是让人们获得对法治发展方向的确定性，消除法治不确定性。

中国特色社会主义法治话语是从历史维度、世界维度、实践维度，将中华优秀传统法律文化、西方优秀法治成果、我国法治建设经验，进行创新提炼、集结而成。它以当代中国社会为具体场景，以中国实际国情为基本条件，以解决中国社会实际问题为目标和使命。[①] 回顾近几十年来，我国法治建设进程不断加快，从"依法治国"的提出，到"实行依法治国，建设社会主义法治国家"载入宪法，再到"全面推进依法治国"战略的推进，中国法治建设不断取得明显进步，法律权威也在中国社会逐步形成。但在西方法治话语霸权下，一些人依然会盲目拿西方法治话语与我国法治实践进行对照，认为我国并未朝着西方所设定的法治理想前进，或者偏离了西方法治模式，因而表现出悲观心态。尽管在法治建设中法治思想多元化有一定的积极意义，西方自由主义法治理论也有一些值得我国法治建设借鉴的经验，但我们必须时刻清醒地认识到，西方法治思想和法治理论与西方国家的特定政治建构相联系。我国法治建设必然要从我国实际国情和特定政治结构出发进行建构。不能以西方的特色来要求中国，而忽略中国自身的特色。"夫物之不齐，

---

① 参见顾培东：《当代中国法治话语体系的构建》，《法学研究》2012 年第 3 期。

物之情也。"这就决定了"西方自由主义法治理论不可能成为我国法治的基本理论指导"①，如果我们长期以西方法治话语为遵循，将难以形成真正符合我国根本利益的法治共识。

而且，如果西方法治话语长期主导我国法治意识形态，人们肯定会对我国的法治国家建设不自信。我们党提出的"四个自信"，体现在中国特色社会主义法治建设中，即要求我们坚定中国特色社会主义法治的道路自信、理论自信、制度自信和文化自信，即坚持中国特色社会主义法治意识形态。习近平总书记强调："在坚持和拓展中国特色社会主义法治道路这个根本问题上，我们要树立自信、保持定力。"② 因此，为改变"西强我弱"的法治话语被动格局，我们不仅要构建彰显法治建设自信的中国特色社会主义法治话语体系，将中国法治过去宣传口号式的政治性语言，转化为兼具普遍性与特殊性的法治语言，同时还要加强法治话语传播建设，将法治话语通过特定方式传递给国内外受众，并努力扩大法治话语的传播范围和影响力，使人们对中国特色社会主义法治产生感情认同、理论认同和思想认同，从而坚定中国特色社会主义法治自信。当然，中国特色社会主义法治话语传播，绝不仅仅只是宣传部门的职责。而是"一个政府主导的有政府、企业、社会组织和公民个人共同参与的全民事业，是一个需要从战略、思想到行动和措施各方面统筹谋划、协同推进的系统工程"③。只有高度重视法治话语传播，才能真正广泛凝聚法治共识，塑造中国特色社会主义法治自信。

三、有力提升我国法治文化软实力，塑造法治国家形象

"软实力"是一国通过吸引和说服别国以服从本国目标，从而使本国

---

① 张慧超：《构建中国法治话语体系赢得法治中国建设主导权——专访四川大学法学院顾培东教授》，《人民法治》2015 年第 1 期。

② 习近平：《加快建设社会主义法治国家》，《求是》2015 年第 1 期。

③ 徐占忱：《讲好中国故事的现实困难与破解之策》，《社会主义研究》2014 年第 3 期。

得到自己想要的东西的能力，① 主要包括文化、政治价值观和外交政策三
个层面。②"软实力"的提出，改变了人们对国家实力的传统认识。也就
是说，除军事经济等"硬实力"外，还有政治、法律、文化、价值观等"软
实力"。"软实力"已成为当今世界各国综合国力较量的重要指标。"软实
力"一词经由我国学者阐述而"中国化"后，目前"最重要的理论发展
是形成了'文化软实力'的概念"③，主张将文化作为软实力构建的根本。
从文化软实力的角度来说，法治话语既是我国法律制度的集中反映，同
时也是我国优秀法治文化的高度结晶和系统表达，因而法治话语是我国
文化软实力的重要组成部分。目前在我国法治建设中，本土性法治话语
权威不足，西方法治意识形态在我国法治领域中的影响依然较深。④ 在
西方法治话语的误导下，我国被错误地贴上"专制"、"人治"、"没有人
权"等标签，被塑造成"威权国家"的形象。因此，从目前来看，尽管
构建法治话语体系是提升国家法治文化软实力的根本所在，但在面临西
方法治话语不断输入和西方法治宣传攻势强大的情况下，高度重视并大
力加强中国特色社会主义法治话语传播，应当成为法治中国建设的重要
任务。实际上，美国早已将官方话语对外传播提升到一种国家战略高度，
"作为美国全球战略不可或缺的重要组成部分，服从并服务于美国的全球
战略"⑤。所以，我国必须制定符合国家发展战略和法治建设需要的法治
话语传播战略。

---

① Joseph S. Nye, Jr., "The Changing Nature of World Power," *Political Science Quarterly*,
vol.105, No.2, 1990, pp.177–192.

② Joseph S. Nye, Jr., *Soft Power: The Means to Success in World Politics*, New York: Public
Affairs, 2004, p.25.

③ 孙英春、王祎：《软实力理论反思与中国的"文化安全观"》，《国家安全研究》2014 年
第 2 期。

④ 参见顾培东：《当代中国法治话语体系的构建》，《法学研究》2012 年第 3 期。

⑤ 冯峰：《美国官方话语的对外传播战略》，《红旗文稿》2014 年第 6 期。

第二节　中国特色社会主义法治话语传播的现实困境

改革开放以来，我国社会主义法治建设成就卓著。但在国际社会面对西方法治话语，我国本土性法治话语往往处于"失声"状态。从传播角度来说，中国特色社会主义法治话语传播，目前尚处于一种"有理说不清"、"说清传不开"、"传开叫不响"的现实困境。究其原因，主要在于西方法治话语传播强势、我国法治话语传播缺乏系统性，以及传播缺乏深度。同时，这三个方面的原因，也是加强中国特色社会主义法治话语传播面临的三大挑战。

一、西方法治话语传播强势

在法治话语传播竞争中，西方法治话语传播强势与我国法治话语传播不力形成鲜明对比，呈现出典型的"西强我弱"局面。这是中国特色社会主义法治话语传播的一大挑战。

一方面，以美国为代表的西方发达国家在法治话语传播建设方面，已经远远走在世界各国前列。一是传播重视程度高。他们早已将法治话语传播纳入官方话语对外传播战略，作为其重要组成部分。通过对外宣传，向世界上其他国家主要是发展中国家，输出其资本主义意识形态和价值观。比如美国官方谈到价值观、意识形态、政治制度等时，会大肆使用和宣传"自由"、"民主"、"法治"、"人权"等话语。虽然从表面上看，其是在宣扬国际道义和"普世价值"，但实际上却是占据国际道义制高点，"对受众潜移默化地传播美国的价值观和意识形态"①。二是传播组织建设全。西方传媒已经在世界范围内具有广泛的传播影响力。比如在全球传播体系中，美联社、路透社、BBC、CNN以及《纽约时报》、《华盛顿邮报》、《泰晤士报》等，是"发布中国新闻、塑造中国传媒形象的主体，目前世界各国传媒报道中国主要

---

① 冯峰：《美国官方话语的对外传播战略》，《红旗文稿》2014年第6期。

引用的新闻稿多来自以上通讯社和媒体"①。此外，西方国家民间传播组织发达。政府通过长期提供资金支持大学、基金会、好莱坞和流行文化等，使得这些民间组织在政府监督和引导下运作，为政府服务。② 三是传播方式效果好。西方国家通常采取多种手段、全方位扩大法治话语的传播影响力。比如美国依靠其强大的全球传播影响力，引导和控制国际舆论倾向；为丑化中国国际形象而捏造"中国威胁论"，引导设置国际会议议题，垄断话语解释权，通过智库和大学教育机构开展学术资助、学术交流活动、举办国际学术会议等，向外输出自由主义法治话语，"深刻影响着其他国家精英阶层的思维框架、价值取向、思想观点"③。

另一方面，作为后发国家，我国在法治话语传播建设方面尚存在诸多不足。一是传播重视程度不够。虽然我国已经开始较为重视"文化软实力"建设，加大对具有"中国特色、中国风格、中国气派"的中华文化的宣传力度，但总体上对我国法治话语传播工作重视不够。比如国家对外宣传往往以中华传统文化为主，对内宣传更多围绕一般法律常识以及近两年兴起的政治性话语，④ 而较少宣传中国本土性法治文化及话语，致使人们依然不知道中国特色社会主义法治话语是什么、有哪些、有什么用。二是传播组织影响力弱。我国新华社的规模虽然已是世界第一，但其国际传播影响力和权威性，难以与CNN、BBC等国际主要媒体相抗衡，法治话语输出能力更弱。而"美国垄断了目前传播于世界大部分地区近90%的新闻，控制了世界75%的电视节目的生产和制作，在世界范围内通行的70%的词汇和图片来源于美国"⑤。另外，我国尚未成立如"中国国家汉办"这一专职传播汉语文化的机构那样的专门负责对外传播法治话语的国家机构。对内则主要通过《人民日

① 徐占忱：《讲好中国故事的现实困难与破解之策》，《社会主义研究》2014年第3期。
② 参见孙英春、王祎：《软实力理论反思与中国的"文化安全观"》，《国家安全研究》2014年第2期。
③ 冯峰：《美国官方话语的对外传播战略》，《红旗文稿》2014年第6期。
④ 前者如日常生活中常看到的《今日说法》、《道德观察》、《拍案说法》等系列法制节目；后者如《法治中国》六集政论片等。
⑤ 冯峰：《美国官方话语的对外传播战略》，《红旗文稿》2014年第6期。

报》、《光明日报》等主流媒体进行传播，或者由学者们通过学术传播等有限渠道进行传播。三是传播方式和手段有待创新。我国传播学研究起步较晚，在移动互联网时代，QQ、微博、微信等受到人们热捧的新型传播媒介，还没有被充分纳入法治话语传播之中；由政府主导的法治话语传播，主要还是"家长式"单方向的灌输传播，缺少对西方法治话语的批判性回应，更缺乏从受众角度考虑传播过程及其效果，政治性宣传色彩浓厚；我国设置法治话语相关议题的能力较弱，国际法治话语权威不够等。

二、中国特色社会主义法治话语传播缺乏系统性

在我国法治话语体系尚未完全构建的情形下，法治话语传播也缺乏系统性。这是中国特色社会主义法治话语传播的又一挑战。

顾名思义，法治话语体系是法治话语按照一定结构进行体系化构建的产物。它可以全面而集中地反映该国的法治实践及其经验，是对该国法治思想、理论、文化、道路最系统、最丰富的阐释。法治话语体系由法治话语组成，但并不是说法治话语体系是对法治话语的简单概括罗列，而是一个逻辑关系严密的话语体系。在该体系中，法治话语之间相互依存、相互补充，因而使法治话语体系具有单个法治话语不具备的体系功能。进一步说，法治话语体系很大程度上影响着法治话语传播的样态：前期法治话语体系尚未形成，法治话语主要以个别形式传播；形成以后，法治话语主要以体系化形式[①]传播。作为一个整体的法治话语体系，具有单个话语所不具备的整体功能，也具有更强的话语解释力、融贯性和感染力。所谓法治话语解释力，主要包括：其一，特定法治话语可以反映特定的法治思想、理论和文化；其二，法治话语可以对法治实践及其现象进行解释，以有效解决人们对法治的

---

① 此处"体系化形式"是强调有法治话语体系作为个别法治话语的基础支撑，在个别法治话语面临解释不足时，呈体系化的相关其他法治话语能够帮助完成体系解释。而"个别形式"则强调法治话语缺乏法治话语体系的解释支持，表现在：一是缺乏相关的其他法治话语解释；二是即使有相关其他法治话语，但因未完成理论闭环，解释力有限。

认识困惑，凝聚法治共识和建设力量；其三，法治话语可以反映法治建设的规律和趋势，引领和推进法治建设。法治话语的解释力，对于人们理解和认同法治话语至关重要。由于体系传播能让法治话语在传播中相互佐证，完成法治图景解释的理论闭环，比个别传播更加具有解释力，因此法治话语传播应当以体系传播形式进行，以不断提升传播的系统性。虽然中国特色社会主义法治话语，在描述和解释我国法治实践方面具有先天优势，但如何证明我国"法治话语的正确性"，是传播过程中亟待解决的问题。中国特色社会主义法治图景、法治道路分别是什么，与西方法治的区别尤其是优越性在哪里等等。这些重要问题很难从法治话语的个别传播中得到合理解释，必须借助法治话语的体系传播。

法治话语体系传播以形成法治话语体系为基础和前提。目前，中国特色社会主义法治话语体系仍处于构建完善之中，尚未完全形成，致使我国法治话语传播主要以个别形式进行，大大降低了法治话语的解释力。在西方自由主义法治话语体系中，"法治是什么"、"法治的价值"、"法治如何实现"等问题，在西方国家的特定政治建构中得到了合理阐释，基本完成了法治话语解释的理论闭环，表现出很强的解释力。因而，法治话语在体系性方面的差异导致法治话语传播效果方面的差异，并且在不同传播样态下，法治话语解释力的差异还得到放大。比如说，我国确立了"坚持党的领导，人民当家作主和依法治国有机统一"的根本原则，该原则"明确划清了社会主义法治与资本主义法治的界限"①，是我国法治建设最重要的原则，但该原则自身还未能充分阐释"党的领导"之优越性，其优越性还必须结合"三个代表"、人民主体地位、中国特色新型政党制度和国家治理体系治理能力等才能得到阐释。也就是说，以个别形式进行传播，若无其他法治话语的理论辅助和补强，那么其话语解释力十分有限。而西方自由主义法治理论围绕"多党竞争"，已形成一套完整丰富的法治话语体系，"多党竞争"通过体系传播，使

---

① 李龙：《中国特色社会主义法治体系的理论基础、指导思想和基本构成》，《中国法学》2015 年第 5 期。

不同法治话语间相互印证和理论补强，从而增强其法治话语的解释力，使之在与我国法治话语竞争中，往往处于优势地位。因此，我们必须加快中国特色社会主义法治话语的体系化过程。

三、中国特色社会主义法治话语传播缺乏深度

中国特色社会主义法治话语传播的另一挑战，是我国法治话语的传播深度不够。法学是实践之学。法治话语源于法治实践并作用于法治实践，其正确与否主要通过法治实践来评判。如果法治话语不能为法治实践提供助益，那么即使大力传播法治话语，也依然不能树立起人们对该法治话语的认同。可见，法治话语传播不能脱离法治实践这一根本。有学者认为，我国法治理论和法治话语是建构我们对中国法治实践的自我理解。① 那反过来也可以说，要实现法治话语有效深入传播，必须结合我国法治建设实践，即通过推进我国法治建设进程和法治国家建设程度，逐步确立起我国法治话语的地位。这就要求中国特色社会主义法治话语传播，不仅要由有关机构、人员等做好法治话语的宣传和阐释工作，更要在法治建设进程中，充分发挥法治话语对我国法治实践的解释、指导、预测等作用，让人们在日常生活中切身感受和确信中国特色社会主义法治话语的正确性、适用性和有效性。

再以"坚持党的领导、人民当家作主、依法治国有机统一"这一法治话语为例。在当前西方法治话语体系试图抹黑、扭曲我国法治话语之时，若仅仅通过"喊口号"的方式宣传和阐释该原则，传播效果肯定不会理想。正如习近平总书记指出："坚持党的领导，不是一句空的口号，必须具体体现在党领导立法、保证执法、支持司法、带头守法上。"② 如果日常生活中党员干部依法执政、依法用权，或者说在该法治话语指导下，党的领导不断趋于法治化，从而保障和促进人民当家作主、依法治国不断取得新进

---

① 参见朱振：《中国特色社会主义法治话语体系的自觉建构》，《法制与社会发展》2013年第1期。

② 习近平：《加快建设社会主义法治国家》，《求是》2015年第1期。

展，那么人们对该法治话语必然会发自内心地认同。这样，西方的抹黑和攻击自然不攻自破。相反，如果法治话语说的是一套，法治实践则是另外一套，法治话语无法解释、指导法治实践，那么这种"无用"的法治话语又谈何权威呢？因此，要实现中国特色法治话语的深入有效传播，最根本的是要让人们去亲自感受和验证，从而以实践体验增强法治话语的说服力、感召力。

现阶段我国法治话语传播与法治实践结合不够深入，主要体现在：一是法治话语与法治实践存在较大"裂痕"。尽管我国法治建设成就卓著，但总体而言我国法治建设水平并不高，立法不够科学、执法不够严格、司法公信力不高，生活中违反法治理念和精神的现象时有发生，法治话语的要求未能有效转化为现实。二是国家对法治话语的传播路径重视不够。我们尚没有把推进法治实践与传播法治话语进行深度有机结合，法治话语传播主要停留在一般性宣传和阐释方面，缺乏对法治话语在法治实践中能否发挥、如何发挥以及如何保障发挥其作用等问题的关注。三是弥补法治话语与法治实践之间的"裂痕"不主动、不及时。弥补"裂痕"一般由官方主导，即由政府主导推进法治建设进程，但实践中政府不主动、不及时的情况比较普遍。比如"依法行政"要求在执法领域做到"严格执法、规范执法、文明执法、公正执法"，但在一些基层执法领域中，多头执法、选择性执法、粗暴执法等背离法治话语要求的现象依旧存在。

第三节　中国特色社会主义法治话语传播的发展之道

为改变法治话语传播领域长期以来的"西强我弱"格局，破解中国特色社会主义法治话语"有理说不清"、"说清传不开"、"传开叫不响"的困境，我国必须妥善应对当前法治话语传播面临的三大挑战，寻求法治话语传播的发展之道。

一、保持中国特色社会主义法治话语传播的良好发展态势

虽然当前我国法治话语传播面临着西方法治话语传播强势、中国特色社会主义法治话语传播系统性不足、深度不够等三大挑战，但从目前的基本情况来看，中国特色社会主义法治话语传播也有一定的良好发展态势。

（一）我国综合国力的提升为中国特色社会主义法治话语传播提供基础条件

我国综合国力较过去而言有了显著提升。一方面我国经济持续稳定发展，经济整体实力已经是世界第二大经济体，科教文卫各项事业不断取得进步，人民生活水平和生活质量显著提高，幸福感不断增强等。这些繁荣景象与近些年经济一直处于低迷状态的西方国家形成鲜明对比。另一方面，我国国际地位不断提升，在国际事务中的影响力日益广泛、深远。比如党的十八大以来，我们提出和推动"一带一路"建设、设立"一带一路"国际合作高峰论坛，提出和构建中美"新型大国关系"，提出"亲、诚、惠、容"的周边外交方针政策，创设亚洲基础设施投资银行，成功举办亚太经合组织领导人非正式会议、"G20"峰会、亚信会议、博鳌论坛，举办中国共产党与世界政党高层对话会等重要国际会议，等等，都获得了国际社会的广泛好评。

正是在这样的情况下，国际社会引发了关于"中国为什么能？""中国共产党为什么能？"等的广泛热议，中国制度和中国发展道路吸引着越来越多的关注。党的十八大以来，全面依法治国被纳入"四个全面"战略布局整体推进，依法治国在国家各项工作中的地位更加突出、作用更加重大。"当代中国正在发生什么变化，发展的中国将给世界带来什么影响，越来越成为国际社会广泛关注的问题，这是中国对外传播的一个强劲生长点。"① 在这样的背景下，我国的法治话语成为人们理解"中国模式"，以及中国特色社会主

---

① 杨振武：《把握对外传播的时代新要求——深入学习贯彻习近平同志对人民日报海外版创刊 30 周年重要指示精神》，《人民日报》2015 年 7 月 1 日。

义法治道路的重要窗口。因此，从法治话语传播角度来说，综合国力的提升为我国法治话语传播提供了基础和前提。

（二）国家重视对外话语权为中国特色社会主义法治话语传播提供政策支持

自国家层面提出"提高国家文化软实力"的任务以后，由文化软实力而衍生的话语权日益受到国家重视。党的十八大以来，习近平总书记对增强国际话语权做出一系列重要阐述和工作部署。打造国际话语权，话语的生产和传播要同时具备"说明力"和"说服力"。这便要求推进理论创新和学术话语创新，提高学术话语权。①2016 年 5 月，习近平总书记在哲学社会科学工作座谈会上明确强调了哲学社会科学在提高话语权方面的重要作用，"面对世界范围内各种思想文化交流交融交锋的新形势，如何加快建设社会主义文化强国、增强文化软实力、提高我国在国际上的话语权，迫切需要哲学社会科学更好发挥作用"②。随后，学者们纷纷从不同学科角度，对中国本土话语进行深入反思和创新研究。比如在本土法治话语研究和法治话语体系的本土性建构方面，相关研究成果较过去有了明显增多。另外，在话语传播方面，习近平总书记多次在一些重要场合，强调要讲好中国故事，传播好中国声音。比如 2013 年 8 月，习近平总书记在全国宣传思想工作会议上提出的关于中华文化的"四个讲清楚"，就为我们做好话语传播工作指明了方向。

从话语权体系构成来说，法治话语权是国家话语权体系中的重要组成部分。尤其是我国法治话语蕴含着社会主义意识形态，其能否有效传播、能否在法治建设中保持话语权威，关乎国家意识形态安全。因此，国家对增强国家话语权日益重视，当然包含着对法治话语权的重视。这为我国法治话语传播提供了良好的政策环境。

---

① 参见张志洲：《提升学术话语权与中国的话语体系构建》，《红旗文稿》2012 年 13 期。
② 习近平：《在哲学社会科学工作座谈会上的讲话》，《人民日报》2016 年 5 月 19 日。

（三）深化依法治国实践为中国特色社会主义法治话语传播提供不竭动力

党的十八大以来，党和国家厉行法治，将全面依法治国纳入"四个全面"战略布局，依法治国的法治氛围不断增强。党的十八届四中全会还以依法治国为主题进行专题研究，并通过了《关于全面推进依法治国若干重大问题的决定》这一法治建设纲领性文件，标志着法治中国建设换挡提速。《决定》首次提出全面推进依法治国的总目标，系统概括了中国特色社会主义法治体系，提出"依法治国、依法执政、依法行政共同推进，法治国家、法治政府、法治社会一体建设"的基本遵循，勾勒出"科学立法、严格执法、公正司法、全民守法"和"国家治理体系和治理能力现代化"[①] 等社会主义法治国家的理想图景，并围绕全面推进依法治国总目标系统性地"提出了 190 项重要改革举措"[②]，加大了全面依法治国的顶层设计。可以说，我国法治建设已进入一个战略推进、整体推进、稳步推进时期。

中国特色社会主义法治话语形成于中国的法治实践，并在法治实践中得到运用和检验。我国正在走一条具有中国特色的法治道路，全面依法治国战略的推进，全面提升了我国法治实践水平：宪法权威不断增强、立法质量得到提高、法治政府建设速度加快、司法公信力不断提升、全民法治观念显著增强等等。这些法治建设成果，进一步增强了人们对中国特色社会主义法治的道路自信、理论自信、制度自信和文化自信，有助于人们对法治话语体系的理解与认同，为法治话语的深入传播提供了不竭动力源泉。

二、提升中国特色社会主义法治话语传播能力的思考

当前，我国法治建设中"西强我弱"的话语格局亟待打破，中国特色社会主义法治话语传播能力有待进一步提升。加强中国特色社会主义法治话语

---

① 《十八大以来重要文献选编》（中），中央文献出版社 2016 年版，第 157 页。

② 乔晓阳：《全面推进依法治国建设社会主义法治国家》，《时事报告》2015 年第 1 期。

传播建设，既要坚持以问题为导向，认清当前法治话语传播面临的困境及挑战，也要适应法治话语传播的良好发展趋势，顺势而为，以有效提升中国特色社会主义法治话语传播能力。

（一）以和平心态参与法治话语传播竞争

加强中国特色社会主义法治话语传播，将是一场与西方法治话语传播的竞争。尽管我们对这一竞争的斗争本质必须时刻保持清醒，但我们认为，"和平"应成为我们参与法治话语传播竞争的应有心态。一方面是因为中华民族向来热爱和平，和平的国内外环境是我国政治、经济等各项事业快速发展的重要条件。同时，以和平心态推进法治话语传播，有助于赢得国内外人们的认同和支持。另一方面，这是由我国加强法治话语传播的目的决定的。虽然法治话语与国家的意识形态不可分离，但我国推进法治话语传播并不是要对外输出我国的社会主义意识形态和价值观，谋求任何国际霸权。而是通过对我国法治建设历程的阐述，生动诠释"走什么样的法治道路、建设什么样的法治体系，是由一个国家的基本国情决定的"[①]，最终证明在西方法治模式以外，还有其他的道路可走。这就与美国传播法治话语的目的存在很大区别。美国对外话语传播的目的是"潜移默化地渗透、输出美国的价值观和意识形态"，为美国在国际事务中的霸权地位服务。[②] 具体说来，我国加强中国特色社会主义法治话语传播的目的主要有两点：在国内层面是保持我国的法治话语权，坚持走中国特色社会主义法治道路，在法治实践中充分发挥我国法治话语的指导功能，凝聚法治共识，推进全面依法治国；在国际层面是打破西方法治话语的垄断格局，为"法治"的世界概念注入中国元素，为其他国家的法治建设贡献中国的智慧和经验。

因此，我国在加强法治话语传播过程中，要以和平心态参与法治话语传播竞争，要讲清楚我国法治话语的和平传播理念。尤其在"一些西方媒体戴

[①]　习近平：《加快建设社会主义法治国家》，《求是》2015 年第 1 期。

[②]　参见冯峰：《美国官方话语的对外传播战略》，《红旗文稿》2014 年第 6 期。

着有色眼镜的宣传，致使西方受众对中国缺乏全面了解"①，以及鼓吹"中国威胁论"的情况下，这一点非常重要。

（二）加强法治话语传播学研究

要提升我国法治话语的传播能力，还需进一步加强法治话语传播学的研究。法治话语作为法治文化的产物，法治话语的传播属于跨文化传播。关于跨文化传播研究，兴起于 20 世纪 40 年代后期的美国，是第二次世界大战后全球格局变化和以美国为首的西方国家进行全球扩张的结果。我国学术界直到 20 世纪 80 年代才开始这方面的研究，目前我国的跨文化传播研究"仍处于初步阶段"②。由此导致我国法治话语传播学的相关研究较为薄弱，尚未能为法治话语传播提供强有力的学术支撑。比如说在传播学的受众研究方面，在目前信息爆炸呈几何级增长的时代，其对传播效果的影响重大，"只有原创的，富有个性的，有吸引力的传播内容才是对受众有价值的"③。而目前中国特色社会主义法治话语传播缺乏受众意识，面向受众方面存在不足，其传播方式仍主要停留在"家长式"的政治性宣传，缺乏从受众角度转变传播方式、传播策略，等等。

随着传播技术的不断发展，尤其是互联网新媒体的兴起，法治话语传播方式和传播格局正发生着翻天覆地的变化，因而传统意义上的传播媒体和传播方式需要随着新的形势进行转型升级。因此，加强中国特色社会主义法治话语的传播学研究具有极为重要的意义。从目前来看，应以问题为导向，实质性地解决法治话语传播过程中的问题。比如法治话语的社会互动与认同、法治话语认知体系与心理研究、法治话语适应与传播能力等。通过加强中国特色社会主义法治话语传播学研究，为有效传播法治话语奠定学术研究基础。

---

① 杨振武：《把握对外传播的时代新要求——深入学习贯彻习近平同志对人民日报海外版创刊 30 周年重要指示精神》，《人民日报》2015 年 7 月 1 日。
② 孙春英：《跨文化传播学》，北京大学出版社 2015 年版，第 3 页。
③ 张姝、周志懿：《陈刚：打造不可替代的传播力》，《传媒》2006 年第 9 期。

（三）创新法治话语传播途径

与一般的文化传播不同，法治话语的实践性特征和意识形态色彩，决定了法治话语传播需要在一般文化传播途径基础上进行创新。具体说来，在法治话语的对内传播方面，我们应重视中国特色社会主义法治话语的实践传播途径，促进法治话语与法治实践的良性互动。在深化全面依法治国实践背景下，学界应在法治实践基础上，进一步提炼出具有"中国特色、中国风格、中国气派"的法治话语，回应法治实践中的问题，加快构建中国特色社会主义法治话语体系；同时要在法治实践中广泛传播中国特色社会主义法治话语，通过法治话语预测国家发展趋势，以法治话语凝聚法治共识、指导法治建设进程，回应西方法治话语的批评质疑，进一步彰显其对中国法治实践的积极作用。

在法治话语的对外传播方面，要善于借助设置国际议题的传播途径，主动设置与中国特色社会主义法治话语传播相关的议题。"国际议题的设置，既是国际话语权强弱的直观表现，也是国际话语权竞争的重要途径。"[1] 在有关法治建设国际议题的设置方面，我国一直能力不足。这与我国的综合国力和国际地位不相符。更何况，我们在一个地域辽阔、民族众多、国情复杂、有着 14 亿多人口的大国，走出了一条具有中国特色的社会主义法治道路。实践证明，这条道路在实现经济发展、政治清明、文化昌盛、社会公正、生态良好方面具有很强的优越性。可以说，中国在法治建设国际议题设置方面，拥有丰富的议题素材。因此，我国理应有"走出去"的自信，积极参与国际社会有关法治建设的交流，主动设置相关国际议题，引导国际社会关注中国特色社会主义法治话语。当然，国际议题的提出，"在根本上来源于学术界和智库对于国际话语需求的感知"[2]，我们要善于结合国际社会发展形势与中国特色社会主义法治话语传播要求，提出能够吸引国际社会目光并与法治建设相关的国际议题。

---

① 张志洲：《提升学术话语权与中国的话语体系构建》，《红旗文稿》2012 年 13 期。
② 张志洲：《提升学术话语权与中国的话语体系构建》，《红旗文稿》2012 年 13 期。

由于世界各地区对中国"依法治国"议题有着不同的报道重点和情感态度，因此我国在进行对外传播时也应抓住这些不同之处制定定向的、更有力度的传播策略。有学者建议，应加强对中亚国家传播力度，加强对外传播话语深度，传播目的重点在于"强化"和"结晶"，解决普遍关注议题，充分利用互联网法治建设成果。① 建构对外话语体系需要在不同行动中通过不同逻辑机制发挥话语的权力作用。具体而言，对外话语在目的行动中遵循后果逻辑，在循规行动中遵循恰当逻辑，在戏剧行动中遵循修辞逻辑，在争论行动中遵循争论逻辑。对外传播法治话语必须注意不同的行动及善于运用不同的逻辑。对外话语的有效实施还须满足说服的三个诉求条件，即人格诉求、情感诉求和逻辑诉求。② 在互联网时代，必须充分运用社交媒体来实现中外话语的融通，尤其是要善于运用新媒体，用融合传播实现对读者的全面抵达，以人格化表达的"软实力"进行国际危机公关。③

（四）加强法治话语传播队伍建设

对中国特色社会主义法治话语传播来说，加强法治话语传播队伍建设意义重大。可以说，中西方法治话语传播力量悬殊，是我国法治话语"有理说不清"、"说清传不开"、"传开叫不响"困境形成的一个重要原因。话语传播，关键在人，关键在人才队伍建设。既要有话可说，也要有人来说。西方国家将法治话语传播作为对外话语传播的重要内容，其传播队伍除官方各大新闻媒体外，还包括大学科研机构、智库、民间人士等非官方传播队伍。尤其在

---

① 参见李雅洁、姜星光：《中国依法治国思想和措施国际传播效果分析》，载姜加林、于运全主编：《构建融通中外的对外话语体系——"第四届全国对外传播理论研讨会"论文集》，外文出版社 2016 年版，第 312—313 页。

② 参见袁莎：《话语、权力与说服：建构有效的对外话语体系》，载姜加林、于运全主编：《构建融通中外的对外话语体系——"第四届全国对外传播理论研讨会"论文集》，外文出版社 2016 年版，第 133—136 页。

③ 参见顾钱江、姬少亭：《以社交媒体融通中外话语体系——"月球车玉兔"微博的探索与启示》，载姜加林、于运全主编：《构建融通中外的对外话语体系——"第四届全国对外传播理论研讨会"论文集》，外文出版社 2016 年版，第 199 页。

自媒体快速发展的今天,"西方国家的自媒体用户是形塑自媒体涉华舆论的主要力量,一些传统媒体人员成为自媒体时代的舆论领袖"①。通过民间力量传播法治话语,可以更加深入社会的各个层面。故而"软实力"的提出者约瑟夫·奈曾指出,政府的宣传缺乏可信度,把政府作为软实力的主要工具,吸引力有限,因此应当重视民间社会的力量。②关于约瑟夫·奈的此番总结,我国学者孙春英等认为,美国的民间社会具有迷惑性,"在软实力塑造中起重要作用的民间社会力量与政府之间存在千丝万缕的关联",我国必须"介入符合自身历史传统、社会现实和未来发展的本土思考框架"。③

因此,在法治话语传播队伍建设方面,我们既要看到"美国模式"借助民间力量传播的优势,同时也要强调民间力量应在政府主导下进行法治话语传播。也就是说,我们应在以政府传播为主导的基础上,加大学术传播、民间传播等方面的传播队伍建设。针对国内外受众的传播喜好,形成国内法治话语传播以政府传播、学术传播为主,国外法治话语传播以学术传播、民间力量传播为主的传播队伍格局。

---

① 徐占忱:《讲好中国故事的现实困难与破解之策》,《社会主义研究》2014年第3期。

② Nye J S,"What China and Russia Don't Get About Soft Power,"*Foreign Policy*,2013.

③ 孙英春、王祎:《软实力理论反思与中国的"文化安全观"》,《国家安全研究》2014年第2期。

第十七章　中国特色社会主义法治话语应对西方"非民主政体"话语的策略

迄今为止，人类社会创造的最伟大的政治作品就是国家。政治哲学里最令人神往而又最令人困惑的话题无疑是民主。其中既有对民主的追求和赞美，也有对民主的忧虑和批判。民主作为一个常谈常新的议题，在不同时代有着不同的内涵和意义。在同一时代不同的社会体制下，人们对它的理解也千差万别。然而自20世纪以来，在意识形态领域，西方法治话语对民主政体的描述方式呈现出两个特点：其一是在空间上将西方民主、资本主义民主这一特定概念，转换和包装成一个普遍概念；其二是在时间上以西方近现代为中心，掩盖和回避人类复杂化和多元化的民主运动，按照西方民主价值支配世界政治史进行民主化的历史叙事。① 在该理论描述与架构影响下，以美国为首的西方大国凭借强大的经济力量、军事力量和文化影响力，逐步垄断民主内涵的定义权、民主标准的制定权和民主政体的判断权，并编制成一套具有虚伪性、欺骗性和片面性的民主话语体系。但其却内含着诸多政治陷阱和政治企图。西方大国借自由、民主等"普世价值"的外衣，输出并推销西方三权分立、政党轮替和定期普选的"标准化"民主制度配置，作为重塑和演变非西方国家的工具，使世界范围内相继出现"民主化回潮"②、"政治衰

---

① 参见苏长和：《西式民主话语体系的陷阱》，《光明日报》2016年9月14日。

② ［美］塞缪尔·P.亨廷顿：《第三波：20世纪后期的民主化浪潮》，欧阳景根译，中国人民大学出版社2013年版，第276页。

朽"① 以及无效治理的情形。基于此，加之于法治与民主密不可分，法治的实现离不开民主政体，本部分拟对西方法治话语中非民主政体的言论进行理论剖析和实践效果分析，进而探讨中国法治话语中民主政治构建的内在逻辑，在明确民主意涵的中国元素基础上，强化中国特色社会主义民主政治自信。

第一节　西方法治话语中"民主政体"的反思与批判

西方法治话语中鼓吹西方"民主政体"和中国"非民主政体"，其所依据的西方民主理论并非完美的，存在诸多理论缺陷和偏颇，在实践中也并非放之四海而皆准，并不能推动后发国家的民主化，反而导致政治衰退和混乱局面。

一、西式法治话语中"民主政体"的理论剖析

民主思想构成西方政治思想的中轴和核心。一般认为，民主最早发轫于古希腊时期，② 经历雅典古典民主、近代精英民主和现代大众民主三个主要阶段。基于民主思想的重要地位，古今中外学术界从不同视角、不同维度对之进行过详细论述和解读。而对西方民主的反思和批判，也构成民主文化的一条暗线。③ 该民主理论反思与批判的核心目标在于，揭示民主观念的多元性和开放性。民主模式是具有延续性和特殊性的历史过程，民主形式必须与

---

① ［美］塞缪尔·P. 亨廷顿：《变化社会中的政治秩序》，王冠华等译，上海人民出版社2015年版，第160页。

② 也有学者认为将西方民主追溯至古希腊，但这只是一种理论看法，并不等同于历史事实。现代西方民主是欧洲中世纪封建制度下政治斗争的产物和流变。参见房宁、冯钺：《西方民主的起源及相关问题》，《政治学研究》2006年第4期。

③ 参见佟德志：《现代西方民主的困境与趋势》，人民出版社2008年版，第7页。

本国发展、现实国情和文化传统相互结合。概括说来，西方民主话语在理论层面主要存在以下几方面的缺陷。

第一，西方法治话语主要以竞争性选举的存在与否，作为区分民主政体与非民主政体的标准，而忽视协商民主等其他民主形式的存在，从而以手段取代目的，以形式掩盖实质。西方民主理论在由古典民主理论中的规范性、价值性研究，向经验性和实证性研究转型以后，就不再执着于人民主权的终极理想政治状态，而是将西式选举和竞争等程序性要素进行理论架构，寻求精英思想和民主理论相结合的生长点。其中主要以熊彼特、韦伯、拉斯韦尔为代表人物。① 对该类观点的反思和批判主要集中在以下几个方面。其一，从历史的维度来说，选举并非民主的原始形式。民主的原始含义是"人民的统治"。雅典民主时期，虽然是建立在奴隶制基础上极少数人的统治，但民主的实现形式是抽签，其基本形态是公民大会的协商、参与和决策。近代以来，民族国家的建立以及领土疆域的扩大，变更了民主的实现形式。为寻求人民主权的"落地机制"，以及避免"多数暴政"，需要"宪政"和法治规范民主，限制民主的无限权威。精英民主理论集大成者约瑟夫·熊彼特在《资本主义、社会主义与民主》一书中，将选举代表放在了第一位，将人民的决定权放在了第二位，进而置换了民主的原意。② 据此，"人民的统治"成为"人民选择统治者"，政治变成少数人的游戏，固化的统治者与被统治者阶层，使政体笼罩着"贵族"、"寡头"色彩。③ 其二，从实践的维度来说，西方大国普遍选举的实现，经历了漫长而曲折的过程。英国从 1215 年通过《大宪章》到 1948 年最终实现普选制，经历了 733 年；美国从 1787 年资产阶级革命算起，到 1971 年通过宪法第 26 条修正案将投票年龄由 21 岁变更为 18 岁，经历了 184 年；法国从 1789 年大革命算起，到 1974 年实现成年人享有普选权，经历了 185 年。以普选权为标志的大众民主时代距今不到 100 年的时间。

---

① 参见孙永芬：《西方民主理论史纲》，人民出版社 2008 年版，第 179—200 页。

② 参见［美］约瑟夫·熊彼特：《资本主义、社会主义与民主》，吴良建译，商务印书馆 1999 年版，第 395 页。

③ 参见王绍光：《民主四讲》，三联书店 2008 年版，第 54 页。

其三,从理论维度来说,西方民主话语重视形式,缺乏实质,忽视民主主义的价值基础。民主主义的价值基础,在于人生而平等为原则的精神,要求人人"具有平等的法律地位、平等的身份、平等的权利,应当在政治中有平等的发言权和决策权"①。但在选举成为民主的同义词之后,"民主"变成了"选主",政治平等的概念也被置换。雅典时期轮流执政的公职分布的政治平等,变成近代以来的选举权平等,人民不是实质性参与国家社会事务,而是在形式上做出选择:是否接受精英或贵族统治。选举民主成为少数精英角逐政治权力的游戏。同时,在政治权利平等的情况下,市民社会中经济地位的不平等和资源分布的非均质化,也会导致不平等的政治参与。富人阶层的投票率一般会高于穷人阶层,以及大量利益集团的存在,使"选主"变成了"金主",进而导致不平等的代表、不平等的影响和不平等的回应,在支配者和被支配者之间形成无法逾越的鸿沟。

第二,西方法治话语以"普世价值"为外衣,将民主看成是资本主义的产物,通过掩盖资本主义民主的统治实质,以否定民主的具体性和多样性。西方民主理论通过主张民主理念是"普世价值",否定民主的地方性和民族性。他们试图建立超阶级和永恒的价值体系。②其代表性观点如"没有资产阶级就没有民主"③,"中产阶级带来民主"④,"民主是一个重要的指导原则,代表着一种全新的国内秩序,由此当然也能普及于国际秩序"⑤等。对该类观点的反思和批判主要集中在以下几个方面:其一,从对"普世价值"的理解来看,尽管存在多种观点,但将"普世价值"与普世制度进行"捆绑销售"

---

① 许振洲:《反思民主主义》,《国际政治研究》2016年第1期。

② 参见陈曙光、刘影:《西方话语中的"民主陷阱"及其批判》,《毛泽东邓小平理论研究》2015年第2期。

③ [美]巴林顿·摩尔:《民主与专制的社会根源》,拓夫译,华夏出版社1987年版,第339页。

④ [美]塞缪尔·P.亨廷顿:《第三波:20世纪后期的民主化浪潮》,欧阳景根译,上海三联书店1998年版,第76页。

⑤ 徐崇温:《国际金融危机把西方民主制推下圣坛、打回原形》,《毛泽东邓小平理论研究》2013年第6期。

这一共同点，即存在理论陷阱。一方面，即使民主作为人类的"普世价值"，代表着人类共同的价值追求，是人类文明的共同结晶，但这并不意味着价值的实现形式会完全相同。围绕着价值和制度之间的争论，实质上是目标和路径问题。即使中西方政治所追求的目标一致，但其各自的实践路径却极有可能不同。"民主所蕴含的普遍性，不是西方民主形式的普遍性，而是民主所体现的人类自我解放的普遍性"①，"所谓'民主价值观'已经成为某些国家霸权和新干涉主义的一个大棒"②。另一方面，"普世价值说"避免不了社会严重两极分化的局面，也难以摆脱金钱政治的影响。推行"普世价值"是以维护美国为代表的西方霸权利益为目的，以维持和巩固欧美主导的世界利益为追求。③ 其二，从国体和政体的关系来看，国体和政体不可分割，两者是内容和形式的关系。资产阶级政权不一定等同于民主政权，共产党领导的社会主义国家并不一定就忽视民主建设。"作为政权组织形式的民主，不为资本主义社会所独有，无产阶级进行统治的社会主义国家也有民主。"④ 进一步而言，资本主义政治制度实现了人相对独立性的存在，但在摆脱"人的依赖关系"后，却向"物的依赖关系"转变，从而产生资本主义社会的"人为物役"现象。建立在生产资料私有制基础上的资产阶级民主理论，固然也主张人民主权，但"人民"的范畴仅限于以财产权为基础的少数人，⑤ 无产阶级在政治地位上的平等参与者身份，无法改变市民社会中不平等的现实，⑥ 并因而导致金钱政治。其相对先进完善的民主形式，体现的只是少数资产阶级统治者的民主本质，⑦ 而最终目的只是维护少数有产者的统治。其三，从社会阶

① 林尚立：《西方民主政治为什么缺乏普适性》，《北京日报》2015年1月26日。

② 米博华：《警惕西式民主陷阱》，《人民日报》2014年6月9日。

③ 参见侯惠勤：《"普世价值"的理论误区和制度陷阱》，2017年1月4日，见求是网 http://www.qstheory.cn/dukan/qs/2016-12/31/c_1120211710.htm。

④ 秦延华：《"中国式民主"要有自己的民主话语权——关于民主话语权的几点思考》，《理论探讨》2009年第10期。

⑤ 参见杨光斌：《观念的民主与实践的民主》，中国社会科学出版社2015年版，第4页。

⑥ 参见徐俊忠：《"人民主体地位"再强调的深远意义》，《光明日报》2016年4月14日。

⑦ 参见周瑞华、刘慧频：《从西方民主困境看中国民主模式的优越性》，《湖北师范学院学报》2010年第6期。

级结构来看，在民主转型中受益的阶级是民主的捍卫者和推动者。相反，在民主转型中受损的阶级是民主运动的反对者。① 资产阶级在民主运动中一旦获得统治地位，便会通过财产条件、文化素质和居住时间限制选举权，以防止其扩大到工人阶级，防止无产阶级成为其政治上的反对者。而工人阶级普选的实现，是通过社会运动争取来的。换言之，"工人阶级才是推动民主的最重要社会力量"②，民主具有社会主义之维。

第三，西方法治话语是"西方中心主义"范式的延续，民主成为西方国家打压和诋毁其他发展中国家谋求自身独立发展的重要法宝和理论武器。通过制造"他者"、创造"非我"是人类普遍的认知结构。所谓西方中心主义是以西方经验的模式、范畴和概念，来理解西方国家以外历史和社会的一种趋向，主要分为种族意义上的、政治立场上的以及思维方式上的三个层次。③ 以福山的"历史终结论"为代表，其主张历史终结于西方自由民主，自由民主制度是"人类意识形态发展的终点"和"人类最后一种统治形式"。④ 对该类观点的批判和反思主要集中在以下几个方面：其一，经济基础决定上层建筑，因此民主政治体制取决于生产力发展水平。生产力是不断向前发展的，到了一定阶段就会与现存生产关系发生矛盾。随着经济基础的发展，作为上层建筑的民主政治体制也会缓慢发生变革。⑤ 其二，从历史发展和过程论的角度而言，民主有一个由低级到高级再到更高级民主，直至消亡的演变过程。这是民主的辩证法。民主发展本身是一个过程。民主制度也需要不断向前发展。与时俱进、改革创新是最历史也最科学的做法。"'民主终结论'不仅没有给西方人自己改革、创新自由民主模式留下任何空间，而

---

① 参见王绍光：《民主四讲》，三联书店 2008 年版，第 92 页。

② 王绍光：《民主四讲》，三联书店 2008 年版，第 93 页。

③ 参见叶险明：《马克思超越"西方中心论"的历史和逻辑》，《中国社会科学》2014 年第 1 期。

④ ［美］弗朗西斯·福山：《历史的终结及最后之人》，黄胜强、许铭原译，中国社会科学出版社 2003 年版，第 1 页。

⑤ 参见陈曙光、刘影：《西方话语中的"民主陷阱"及其批判》，《毛泽东邓小平理论研究》2015 年第 2 期。

且否定了其他国家量身打造发展模式的可能性。"① 其三，从文化多元的角度而言，全球化并不意味着文化和文明的一体化，全球化会凸显不同文明之间的差异属性。以多党竞争式选举为唯一标准，将所有国家区分为专制国家和民主国家，从而构造出专制—民主的两分法思维谱系，是典型的西方中心主义。②"历史终结论"实际上是西方文化优越感的体现，在西方中心主义话语表述和历史叙事中，东方社会处于落后和停滞状态，需要西方先进文明不断供给理论与模式。西方民主的话语霸权所反映的深层文化机理，是西方基督教文明与民主的亲缘关系，对全球民主版图的扩张和影响。③

二、西式法治话语"民主政体"的实践效果

西方发达国家在对外"输出民主"的过程中对"民主"进行语言包装和美化，而回避对其不利的历史事实。通过利用民主所谓"普世价值"的修辞，谋取强势的话语霸权。随着第三波民主化浪潮的消退，一些关于民主衰落、民主失败、民主崩溃等的概念，充斥于各种学术著作和媒体之中。实际上，由于各国历史条件、文化传统和具体国情存在差异，各国走向民主政治道路的原因存在差异，以及各国民主发展的社会结构不同，必然会导致各国的民主建构路径和民主发展道路有很大不同。将西式民主政体对应于历史和现实逻辑，而非纯粹的观念世界，就不难发现，西式民主在实践中呈现出以下几个基本特点。

第一，西方发达国家在早期探索民主的过程中并没有遵循统一的发展路径。英国民主政治起源于统治集团的内部斗争，"光荣革命"将"主权"由君主转向议会，"权利保护"成为英国民主的重点，有效的产权保护使英国国力大增。但是，占社会绝大多数的工人阶级仍旧是政治游戏的局外人。以

---

① 陈曙光、刘影：《西方话语中的"民主陷阱"及其批判》，《毛泽东邓小平理论研究》2015 年第 2 期。

② 参见张国军：《西方民主的演变与反思》，经济日报出版社 2015 年版，第 30—31 页。

③ 参见倪春纳：《西方民主话语霸权的政治解读》，《河南大学学报》2013 年第 3 期。

19 世纪的"宪章运动"为起点，英国工人开始了争夺普选权的社会运动。而美国由于历史和地理的特殊性，较英国而言在制度建构时具有更大选择空间，源于欧洲大陆的民主观念在新大陆得以实现。①美国国父们利用代议制、权力制衡、联邦制和严格修宪程序，建构了一个精英主导式的共和政体。随之产生美国政体的两个结构性问题，即公民权利和主权统一问题，前者通过政治抗争和宪法修正案予以解决，后者则通过南北战争予以解决。可以说，英美两国的民主路径都是法治——经济——民主的政治发展路径，先后实现的是公民的经济权利、政治权利以及社会权利。②法国民主政治源于内部各阶级之间的矛盾。法国大革命的民主政治一直未能得到有效巩固，处于不断反复与动荡以及革命与反革命较量之中，直至 1958 年法兰西第五共和国宪法才将自由予以约束，将政党予以规制。可以说，法国的民主路径是民主——动荡——法治的发展路径。③

第二，西方民主正暴露出其制度局限性。现阶段的西方世界弥漫着躁动与不安，正越发清晰地暴露出西式民主制度的局限性：其一，目光短视，缺乏长远规划。政党轮流执政，各方先后轮流登台唱戏，大政方针和战略思维难免改弦更张，前后不续，无法平衡个体利益与整体利益之间的关系；受制于选票的影响，政党和政客为讨好选民，往往只注重任期目标而不重视长远目标。④比如在美国大选中，两位候选人为了拉选票赢得选民，主张限制中国、墨西哥以及倡导贸易保护，反对经济全球化和移民潮；英国"脱欧"虽然在短期内满足了英国本土民众的就业、福利和安全需要，减轻了外来难民涌入造成的恐慌情绪，也节省了巨额"摊派费"，但却丧失了欧盟经济体的支持，并需承担日益高企的出口关税，这极可能动摇英国的国际金融地位，

---

① 参见房宁：《从实际出发推进中国民主政治建设》，《求是》2013 年第 23 期。

② 参见杨光斌：《观念的民主与实践的民主》，中国社会科学出版社 2015 年版，第 155—157 页。

③ 参见杨光斌：《观念的民主与实践的民主》，中国社会科学出版社 2015 年版，第 163—164 页。

④ 参见陈曙光、余伟如：《西式民主的"软肋"与"硬伤"》，《红旗文稿》2014 年第 23 期。

反过来影响英国本国经济发展和劳动者就业。① 其二，决策效率低下，政策难以出台。主张历史终结论的福山已在其新著中改变了对美国民主政体的观点，揭露了美国政府"否决政体"的一面。② 本来，政府的目的在于促进人民的幸福，手段就是出台有利于国计民生的政策。然而，个人主义本位、多元权力中心衍生出来的政党矛盾凸显，国会制衡权力扩大以及利益集团影响力的增多等因素，使西方民主制度过度强调分权，从而导致权力无法集中，难以形成有效决断。因此，过度注重权力制衡和保障权利，反而带来"低效民主"——国会和总统、执政党和在野党，各利益集团之间，往往在一些重大决策和重大行动方面，基于不同派别、立场和从各自利益出发，相互扯皮，相互诋毁，导致政策无法出台，体制改革举步维艰。议会议而不决，政府决而不行，甚至出现政府关门现象。③ 其三，金钱政治，腐败滋生和周期性债务危机。西方民主政治实质是"金钱政治"。奥巴马曾坦白承认："竞选需要电视媒体和广告，这就需要钱，去弄钱的过程就是一个产生腐败影响的过程，拿了钱，就要照顾供钱者的利益。"政党与政客在金钱哺育下成长，政府和财阀之间形成利益共同体，选举的"一人一票"异化为"一元一票"，政治献金和政治分赃如影随形，④ 寻租和腐败现象随处可见。另一方面，政府活动离不开财政的大力支持，同时当届政府通常更愿意以收入再分配方式取悦选民，进而获得选票支持。于是，选民在收入分配过程中受益，进而对政府和政党提出更多要求，导致政府和政党承诺的增加，使再分配性质的经济政策持续膨胀，财政支出急剧增加。为了控制财政赤字，采取的手段要么是增税，要么是减支。这两者在政治上都不受欢迎，其替代性措施就是举债。但这种举债发展到一定程度就会爆发债务危机。在某种程度上，西方选

---

① 参见刘仁营、肖娇：《西式民主制度局限性的集中暴露》，《红旗文稿》2017年第1期。
② 参见［美］弗朗西斯·福山：《政治秩序与政治衰败——从工业革命到民主全球化》，毛俊杰译，广西师范大学出版社2015年版，第445—460页。
③ 参见周瑞华、刘慧频：《从西方民主困境看中国民主模式优越性》，《湖北师范学院学报》（哲学社会科学版）2010年第6期。
④ 参见陈曙光、余伟如：《西式民主的"软肋"与"硬伤"》，《红旗文稿》2014年第23期。

举民主可以被认为是造成债务危机的制度根源之一。①

第三，照搬西式民主模式的国家，大多陷入无效治理的困境。西式民主不仅在其本土面临无法克服的危机，而且给那些照搬照抄西式民主模式的发展中国家带来灾难。在这些国家，西式民主非但没有带来良性有序的健康发展，相反，导致了混乱、无序和低效。从中亚国家的"颜色革命"和中东国家的"阿拉伯之春"，以及乌克兰——泰国的政治乱象不难发现，一味迷信西方民主话语将带来恶果。其一，发展受限，陷入治理困境。典型的国家和地区如东南亚的菲律宾和印尼，南亚的印度，以及拉美地区的墨西哥和阿根廷。尽管印度民主融合了社会层面的族群分裂，维护了国家统一，规避了军事政变，但同时也存在政治犯罪化、"好人不参政"、议会议政能力衰退、中央政府决策能力下降、政治对经济发展构成障碍等四大弊端。② 竞争性选举事实上强化了其固有的封建制或古老的社会结构，结果不断加剧两极分化，贫困问题也长期得不到根本解决，贫困人口依然高居不下，基础设施建设资金缺乏。墨西哥自 2000 年首次政党轮替以来，诸如毒品暴力泛滥、贫富悬殊、发展受限、失业激增等社会问题凸显，在世界上面临着被边缘化的危险。③ 其二，政治动荡，阶层对抗。自 2003 年格鲁吉亚爆发所谓"玫瑰革命"，格鲁吉亚亲美总统被西方大国称为"民主英雄"，格鲁吉亚也被赞誉为欧亚地区的"民主明灯"，但当地居民的生活水平以及贫富差距，并没有因"颜色革命"而得以改善。"吉尔吉斯斯坦爆发'郁金香革命'，但'革命'之后带来的是持续不断的社会动荡，代表南北不同地区的政治势力陷入内斗。"④ 泰国的城乡差距尤为严重，惠农政策的实行，引发城市中产阶级和乡村农民阶级之间的激烈对抗，造成民主失灵，富人和穷人之间冲突不断。其三，民族分裂，国家解体。基于共同的国家认同、共享信念和平等社会结构

---

① 参见张国军：《西方民主的演变与反思》，经济日报出版社 2015 年版，第 190 页。

② 参见沈跃萍：《西式民主缘何失灵——国外学者关于当前西式民主危机的解读》，《当代世界与社会主义》2016 年第 4 期。

③ 参见杨光斌：《观念的民主与实践的民主》，中国社会科学出版社 2015 年版，第 259 页。

④ 张维为：《从国际政治实践看"普世价值"的多重困境》，《求是》2013 年第 20 期。

基础上的竞争性选举机制，本应能捍卫国家和地区利益，但对民族成分复杂以及地域冲突严重的国家而言，往往不同政治派别之间会为反对而反对，而不是忠于国家的反对。因此，选举民主反而加剧选民之间的对立情绪以及政治对抗，结果可能撕裂国家，导致国家在事实上分裂和解体。

第二节　中国特色社会主义法治话语中民主话语的内在逻辑

中国式民主有其自身的历史逻辑、理论逻辑和现实逻辑。只有基于中国现代化发展的主题，以历史、理论和现实为视角，才能明确中国式民主的内在逻辑、合理因素以及发展规律。

一、中国式民主的历史必然性

中国有着悠久的历史文化传统，但两千多年君主高度集权遗留的专制和人治遗毒，决定了中国无法内生性地走向民主道路。伴随着帝国主义的侵略，近代以来的中国式民主道路，是在外来冲击下产生的现代化进程中开启的。这就决定了中国式民主在起步阶段主要以移植西方制度为基本路径。但由于我国传统社会缺乏西式民主孕育发展的条件，难以走上西式民主政治发展道路。直至新民主主义革命胜利，以及社会主义民主政治得以确立，才为新中国民主政治发展提供替代性制度选择。①

鸦片战争后伴随着西方列强的入侵，西方政治文明成果也不断传入中国，冲击着禁锢国人思维数千年的封建文化壁垒，封建制度逐渐走向穷途末路，救国图存的战略逐渐由器物走向政治制度、政治法律思想层面，政治救国成为中国近代社会变迁的主要图景。"戊戌变法"就是近代中国以西方民

---

① 参见冯霞:《当代中国民主政治发展模式研究》，江西人民出版社 2009 年版，第 10—11 页。

主政治为参照的一次制度革新尝试。它要求推行君主立宪制，颁布了一系列经济、政治、军事、教育和文化的改革诏令。但由于这次变革从改革官制入手，触动了既得利益集团，加剧了旧势力的不满和抵制。因此，在措施和方案尚未实施之际，以慈禧太后为首的保守势力便发动政变，导致变法以失败告终。尔后，清末新政的基本思路以"皇权永固"为主导思想，在强化君权的同时，吸纳新的政治力量进入政治体系，其目标是建立西方式的君主立宪政体。但由于武昌首义一声枪响，这一政体改革尝试宣告破产。之后，中国历史上第一个资产阶级共和国建立，其要义是按照英美民主模式实行多党政治，建立西方式的议会，颁布宪法。多党议会民主制代替封建王权专制的政治体制变革，并没有出现革命派所希冀的积极功效。相反，由于革命导致的传统权威的垮台、实行责任内阁制带来的多元决策和权力分散导致的恶性无序化党争，出现了"旧者已去，新者未立"的混乱局面。袁世凯复辟帝位、北洋时期军阀混战、二次护法运动失败，一系列历史丑剧上演，表明通过议会制度建立民主国家的道路也以失败告终。可以说，君主立宪和"宪政"共和，都是受西式民主影响在中国特定国情下的产物。在这一时期，民主更多地被视为改革和革命的手段，以唤醒民众，团结民众，对付共同的敌人。而对作为目的意义上的民主，人们不仅了解不足，也不可能将其作为主要目的。因此，照搬西方民主政治模式，必然会导致水土不服的现象。

孙中山在反思二次革命失败原因时，认为国民党党员虽众，但内部分子意见分歧，既无团结自治之精神，又无奉令承教之美德，党员如同散沙。[1]因此，孙中山开始探寻中国民主的新策略，即以党建国，以党治国，以党整合社会，构建以政党为核心，党国同构的中国民主政治新模式。[2]1926年，广州国民政府初步建立起中国历史上第一个"党国"体制。"党国"体制的核心就在于，作为执政党的中国国民党，以党的意识形态作为治国的基本原则，以党政双轨制的权力管理体系作为行政运作模式。孙中山"以党治国"

---

① 参见《孙中山全集》第3卷，中华书局1984年版，第92页。

② 参见冯霞：《当代中国民主政治发展模式研究》，江西人民出版社2009年版，第21—22页。

的初衷是建立一个党权之上、党内民主、以民众福利为价值取向的政体，作为由"训政"向"宪政"的过渡政体。但蒋介石在取得政权领导权后，逐渐走向军事独裁，背离了原有的原则、思想和宗旨，成为国民党统治体系内党、政、军利益纠葛的根源。党内民主缺乏，人治泛滥，独裁猖獗，党争不断，官员营私，官僚资本主义大肆掠夺国民经济，使党国制度逐渐蜕变，走向衰亡。①

面对政治结构涣散和政治力量四分五裂的状态，摆在中国社会面前极为重要的任务，就是如何重新形成新的权力中心，寻找一种能够让中国社会高度一体的新的组织方式。中国共产党的诞生和发展，即适应了这一时期社会发展的需要。中国共产党在党的第一次代表大会上，就旗帜鲜明地把社会主义和共产主义确定为自己的奋斗目标，制定了最高革命纲领。党的第二次代表大会制定了反帝反封建的民主革命纲领，明确了民主革命的动力、领导者、同盟者等一系列战略方针和策略原则，提出了依靠群众和发动群众的方法。在国共两次合作中，国民党和共产党逐渐分道扬镳，民主党派得以产生和发展，在之后的一系列斗争中，中国共产党和各民主党派团结合作，发扬真正的民主精神，共同反抗国民党一党独裁体制。土地革命时期，中国共产党在自己的政权建设中注重民主政权建设，实行广泛的工农民主，实行"精干"、"高效"原则，加强法制建设。抗战期间，面对多党多派并存的局面，如何构建一个核心领导与多党派共同参与的政党制度成为共产党的重大选择。而奉行"三三制"的民主政权，为多党合作制度的形成提供了一种新的模式，呈现出统一战线、民主集中制和党的领导的三个显著特点。② 新中国成立后，我们遵循人民民主和社会主义相结合的原则，使中国的民主政治实质上即是社会主义民主。其中，人民民主专政的国体属性为新中国政治制度的基本框架提供了逻辑起点，而人民代表大会制度、中国共产党领导的多党合作和政治协商制度，以及民族区域自治制

---

① 参见冯霞：《当代中国民主政治发展模式研究》，江西人民出版社 2009 年版，第 30—35 页。

② 参见王邦佐：《中国政党制度的社会生态分析》，上海人民出版社 2000 年版，第 104 页。

度，则规范了当代中国最基本的权力主体和权力关系，确定了中国式民主政治制度的基本架构。①

二、中国式民主理论的正当性

中国式民主是基于中国特殊的历史和国情而形成的，不仅具有历史必然性，而且是按照自身理论逻辑形成的具有鲜明特色的民主体系。中国式民主的理论逻辑在于，与时俱进地以马克思主义为指导，继承我国传统政治思想中的民主因素，同时批判性地借鉴西方民主思想中的合理内核。

中国式民主理论以马克思主义民主理论为指南。首先，马克思肯定人的本质属性是社会性，阐明通过社会关系的调整最终实现民主。马克思指出，社会实践主体是现实中的人，人的本质是一切社会关系的总和。社会关系和现实中的人之间存在互动。这就决定了人的自由状态为摆脱对人、对物的依赖关系，以及人的自由而全面发展。马克思主义对人的本质和自由的深刻认识，为民主理论的建构和民主事实的实现奠定了科学基础。其次，马克思主义科学揭示了民主的一般规定、本质规定和形式规定。物质生产方式制约着整个社会生活、政治生活和精神生活，民主的确立是基于社会生产关系的调整。民主的一般规定是指，取决于物质生产力的现实规定；民主的性质取决于占统治地位的生产关系。而民主的实质规定和形式规定是指："民主是经济上占统治地位的阶级的政治意志，是统治阶级内部的权力平等和对被统治阶级实行专政压迫的统一；民主作为政权组织形式，要求统治阶级内部实现权力平等，这是民主政体与专制政体的根本区别。"② 最后，马克思揭示了民主制是一种类型的国家制度，具有不同的实现路径和实现形式。君主专制不是民主制的对应物，而是民主制缺失的国家制度。而资本主义国家制度不过

---

① 参见冯霞：《当代中国民主政治发展模式研究》，江西人民出版社 2009 年版，第 40—47 页。

② 段治文：《中国式民主道路的逻辑形成》，《浙江大学学报》（人文社会科学版）2015 年第 6 期。

是以私有财产为基础的国家制度，理想的国家只能是人民当家作主的国家。而人民当家作主，只有在彻底废除财产私有制的前提下才能最终实现。因此，无产阶级专政是资本主义到共产主义的政治过渡时期。无产阶级专政时期，广大劳动人民当家作主，享有最广泛的民主。

中国式民主批判继承了中华传统政治思想中的民主因素。尽管古代"民主"一词，指的多是"民众之主"和"为民做主"的意思，但不可否认的是，中国古代传统政治思想中，的确蕴含着一些民主因素。在清末西方民主观念的传播中，这些因素为西方民主思想奠定了传播土壤和成长空间。

第一，主体平等思想。孔子提出"富与贵，是人之所欲也……贫与贱，是人之所恶。"① 孟子说"人皆可以为尧、舜"②，墨子说"兼相爱，交相利"，陈胜吴广提出"王侯将相宁有种乎"等，这些关乎平等的要求都蕴含着民主的启蒙思想。

第二，民本思想。如先秦时期的"民惟邦本，本固邦宁。"孟子提出的"民贵君轻"，黄宗羲的"天下为主，君为客"等。尽管民本思想和民主思想在"民"的定义内涵、民权范围以及实现方式上皆有不同之处，③ 但将民摆在国之根本的重要地位，体现了一定的民本精神。

第三，"天下为公"、"世界大同"的社会理想。从"格物、致知、诚意、正心、修身、齐家、治国、平天下"④，"大道之行，天下为公"，到明清时期提出"人各自利也，天下有公利而莫或兴之，有公害而莫或除之"⑤，"以天下之权寄天下之人"⑥，等等，都是在主张天下为公，追求没有阶级压迫的公正平等社会，来否定封建专制制度，因而与社会主义民主具有一定程度的一致性。

---

① 《论语》，张燕婴译注，中华书局 2007 年版，第 42 页。

② 《孟子》，万丽华、蓝旭译注，中华书局 2007 年版，第 265 页。

③ 参见朱宏军、张厚军：《中国传统民本与西方民主之比较》，《太原理工大学学报》（社会科学版）2005 年第 3 期。

④ 参见《礼记译解》（下），王文锦译解，中华书局 2001 年版，第 895 页。

⑤ （明）黄宗羲：《明夷待访录》，段志强译注，中华书局 2011 年版，第 6 页。

⑥ （明）顾炎武：《日知录》卷九，中华书局 1936 年铅印本，第 18 页。

第四，民主选举、广开言路的思想。如"舜发于畎亩之中，傅说举于版筑之间，胶鬲举于鱼盐之中，管夷吾举于士，孙叔敖举于海，百里奚举于市"①，体现了社会各阶层广泛参与政治推选、选拔的现象。而儒家主张的"君有过则谏"，以及要求统治阶层"闻过则喜"，"言者无罪，闻者足戒"，都在一定程度上反映了民主生活的内在要求。

中国式民主借鉴和吸收了西方民主理论的合理成分。近代资产阶级改良派和革命派，都在不同程度上接受了西方民主思潮，促进了民本主义向民主主义转化，并提出了一整套学习西方民主的政治主张。戊戌变法、清末新政和辛亥革命，未能实现中国的民主，照搬西方民主政治模式的多次试验先后失败。这引发了国人的深刻反思，试图总结并寻找更贴近中国国情的民主发展道路。新中国在探索和发展民主制度过程中，批判性地借鉴了西方民主理论。如代议制理论和权力制约理论。一方面，中国作为一个有 14 亿多人口、地域辽阔的大国，实行直接选举既无理论上的可行性也缺乏实践中的可操作性，因而客观上需要采取符合我国国情的选举制度和代表制度，并融合中国儒家"选贤举能"的政治传统，探索出党管干部与民主选举相结合的实践形式。同时，在人数较少、功能较为单一的社区组织里实行直接民主，建立起具有我国特色的村民自治和社区居民自治的直接民主形式。另一方面，尽管西方的三权分立也是权力制约的方式之一，但并非唯一方式。因此我国的权力监督制约与西方分权制衡存在着本质区别，主要表现在以下几个方面：一是我国是建立在社会主义民主基础之上的，以保证广大人民群众的利益不受侵害为目标；二是三权分立分走的不仅是权力，同时也是民意，而依托于人民代表大会制度基础上的人民民主，则体现了对民意最大程度的尊重；三是中国国家权力中的立法权、行政权和司法权高度统一于人民代表大会，有效避免了三权分立所带来的权力分散、力量不足、权力冲突及牵绊，从而提升了权力运行的效率。②

① 《孟子》，万丽华、蓝旭译注，中华书局 2007 年版，第 284—285 页。
② 参见李景治：《中国民主制度的结构性特点和优势》，《学术界》2015 年第 4 期。

三、中国式民主的现实必要性

中国作为后发国家，在实现现代化的进程中，现代社会发育和民主政治发展的问题是共时性存在。这就导致中国民主政治发展具有不同于西方的特性，必须立足中国现实走不同于西方的民主发展路径。民主、公正以及个人的自由全面发展，是全人类的共同价值追求。我国的基本国情要求我们在推进现代化过程中，必须处理好国家权力和社会自治的矛盾，以及国家权威和民主诉求之间的矛盾。因此，在中国推进民主化过程中，平衡政治发展普遍性和特殊性的内在价值取向，构建民主政治的价值实现机制成为关键。① 经过多年的探索和实践，我国逐渐形成了中国民主政治的实现机制。这一民主实现机制有以下几个方面的必然要求。

第一，民主政治发展与我国现代化建设同步推进、相互促进的必然要求。民主政治以其自身展示的新价值、新观念，对现代化建设发挥引领作用，为现代化建设提供引导和保障；而现代化建设涉及政治、经济、文化、社会等方方面面，为政治民主奠定主要的现实基础。政治民主和社会主义现代化的有效互动，一方面可以推动政治民主向前发展，另一方面也可以在中国社会向前发展的大背景中解决政治民主所面临的诸多问题。基于社会经济结构以及由经济结构所决定的社会文化发展，将不断推动民主权利的扩大和落实。在我国发展过程中，社会主义民主道路的向前推进，为新时期的现代化建设提供重要的思想和政治条件；而现代化建设的深入发展，尤其是社会主义市场经济体制的建立和完善，则为民主政治的发展奠定深厚基础和有力支持。

第二，改革、发展、稳定相协调的必然要求。稳定是改革和发展的基础，也是政治民主的前提。亨廷顿认为，处于社会变革中的发展中国家，必须建立强大的政府以实现稳定，"现代性孕育着稳定，而现代化过程则滋生

---

① 参见冯霞：《当代中国民主政治发展模式研究》，江西人民出版社 2009 年版，第120—131 页。

着动乱"①。没有稳定,改革和发展无从谈起。而改革不仅是民主政治发展的助推器,而且通过改革,破除制约社会生产力发展的各种体制性和机制性障碍,既促进了我国经济社会快速发展,又进一步健全和巩固了我国社会主义各项制度。发展则是改革的目的。只有国家富强,社会进步以及人民生活水平提高,作为改革福利惠及者的人民,才能更加拥护改革。因此,稳定、改革、发展必须协调一致、统筹兼顾。这既是中国特色社会主义向前发展的根本保证,也是社会主义民主政治价值和目标向前推进的有效路径。

第三,党的领导、依法治国和人民当家作主有机统一的必然要求。这三者有机统一是中国特色社会主义民主政治的科学总结和根本原则。党的领导是社会主义民主政治的根本保证。中国作为一个大国,人民利益的多样性和广泛性,社会现实条件的复杂性和艰巨性,要求必须有一个能够代表、反映和实现最广大人民群众根本利益的领导核心,来整合社会、凝聚共识,带领全国人民努力推进中国特色社会主义现代化建设。历史和现实充分表明,离开了中国共产党领导,就很难完成国家和民族发展的各项任务,也谈不上人民当家作主。中国特色社会主义民主的发展,需要建立在政治、经济、社会和文化基础之上。为保障人民当家作主地位,我国遵循在追求国家统一、民族团结和社会主义现代化进程中,不断实现人民当家作主的发展路径。党的各项政策、方针始终将人民当家作主作为重要出发点,也在实践中取得举世瞩目的成就,积累了丰富经验。依法治国是社会主义民主政治的必然要求。民主离开了法治,便可能演变为街头政治和民粹主义;法治离开了民主,则失去了最根本的价值追求。总之,三者的有机结合,相互联系,相互补充,构成当代中国特色社会主义民主政治发展的精髓,有力促进了社会主义民主政治价值的有效实现。

---

① [美]塞缪尔·P.亨廷顿:《变化社会中的政治秩序》,王冠华等译,三联书店 1989 年版,第 38 页。

第三节　民主意涵的中国元素

中国在推进民主化的过程中，既注重对人类政治文明成果的批判性吸收和借鉴，又始终立足本国历史文化传统和客观现实条件。中国式民主秉承自身的历史逻辑、理论逻辑和现实逻辑，呈现出与西方民主不同的特点，形成独具特色的民主建构形态、民主发展路径和民主推进策略。

一、民主建构扎根于政党、国家、社会三元政治结构之中

在西方，民主在国家和社会的二元结构中展开。具体说来，人的本质属性——社会性决定人要组成社会谋求自由发展，为了将个人的自由发展安排在合理秩序范围内，人民创造了国家。但是在古代社会，人的自由发展状况集中表现为"人的依赖关系"，人的个性自由发展程度极低。人不仅完全受制于自然，而且完全受制于社会，无法在社会发展中发展其独立个性。[1]18世纪之后，随着工业革命带来的机械化生产，以及自由劳动和资本结合的商品经济生产关系的出现，西欧实现了由古代社会向现代社会的转型。马克思认为，商品经济的生产形态是对以往出现过的生产形态的超越，它使人摆脱政治共同体而现实存在，从"共同体的一个肢体"变成"市民社会中的私人"，使私人领域从纯粹的政治领域中剥离出来，也使"人民的生活和国家的生活的同一性"破裂，使社会和国家整体合一的一元存在，转变为社会和国家相互独立的二元存在。为防止国家作恶，必须使人民能控制国家力量，唯一办法就是通过制度安排和制度建设实现权力制约权力和权利制约权力，从而使国家服从于人民的意志和利益。这就是人们通常意义上的"民主"。其目的就是将国家权力掌握在人民手中，使国家意志能够最大限度地体现人民的公

---

[1]　参见徐勇：《马克思三类社会人的发展思想与当代改革》，《华中师范大学学报》（哲学社会科学版）1988 年第 3 期。

意和社会的共识。这意味着现代民主成长的权力空间，需要在国家和社会的二元结构中展开。

与西方不同，"中国基于自己的探索实践，在二元结构的权力空间基础上，建构了三元结构的权力空间"①。在辛亥革命推翻清王朝统治之后，传统的官民结构解体为只有民的社会形态。由于缺乏必要的权威，社会四分五裂，如同一盘散沙。因此，当时的中国极需必要的权威和力量，去应对社会无力和国家无效的情形，以走上现代化发展的轨道。这种权威和力量就是政党。政党的出现将完善现代国家与社会的使命。当然，需要指出的是，尽管中国历史上有因为议会而产生的政党，但作为救国图强的政党，自出生起就不是简单地为了运作民主，而是为了建立一个新国家和新社会。于是，政党"作为建构国家与社会的担当力量，它自然对社会和国家具有相对的自主性，体现为它根基于社会，但又代表和主导社会；它在国家制度范围之内，但驾驭和决定国家"②。故而，中国式民主实际上是三元的权力构架，因而客观要求以下几点：一是私人生活独立于国家政治生活，社会相对独立地存在；二是国家政权从少数人的统治中解放出来，实行人民民主，保证人民当家作主；三是政党通过代表最广大人民群众的根本利益来凝聚社会整体，获得领导核心地位，通过法定程序将人民意志上升为法律，以维护和落实人民的切实利益。

二、民主发展路径有序化

民主建构和民主发展是民主化问题的一体两面。许多发展中国家按照西方民主话语进行民主建构，并没有带来本国的发展和有效治理，反而陷入治理无效和发展受限的困境之中。究其原因在于，他们没有把握民主的基本规

---

① 林尚立、赵宇峰：《政治建设的中国范式：论党建在中国发展中的重要政治作用》，《社会科学战线》2014 年第 1 期。

② 林尚立、赵宇峰：《政治建设的中国范式：论党建在中国发展中的重要政治作用》，《社会科学战线》2014 年第 1 期。

律，以及遵循切实有效的民主发展路径。中国探寻民主化道路的过程也并非一帆风顺，也在经历民主发展的反复曲折和路径转变后，才探索出适合自己的民主发展道路。具体说来有过以下几种民主发展路径。①

第一，线性民主化。孙中山认识到中国由千年专制走向民权政治，不可能一步到位，必须有一个渐进发展过程。为此，他将中国式民主的发展路径概括为"军政"、"训政"和"宪政"三个时期。在他看来，久在专制下的中国人民，养成了一时难以根除的奴性，因此，由革命的"军政"进入"宪政"，需要一个过渡时期，即"训政"时期。"军政"时期主要是通过革命手段和宣传手段启发民智和实现国家统一；"训政"时期主要是加强政治和经济建设，实行地方自治；"宪政"时期主要是在省县自治的前提下，召开国民大会，进行全国大选，组建民国政府。这种民主发展路径的缺陷在于，将民主视为一个线性发展过程，孤立看待民主发展，仅仅从民主内部设计中国民主的渐进过程。

第二，激进民主化。毛泽东认为，民主与专政是辩证统一的。民主不仅需要人民的自我教育和自我管理，同时也需要对反动派进行斗争。毛泽东在党的八届二中全会上提出"大民主"的构想，提倡"轰轰烈烈的群众运动"。按照这样的政治逻辑，民主的关键就在于，人民在对抗敌人中拥有绝对和广泛的民主权利，群众性的阶级斗争就是大民主的合理形式。而群众性阶级斗争的"发展"形式，就是"大鸣、大放、大辩论、大字报"的所谓"四大自由"。"大民主"毫无疑问是针对认真执行宪法规定的民主制度和民主权利而言的。这种民主发展路径，将人民的统治直接转化为现实政治实践，忽略了民主的制度环节、法治规约以及过程环节。② 历史和实践都证明，这种激进民主发展路径，不仅中断了我国原有的一整套民主制度的运行，而且造成十年"文革"的政治浩劫。

---

① 参见林尚立：《有序民主化：论党在中国政治发展中的重要作用》，《毛泽东邓小平理论研究》2005 年第 3 期。

② 参见林尚立：《有序民主化：论党在中国政治发展中的重要作用》，《毛泽东邓小平理论研究》2005 年第 3 期。

第三，有序民主化。这种民主发展路径建立在对激进民主发展路径的批判基础之上。党的十一届三中全会是中国民主政治模式新型发展的起点。邓小平明确指出："中国人民今天所需要的民主，只能是社会主义民主或称人民民主，而不是资产阶级的个人主义的民主"；"为了保障人民民主，必须加强法制。必须使民主制度化、法律化"。有序化民主的发展路径，不再孤立地看待民主，而是将其置于现代化建设轨道予以全面考虑，强调民主与法治的协调统一。"有序民主化是一种在中国共产党领导下，在政治、经济、社会与文化协调发展基础上展开的，以民主的制度化、法律化为现实任务，以实现人民民主为根本目标的持续推进的民主发展。"① 历史和现实证明，有序民主化的发展路径，有效促进了我国民主政治的发展，也积极推进了中国特色社会主义现代化建设。

三、以党内民主带动人民民主的发展策略

中国式民主建构在政党、国家和社会三元结构之中，中国式民主发展遵循有序化发展路径。而其中必要的前提就是政治稳定。对于后起现代化国家，其稳定主要取决于政党的力量。中国共产党具有双重政治地位和双重职责：作为领导党，负有建设和发展中国特色社会主义民主的使命和担当；作为执政党，负有有效运行中国民主政治制度的责任和任务。这一方面要求党切实保证有效的领导力和执政力，从而在制度上和组织上保证民主制度的完善；另一方面党需要通过有效机制将党的领导和民主发展统一起来，从而推进民主发展。经过多年的改革实践，我们找到了推进中国民主的策略，那就是以党内民主带动人民民主。

一方面，我们有着以党内民主带动人民民主的丰富实践经验。党内民主强调党内政治生活制度化、民主化和科学化，党的权力的运行得到科学规

① 林尚立：《有序民主化：论党在中国政治发展中的重要作用》，《毛泽东邓小平理论研究》2005年第3期。

范，党员权利得到有效保证。随着改革开放逐渐深入，国家和社会所发生深刻变革，党、国家和社会之间不断相互影响、相互促进。因此，新时期党内民主建设能够带动党的全面建设，实现党、国家和社会的内在契合。其原因在于，党内民主可以有效解决以下几个问题：从党和国家的关系来看，通过保证党内权力运作的规范化，可以保证党运作国家权力的规范化；从党和社会的关系来看，保障党员权利，提高党组织对党员的凝聚力和向心力，可以为党协调社会关系奠定基础；从党自身的建设来看，保障党内政治生活民主化，提高党的领导规范化、程序化、法制化水平，可以有力地推进党和国家领导制度的改革。

另一方面，以党内民主带动人民民主的制度也在不断发展完善。新中国成立后，我们以根据地和解放区党的实践为基础，构建了我国人民民主的基本政治制度架构。改革开放之初的20世纪80年代，人民民主形式主要是选举民主。1979年修改的选举法，旨在落实差额选举。20世纪90年代，随着人民公社体制的解体和单位制度的改革，人民民主形式发展出村民自治和社区居民自治等直接民主形式。到了21世纪，信息技术的发展，改变了民主形式，使我国民主呈现出"网络民主——党内民主——协商民主"齐头并进的趋势。在此期间，党内民主原则伴随着整个中共党史，成为一种顶层设计和民主建构。[1]

---

[1]　参见杨光斌：《观念的民主与实践的民主》，中国社会科学出版社2015年版，第16—18页。

结 语 中国特色社会主义法治话语体系
创新与中国法治的未来

在前面的内容中，我们从法治的中国道路、中国故事、中国话语和中国声音四个维度，阐述了中国特色社会主义法治话语体系创新之必要性、创新之基本经验、基本构成和运用方式。在本书内容即将结束之际，我们回到本书开篇提出的三个问题：中国特色社会主义法治话语体系有何独特性？中国特色社会主义法治话语体系为何具有这样的独特性？如何对外言说中国法治的独特性，以及如何处理法治的个性与共性？尽管前面的阐述已对这三个问题进行过回答，但我们还可进一步从中国特色社会主义法治话语体系的生成与构成，以及其创新的内在逻辑等角度予以简要分析。

一、中国特色社会主义法治话语体系的生成与构成

中国特色社会主义法治话语体系是关于中国法治的系统话语言说。法治道路选择决定着法治话语体系的基本框架，社会主义法治理念和法治理论共同塑造法治话语体系的具体形态，社会主义法治建设实践推动着中国特色社会主义法治话语不断丰富完善，形成了如党的领导、人民当家作主、依法治国有机统一，全面推进科学立法、严格执法、公正司法、全民守法，坚持依法治国、依法执政、依法行政共同推进，坚持法治国家、法治政府、法治社会一体建设，依法治国与以德治国相结合等话语。这些都是中国特色社会主义法治理论和法治道路标志性的话语表征。

中国特色社会主义法治话语体系是中国特色社会主义法治道路和法治理论的语言表达形式。中国特色社会主义法治道路和法治理论必须以具有中国特色、中国风格、中国气派的话语体系表达出来。成熟的法学理论体系主要表现为成熟的法治话语体系，而法治话语体系又是检验法学理论体系的重要标志。① 一个国家的话语体系是以本国语言文字对由诸多概念、理论、信念和经验所组成的思想体系的系统表达。② 法治话语体系则是对法治概念、理念和法治建设经验所组成的法治思想体系的系统表达。但法治话语不同于法治概念、法治理念、法治理论命题和法治建设口号，其虽与这些符号有一定关系，但并非这些符号本身。因为单独的词语或句子并非话语。词语或句子是静态的语言单位，只有当它由具有特定意图的说话人讲出来，进入特定语境，与其所处的特定时空、社会、文化等背景发生联系，并获得听众，形成一种交际关系时，才能成为具有真实涵义的言语交际单位——话语。因此，法治的词语和句子在具体场合中运用，必然会被特定情景赋予特定情态，并带有话主对话题的立场和对他人话语的评价。也可以说，法治话语是站在话主自身角度，在特定场景和语境中表述自己的法治立场，以及对他人法治话语的回应。因而，话语围绕特定话题展开，必然存在说话人即话主和说话对象即受话人。话题、话主的意向和受话人构成话语三要素。同时，多个话主运用各自的话语体系进行对话，彼此接受、肯定、批评、反驳对方的观点，则构成话语的交流。而且，不同的话语体系实际上存在着激烈的冲突和竞争。话语创新就是话语体系之间竞争的结果。

话语的形成是一个历史过程，有其内在规律。法治话语的内核其实是法治思想，因而法治话语体系并非随意拼凑若干词句就可以"创新"。因此，法治话语的创新必须重视法治实践和法治思想的产生和发展规律。这些规律可以从法治话语的历史演进中去总结。新中国法治话语的演进发展，展示了法治意识形态的演进历程。③ 话语的生成过程是一个兼具渐进与突变的历

---

① 参见张晶：《完善话语体系坚定法治理论自信》，《学习时报》2017年9月25日。

② 参见朱振：《加快构建中国特色法治话语体系》，《中国大学教学》2017年第5期。

③ 参见喻中：《新中国成立60年来中国法治话语之演进》，《新疆社会科学》2009年第5期。

史过程。法治话语的生成具有长期性，话语内容和话语形式都是在反复使用、交际和传播过程中逐渐形成的。许多原创性话语是在重要历史时刻、特定场合、特定语境中总结提炼出来的。中国特色社会主义法治话语体系中一批重要的标志性话语，大都是在党的文件和领导人讲话中首先提出，通过广泛传播后，被人民群众反复使用而逐渐获得普遍接受和认可。例如，早在社会主义建设初期，董必武等老一辈社会主义法制工作者围绕"依法办事"形成了许多标志性话语表达，构成中国特色社会主义法治话语体系的"晶核"；邓小平法制思想是在新的历史条件下对董必武法制思想的继承、丰富和发展，① 并形成了一系列具有中国特色的关于社会主义民主法治的新表达，构成中国特色社会主义法治话语体系的"晶体"。而在中国特色社会主义新时代，习近平总书记汇聚全党智慧，凝练出一大批具有原创性、时代性和标志性的法治话语，不断丰富中国特色社会主义法治话语体系，进一步彰显法治话语的中国风格，使中国特色社会主义法治话语体系不断完善。因此，我们必须重视党领导人民进行法治话语创新的历史进程，重视法治话语在各种"文本"载体中的演进过程，进而从历史中总结话语生成的规律，这样才能使法治话语创新少走弯路。

法治理论指导法治实践，法治实践产生法治经验，法治经验概括法治话语，法治话语形成法治话语体系，法治话语体系指导产生新的法治理论和实践，继而开启新的循环。中西方法治话语的形成莫不大体遵循如此循环往复的过程。这一循环过程可用下图表示。

在形式上，中国特色社会主义法治话语体系具有系统性，这表现为其具有明确的层级性和稳定的内部结构。我们认为，中国特色社会主义法治话语体系具有根本话语、基石话语、基本话语、具体话语四个层次的结构。

就第一个层次而言，"党的领导、人民当家作主、依法治国有机统一"构成中国特色社会主义法治话语体系的根本话语。这一根本话语明确的是我

　　① 参见尤俊意：《试论董必武法制思想及其当代意义——以"依法办事"的"法制观念"为视角》，《政治与法律》2012 年第 12 期。

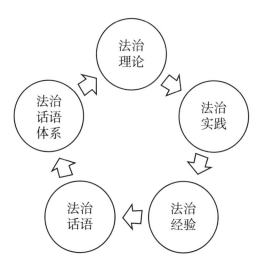

法治话语的生成与循环过程图

国法治建设的根本支撑；其所反映的话主意向和立场将捍卫我国法治建设的根本方向；其不仅明确反对法治西方中心主义，反对从西方模式出发评价我国法治建设，反对党的领导与依法治国无法兼容的观点，而且反对将民主与法治割裂开来的观点。"三统一"是构建中国特色社会主义法治话语体系的逻辑起点，以政党、国家和社会三者间的相互作用为逻辑主线，将中国法治实践经验上升为系统化学说。根本话语的根本性既体现在其涵盖法治的核心概念、根本价值，也体现在其涵盖法治下人们的基本生存和生活方式。"三统一"与西方抽象式自由、平等、人权话语不同，它在肯定这些话语对于法治所具价值的同时，结合我国实际明确了实现这些价值的中国方式。由于我国法治建设的时代背景、任务目标、人民主体立场与西方国家存在本质区别，所以实现这些法治基本价值的方式也与西方国家存在很大不同，因而中国特色社会主义法治话语体系的根本话语具有鲜明的中国特色。这一根本话语将民族性与世界性相结合，从中国特殊的法治经验中总结出普遍性原则，为人类法治文明贡献中国智慧。

就第二个层次而言，"加强和改进党对依法治国的领导"和"建设中国特色社会主义法治体系"，构成中国特色社会主义法治话语体系的两大基石话语。"加强和改进党对依法治国的领导"这一基石话语明确的是我国法治

根本法治话语结构图

建设的主导力量；其所反映的话主意向和立场是坚持和加强我国法治建设的根本保障；其明确反对西方的"国家—社会"二元论，抵制"市民社会"话语，主张"国家—政党—社会"三元论，同时也反对那种认为党领导法治的方式无需改进的故步自封观点。"建设中国特色社会主义法治体系"这一基石话语明确的是我国法治建设的总目标。这一总目标既与世界各国的法治追求存在着相似之处，又在具体路径和举措方面体现出中国法治的自主性，具有鲜明的中国特色；其所反映的话主意向和立场是坚持法治建设必须从我国实际出发，反对西方法治理想图景，反对亦步亦趋模仿西方法治道路，反对在中国搞"三权分立"、多党轮流执政和绝对的司法独立。

"党的领导和社会主义法治是一致的，社会主义法治必须坚持党的领导，党的领导必须依靠社会主义法治。"① 中国特色社会主义法治建设必须紧紧围绕党的领导这个核心。偏离了这一核心也就偏离了中国特色社会主义法治建设道路，也就会失去法治建设的动力源泉。正是在中国共产党领导下，坚持将马克思主义基本原理与中国实际相结合，实事求是地从我国国情而非其他国家理论模式出发，我们才能抵抗西方法治话语的侵袭，批判继承中国古代优秀传统文化中的治理话语资源，形成"一体多元"的中国特色社会主义法

① 《十八大以来重要文献选编》（中），中央文献出版社 2016 年版，第 158 页。

治话语形态，以及具有中国风格的话语表达。正是坚持把党的领导贯彻到全面依法治国全过程和各方面，才产生了如党必须在宪法法律范围内活动，党领导立法、保证执法、支持司法、带头守法，依法治国和依规治党有机统一等特色话语。

"中国特色社会主义法治体系"是党的十八届四中全会提出的一个内涵丰富、蕴意深刻、最具代表性和统领性的核心概念，是全面推进依法治国的总目标和总抓手。法治体系是"法的统治"在法律价值层面、事实层面和形式层面的有机统一，社会主义法治体系是真正意义上的系统工程。[①] 从法律体系向法治体系转变，表明法治中国建设是一场全面的法治革命，必须整体推进，以切实增强法治建设的系统性、协调性。因此，将建设中国特色社会主义法治体系作为全面依法治国的总抓手，完全是基于中国法治建设的现实要求。而且，以"法治体系"为基石话语，充分体现了法治话语语境的中国化、本土化，以及法治话语的"中国元素"。[②]

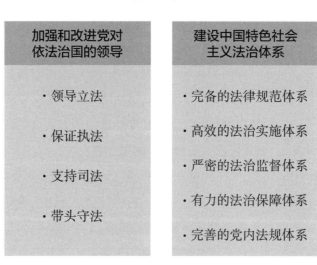

基石法治话语结构图

---

① 参见魏治勋：《从法律体系到法治体系——论党的十八大对中国特色社会主义法治体系的基本建构》，《北京行政学院学报》2013 年第 1 期。

② 参见林平、张慧超：《构建中国法治话语体系赢得法治中国建设主导权——专访四川大学法学院顾培东教授》，《人民法治》2015 年第 1 期。

就第三个层次而言，以"科学立法"、"严格执法"、"公正司法"、"全民守法"为标志的立法话语、执法话语、司法话语、守法话语构成中国特色社会主义法治话语体系四大基本话语。这四大基本话语明确的是我国法治建设的基本环节；其所反映的话主意向和立场是保持我国法治建设的路线、步骤、具体举措不动摇；其既明确了我国法治建设在立法、执法、司法和守法等环节的主要任务，也凸显了中国特色社会主义法治在各方面的鲜明特征。"科学立法、严格执法、公正司法、全民守法"是党的十八大报告提出的依法治国"新十六字方针"。围绕这一方针，形成了法治话语体系的四大基本话语。而每一基本话语都包含诸多具体话语。作为基本话语，这四大话语既衔接社会主义法治体系的五大子体系，又各自囊括一系列具体话语。因此，既体现了法治话语内容的实在性和具体化，又体现了中国法治建设的全面性、系统性、整体性。

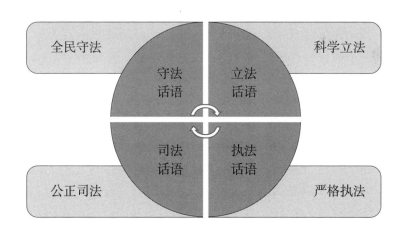

基本法治话语结构图

就第四个层次而言，中国特色社会主义法治话语体系具有丰富多彩、特征鲜明、内容充实的具体话语。具体话语分属于四大基本话语，是对四大基本话语的具体展开。

第一，立法话语是对我国立法工作在遵循中国立法活动特点和规律基础上所做出的独特表达。针对立法的基本问题，我国立法话语阐明了立法活动的民主性、科学性和合法性。"为谁立法"、"谁来立法"、"如何立法"、"立怎样的法"、"立法的依据为何"分别涉及立法的民主性、科学性和合法性问题。中国特色社会主义立法话语坚持民主立法、科学立法、依法立法原则，以"为全体人民立法"、"由代表人民的人大代表依靠人民来立法"、"从实际出发，尊重客观规律进行立法"、"法律要立得住、行得通、切实管用"、"依据宪法法律立法"等为代表，系统地回答了立法的民主性、科学性和合法性等立法基本问题。通过对这些问题的回答，全面展示了我国立法工作的原则和宗旨，展现了中国特色社会主义法治在立法方面的根本性质和鲜明特征。

第二，在执法话语中，具有鲜明中国特色的"严格执法"构成中国执法的标志性话语。法治政府建设的核心在于依法行政，关键在行政权的依法运行。因此中国特色社会主义执法话语以行政权力为主要对象，以依法行政为主轴，分别从依法行政的首要前提（职权法定）、依法行政的效能基础（行政决策）、依法行政的关键所在（严格执法）、依法行政的重要保障（监督与制约）四个方面展开。中国特色社会主义行政话语表明，深入推进依法行政，建设法治政府，关键在于政府要严格执法，重点是执法严格、规范、公正、文明。

第三，在司法话语中，"司法文明"这一新概念构成中国司法的标志性话语。"司法文明"概念的提出，揭示了我国司法制度的基本价值取向和发展规律。可以说，"司法文明"既符合世界各国以"公平正义"为根本价值取向的法治追求，又将其作为政治文明建设的重要内容，并以文明建设的思路推进司法体制改革，建设权威高效的中国特色社会主义司法制度。为此，我们强调公正司法、廉洁司法、阳光司法、司法为民。因此，司法文明的建设过程，在一定程度上就是司法改革的中国故事。通过深化司法体制改革，包括对司法权力体系进行优化配置等，进一步使中国特色社会主义司法体制权责清晰、有效配合、互相制约、稳健运行，"努力让人民群众在每一个司

法案件中都能感受到公平正义"①，为全面依法治国和改革、发展、稳定提供
高效优质的司法保障。

　　第四，在守法话语中，"增强全民法治观念，推进法治社会建设"构成
中国守法的标志性话语。对守法的强调是中西方法治的共性要求。但是，
我们突出强调公民法治观念，将公民守法意识的提高、法治素养的提升作
为法治建设的重点和重要指标。这具有鲜明的中国特色。法治建设的主体
是人，人的发展进步是法治进步的终极指标。因而公民法治观念是法治的
最终衡量标准。同时公民离不开社会，由守法公民构成法治社会，法律成
为公民内心的信仰，法律的实施就有了最可靠的基础。而且，法治社会建
设既不同于西方所提倡的"法治国家"而有着独特内涵，也不同于西方的"市
民社会"。因此，以"增强全民法治观念，推进法治社会建设"作为标志性
守法话语，体现了中国法治建设以人为本的人本主义立场，表明了我们对

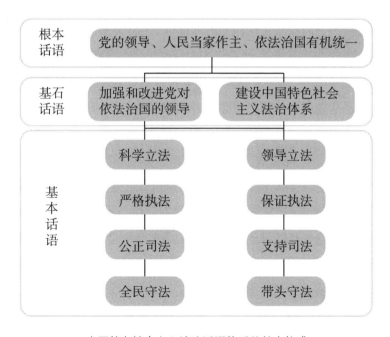

中国特色社会主义法治话语体系的基本构成

---

①　《十八大以来重要文献选编》（上），中央文献出版社 2014 年版，第 91 页。

法治建设从硬件到软件、从制度到主体的全方位关注和对社会公正的不懈追求。

为展示中国特色社会主义法治话语体系的全貌，我们制作上图，描绘中国特色社会主义法治话语体系的基本构成。正如我们反复强调的，中国特色社会主义法治话语体系仍处于不断发展完善之中，并非一个封闭的体系，因而上图不可避免地会存在诸多缺陷。而且，我们也仅仅是列举本书涉及的一些标志性话语，以展示中国特色社会主义法治话语体系的基本结构。

宪法是中国特色社会主义法律体系的统帅；科学立法，民主立法，依法立法；不断完善中国特色社会主义立法体制；发挥人大在立法中的主导作用；立法推进公民权利保障法治化；立法与改革相衔接……

二、中国特色社会主义法治话语体系创新的内在逻辑

作为中国特色社会主义法治系统的话语言说，中国特色社会主义法治话语体系伴随着新中国七十多年法治发展，经历了艰难曲折的探索历程。改革开放以来的四十多年，是中国法治建设取得重大成就的历史新阶段。在这一时期，中国特色社会主义法治道路形成，中国特色社会主义法治理论逐渐成熟，中国特色社会主义法治话语体系初步构建，中国法治终于能在世界舞台上发出自己的声音。由法治道路，到法治经验到法治理论，再到法治话语，是中国法治建设的必然发展历程；法治话语由点到线成面，是中国法治话语体系化的历程。毫无疑问，中国特色社会主义法治话语体系仍处于创新发展之中，仍需要结合法治建设实践，不断总结法治经验，完善法治理论，优化话语言说，强化传播力度，拓宽传播渠道，才能最终形成坚强有力、能够为世界所接收、接受和承认的中国好声音。

逻辑基于事理，经验来自历史，经验和事理启迪未来。中国特色社会主义法治道路的选择是基于中国法治建设历程，而中国特色社会主义法治话语体系创新的历程蕴含着法治话语体系创新的诸多内在逻辑。这是未来中国特色社会主义法治话语体系创新的重要指引。为此，我们从本书的研究中梳理

出中国特色社会主义法治话语体系创新的内在逻辑，将其总结为以下几点。

第一，明确中国特色社会主义法治话语的三重面向。三重面向即"中国特色"、"社会主义"和"法治话语"。"中国特色"是我国法治话语的生命。坚持中国特色是为了避免陷入西方法治话语陷阱，也是为了使法治在中国能够符合中国实际，从中国本土出发，挖掘中国本土法治资源。"社会主义"是我国法治话语的本质属性。坚持社会主义是为了在建设法治的同时坚持最广大人民的根本利益，坚持在公有制基础上实现人的自由而全面的发展，倡导集体主义价值观，倡导共同富裕，倡导法治与人民当家作主相结合，以超越私有制基础上的资本主义法治及其虚伪的、有缺陷的、充满矛盾的资本主义民主制度。倡导法治话语的"法治"面向，是为了克服中国传统政治中的人治主义倾向，也是为了使社会主义民主即人民当家作主有切实的实现路径，实现民主与法治的统一。坚持话语的生命和本质属性，最终是为了通过法治话语体系的建立和完善，推动我国法治实践的纵深发展。

第二，坚持中国特色社会主义法治话语体系创新的四大基本原则。一是坚持马克思主义指导地位原则；二是立足中国法治实践、解决中国现实问题原则；三是弘扬中华文化精髓、吸收国外法治经验原则；四是提高法治话语体系科学化、大众化和国际化水平原则。只有坚持这四大原则，中国特色社会主义法治话语体系才能保持其生命力、开放性、包容性、国际化和大众化。

第三，坚持中国特色社会主义法治话语体系创新的三大思想渊源，坚持一体多元的话语形态。中国特色社会主义法治话语体系要在继承中创新，就必须以马克思主义法律思想为思想源泉，合理借鉴西方法治思想，批判继承中国传统政治思想。"一体多元"的话语形态是指作为法治话语渊源的法治思想各有其起源、形成、发展的历史，但又相互关联、相互补充、相互依存，形成一个具备完整价值和功用的整体。我们既要坚持中国特色社会主义法治话语的主体性，又充分吸收或者继承世界各国和中国古代优秀的治理经验；既反对西方一元的自由主义法治话语，又避免多元话语的碰撞冲突。

第四，坚持提炼和转化法治建设的六大经验。一是坚持鲜明的理论性与实践性相结合；二是坚持独立自主、历史传承与对外开放相结合；三是坚持人民主体地位；四是坚持法治与民主相结合；五是坚持实质法治观念与法治体系完善并重；六是坚持法治作为制度的现实性与作为理念的超前性相结合。法治话语体系创新必须从法治建设经验的提炼和转化中，明确法治话语体系创新的独特路径和独特方式。

第五，坚持法治话语传播"两点论"和"重点论"相统一。"两点"就是法治话语传播既要立足国内、服务本国法治建设，又要拓宽国际视野、与世界各国进行法治对话。法治话语传播必须兼顾国内国际两个层面：在国内层面保持我国的法治话语权，坚定中国特色社会主义法治道路自信；在国际层面打破西方法治话语的垄断格局，为"法治"的世界概念注入中国元素，为其他国家的法治建设贡献中国智慧和中国方案。"重点"就是要以确立国内法治建设话语主导权和捍卫中国特色社会主义法治道路为重点。两点都要抓、两点必须兼顾，但必须结合现实情况和现阶段任务，以自身建设为重点，始终确保中国法治话语权牢牢掌握在我们自己手中。

三、中国特色社会主义法治话语体系创新的挑战与未来

本书全面回顾了中国特色社会主义法治话语体系创新的历程，对已取得的话语创新成果进行了较为系统的梳理。但也必须认识到，话语体系永远处于发展过程之中，只有坚持创新才能保持话语体系的生命力。因此，继续完善中国特色社会主义法治话语体系无疑是我们必须肩负的使命。为此，我们应该加深对话语本质的理解、对话语资源属性的认识，充分意识到面临的挑战，以促进中国特色社会主义法治话语体系更加完善，进而推动中国法治在未来的进一步发展。

对话是话语的本质，创新是话语体系的生命。话语的本质在于其对话性。无论我们的话语有多强的创新性和独特性，实际上都是对他人话语的回应，都在不同程度上与其他话语处于对话中。我们的话语"或反驳此前的话语，或肯定它，或补充它，或依靠它，或以它们为已知的前提，或以某种方

式考虑它"①。中国特色社会主义法治话语产生于中西方法治话语交流碰撞之中和新旧法治话语更迭之际，处于与西方法治话语、中国古代治理话语以及苏联法制话语的对话之中。中国特色社会主义法治话语对西方法治话语既有学习和借鉴，也有批判和发展。正是在这种动态过程中，中国特色社会主义法治话语体系始终保持着开放性，并不断从古今中外的治理经验中获得更加丰富的话语资源和表达。

而且，中国特色社会主义法治话语体系必将在法治中国建设中发挥更大作用。其一，对法治话语本质、发展规律和运用策略的深入研究，必将进一步推进法治中国建设。对中国特色社会主义法治话语体系的大力传播，必将坚定中国法治自信。随着法治话语体系的不断创新，中国自己的法治话语权将牢固确立，中国特色社会主义法治道路必将走得更加坚定。其二，中国特色社会主义法治话语体系的创新，必将进一步推动法治意识和法治思维的落实，从而推进法治社会建设。没有法治话语体系，法治思维和法治方式很难深入人心。②法治话语体系以一套固定的符号表达，极大地促进了法治意识、法治思维和法治方式的传播。其三，中国特色社会主义法治话语体系的创新和传播，必将推动中国特色社会主义法治话语权在国际上的确立和进一步增强。中国特色社会主义法治话语体系具有解释中国法治现实、预测中国法治发展、塑造中国法治自信和宣传中国法治道路的功能。

同时，中国特色社会主义法治话语体系的创新，必将进一步推动中国特色社会主义法学理论体系和法学学科体系的发展。随着实践的不断发展，理论发展将永无止境，话语创新也永无止境。话语是内容与形式的统一。话语创新既包括内容上的创新，也包括结构上的科学化。话语结构科学化，要求在坚持既有话语体系结构基础上，不断完善话语内部结构。法治话语体系的科学化，也会推动法治理论的进一步发展，并将强有力地推动中国特色社会主义法学理论和法学学科的发展。话语的对话性是人文社会科学存在的形态

---

① [俄]《巴赫金全集》第4卷，钱中文主编，河北教育出版社1998年版，第177页。

② 参见陈金钊：《面向法治话语体系建构的中国法理学》，《法律科学》（西北政法大学学报）2020年第1期。

和发展机制。法治话语是法治理论研究的对象，也是法治理论创新的源头。法治理论创新必须重视话语这一载体。一方面，文本是人文社会科学思想的载体；另一方面，人文社会科学的新思想产生于文本的对话。法学理论和法治思想也是如此。法学理论就是法治现象和实践在人脑中的主观反映。我们对法治话语进行研究，就是对法治理论这一法治现象主观反映的一种回应，可以说是"再反映"。在这一再反映过程中，必然要对法治理论进行评价和古今中外比较，并相互交流和批评而不断完善，相互借鉴而取得融合创新。法治道路和法治话语形态因多样而交流，因交流而互鉴，因互鉴而发展。这种文明之间的交流互鉴是法治理论创新和法学学科发展的重要源头。

必须承认，在法治全球化时代，西方自由主义法治话语势头仍然强劲，中国特色社会主义法治话语体系面临着来自国际话语竞争带来的巨大挑战。我们仍然面临着西方法治话语传播强势，中国特色社会主义法治话语传播系统性不足、深度不够等挑战。中国特色社会主义法治话语，还必须抵御和防范西方自由主义法治话语，并寻求不同法治话语在国际上共存的路径。"世界历史发展的一般规律，不仅丝毫不排斥个别发展阶段在发展的形式或顺序上表现出特殊性，反而是以此为前提的。"[1] 不同国家的法治话语之间必然存在冲突，如何将冲突转化为对话和共鸣，无疑是对我国法治话语策略的重大考验。"语言是一种实践的、既为别人存在因而也为自身而存在的、现实的意识"，"语言也和意识一样，只是由于需要，由于和他人交往的迫切需要才产生的"。[2] 中国特色社会主义法治话语体系是为了满足交往的需要才产生的，必须在交往实践中继续发展完善。如前所述，话语的本质在于其对话性。离开对话，话语无从产生和依附。法治话语也必然要参与国际对话。我们倡导话语的和平共处，主张"各美其美，美人之美，美美与共"，但仍不可忽视不同国家法治模式的差异以及由此产生的话语差异，不可低估西方资本主义国家自由主义法治话语的入侵和渗透。中国特色社会主义法治话语，

---

① 《列宁专题文集·论社会主义》，人民出版社 2009 年版，第 357—358 页。
② 《马克思恩格斯选集》第 1 卷，人民出版社 2012 年版，第 161 页。

不仅应积极捍卫本国法治话语在国际上的地位，而且应善于主动设置法治议题，主导国际法治议程，利用有利时机向国际社会阐明中国法治建设新成就、新经验、新方案，彰显中国法治给国际社会带来的新气象。法治话语理论研究应指导法治话语策略的制定。而法治话语策略又不能停留在纸面上，还需要我们结合国际话语竞争现状，进一步研究制定具体的应对方案。

概而言之，现阶段中国特色社会主义法治话语体系面临着的以下三大挑战，要求我们必须打破自身存在的创新瓶颈，补足自身短板，不断提高创新能力，增强对话能力。

第一，法治理论创新不足。话语体系的说服力、影响力固然与话语表达有关，但更重要的决定因素是话语体系所反映的意识形态、特别是价值观是否具有吸引力，而这又在根本上取决于思想体系的科学性和以之为指导的实践的成功性。① 要构建中国特色的话语体系，就必须构建中国特色的理论体系和中国特色哲学社会科学学科体系。就法治理论创新的不足而言，首要的是中国特色的法治概念供给不足，这是中国特色社会主义法学学科体系、学术体系、话语体系建构和创新的瓶颈。概念是对事物本质的高度抽象概括。法学学术体系、法治理论体系、法治话语体系的形成和发展，都需要通过一系列概念、判断和推理实现，而判断和推理又以概念为前提。因而概念在学术体系、理论体系和话语体系中发挥着基础和枢纽作用。中国特色的法治概念是进行法治话语体系创新的重中之重。我们应不断总结中国法治实践，从大量生动、鲜活的法治治理实践中，总结出中国特有的法治概念。党政文件、人民群众的大众话语和中华优秀传统文化中蕴涵着丰富的话语，其中不少具备法治意识性和学理性，具备转化为法治概念的条件，可以成为中国特色法治概念的来源。② 在对这些话语表达进行去伪存真、去粗取精后，按照现代学科要求进行提炼，同样可以创造出一批体现中国特色的法治概念。因此，中国特色社会主义法治理论创新必须重视概念创新，以不断为法治话语

① 参见卢国琪：《中国特色社会主义话语体系研究》，《科学社会主义》2015 年第 6 期。
② 参见周平：《增强概念创新的自觉与自信》，《人民日报》2020 年 2 月 10 日。

体系创新提供概念和思想供给。

第二，法治体系还不完善。出色的法治话语体系以出色的法治体系为基础。要使我国法治话语被广泛认可，前提是我国法治体系必须完善，且被广泛认可。因此，我们还应当强调建设"出色"（而非仅是"特色"）的中国法治体系。① 出色的法治体系必然是软硬件相结合的法治体系。我们不仅要注重看得见的规章制度建设，还要注重看不见的法治氛围和法治土壤的培育。在某种程度上，后者这类软性要素的发达程度，决定了前者这类硬性制度要素能够发挥功能的程度。从目前来看，法治体系的不完善，尤为突出地体现在法治语言、法治观念和法治文化的不发达上。法治话语必须扎根于法治实践，运用于法治实践，转化为有效的法治言说，形成有效的法治话语，才能产生话语权。这就有赖于法治体系的进一步完善和使法治话语体系不断适应和引领法治体系。若脱离法治实践，或者不具备对法治实践的解释力和约束力，那么法治话语是缺乏生命力的。同时，法治话语必须在社会广泛传播中形成一种规则至上的社会潜意识。法治话语与法治语言、法治观念、法治文化等相邻概念有着千丝万缕的联系。法治话语的形成、体系化及其传播，离不开法治语言、法治观念和法治文化的日益完善。就语言来说，我们使用的法治语言仍然是一种高度"西化"的语言，仍需要进行语言上的转化，"西语中用"，并不断增加中国本土的语言素材供给；就观念来说，我国的法治观念仍然不够现代化，人治观念、官本位意识仍在一定范围内存在，规则意识、权利意识还扎根不深，宪法法律的权威还未牢固确立，仍需要不断加强法治社会建设，增强全民法治观念，以法治话语引导公民对作为社会治理依据的法律的认识，并倡导以规则为行为准则和定分止争之准绳；就法治文化来说，社会主义法治文化氛围还不够浓厚，仍需要在全社会培育尊法、学法、守法、用法、护法的社会风气，同时必须充分发挥社会主义法治的优越性，突出集体主义价值观、

---

① 参见程金华：《中国法治话语权的重要基础：出色的法治体系》，《人民法治》2015 年第 1 期。

民本法治观、实质法治观、民主法治并举、法治与德治相结合的优势所在，形成区别于其他法治文化的社会主义法治文化氛围。一种意识形态如果想要在社会中有效推行，势必要和每个人已有的常识有机地结合在一起。①我们进行社会主义法治建设和法治话语创新，也必须通过法治话语培育中国民众的法治常识。而法治观念和法治文化的培育，最根本的还是要靠法治体系建设这个总抓手。

　　第三，法治话语系统性、整体性、科学性和前瞻性不足。我们必须看到，与成熟的话语体系要求相比，我国法治话语体系还存在诸多不足。其一，话语的系统性有待提升。我国法治话语虽然已具备一定的系统性，但还必须进一步加强。所谓话语体系就是系统化、理论化了的话语群，话语群构成完整的话语体系。②我们必须加强对法治话语体系性的认识，以体系性思维构建更加系统协调的话语群，进一步优化中国特色社会主义法治话语体系的内部结构。其二，话语的整体性有待增强。必须认识到中国特色社会主义法治话语体系处于中国特色总体话语之中，与其他各方面话语构成一个整体，并且相互支撑。实际上，对任何一个特定话语的研究，都必须关注其整体性特点，即任何特定话语体系应是多要素在总体话语体系指导下构成的一个动态、完备的系统。法治话语体系这样中观话语体系的建构，必须以宏观话语为指导、微观话语为依托，才能做深、做实。③法治话语体系并非孤立的话语体系，其进一步创新有赖于中国特色社会主义总体话语体系的创新发展，也有赖于微观话语的进一步充实。其三，话语的科学性有待提高。由于我国法治话语体系的科学性还不够，还无法满足法治发展的需要。所谓话语的科学性主要包括：话语必须言之有物，亦即要讲清楚中国的根本问题是什

---

① 参见［英］诺曼·费尔克拉夫：《话语与社会变迁》，殷晓蓉译，华夏出版社2003年版，第1页。

② 参见卢国琪：《中国特色社会主义话语体系研究》，《科学社会主义》2015年第6期。

③ 宏观即建构中国特色社会主义总体话语理论体系；中观指经济政治文化等社会结构发展理论；微观则是指具体社会（特别是热点与焦点）等问题的话语体系。参见杨生平：《话语理论与中国特色社会主义话语体系构建》，《中国特色社会主义研究》2015年第6期。

么；言之有据，亦即要讲清楚中国做事情的根本依据；言之有理，亦即要讲清楚中国做事情的根本逻辑。① 成熟的法治话语体系不仅应包含法治理论的构成、内容，而且要明确其适用场域、限制条件，要经受历史和实践的检验，以保持和延续其生命力，② 以不断提高其科学性。其四，话语的前瞻性有待重视。成熟的话语体系不仅要符合我国法治发展的历史规律，而且要有很强的前瞻性，要求不仅能对我国的法治实践做出合理解说，而且能对我国社会转型做出一定预测和判断，以强化社会主义法治理念对国家和社会行为的引导作用。为使中国特色社会主义法治话语更好地应对国家治理的新问题，必须增强其前瞻性。

因此，我们既不能把一个社会的话语形态当成永恒不变的，也不可把一个社会对特定事物的"知识性"看法当成永恒的"知识"。③ 任何话语都具有"未完成性"。中国特色社会主义法治话语体系同样必须始终保持创新的心态和姿态。虽然我们称其为中国特色社会主义法治话语体系，也就是以"体系"一词赋予其整体性和完整性意义，但我们必须清晰认识到话语是处于对话中的。"话语的生命在于价值，价值产生于对话。"④ 只有在对话中，话语才能获得其生命和价值。在全球化时代，不同文明之间的对话永远不会终结，因而话语永远都是"未完成的"。"完成了的"话语是一种虚幻。话语若放弃对话，故步自封，自诩为"权威话语"和"终极话语"，也就走向了僵化和死亡。因而，对话是话语的生命，以对话激励创新，正是维持话语生命的新陈代谢。

中国特色社会主义法治话语体系必须在对话中不断创新，才能焕发出更加强大的生命力。中国特色社会主义法治话语体系还很不完善，还必须在法治理论发展基础上增加概念供给，形成更多新的话语表达；必须在法治实践

---

① 参见牛先锋：《中国话语核心》，《社会科学战线》2015 年第 3 期。

② 参见顾培东：《当代中国法治话语体系的构建》，《法学研究》2012 年第 3 期。

③ 参见杨生平：《话语理论与中国特色社会主义话语体系构建》，《中国特色社会主义研究》2015 年第 6 期。

④ 白春仁：《边缘上的话语——巴赫金话语理论辨析》，《外语教学与研究》2000 年第 3 期。

中与法治语言、法治观念、法治文化不断磨合和融合，培育适合法治建设的社会氛围和文化土壤；必须不断增强法治话语的系统性、整体性、科学性和前瞻性；必须在话语传播中增强其针对性和对话性，识破西方话语中的陷阱和圈套，回答西方社会对中国法治提出的质疑，努力捍卫中国法治话语权。当今世界的主题是和平与发展。法治话语交往的主旋律也是和平与发展。各国法治表现形态的多样性，呼唤着各国相互之间应反复对话、深入对话、持久对话。

总之，我们必须始终沿着中国特色社会主义法治道路阔步前进，在推进理论创新、制度创新、实践创新的同时，不断推进法治话语体系创新，使中国特色社会主义法治话语体系支撑下的中国特色社会主义法治道路越走越坚定、越走越宽广。

参考文献

一、中文著作

《马克思恩格斯选集》第 1 卷，人民出版社 2012 年版。

《马克思恩格斯全集》第 4 卷，人民出版社 1964 年版。

《马克思恩格斯文集》第 2 卷，人民出版社 2009 年版。

《马克思恩格斯文集》第 4 卷，人民出版社 2009 年版。

《马克思恩格斯文集》第 7 卷，人民出版社 2009 年版。

《马克思恩格斯文集》第 10 卷，人民出版社 2009 年版。

《列宁选集》第 1 卷，人民出版社 2012 年版。

《列宁专题文集·论社会主义》，人民出版社 2009 年版。

《毛泽东选集》第 2 卷，人民出版社 1991 年版。

《毛泽东选集》第 3 卷，人民出版社 1967 年版。

《刘少奇选集》下卷，人民出版社 2004 年版。

《邓小平文选》第 1 卷，人民出版社 1994 年版。

《邓小平文选》第 2 卷，人民出版社 2001 年版。

《邓小平文选》第 3 卷，人民出版社 2001 年版。

《江泽民文选》第 1 卷，人民出版社 2006 年版。

《江泽民文选》第 2 卷，人民出版社 2006 年版。

《江泽民文选》第 3 卷，人民出版社 2006 年版。

《胡锦涛文选》第 1 卷，人民出版社 2016 年版。

《胡锦涛文选》第 2 卷，人民出版社 2016 年版。

《胡锦涛文选》第 3 卷，人民出版社 2016 年版。

《习近平谈治国理政》，外文出版社 2014 年版。

《习近平谈治国理政》第 2 卷，外文出版社 2017 年版。

《孙中山全集》第 3 卷，中华书局 1984 年版。

《董必武政治法律文集》，法律出版社 1986 年版。

《邓小平年谱》（1904—1974），中央文献出版社 2009 年版。

《彭真文选》，人民出版社 1991 年版。

彭真：《论新中国的政法工作》，中央文献出版社 1993 年版。

胡锦涛：《论构建社会主义和谐社会》，中央文献出版社 2013 年版。

《十八大报告辅导读本》，人民出版社 2012 年版。

《十八大以来重要文献选编》（上），中央文献出版社 2016 年版。

《十八大以来重要文献选编》（中），中央文献出版社 2016 年版。

《习近平关于全面依法治国论述摘编》，中央文献出版社 2015 年版。

《习近平总书记系列重要讲话读本》，学习出版社、人民出版社 2016 年版。

《中国共产党第十八届中央委员会第四次全体会议文件汇编》，人民出版社 2014 年版。

《四部备要·经部·尚书》，中华书局据相台岳氏家塾本校刊。

《四部备要·子部·慎子》，中华书局据守山阁本校刊。

《礼记译解》（下），王文锦译解，中华书局 2001 年版。

《左传译注》（上），李梦生撰，上海古籍出版社 2004 年版。

《管子》，李山译注，中华书局 2009 年版。

《论语》，张燕婴译注，中华书局 2007 年版。

《孟子》，万丽华、蓝旭译注，中华书局 2007 年版。

《墨子》，李小龙译注，中华书局 2016 年版。

《庄子》，孙通海译注，中华书局 2016 年版。

《荀子集解》，王先谦撰，中华书局 2012 年版。

《韩非子》，赵沛注说，河南大学出版社 2008 年版。

《新语校注》，王利器撰，中华书局 1986 年版。

（汉）贾谊：《新书》，王洲名注评，凤凰出版社 2011 年版。

（汉）王逸：《楚辞章句》，黄灵庚点校，上海古籍出版社 2017 年版。

《贞观政要》，王娟译注，上海三联书店 2013 年版。

《唐律疏议》，岳纯之点校，上海古籍出版社 2013 年版。

（明）黄宗羲：《明夷待访录》，段志强译注，中华书局 2011 年版。

（明）顾炎武：《日知录》卷九，中华书局 1936 年铅印本。

（明）张居正撰、潘林编注：《张居正奏疏集》，华东师范大学出版社 2014 年版。

《中国特色社会主义法律体系》，人民出版社 2011 年版。

北京政法学院法制史教研室编：《中国法制史参考资料选编·近现代部分》（第 3 分册），北京政法学院法制史教研室 1980 年编印。

本书课题组编：《为什么不行——论西方"宪政民主"》，浙江工商大学出版社 2015 年版。

卞建林：《现代司法理念研究》，中国人民公安大学出版社 2012 年版。

蔡定剑：《历史与变革——新中国法制建设的历程》，中国政法大学出版社 1999 年版。

陈端洪：《宪治与主权》，法律出版社 2007 年版。

陈守一：《法学研究与法律教育论》，北京大学出版社 1996 年版。

邓正来：《哈耶克法律哲学》，复旦大学出版社 2009 年版。

杜飞进：《法治政府建构论》，浙江出版联合集团、浙江人民出版社 2011 年版。

冯霞：《当代中国民主政治发展模式研究》，江西人民出版社 2009 年版。

甘阳：《通三统》，三联书店 2007 年版。

韩延龙、常兆儒主编：《中国新民主主义革命时期革命根据地法制文献选编》第 1 卷，社会科学文献出版社 1981 年版。

何永红：《现代行政法》，浙江大学出版社 2014 年版。

黄炎培：《八十年来》，中国文史出版社 1982 年版。

江国华：《立法：理想与变革》，山东人民出版社 2007 年版。

姜加林、于运全主编：《构建融通中外的对外话语体系——"第四届全国对外传播理论研讨会"论文集》，外文出版社 2016 年版。

蒋传光：《新中国法治简史》，人民出版社 2011 年版。

李林：《立法理论与制度》，中国法制出版社 2005 年版。

李龙主编：《法理学》，人民法院出版社、中国社会科学出版社 2003 年版。

李培传：《论立法》，中国法制出版社 2011 年版。

《梁启超政论选》，新华出版社 1994 年版。

梁治平主编：《法律的文化解释》，三联书店 1994 年版。

刘亚洲：《精神》，长江文艺出版社 2015 年版。

罗豪才、湛中乐主编：《行政法学》，北京大学出版社 2016 年版。

马怀德主编：《全面推进依法行政的法律问题研究》，中国法制出版社 2014

年版。

马长山:《法治进路中的"民间治理"》,法律出版社 2006 年版。

牛余凤、韦宝平编:《行政法学》,中国政法大学出版社 2011 年版。

石国亮:《国外政府信息公开探索与借鉴》,中国言实出版社 2011 年版。

石杰琳:《中西方政府体制比较研究》,人民出版社 2011 年版。

苏力:《法治及其本土资源》,中国政法大学出版社 1996 年版。

孙春英:《跨文化传播学》,北京大学出版社 2015 年版。

孙国华:《社会主义法治论》,法律出版社 2002 年版。

孙永芬:《西方民主理论史纲》,人民出版社 2008 年版。

佟德志:《现代西方民主的困境与趋势》,人民出版社 2008 年版。

王邦佐:《中国政党制度的社会生态分析》,上海人民出版社 2000 年版。

王人博、程燎原:《法治论》,山东人民出版社 2014 年版。

王韶兴:《政党政治论》,山东人民出版社 2011 年版。

王绍光:《民主四讲》,三联书店 2008 年版。

王长江:《现代政党执政规律研究》,上海人民出版社 2002 年版。

魏宏森、曾国屏:《系统论——系统科学哲学》,清华大学出版社 1995 年版。

吴家麟:《宪法学》,群众出版社 1983 年版。

徐进琳主编:《行政法与行政诉讼法学》,上海大学出版社 2010 年版。

许崇德:《中国宪法》,中国人民大学出版社 1996 年版。

杨光斌:《观念的民主与实践的民主》,中国社会科学出版社 2015 年版。

翟国强:《依宪治国:理念、制度与实践》,中国政法大学出版社 2016 年版。

翟小波:《论我国宪法的实施制度》,中国法制出版社 2009 年版。

张分田:《中国帝王观念——社会普遍意识中的"尊君—罪君"文化范式》,中国人民大学出版社 2004 年版。

张光博:《坚持马克思主义法律观》,吉林人民出版社 2005 年版。

张国军:《西方民主的演变与反思》,经济日报出版社 2015 年版。

张国庆编:《公共行政学》,北京大学出版社 2007 年版。

张千帆等:《比较行政法——体系、制度与过程》,法律出版社 2008 年版。

张维为:《中国超越:一个"文明型国家"的光荣与梦想》,上海人民出版社 2016 年版。

张文显:《法哲学通论》,辽宁人民出版社 2009 年版。

张文显主编:《法理学》,高等教育出版社、北京大学出版社 2011 年版。

张文显:《中国法学教育年刊》2014 年卷创刊号,法律出版社 2014 年版。

中共中央组织部党建研究所:《党建研究纵横谈》,党建读物出版社 2005 年版。

周旺生、朱苏力主编:《北京大学法学百科全书:法理学·立法学·法律社会学》,北京大学出版社 2010 年版。

周旺生:《立法学》,法律出版社 2004 年版。

周叶中主编:《宪法》,高等教育出版社 2016 年版。

卓泽渊:《法的价值论》,法律出版社 2006 年版。

二、中文译著

[意] 安东尼奥·葛兰西:《狱中札记》,葆煦译,人民出版社 1983 年版。

[美] 昂格尔:《现代社会中的法律》,吴玉章、周汉华译,译林出版社 2001 年版。

[俄]《巴赫金全集》第 4 卷,钱中文主编,河北教育出版社 1998 年版。

[美] 巴林顿·摩尔:《民主与专制的社会根源》,拓夫译,华夏出版社 1987 年版。

[美] 布雷恩·Z.塔玛纳哈:《论法治——历史、政治和理论》,李桂林译,武汉大学出版社 2010 年版。

[英] 戴雪:《英宪精义》,雷宾南译,中国法制出版社 2001 年版。

[美] 费正清、[美] 麦克法夸尔:《剑桥中华人民共和国史 1949—1965》,谢亮生等译,上海人民出版社 1990 年版。

[美] 弗朗西斯·福山:《历史的终结及最后之人》,黄胜强、许铭原译,中国社会科学出版社 2003 年版。

[美] 弗朗西斯·福山:《政治秩序与政治衰败——从工业革命到民主全球化》,毛俊杰译,广西师范大学出版社 2015 年版。

[法]福柯:《词与物:人文科学的考古学》,莫伟民译,上海三联书店 2016 年版。

[英] 哈林顿:《大洋国》,何新译,商务印书馆 1981 年版。

[英] 哈耶克:《自由秩序原理》(上),邓正来译,三联书店 1997 年版。

[美] 哈罗德·J.伯尔曼:《法律与宗教》,梁治平译,三联书店 1991 年版。

[美] 哈罗德·J.伯尔曼:《法律与革命——西方法律传统的形成》,贺卫方译,中国大百科全书出版社 1993 年版。

[美] 汉密尔顿等:《联邦党人文集》,程逢如译,商务印书馆 1995 年版。

[德] 黑格尔:《小逻辑》,贺麟译,商务印书馆 1981 年版。

[德] 威廉·冯·洪堡特:《论人类语言结构的差异及其对人类精神发展的影响》，姚小平译，商务印书馆 1999 年版。

《杰斐逊选集》，朱曾汶译，商务印书馆 2011 年版。

[德] 卡西尔:《人文科学的逻辑》，关子尹译，上海译文出版社 2004 年版。

[德] 拉德布鲁赫:《法学导论》，米健译，商务印书馆 2013 年版。

[美] 罗伯特·C.埃里克森:《无需法律的秩序——邻人如何解决纠纷》，苏力译，中国政法大学出版社 2003 年版。

[英] 洛克:《政府论》（下篇），叶启芳、瞿菊农译，商务印书馆 1996 年版。

[法] 卢梭:《论人类不平等的起源和基础》，李常山译，商务印书馆 1962 年版。

[法] 卢梭:《社会契约论》，何兆武译，商务印书馆 1980 年版。

[法] 孟德斯鸠:《波斯人信札》，罗大冈译，人民文学出版社 1958 年版。

[法] 孟德斯鸠:《论法的精神》，许明龙译，商务印书馆 2016 年版。

[英] 诺曼·费尔克拉夫:《话语与社会变迁》，殷晓蓉译，华夏出版社 2003 年版。

《潘恩选集》，马清槐等译，商务印书馆 1982 年版。

[美] 庞德:《通过法律的社会控制·法律的任务》，沈宗灵、董世忠译，商务印书馆 1984 年版。

[美] 萨托利:《政党与政党体制》，王明进译，商务出版社 2006 年版。

[美] 塞缪尔·P.亨廷顿:《变革社会中的政治秩序》，王冠华等译，三联书店 1989 年版。

[美] 塞缪尔·P.亨廷顿:《第三波:20 世纪后期的民主化浪潮》，欧阳景根译，上海三联书店 1998 年版。

[法] 托克维尔:《旧制度与大革命》，冯棠译，桂裕芳、张芝联校，商务印书馆 1997 年版。

[古希腊] 亚里士多德:《政治学》，吴寿彭译，商务印书馆 1983 年版。

[美] 约瑟夫·奈:《软实力》，马娟娟译，中信出版社 2013 年版。

[美] 詹姆斯·W.费斯勒、[美] 唐纳德·F.凯特尔:《行政过程的政治——公共行政学新论》，陈振明等译，中国人民大学出版社 2002 年版。

[英] 詹宁斯:《英国议会》，蓬勃译，商务印书馆 1959 年版。

三、外文著作和期刊论文

Francis Fukuyama, "America in Decay: The Sources of Political Dysfunction,"

Foreign Affairs，2014（5）:5–26．

James Gee，*Social Linguistics and Literacies*，London，UK: Taylor and Francis，1996.

Joseph Raz，*The Authority of Law*，Oxford University Press，1983.

Joseph S. Nye，Jr.，"The Changing Nature of World Power，"*Political Science Quarterly*，vol.105，No.2，1990.

Joseph S. Nye，Jr.，*Soft Power: The Means to Success in World Politics*，New York: Public Affairs.

Thomas Carothers，"The Rule of Law Revival，"*Foreign Affairs*，Vol．77，No．2，1998．

四、中文期刊论文

白春仁：《边缘上的话语——巴赫金话语理论辨析》，《外语教学与研究》2000 年第 3 期。

蔡定剑：《从政策社会到法治社会——兼论政策对法制建设的消极影响》，《中外法学》1999 年第 2 期。

曹丰汉：《党的领导权、执政权与人大监督权的关系》，《中共山西省直机关党校党报》2010 年第 1 期。

曹义恒、胡建兰：《中国当前阶层固化趋势及其对党群关系的影响》，《马克思主义与现实》2015 年第 1 期。

陈福胜，杨昌宇：《"有神"与"有魂"：从俄罗斯法治的精神文化面向到中国问题思考》，《求是学刊》2017 年第 5 期。

陈金钊：《对"法治思维和法治方式"的诠释》，《国家检察官学院学报》2013 年第 2 期。

陈金钊：《"法治改革观"及其意义——十八大以来法治思维的重大变化》，《法学评论》2014 年第 6 期。

陈金钊、宋保振：《法治体系及其意义阐释》，《山东社会科学》2015 年第 1 期。

陈金钊：《中国社会主义法治理论体系之"法治"》，《北京联合大学学报》（人文社会科学版）2016 年第 1 期。

陈金钊：《中国社会主义法治理论体系之"社会主义"》，《江汉论坛》2016 年第 6 期。

陈金钊：《面向法治话语体系建构的中国法理学》，《法律科学》（西北政法大学学报）2020 年第 1 期。

陈景辉：《法律的内在价值与法治》，《法制与社会发展》2012 年第 1 期。

陈娜：《以中国为中心，以中国为方法——访清华大学新闻与传播学院教授李彬》，《新闻爱好者》2014 年第 5 期。

陈曙光、余伟如：《西式民主的"软肋"与"硬伤"》，《红旗文稿》2014 年第 23 期。

陈曙光、刘影：《西方话语中的"民主陷阱"及其批判》，《毛泽东邓小平理论研究》2015 年第 2 期。

陈曙光、周梅玲：《论中国道路的话语体系建构》，《思想理论教育》2016 年第 1 期。

陈曙光：《中国话语与话语中国》，《教学与研究》2015 年第 10 期。

陈一新：《坚持制度引领，构建党领导政法工作的科学机制》，《机关党建》2019 年第 10 期。

陈云良、蒋清华：《中国共产党领导权法理分析论纲》，《法制与社会发展》2015 年第 3 期。

陈运生：《法治资源利用的辩证维度——兼与苏力教授商榷》，《学海》2004 年第 3 期。

陈正良、周婕、李包庚：《国际话语权本质析论——兼论中国在提升国际话语权上的应有作为》，《浙江社会科学》2014 年第 7 期。

程琥：《司法最终原则与涉法涉诉信访问题法治化解决》，《人民司法》2015 年第 5 期。

程金华：《中国法治话语体系的重要基础：出色的法治体系》，《人民论坛》2015 年第 1 期。

崔永东：《理念与制度——略谈中国政法大学的科研体制改革》，《中国法学教育研究》2006 年第 2 期。

邓联繁：《依宪执政——依法执政之实质》，《武汉大学学报》（哲学社会科学版）2005 年第 1 期。

邓林、孙峰：《司法审判与媒体监督的界限如何明晰》，《人民论坛》2016 年第 28 期。

邓正来：《中国法学向何处去（上）——建构"中国法律理想图景"时代的论纲》，《政法论坛》2015 年第 1 期。

丁俊萍：《党的领导是中国特色社会主义最本质特征和最大优势》，《红旗文稿》2017 年第 1 期。

丁祖年：《健全人大主导立法体制机制研究》，《法治研究》2016 年第 2 期。

杜运巧、郑曙村：《中西方"行政三分制"改革比较》，《行政管理改革》2011 年第 3 期。

段凡：《确立中国特色的法治思维》，《马克思主义研究》2017 年第 2 期。

段治文：《中国式民主道路的逻辑形成》，《浙江大学学报》（人文社会科学版）2015 年第 6 期。

范晓：《语言、言语和话语》，《汉语学习》1994 年第 2 期。

范愉：《申诉机制的救济功能与信访制度改革》，《中国法学》2014 年第 4 期。

方朝晖：《对 90 年代市民社会研究的一个反思》，《天津社会科学》1999 年第 10 期。

房宁、冯钺：《西方民主的起源及相关问题》，《政治学研究》2006 年第 4 期。

房宁：《从实际出发推进中国民主政治建设》，《求是》2013 年第 23 期。

费孝通：《百年中国社会变迁与全球化过程中的"文化自觉"》，《厦门大学学报》2000 年第 4 期。

冯峰：《美国官方话语的对外传播战略》，《红旗文稿》2014 年第 6 期。

冯祥武：《民主立法是立法与社会资源分配的理性路径》，《东方法学》2010 年第 4 期。

冯玉军：《论完善中国特色社会主义法律体系的基本原则》，《哈尔滨工业大学学报》（社会科学版）2013 年第 4 期。

冯玉军：《完善以宪法为核心的中国特色社会主义法律体系——习近平立法思想述论》，《法学杂志》2016 年第 5 期。

冯玉军：《中国法治的发展阶段和模式特征》，《浙江大学学报》（人文社会科学版）2016 年第 3 期。

付子堂、陈建华：《运用法治思维和法治方式推动全面深化改革》，《红旗文稿》2013 年第 23 期。

付子堂：《形成有力的法治保障体系》，《求是》2015 年第 8 期。

高鸿钧：《现代西方法治的冲突与整合》，《清华法制论衡》第 1 辑。

高其才：《现代立法理念论》，《法学研究》2006 年第 1 期。

公丕祥：《中国特色社会主义法治道路的时代进程》，《中国法学》2015 年第 5 期。

谷安梁：《关于建立具有中国特色的社会主义法学体系的问题》，《政法论坛》1984 年第 3 期。

顾培东：《当代中国法治话语体系的构建》，《法学研究》2012 年第 3 期。

顾培东：《也论中国法学向何处去》，《河北法学》2006 第 10 期。

顾培东：《中国法治的自主型进路》，《法学研究》2010 年第 1 期。

关保英：《权力清单的行政法构造》，《郑州大学学报》（哲学社会科学版）2014 年第 6 期。

关怀：《经济立法必须体现客观经济规律的要求》，《法学杂志》1980 年第 2 期。

郭道晖：《从人治走向法治》，《百年潮》1999 年第 7 期。

郭道晖：《法治新思维：法治中国与法治社会》，《社会科学战线》2014 年第 6 期。

郭道晖：《权威、权力还是权利——对党与人大关系的法理思考》，《法学研究》1994 年第 1 期。

郭纪：《看西方怎样执法》，《求是》2011 年第 23 期。

韩春晖：《从"行政国家"到"法治政府"？——我国行政法治中的国家形象研究》，《中国法学》2010 年第 6 期。

韩大元：《宪法实施与中国社会治理模式的转型》，《中国法学》2012 年第 4 期。

韩喜平：《构建具有中国特色的哲学社会科学学术话语体系》，《红旗文稿》2014 年第 22 期。

韩月香：《法治建设的普世价值与本土资源》，《社会科学辑刊》2008 年第 4 期。

何国强：《论涉法涉诉信访治理的法治化》，《政法学刊》2015 年第 12 期。

何家弘：《多种些活树少谈些森林——也说"中国法学向何处去"》，《现代法学》2007 年第 1 期。

何平立：《市民社会、中产阶层与法治路径选择》，《社会科学战线》2011 年第 1 期。

侯晋雄：《论党的阶级性与党的代表性》，《理论研究》2009 年第 1 期。

侯猛：《新中国政法话语的流变》，《学术月刊》2020 年第 2 期。

胡峻：《"根据宪法，制定本法"作为立法技术的运用》，《法治研究》2009 年第 7 期。

胡玉鸿：《人民主体地位与法治国家建设》，《学习论坛》2015 年第 1 期。

胡宗仁：《政府职能转变视角下的简政放权探析》，《江苏行政学院学报》2015 年第 3 期。

湖北省党的建设研究会课题组：《社会阶层构成变化对党群关系的影响与对策》，《中国延安干部学院学报》2012 年第 2 期。

华学成：《论中国共产党治国理政的基本逻辑及其制度构成》，《政治与法律》2011 年第 7 期。

黄卫平、梁玉柱:《辨析西方国家如何"把权力关进制度的笼子里"》,《党政研究》2015 年第 3 期。

黄文艺:《新时代政法改革论纲》,《中国法学》2019 年第 4 期。

季金华:《法治信仰的意义阐释》,《金陵法律评论》2015 年第 1 期。

贾海薇、周志忍:《论政府自我革命的理论依据、变革路径与设计原则——基于依法行政的视角》,《行政论坛》2016 年第 5 期。

贾凌民:《法治政府建设有关问题研究》,《中国行政管理》2012 年第 4 期。

江必新:《行政行为效力判断之基准与准则》,《法学评论》2009 年第 5 期。

江必新:《法治社会建设论纲》,《中国社会科学》2014 年第 1 期。

江国华、彭超:《国家监察立法的六个基本问题》,《江汉论坛》2017 年第 2 期。

姜明安:《完善行政救济机制与构建和谐社会》,《法学》2005 年第 5 期。

姜明安:《中国行政法治发展进程回顾——经验与教训》,《政法论坛》2005 年第 5 期。

姜明安:《论法治国家、法治政府、法治社会建设的相互关系》,《法学杂志》2013 年第 6 期。

蒋传光:《新中国 60 年法制建设经验的总结与展望》,《上海师范大学学报》(哲学社会科学版),2009 年第 6 期。

蒋惠岭:《审判权运行机制改革的背景与内容》,《中国法律》2014 年第 2 期。

蒋永甫、谢舜:《有限政府、有为政府与有效政府——近代以来西方国家政府理念的演变》,《学习与探索》2008 年第 5 期。

教育部邓小平理论和"三个代表"重要思想研究中心:《关于"普世价值"的若干问题》,《求是》2008 年第 22 期。

匡克:《论法治国家与党的领导法治化》,《社会科学》1999 年第 7 期。

李春明:《传统法律文化中的"纠偏性"法治资源及其作用机制构建》,《山东大学学报》(哲学社会科学版)2017 年第 4 期。

李德顺:《法治文化论纲》,《中国政法大学学报》2007 年第 1 期。

李德顺:《德治还是法治——不可回避的选择》,《党政干部学刊》2007 年第 6 期。

李栋:《十八届四中全会〈决定〉在中国法治历史进程中的定位》,《法学评论》2016 年第 1 期。

李景治:《中国民主制度的结构性特点和优势》,《学术界》2015 年第 4 期。

李克杰:《"人大主导立法"的时代意蕴与法治价值》,《长白学刊》2016 年第 5 期。

李亮:《法律体系到法治体系:从"建构理性主义"到"进化理性主义"——以

中共十五大到十八届四中全会政治报告为分析基点》,《甘肃政法学院学报》2014 年第 6 期。

李林:《关于"中国法学向何处去"的两个问题》,《现代法学》2007 年第 3 期。

李林:《当代中国的依法治国与依法执政》,《学术探索》2011 年第 2 期。

李林:《推进法制改革建设法治中国》,《社会科学战线》2014 年第 11 期。

李林:《论党与法的高度统一》,《法制与社会发展》2015 年第 3 期。

李龙、周叶中:《宪法学基本范畴简论》,《中国法学》1999 年第 6 期。

李龙、龙晟:《论人本法律观的基本理念》,《社会科学战线》2005 年第 6 期。

李龙、陈阳:《论法治的政治性》,《法学评论》2010 年第 6 期。

李龙:《建构法治体系是推进国家治理现代化的基础工程》,《现代法学》2014 年第 3 期。

李龙:《中国特色社会主义法治体系的理论基础、指导思想和基本构成》,《中国法学》2015 年第 5 期。

李庆林:《传播方式及其话语表达———一种通过传播研究社会的视角》,《广西大学学报》(哲学社会科学版)2008 年第 3 期。

李少平:《全面推进依法治国背景下的司法改革》,《法律适用》2015 年第 1 期。

李少文:《地方立法权扩张的合宪性与宪法发展》,《华东政法大学学报》2016 年第 2 期。

李爽:《优化司法职权配置的理论解读与制度建构—"第 12 期金杜明德法治沙龙暨优化司法职权配置研讨会"综述》,《法制与社会发展》2016 年第 2 期。

李晓兵:《法国法治发展的多维考察:"法之国"的法治之路》,《交大法学》2014 年第 4 期。

李旭明:《论我国司法公信力不足的表现及成因》,《伦理学研究》2013 年第 4 期。

李忠杰:《提高中国话语体系的科学化大众化国际化水平》,《人民论坛》2012 年第 12 期。

林来梵、郑磊:《基于法教义学概念的质疑———评〈中国法学向何处去〉》,《河北法学》2007 年第 10 期。

林莉红:《行政权与司法权关系定位之我见———以行政诉讼为视角》,《现代法学》第 22 卷第 2 期。

林默:《继续推进和创新跨行政区划法院改革———专访中国政法大学副校长马怀德教授》,《人民法治》2016 年第 1 期。

林平、张慧超:《构建中国法治话语体系赢得法治中国建设主导权———专访四川大学法学院顾培东教授》，《人民法治》2015 年第 1 期。

林尚立：《有序民主化：论党在中国政治发展中的重要作用》，《毛泽东邓小平理论研究》2005 年第 3 期。

刘晨光：《社会主义法治建设对西方"宪政"模式的超越》，《经济导刊》2017 年第 5 期。

刘大生：《试论"党主立宪制"——关于社会主义初级阶段合适政体之探讨》，《社会科学》1989 年第 7 期。

刘大生：《从"本土资源"到"本土法治"——苏力本土资源理论价之学术解构》，《山东大学学报》（哲学社会科学版）2001 年第 3 期。

刘刚：《德国"法治国"的历史由来》，《交大法学》2014 年第 4 期。

刘建明：《话语研究的浮华与话语理论的重构》，《新闻爱好者》2018 年第 9 期。

刘仁营、肖娇：《西式民主制度局限性的集中暴露》，《红旗文稿》2017 年第 1 期。

刘瑞复：《我国独立公正司法与西方国家"司法独立"的根本区别》，《红旗文稿》2014 年第 24 期。

刘作翔：《法治社会中的权力和权利定位》，《法学研究》1996 年第 4 期。

龙兵：《论党的领导是中国特色社会主义制度的最大优势》，《湖南科技大学学报》（社会科学版）2016 年第 5 期。

卢国琪：《中国特色社会主义话语体系研究》，《科学社会主义》2015 年第 6 期。

卢护锋：《行政决策法治化的理论反思与制度构建》，《政法论丛》2016 年第 1 期。

鲁品越：《改革和重构中国化马克思主义话语体系》，《中国浦东干部学院学报》2016 年第 4 期。

罗豪才：《现代行政法的理论基础——论行政机关与相对人一方的权利义务平衡》，《中国法学》1993 年第 1 期。

罗会德：《中国特色社会主义法治话语体系的建构》，《中共天津市委党校学报》2013 年第 5 期。

吕世伦、金若山：《法治思维探析》，《北方法学》2015 年第 1 期。

孟大川：《职权法定原则的内涵、意义与要求》，《探索》2001 年第 5 期。

莫纪宏：《论我国司法管理体制改革的正当性前提及方向》，《法律科学》（西北政法大学学报）2015 年第 1 期。

莫于川：《通过完善行政执法程序法制实现严格规范公正文明执法》，《行政法学研究》2014 年第 1 期。

莫于川：《坚持依宪治国与推进法治一体化建设》，《中国特色社会主义研究》

2014 年第 6 期。

莫于川：《公法视野中的依法治国、依法执政、依法行政共同推进——十八届四中全会决定的战略意义、重大任务和现实课题解读》，《河南财经政法大学学报》2015 年第 2 期。

倪春纳：《西方民主话语霸权的政治解读》，《河南大学学报》2013 年第 3 期。

牛先锋：《中国话语核心》，《社会科学战线》2015 年第 3 期。

潘源：《消除软实力"软肋"，传播"中国梦"愿景——论软实力建设中文化传播力的提升策略》，《民族艺术研究》2013 年第 6 期。

彭真：《发展社会主义民主，健全社会主义法制——在中国法学会成立大会上的讲话》，《法学杂志》1982 年第 5 期。

齐桂珍：《国内外政府职能转变及其理论研究综述》，《中国特色社会主义研究》2007 年第 5 期。

强世功：《党章与宪法：多元一体法治共和国的建构》，《文化纵横》2015 年第 4 期。

乔晓阳：《全面推进依法治国建设社会主义法治国家》，《时事报告（党委中心组学习）》2015 年第 1 期。

秦前红、刘高林：《论民主与法治的关系》，《武汉大学学报》（哲学社会科学版）2003 年第 2 期。

秦前红：《人大主导立法不能过于理想化》，《人大研究》2017 年第 2 期。

秦宣：《中国特色学术话语体系构建思路》，《人民论坛学术前沿》2012 年第 11 期。

秦延华：《"中国式民主"要有自己的民主话语权——关于民主话语权的几点思考》，《理论探讨》2009 年第 10 期。

曲铜钢：《试论加强和完善具有中国特色的协商民主制度》，《吉林省社会主义学院学报》2011 年第 4 期。

沈跃萍：《西式民主缘何失灵——国外学者关于当前西式民主危机的解读》，《当代世界与社会主义》2016 年第 4 期。

石东坡：《作为法治文化的言说与表达：法治话语体系初论——以法治话语体系的界定、生成与对策为对象》，《甘肃理论学刊》2014 年第 5 期。

石泰峰、张恒山：《论中国共产党依法执政》，《中国社会科学》2013 年第 1 期。

石文龙：《对"领导权"一词的宪法学分析》，《云南大学学报》（法学版）2009 年第 4 期。

石文龙：《论中国法治的话语体系建设——"中国法"的提出、含义与特征》，《金陵法律评论》2013 年第 2 期。

石佑启：《论有限有为政府的法治维度及其实现路径》，《南京社会科学》2013 年第 11 期。

石佑启：《我国行政体制改革法治化研究》，《法学评论》2014 年第 6 期。

石佑启：《深化改革与推进法治良性互动关系论》，《学术研究》2015 年第 1 期。

史莉莉：《准确认识权力清单制度》，《探索与争鸣》2016 年第 7 期。

苏力：《变法，法治建设及其本土资源》，《中外法学》1995 年第 5 期。

苏力：《二十世纪中国的现代化和法治》，《法学研究》1998 年第 1 期。

孙文凯：《"法治社会"辨析——以"社会"为中心的考察》，《浙江社会科学》2015 年第 2 期。

孙笑侠：《拆迁风云中寻找法治动力》，《东方法学》2010 年第 4 期。

孙英春、王祎：《软实力理论反思与中国的"文化安全观"》，《国家安全研究》2014 年第 2 期。

谭宗泽、杨靖文：《面向行政的行政法及其展开》，《南京社会科学》2017 年第 1 期。

檀文茹、徐静珍：《论文化资源及其功能》，《河北师范大学学报》（教育科学版）2009 年第 2 期。

唐爱军：《坚定"四个自信"增强意识形态话语权》，《唯实》2016 年第 11 期。

田飞龙：《对中国宪法根本原则与"党主立宪"的初步阅读和比较》，《江苏警官学院学报》2008 年第 1 期。

田飞龙：《法治国家进程中的政党法制》，《法学论坛》2015 年第 3 期。

万鄂湘、胡云红：《论刑事被害人诉讼权利和救济制度的完善》，《人民司法》2012 年第 13 期。

万曙春：《宪法实施须顺应人大制度的根本特点——一个中外比较研究的视角》，《政治与法律》2017 年第 1 期。

汪火良：《论党的领导与社会主义法治一致性的逻辑实践》，《领导之友》2017 年第 13 期。

汪习根：《论法治中国的科学含义》，《理论参考》2014 年第 2 期。

王彬：《构建中国法治话语权的意义和路径》，《人民法治》2015 年第 1 期。

王晨：《在全面依法治国实践中担当尽责沿着中国特色社会主义法治道路阔步前进》，《中国法学》2019 年第 6 期。

王翠芳：《西方权力制约监督的机制与启发借鉴》，《齐鲁学刊》2011 年第 3 期。

王建国：《"三统一"理论的逻辑证成与实践面向》，《法学》2017年第5期。

王建华：《政党与现代国家建设的内在逻辑——一项基于中国情境的历史考察和理论分析》，《复旦学报》2010年第2期。

王杰：《依法独立公正行使检察权》，《前线》2014年第6期。

王俊：《建立中国法治话语权需要三轮驱动》，《人民法治》2015年第1期。

王乐泉：《坚持和发展中国特色社会主义法治理论》，《中国法学》2015年第5期。

王乐泉：《论改革与法治的关系》，《中国法学》2014年第6期。

王群：《立场与策略：当今中国法治话语体系的建构》，《理论导刊》2016年第2期。

王伟光：《建设中国特色的哲学社会科学话语体系》，《中国社会科学报》2013年12月20日。

韦森：《观念体系与社会制序的生成、演化与变迁》，《学术界》2019年第5期。

魏敦友：《"知识引进运动"的终结——四评邓正来教授的〈中国法学向何处去〉》，《河北法学》2006年第10期。

魏治勋：《从法律体系到法治体系——论党的十八大对中国特色社会主义法治体系的基本建构》，《北京行政学院学报》2013年第1期。

乌洗尘：《法治社会建设是全面推进依法治国的重要支撑》，《新长征》2015年第5期。

吴高庆、董琪：《司法权力运行机制：理想、现实与未来》，《中共浙江省委党校学报》2014年第5期。

吴国平，陈茂金：《提高司法公信力的突破口与配套措施新探》，《福建农林大学学报》（哲学社会科学版）2013年第1期。

吴汉民：《人民代表大会制度是三者有机统一的根本制度安排》，《上海人大月刊》2015年第6期。

吴晓明：《论当代中国学术话语体系的自主建构》，《中国社会科学》2011年第2期。

吴旭：《话语权争夺背后的传播力差距》，《对外传播》2014年第5期。

吴延溢：《概念、规范与事实——在争鸣和探索中前行的中国宪法监督》，《河北法学》2013年第7期。

习近平：《加快建设社会主义法治国家》，《求是》2015年第1期。

习近平：《切实把思想统一到党的十八届三中全会精神上来》，《求是》2014年第1期。

肖存良:《政党制度与中国协商民主研究——基于政权组织形式的视角》,《南京社会科学》2013 年第 2 期。

肖晗:《司法体制改革中司法行政机关的地位和作用应受重视——以长沙市司法行政机关为例》,《行政与法》2014 年第 8 期。

肖金明:《论党内法规体系的基本构成》,《中共中央党校学报》2016 年第 6 期。

肖瑛:《风险社会与中国》,《探索与争鸣》2012 年第 4 期。

谢鹏程:《论社会主义法治理念》,《中国社会科学》2007 年第 1 期。

谢小剑:《省以下地方法院、检察院人财物统一管理制度研究》,《理论与改革》2015 年第 1 期。

辛斌:《批评话语分析中的认知话语分析》,《外语与外语教学》2012 年第 4 期。

新华社:《坚持依法治国和以德治国相结合推进国家治理体系和治理能力现代化》,《紫光阁》2017 年第 1 期。

熊正、陈彬:《中国法治话语权具有战略意义》,《人民法治》2015 年第 1 期。

徐崇利:《软硬实力与中国对国际法的影响》,《现代法学》2012 年第 1 期。

徐崇温:《国际金融危机把西方民主制推下圣坛、打回原形》,《毛泽东邓小平理论研究》2013 年第 6 期。

徐勇:《马克思三类社会人的发展思想与当代改革》,《华中师范大学学报》(哲学社会科学版)1988 年第 3 期。

徐占忱:《讲好中国故事的现实困难与破解之策》,《社会主义研究》2014 年第 3 期。

徐忠明:《也说世界体系与中国法律的理想图景》,《政法论坛》2006 年第 5 期。

许崇德:《论我国的宪法监督》,《法学》2009 年第 10 期。

许可军:《审判中心主义与刑事诉讼构造革新》,《河南科技大学学报》(社会科学版)2015 年第 12 期。

许晓龙:《作为治理工具的规划:内涵、缘起与路径》,《东南学术》2017 年第 2 期。

许振洲:《反思民主主义》,《国际政治研究》2016 年第 1 期。

薛晓源、刘国良:《全球风险世界:现在与未来——德国著名社会学家、风险社会理论创始人乌尔里希·贝克教授访谈录》,《马克思主义与现实》2005 年第 1 期。

严书翰:《加强我国哲学社会科学话语体系建设的几个重要问题》,《党的文献》2014 年第 6 期。

阎增余、刘景欣:《当前影响党群关系的体制机制问题研究》,《理论动态》第

1692 期。

杨建军：《中国法治发展：一般性与特殊性之兼容》，《比较法研究》2017 年第 4 期。

杨生平：《话语理论与中国特色社会主义话语体系构建》，《中国特色社会主义研究》2015 年第 6 期。

杨新红：《新时期党群沟通机制运行不稳定的原因分析》，《攀登》2014 年第 1 期。

姚建宗：《中国法律哲学的立场和使命——评邓正来教授〈中国法学向何处去〉》，《河北法学》2007 年第 1 期。

姚锐敏：《加快建设法治政府的途径与机制研究》，《中州学刊》2015 年第 1 期。

叶必丰：《行政决策的法律表达》，《法商研究》2016 年第 2 期。

叶传星：《法律信仰的内在悖论》，《国家检察官学院学报》2004 年第 3 期。

叶海波：《"根据宪法，制定本法"旳规范内涵》，《法学家》2013 年第 5 期。

叶青：《以审判为中心的诉讼制度改革之若干思考》，《法学》2015 年第 7 期。

叶险明：《马克思超越"西方中心论"的历史和逻辑》，《中国社会科学》2014 年第 1 期。

伊士国：《论形成完善的党内法规体系》，《学习与实践》2017 年第 7 期。

殷啸虎：《论依宪执政的内涵及其完善》，《东方法学》2008 年第 5 期。

应松年：《行政救济制度之完善》，《行政法学研究》2012 年第 2 期。

应松年：《简政放权的法治之路》，《行政管理改革》2016 年第 1 期。

尤俊意：《试论董必武法制思想及其当代意义——以"依法办事"的"法制观念"为视角》，《政治与法律》2012 年第 12 期。

尤玉军、王春玺：《改革开放成功的关键在于中国共产党的正确领导》，《思想理论教育导刊》2017 年第 5 期。

于安：《"全面推进依法治国"笔谈之五法治政府的建设与保障机制》，《改革》2014 年第 9 期。

于晓虹、杨惠：《党政体制重构视阈下政法工作推进逻辑的再审视——基于〈中国共产党政法工作条例〉的解读》，《学术月刊》2019 年第 11 期。

俞可平：《论当代中国政治沟通的基本特征及其存在的主要问题》，《政治学研究》1988 年第 3 期。

俞可平：《推进国家治理体系和治理能力现代化》，《前线》2014 年第 1 期。

喻中：《新中国成立 60 年来中国法治话语之演进》，《新疆社会科学》2009 年第 5 期。

喻中：《论"治—综治"取向的中国法治模式》，《法商研究》2011 年第 3 期。

袁曙宏、赵永伟：《西方国家依法行政比较研究——兼论对我国依法行政的启示》，《中国法学》2000 年第 5 期。

张保生：《确保依法独立公正行使审判权需处理好十个关系》，《人民论坛》2014 年第 11 期。

张恒山：《共产党依法执政是依法治国的关键》，《理论与改革》2014 年第 6 期。

张慧超：《构建中国法治话语体系赢得法治中国建设主导权——专访四川大学法学院顾培东教授》，《人民法治》2015 年第 1 期。

张劲：《法治的"世界结构"和"中国语境"》，《政法论坛》2016 年第 6 期。

张晋藩：《中华民族的法律传统与史鉴价值》，《国家行政学院学报》2014 年第 5 期。

张明军：《领导与执政：依法治国需要厘清的两个概念》，《政治学研究》2015 年第 5 期。

张普一：《信访权与请愿权之比较研究》，《西部法学评论》2010 年第 3 期。

张青荣：《法治层次观照下的法律语言发展完善》，《河南省政法管理干部学院学报》2011 年 Z1 期。

张姝、周志懿：《陈刚：打造不可替代的传播力》，《传媒》2006 年第 9 期。

张帅：《美国政府治道变革的原因与进路探析》，《山东大学学报》（哲学社会科学版）2008 年第 2 期。

张维为：《从国际政治实践看"普世价值"的多重困境》，《求是》2013 年第 20 期。

张文显：《社会主义法治理念导言》，《法学家》2006 年第 5 期。

张文显：《论中国特色社会主义法治道路》，《中国法学》2009 年第 6 期。

张文显：《全面推进法制改革，加快法治中国建设——十八届三中全会精神的法学解读》，《法制与社会发展》2014 年第 1 期。

张文显：《运用法治思维和法治方式治国理政》，《社会科学家》2014 年第 1 期。

张文显：《法治中国建设的前沿问题》，《中共中央党校学报》2014 年第 5 期。

张文显：《全面推进依法治国的伟大纲领——对十八届四中全会精神的认知与解读》，《法制与社会发展》2015 年第 1 期。

张文显：《法治的文化内涵——法治中国的文化建构》，《吉林大学社会科学学报》2015 年第 4 期。

张文显：《中国特色社会主义法治理论的科学定位》，《法学》2015 年第 11 期。

张文显：《习近平法治思想研究（上）——习近平法治思想的鲜明特征》，《法制与社会发展》2016 年第 2 期。

张文显:《习近平法治思想研究（中）——习近平法治思想的一般理论》,《法制与社会发展》2016 年第 3 期。

张文显:《习近平法治思想研究（下）——习近平全面依法治国的核心观点》,《法制与社会发展》2016 年第 4 期。

张文显:《在新的历史起点上推进中国特色法学体系构建》,《中国社会科学》2019 年第 10 期。

张晓燕:《依法执政：中国共产党执政方式的历史性跨越》,《中国党政干部论坛》2001 年第 9 期。

张宇:《中国特色社会主义经济理论体系对科学社会主义基本原则的继承与发展》,《四川大学学报》（哲学社会科学版）2008 年第 6 期。

张铮、徐媛媛:《历史进程视域下中国古代民本思想的发展理路》,《山东大学学报》（哲学社会科学版）2014 年第 6 期。

张志宏:《论孟子以"民本"理念为核心的"仁政"思想》,《社会科学》2012 年第 5 期。

张志洲:《提升学术话语权与中国的话语体系构建》,《红旗文稿》2012 年 13 期。

赵东:《资源内涵的新拓展：历史文化资源》,《人文杂志》2014 年第 4 期。

赵玲:《司法公信力现状及其提升途径》,《人民论坛》2014 年 7 月。

郑红娥、宋冉冉:《风险社会的研究述评》,《社会主义研究》2009 年第 6 期。

郑慧:《论法治对国家治理体系和治理能力的意义与价值》,《社会科学研究》2015 年第 2 期。

郑永流:《实践法律观要义——以转型中的中国为出发点》,《中国法学》2010 年第 3 期。

郑永流:《英国法治思想和制度的起源与变迁》,《清华法治论衡》2002 年第 2 期。

郑智航:《中国特色社会主义法律监督理论的主旨与内核》,《法制与社会发展》2014 年第 6 期。

周强:《坚持司法为民公正司法努力维护社会公平正义——学习贯彻习近平总书记在中央政法工作会议上重要讲话精神》,《求是》2014 年第 5 期。

周瑞华、刘慧频:《从西方民主困境看中国民主模式优越性》,《湖北师范学院学报》（哲学社会科学版）2010 年第 6 期。

周尚君:《中国法学的话语流变考略》,《法制与社会发展》2012 年第 5 期。

周叶中、邓联繁:《论中国共产党依法执政之价值》,《武汉大学学报》（哲学社会科学版）2003 第 2 期。

周叶中、李炳辉：《"依法执政"考辨》，《法学杂志》2013 年第 7 期。

周叶中、汤景业：《论宪法与党章的关系》，《中共中央党校学报》2017 年第 3 期。

周义程：《从分权制衡到社会制约：西方权力制约思想的范式转换》，《社会主义研究》2011 年第 4 期。

朱宏军、张厚军：《中国传统民本与西方民主之比较》，《太原理工大学学报》（社会科学版）2005 年第 3 期。

朱力宇：《立法体制的模式问题研究》，《中国人民大学学报》2001 年第 4 期。

朱振：《加快构建中国特色法治话语体系》，《中国大学教学》2017 年第 5 期。

朱振：《中国特色社会主义法治话语体系的自觉建构》，《法制与社会发展》2013 年第 1 期。

庄琴芳：《福柯后现代话语观与中国话语建构》，《外语学刊》2007 年第 5 期。

卓泽渊：《国家治理现代化的法治解读》，《现代法学》2020 年第 1 期。

卓泽渊：《依法治国中的依法执政》，《上海行政学院学报》2010 年第 4 期。

纵博：《最高人民法院巡回法庭的设立背景、功能及设计构想》，《法律科学（西北政法大学学报）》2015 年第 2 期。

五、报刊、网络资料及其他

习近平：《在纪念现行宪法公布施行 30 周年大会上的讲话》，《人民日报》2012 年 12 月 5 日。

习近平：《关于〈关于新形势下党内政治生活的若干准则〉和〈中国共产党党内监督条例〉的说明》，2016 年 11 月 2 日。

习近平：《关于〈中共中央关于全面深化改革若干重大问题的决定〉的说明》，《人民日报》2013 年 11 月 16 日。

习近平：《关于〈中共中央关于全面推进依法治国若干重大问题的决定〉的说明》，《人民日报》2014 年 10 月 29 日。

习近平：《在党的十八届六中全会第二次全体会议上的讲话》，2016 年 12 月 31 日。

习近平：《在第十八届中央纪律检查委员会第三次全体会议上的讲话》，2014 年 1 月 14 日。

习近平：《在纪念孙中山先生诞辰 150 周年大会上的讲话》，2016 年 11 月 11 日。

习近平：《在十八届中央政治局第四次集体学习时的讲话》，2013 年 2 月 23 日。

习近平：《在哲学社会科学工作座谈会上的讲话》，《人民日报》2016 年 5 月 19 日。

习近平:《在中共十八届四中全会第二次全体会议上的讲话》,2014年10月23日。

习近平:《在中央全面深化改革领导小组第二次会议上的讲话》(2014年2月28日),《人民日报》2014年3月1日。

习近平:《在省部级主要领导干部学习贯彻十八届四中全会精神全面推进依法治国专题研讨班开班式上的讲话》,2015年2月2日。

胡锦涛:《在省部级主要领导干部提高构建社会主义和谐社会能力专题研讨班上的讲话》,2011年4月13日。

李克强:《在省部级主要领导干部学习贯彻十八届三中全会精神全面深化改革专题研讨班上的讲话》,2014年2月18日。

李克强:《2016年政府工作报告》,2017年3月5日。

温家宝:《在全国依法行政工作会议上的讲话》,《人民日报》2010年9月20日。

张德江:《在全国人大常委会立法工作会议上的讲话》,2013年10月30日。

《关于在全体党员中开展"学党章党规、学系列讲话,做合格党员"学习教育实施方案》,《人民日报》2016年2月29日。

《中国共产党第十六届中央委员会第四次全体会议公报》,《人民日报》2004年9月27日。

《法治强则国家强——访全国人大法律委员会副主任委员徐显明》,《人民日报》2014年2月28日。

《中共中央关于全面推进依法治国若干重大问题的决定》,《人民日报》2014年10月29日。

《中国共产党政法工作条例》,《人民日报》2019年1月19日。

《湖南省行政程序规定》,《湖南政报》2008年第8期。

《牢记历史经验历史教训历史警示为国家治理能力现代化提供有益借鉴》,《人民日报》2014年10月14日。

《理达天下的中国声音——〈习近平谈治国理政〉出版发行1000天记》,《人民日报》2017年6月26日。

《认同宣扬西方"普世价值"的人应该醒了》,《人民日报》2015年12月1日。

《以提高司法公信力为根本尺度坚定不移深化司法体制改革》,《人民日报》2015年3月26日。

《扎实推进社会主义核心价值观融入法治建设》,《人民日报》2017年4月14日。

冯文生:《司法民主的寓意》,《人民法院报》2014年8月27日。

冯玉军:《让改革与法治良性互动》,《人民日报》2014年11月11日。

郭声琨：《坚持严格规范公正文明执法》，《人民日报》2014 年 11 月 13 日。

江必新：《怎样建设中国特色社会主义法治体系》，《光明日报》2014 年 11 月 1 日。

姜明安：《一代公法学人憧憬的"梦"——我为什么热衷于行政程序法典立法》，《北京日报》2015 年 10 月 19 日。

姜涛、刘源：《中国"法治体系"蕴含的新要素》，《检察日报》2019 年 3 月 21 日。

姜伟：《保障人民群众参与司法》，《光明日报》2014 年 11 月 27 日。

解志勇：《程序法定是重大行政决策的"安全锁"》，《光明日报》2014 年 11 月 4 日。

李捷：《构建中国哲学社会科学话语体系的几点思考》，《中国社会科学报》2014 年 1 月 17 日。

李正新：《优化职权配置：我国司法体制改革的重任》，《光明日报》2016 年 5 月 29 日。

廖奕：《中国法治的三种话语》，《检察日报》2010 年 10 月 28 日。

林尚立：《西方民主政治为什么缺乏普适性》，《北京日报》2015 年 1 月 26 日。

林毅夫：《论有为政府和有限政府——答田国强教授》，《第一财经日报》2016 年 11 月 7 日。

马怀德：《立法民主化科学化的具体途径》，《学习时报》2014 年 9 月 29 日。

马建川：《提高行政决策科学化民主化法治化水平》，《人民日报》2013 年 8 月 22 日。

马永平：《揭开西方法治话语体系的另一层面纱——评魏磊杰译〈法律东方主义〉》，《人民法院报》2016 年 10 月 21 日。

毛莉：《把发展优势转化为话语优势——访北京外国语大学国际关系学院教授张志洲》，《中国社会科学报》2017 年 2 月 14 日。

米博华：《警惕西式民主陷阱》，《人民日报》2014 年 6 月 9 日。

聂长建、李国强：《实践法治优于理论法治》，《法制日报》2013 年 6 月 19 日。

苏长和：《西式民主话语体系的陷阱》，《光明日报》2016 年 9 月 14 日。

汪亭友：《推进民主制度化法律化——学习习近平同志在庆祝全国人民代表大会成立 60 周年大会上的重要讲话》，《人民日报》2015 年 3 月 5 日。

王利民：《法治具有目的性》，《学习时报》2016 年 5 月 26 日。

王振海、孙涛：《把人民放在心中最高位置——以人民为中心是党治国理政的价值引领》，《人民日报》2017 年 1 月 19 日。

吴汉民：《提高运用法治思维和法治方式能力》，《人民日报》2013 年 12 月 24 日。

肖凤城：《"良法是善治之前提"——纵论推进法治与推进改革之间的关系》，《解放军报》2014 年 10 月 27 日。

徐俊忠：《"人民主体地位"再强调的深远意义》，《光明日报》2016 年 4 月 14 日。

徐日丹：《陈一新在学习贯彻〈中国共产党政法工作条例〉视频会议上强调深刻领会〈条例〉精神　迅速掀起学习贯彻热潮》，《检察日报》2019 年 2 月 28 日。

杨宝国：《从"依法行政"提升到"法治行政"——依法行政的理念升华》，《人民政协报》2012 年 10 月 29 日。

杨振武：《把握对外传播的时代新要求——深入学习贯彻习近平同志对人民日报海外版创刊 30 周年重要指示精神》，《人民日报》2015 年 7 月 1 日。

张晶：《完善话语体系坚定法治理论自信》，《学习时报》2017 年 9 月 25 日。

张维为：《"中国模式"成功的制度原因》，《人民日报》2014 年 9 月 22 日。

张维为：《中国政治制度的独特优势》，《光明日报》2014 年 8 月 25 日。

张文显：《邓小平民主法治思想永放光芒》，《法制日报》2014 年 8 月 22 日。

张文显：《司法责任制与司法民主制》，《人民法院报》2016 年 9 月 7 日。

张文显：《统筹推进中国特色社会主义法治体系建设》，《人民日报》2017 年 8 月 14 日。

钟岩：《把"中国共产党领导是中国特色社会主义最本质的特征"载入宪法的理论、实践、制度依据》，《人民日报》2018 年 2 月 28 日。

周叶中：《依宪执政：中国共产党执政的新思维》，《人民法院报》2011 年 7 月 1 日。

朱峰：《司法公信视野下法官自由裁量权的规范》，《人民法院报》2014 年 1 月 8 日。

卓泽渊：《坚持和完善中国特色社会主义法治体系》，《学习时报》2020 年 2 月 19 日。

《"老市长"王岐山昨天在北京团说了啥?》，2017 年 3 月 7 日，见中国网 http://www.china.com.cn/lianghui/news/2017-03/07/content_40421290.htm。

《关于完善法律援助制度的意见》，2015 年 6 月 29 日，见 http://politics.people.com.cn/n/2015/0629/c1001-27226537.html。

《领导干部干预司法活动、插手具体案件处理的记录、通报和责任追究规定》，2015 年 3 月 31 日，见 http://politics.people.com.cn/n/2015/0331/c1001-26774155.html。

《全国人大常委会关于在北京市、山西省、浙江省开展国家监察体制改革试点工作的决定》（2016 年 12 月 25 日第十二届全国人民代表大会常务委员会第二十五次会议通过），2016 年 12 月 26 日，见中国人大网 http://fanfu.people.com.cn/n1/2016/1226/c64371-28975554.html。

《人民视点：学者毛寿龙谈行政程序法纳入立法规划》，2006年2月16日，见 http://opinion.people.com.cn/GB/52655/4113034.html。

《司法机关内部人员过问案件的记录和责任追究规定》，2015年3月31日，见 人民网 http://dangjian.people.com.cn/n/2015/0331/c117092-26776258.html。

《吴邦国：中国特色社会主义法律体系形成》，2011年1月26日，见人民网 http://politics.people.com.cn/GB/1024/13815724.html。

《习近平在十八届中央政治局第四次集体学习时的讲话》，2013年2月25日， 见 http://cpc.people.com.cn/n/2013/0225/c64094-20583750.html。

《习近平在中共中央政治局第三十七次集体学习时强调坚持依法治国和以德治 国相结合推进国家治理体系和治理能力现代化》，2016年12月10日，见新华网 http://www.xinhuanet.com/politics/2016-12/10/c_1120093133.htm。

《习近平主持中共中央政治局第四次集体学习》，2013年5月25日，见人民网 http://cpc.people.com.cn/n/2013/0225/c64094-20583750.html。

《以人为本的科学内涵》，见人民网 http://theory.people.com.cn/GB/40557/ 130316/130317/7600245.html。

《中国司法领域人权保障的新进展》，2016年9月12日，见 http://www. xinhuanet.com//politics/2016-09/12/c_1119549617.htm。

《中央全面依法治国委员会首次亮相有何看点？》，2018年8月24日，见新华网 http://www.xinhuanet.com/politics/xxjxs/2018-08/24/c_1123325958.htm

《最高人民法院关于深化司法公开、促进司法公正情况的报告》，2016年11月9 日，见 http://www.court.gov.cn/zixun-xiangqing-30161.html。

侯惠勤：《"普世价值"的理论误区和制度陷阱》，2017年1月4日，见求是网 http://www.qstheory.cn/dukan/qs/2016-12/31/c_1120211710.htm。

柯华庆、刘荣：《论立宪党导制》，2015年9月4日，见爱思想网 http://www. aisixiang.com/data/92468.html。

李飞：《立法法与全国人大常委会的立法工作》，2008年5月30日，见中国人大 网 http://www.npc.gov.cn/npc/xinwen/2018-06/29/content_2057107.htm。

习近平：《坚持多党合作发展社会主义民主政治为决胜全面建成小康社会而团结 奋斗》，2018年3月4日，见新华网 http://www.xinhuanet.com/politics/ 2018lh/2018- 03/04/c_1122485786.htm。

佟德志：《马克思主义"法学空区"与中国政治体制改革的贡献》，天津市社会 科学界2008年学术年会论文。

后 记

党的十八大以来，党和国家高度重视中国特色社会主义哲学社会科学体系的建设。法学学科体系无疑是其重要组成部分。由于学科体系与话语体系实际上是内容与形式之间的关系，因此，以中国特色社会主义法治话语创新来总结中国法治实践，凝练中国法治经验，阐释中国法治理论，传播中国法治声音，不仅是一种历史必然、理论必要和时代必须，而且对于坚持和完善中国特色社会主义制度，推进国家治理体系和治理能力现代化，都具有十分重要的意义。

本书是国家社科基金专项项目"中国特色社会主义法治话语体系创新研究"的最终成果，对中国特色社会主义法治话语体系创新的理论和实践进行了较为全面、系统的梳理。本书是集体合作的成果。本人作为项目负责人，主要负责总策划，确定写作思路、写作大纲、写作要求，以及部分内容的撰写和全书的最后统稿。根据分工和实际完成情况，各部分的作者分别是：

前　言：周叶中

第一编：王鲁、林骏、周叶中

第二编：张权、邵帅、王鲁

第三编：林骏、张权、邵帅、王鲁

第四编：邵帅、林骏、周叶中

结　语：周叶中、张权

中国特色社会主义法治话语体系创新是一项系统而宏大的工程。本书既是对过去经验的总结，也是为未来对此问题的研究提供参考。由于资料和水平所限，本书肯定存在诸多不足，恳请各位读者批评指正。

周叶中于武昌珞珈山

2020 年 3 月 18 日

责任编辑：崔继新　刘江波
编辑助理：邓浩迪
封面设计：姚　菲
版式设计：严淑芬

图书在版编目（CIP）数据

中国特色社会主义法治话语体系创新研究／周叶中，林骏，张权等著 . — 北京：
　人民出版社，2020.12
ISBN 978 - 7 - 01 - 022343 - 8

I.①中… Ⅱ.①周…②林…③张… Ⅲ.①社会主义法治 - 研究 - 中国
　Ⅳ.① D920.0

中国版本图书馆 CIP 数据核字（2020）第 131085 号

中国特色社会主义法治话语体系创新研究
ZHONGGUO TESE SHEHUIZHUYI FAZHI HUAYU TIXI CHUANGXIN YANJIU

周叶中　林　骏　张　权　等　著

人民出版社 出版发行
（100706　北京市东城区隆福寺街 99 号）

北京新华印刷有限公司印刷　新华书店经销

2020 年 12 月第 1 版　2020 年 12 月北京第 1 次印刷
开本：710 毫米 ×1000 毫米 1/16　印张：27.5
字数：402 千字

ISBN 978 - 7 - 01 - 022343 - 8　定价：88.00 元

邮购地址 100706　北京市东城区隆福寺街 99 号
人民东方图书销售中心　电话（010）65250042　65289539